Crète et Rhodes

GUIDES BLEUS ÉVASION

Ce guide a été établi par **Aude Bracquemond.**

Aude Bracquemond, passionnée par la Crète, y fait depuis plus de vingt-cinq ans de fréquents et longs séjours. Familière du monde du tourisme et de ses exigences, enseignante, elle est également l'auteur du *Guide Bleu Évasion Écosse*. Soucieuse de guider avec efficacité, d'informer sans ennuyer et de faire partager ses passions, elle sait remonter aux sources, répondre à toutes les curiosités, communiquer ses coups de cœur et livrer ses meilleures adresses.

Un remerciement chaleureux à tous ceux qui ont donné à l'auteur l'occasion de mettre en relation le lecteur avec la richesse de ces deux îles : les amis et les personnes qui animent les offices du tourisme à Paris, en Crète et à Rhodes, les musées historiques et archéologiques, les fouilles et les sites qui méritent l'attention.

Direction : Cécile Boyer-Runge. **Direction éditoriale :** Catherine Marquet. **Responsable de collection :** Armelle de Moucheron. **Édition :** Élisabeth Cautru, Claire Le Cam, Sophia Mejdoub. **Préparation et correction :** Raphaëlle Vinon, Isabelle Sauvage. **Informatique éditoriale :** Lionel Barth. **Maquette intérieure et mise en pages PAO :** Catherine Riand. **Documentation :** Sylvie Gabriel. **Cartographie :** Fabrice Le Goff. **Fabrication :** Gérard Piassale, Maud Hubert. **Couverture** réalisée par Packedit/Quattro.
Avec la collaboration de Pierre Chavot, Luc Decoudin, Ioannis Dimitriadis, Jeannine Goulhot, Marie-Agnès Jassionnesse, Lydie Jean, Mélanie Lenoir-Guillin et Catalina Pont-Chavot.

Crédit photographique. Un reportage a été effectué par **Patrick Frilet, Hémisphères Images,** spécialement pour cette édition.
Hémisphères Images, Patrick Frilet, p. 18, 21, 30, 32 (et 16), 38, 39, 40, 42, 45, 46 (et 153 bas et 4 milieu), 48, 56, 61, 63, 66, 85, 86, 89, 107, 116, 117, 119, 122, 123, 124 (et 9), 137, 145 (et 9), 151, 152, 155 (et 13), 158, 160, 166, 168 (bas), 172, 173 (et 15 haut), 177, 181, 184, 195 (et 14), 203, 215, 222, 226, 234 (et 12), 236 (et 10 dr.), 241, 242, 244, 248, 253, 256, 261, 300 (et 5).
Les autres reproductions sont de: **Hémisphères Images,** Eliott Slatter, p. 6 (et 4 haut), 35, 52, 71, 76 (et 4 bas), 87, 95, 104, 130, 131 (haut), 146, 167, 168 (haut), 169 (haut), 194 (et 10 g.), 207, 221, 227 (bas), 251, 271, 272, 276, 277, 283 (et 11), 284, 291, 295. **Sylvain Grandadam,** p. 17, 29, 67, 70, 112, 131 (bas), 169 (bas), 255. **Roger Boguet,** p. 58, 153 (haut), 244, 289. **Musée historique de Crète,** p. 92, 93 (et 15 bas). **Photothèque Hachette,** p. 49, 64, 125 (et 312), 201. **D.R.** : p. 227.

Couverture : Hôtel Nostos, La Hania (la Canée), vieille ville, **Hémisphères Images,** Franck Guiziou.

Pour nous écrire : bleusevasion@hachette-livre.fr.

Crète et Rhodes

GUIDES BLEUS ÉVASION

Sommaire

E M B A R Q U E R

D É C O U V R I R

S U R   P L A C E

EN SAVOIR PLUS

CARTES ET PLANS

EMBARQUER

Toutes les informations nécessaires à la préparation et à l'organisation de votre séjour.

Ces scènes bucoliques qui étaient l'un des charmes de la Crète se font de plus en plus rares. L'âne reste pourtant l'animal qui s'adapte le mieux au terrain dans l'arrière-pays.

QUE VOIR ?

VOIR CARTES EN RABATS DE COUVERTURE

Région par région

Que voir en Crète ? Tout ou presque. Mais certains hauts lieux de l'île – vestiges minoens, églises et monastères byzantins, souvenirs vénitiens, sites naturels d'une beauté saisissante, petits villages à l'écart des circuits touristiques – ne peuvent échapper au voyageur désireux de « sentir » la Crète et de mieux la comprendre.

Le département d'Heraklion

***AGIOS FANOURIOS, près de Moni Vrondisi, une église aux fresques splendides *(p. 129)*.

***FESTOS (PHAISTOS) ♥, deuxième site minoen de l'île *(p. 118)*.

*** GORTIS (GORTYNE) et ses ruines romaines *(p. 116)*.

HERAKLION et sa **forteresse vénitienne*, le **marché****, les **fontaines***, le **musée des Icônes****, le **Musée archéologique***** et le ♥ **Musée historique et ethnographique**** *(p. 79)*.

***LE PALAIS DE KNOSSOS, résidence de Minos au temps où la civilisation crétoise rayonnait sur toute la Méditerranée *(p. 95)*.

***MALIA, troisième site minoen de l'île *(p. 113)*.

***PANAGIA DE LUMBINIES, à Fodele, une église byzantine montrant des fragments de fresques du XIVe s. *(p. 105)*.

**AGIA TRIADA ♥, un site minoen contemporain de Knossos et de Festos *(p. 120)*.

****Agios Pandeleimon**, église byzantine avec de très belles fresques du début du XIVe s. *(p. 111)*.

****Arhanes ♥ et son Musée archéologique****, à deux pas des sites archéologiques *(p. 106)*.

****La grotte de Kamares** où l'on a découvert de magnifiques céramiques *(p. 129)*.

****Kommos** ♥, site minoen le long d'une longue plage de sable *(p. 123)*.

****Matala**, petit port de pêche aux falaises percées de grottes et, tout près, la jolie plage de ♥ **Red Beach** *(p. 125)*.

****Moni Gouverniotissas**, un monastère vénitien et son église, la Panagia *(p. 113)*.

****Moni Savathianon,** un monastère des XVIe et XVIIe s. *(p. 104)*.

****Moni Vrondisi**, célèbre pour sa fontaine et ses **fresques***** du XIVe s. *(p. 128)*.

****Le musée d'Ethnologie crétoise**, dans le village de Vori *(p. 118)*.

***Anemospilia**, au S de Knossos, un sanctuaire vieux de près de 4000 ans *(p. 108)*.

***Lyttos**, sur l'un des contreforts du mont Dicté, les restes d'une ville dorienne *(p. 110)*.

***Moni Odigitrias**, au N de Kali Limenes, un monastère fortifié *(p. 125)*.

***Le musée Nikos-Kazantzakis**, à Mirtia, un hommage au célèbre écrivain *(p. 106)*.

Le département du Lassithi

*****La baie de Mirabello**, un enchantement pour le regard *(p. 146)*.

*****Moni Toplou**, haut lieu de la résistance crétoise aux Turcs puis aux Allemands *(p. 172)*.

*****Panagia Kera**, une église typique de l'architecture byzantine *(p. 150)*.

*****La plage d'Ambelos**, une des plus belles plages de Crète *(p. 178)*.

****Agios Giorgos**, très belle église byzantino-vénitienne *(p. 163)*.

****L'île de Spinalonga** et sa forteresse vénitienne *(p. 147)*.

****Kato Zakros**, le quatrième palais minoen *(p. 177)*.

****Kolokithia**, superbe plage de sable blanc *(p. 147)*.

****Lato**, ruines d'une ville dorienne *(p. 150)*.

****Moni Kapsa**, un monastère du XVe s. aux allures de forteresse *(p. 164)*.

****Sitia et l'est de l'île**, pour sa **baie*** et la beauté de ses paysages *(p. 165)*.

****Vaï**, une étonnante palmeraie en bord de mer *(p. 173)*.

***Agios Nikolaos**, une ville attachante où il fait bon flâner *(p. 143)*.

***Gournia** abrite les restes d'une ville minoenne *(p. 148)*.

***Ierapetra**, la plus grande ville de la côte sud *(p. 160)*.

*__L’ÎLE DE KOUFONISI__ abrite les restes d’un théâtre et de thermes datant de l’Antiquité *(p. 163)*.

*__KRITSA__, un bourg aux ruelles colorées bâti à flanc de colline *(p. 150)*.

*__MONI FANEROMENIS__ ♥, avec vue sur la baie et de belles icônes des XVIIe et XVIIIe s. *(p. 147)*.

*__LA VALLÉE DES MORTS__ ♥, proche d’Ano Zakros, où furent creusés des tombeaux préminoens *(p. 175)*.

Le département de Rethimnon

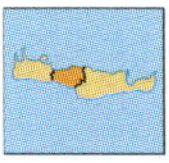

***__MONI ARKADI__, symbole du patriotisme crétois *(p. 203)*.

***__MONI PREVELI__, un monastère du XVIIe s. dans un site ouvrant sur la mer de Libye *(p. 209)*.

***__PALM BEACH__, une belle plage de sable fin *(p. 210)*.

**__LA GROTTE DE L’IDA__, dans laquelle aurait grandi Zeus *(p. 201)*.

**__LA PROVINCE D’AMARI__, randonnées dans des paysages attrayants parmi une pléiade d’églises et de chapelles byzantines *(p. 205)*.

**__RETHIMNON__, son port et ses constructions vénitiennes *(p. 192)*.

*__AGIA GALINI__, petit port touristique au S-E de Rethimnon *(p. 208)*.

*__ANOGIA__, un village réputé pour son artisanat *(p. 200)*.

*__LA NÉCROPOLE D’ARMENI__, à 10 km de Rethimnon, a plus de 3000 ans *(p. 207)*.

*__SPILI__, au S de Rethimnon, un gros bourg et sa fontaine vénitienne *(p. 207)*.

Le département de La Canée

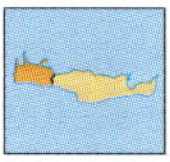

***__AGIOS PAVLOS__, une merveilleuse chapelle du XIIe s. *(p. 241)*.

__ALIKAMPOS__, avec son église, la **Panagia**, qui contient des fresques du XIVe s. *(p. 239)*.

***__LES GORGES DE SAMARIA__, une randonnée de 18 km dans un parc naturel et protégé *(p. 233)*.

***__L’ÎLE D’ELAFONISSI__ et sa longue plage de sable rose *(p. 247)*.

***__KIRIAKOSELIA__ ♥, belle église byzantine au bout d’une route panoramique *(p. 237)*.

***__LA CANÉE__ ♥, petite ville au charme vénitien avec un rien d’oriental *(p. 219)*.

***__LE LAGON DE BALOS__ ♥, sable fin et eau turquoise *(p. 245)*.

***__SOTIROS CRISTOU__, une remarquable chapelle en pierres de taille à l’architecture originale *(p. 250)*.

**__AGIA PARASKEVI__, une petite église avec de belles fresques *(p. 249)*.

**__AGIOS IOANIS__, pour ses deux églises abritant des fresques du XIVe s. *(p. 241)*.

**AGIOS KIR IOANIS, une église byzantine au milieu des oliviers *(p. 232).*

**FRANGOKASTELLO, une très belle forteresse vénitienne *(p. 241).*

**GAVALOHORI, ses maisons vénitiennes restaurées et son musée sur les traditions crétoises *(p. 238).*

LE MONASTÈRE DE GONIA, splendide **collection d'icônes** *(p. 243).*

**LA GORGE D'IMBROS, une randonnée de 8 km dans la province de Sfakia *(p. 240).*

**PALEOHORA ♥ offre de nombreuses possibilités d'excursions en bateau *(p. 248).*

*LA PRESQU'ÎLE D'AKROTIRI, au N-E de La Canée, qui abrite plusieurs monastères comme celui d'**Agia Triada*** et de **Moni Gouverneto***, ainsi que la belle plage de **Marathi*** *(p. 225).*

*FALASSARNA, à l'O de Kasteli, les restes d'un port antique *(p. 246).*

*L'ÎLE DE GAVDOS, au S-E de Paleohora, l'île la plus proche de l'Afrique *(p. 251).*

*HORA SFAKION, joli petit port sur la côte sud *(p. 240).*

*LE LAC DE KOURNAS, au S-E de Georgioupoli, le seul lac d'eau douce de Crète *(p. 238).*

*MONI KHRISSOSKALITISSAS, au S d'Amigdalokefali, un monastère vénitien construit sur un îlot rocheux *(p. 247).*

*SOUGIA, à l'O de Paleohora sur la côte sud, un charmant village sur une baie protégée *(p. 250).*

*STILOS, au S-E de La Canée, un village et son église byzantine, la **Panagia Serviotissa*** *(p. 236).*

*LA GORGE DE THERISSO, au S de La Canée, mène au cœur des Montagnes blanches *(p. 231).*

L'île de Rhodes

***LINDOS, un village de caractère connu pour son fameux rocher *(p. 281).*

***RHODES, somptueuse cité médiévale où se côtoient de magnifiques réalisations architecturales des chevaliers de Saint-Jean-de-Jérusalem *(p. 263).*

**AGHIOS IOANIS, église byzantine puis turque qui illustre bien l'histoire de Rhodes *(p. 288).*

**LE CAP PRASSONISSI, avec de superbes plages de sable *(p. 287).*

**EMBONAS, village très pittoresque *(p. 290).*

**FOUNTOUKLI ♥ et son panorama superbe avec de belles percées sur la mer *(p. 289).*

**KAMIROS, une des trois villes antiques de l'île *(p. 285).*

**LE MONASTÈRE DE SKIADI, byzantin, restauré au XVIIIe s. *(p. 287).*

**LE MONASTÈRE DE THARI, du IXe s., et ses peintures murales du XIVe s. *(p. 290).*

LE MONT PHILERIMOS et le site dorien de **Ialyssos *(p. 285).*

**LES THERMES DE KALITHEA et leurs eaux dont Hippocrate mentionnait déjà les vertus *(p. 284).*

**LA VALLÉE DES PAPILLONS, gorge verdoyante et ombragée aux myriades de papillons *(p. 285).*

*AGHIA TRIADA, petite église byzantine perdue au milieu de champs d'oliviers *(p. 289).*

***Château de Kamiros**, dominant la mer *(p. 286)*.

***Haraki**, au S-E de Rhodes, un petit port et les ruines du château Feraclos *(p. 282)*.

***Château de Monolithos**, bel exemple du talent de bâtisseurs des chevaliers de Saint-Jean *(p. 287)*.

***Parmeniotissa**, église byzantine qui date des XIVe et XVe s. *(p. 289)*.

***Les Sept Sources (Epta Piges)**, à l'E de l'île, des sources naturelles dans un cadre bucolique *(p. 289)*.

Si vous aimez...

Les randonnées

Avec ses austères massifs montagneux, ses gorges impressionnantes, ses côtes hérissées de falaises et entaillées de petites criques, la Crète offre aux randonneurs des paysages somptueux. Balades au bord de la mer ou le long des sentiers de montagne, le choix est large. Vos goûts et votre endurance vous guideront.

➤ **Au nord de la Messara.** Du village de **Zaros**, vous découvrirez la **gorge de Rouvas** *(p. 128)*, tandis que de **Kamares** des sentiers vous mèneront à sa grotte *(p. 129)*, au **mont Psiloritis** ou à la **grotte de l'Ida** *(p. 201)*. Au N du plateau du Lassithi, du village de **Krasi** *(p. 113)*, des chemins muletiers montent vers **Tzermiado**, à l'E du plateau.

➤ **Dans la région d'Agios Nikolaos.** De **Tapes**, à quelques kilomètres à l'O d'Agios Nikolaos, la belle randonnée dans la **gorge de Kritsa** *(p. 156)* est accessible à tous. La **région de Sitia** *(p. 165)* compte nombre de grottes, intéressantes du point de vue géologique et, souvent, archéologique. Des sentiers, le long de la côte ou dans l'arrière-pays rocheux des villages de **Kato Zakros**, **Ano Zakros** et **Karidi** mènent aux **grottes de Pelekita, Peristeras** et **Oxo Latsidi** *(p. 178)*. Ano Zakros est aussi le point de départ de la magnifique randonnée dans la **vallée des Morts** *(p. 175)*.

➤ **Dans la région de Rethimnon.** À quelques kilomètres de Rethimnon, un chemin longeant la rivière de Mili vous fera parcourir la **vallée des Moulins** *(p. 204)*. L'arrière-pays de Rethimnon séduira les amateurs de marche et de nature: la **gorge de Patsos** *(p. 205)*, la **province d'Amari** *(p. 205)*, le village de **Thronos** *(p. 206)* et le **monastère d'Arkadi** *(p. 203)* ou le sommet du **Psiloritis** *(p. 201)*. Plus au S, les alentours fleuris de **Spili** *(p. 207)*, la **gorge de Kourtaliotiko** *(p. 208)* et les pistes côtières depuis Plakias.

➤ **Dans la région de La Canée.** Dans l'arrière-pays, **Therisso** *(p. 231)*, au S de La Canée, est le point de départ de belles randonnées. De **Topolia**, plus à l'O, un chemin vous mène à travers une gorge au village de **Koutsomatados** *(p. 246)*. Sur la côte sud, les traversées des **gorges de Samaria** *(p. 233)* ou, plus à l'E, d'**Imbros** *(p. 240)* offrent un point de vue unique sur la mer de Libye. Vous pouvez également longer la côte vers l'E *via* **Sougia**, **Lissos** et **Paleohora** jusqu'à **Elafonissi**.

L'art byzantin

Parmi les sites byzantins les plus intéressants de Crète, on peut citer l'église **Agia Ekaterini** à Heraklion *(p. 83)*, la **Panagia de Lumbinies** à Fodele *(p. 105)*, **Agios Pandeleimon** *(p. 111)* aux environs de Kastelli, **Agios Fanourios**, proche du monastère de Vrondisi *(p. 129)*, la **Panagia Kera** à Kritsa *(p. 150)*, **Agios Giorgos** à Males *(p. 163)*, **Agios Kir Ioanis** à Alikianos *(p. 232)*, la **Panagia Serviotissa** à Stilos *(p. 236)*, l'**église byzantine** d'Aradena *(p. 240)*.

L'art byzantin crétois se découvre aussi au **Musée historique et ethnographique** *(p. 90)* et au **musée des Icônes d'Agia Ekaterini** *(p. 91)*, à Heraklion.

Les monastères

Les monastères crétois ont toujours associé la foi et la résistance à l'occupant, qu'il soit turc ou allemand.

➤ **Dans la région d'Heraklion.** **Moni Savathianon** *(p. 104)*, pour ses icônes, **Moni Gouverniotissas** *(p. 113)*, un monastère de l'époque vénitienne, **Moni Odigitrias** *(p. 125)*, qui joua un rôle héroïque en 1828 contre les Turcs, et **Moni Vrondisi** *(p. 128)*, d'où proviennent les six icônes de Damaskinos exposées au musée des Icônes d'Heraklion.

➤ **Dans la région d'Agios Nikolaos.** **Moni Faneromenis** *(p. 147)*, un nid d'aigle fondé au Xe s., **Moni Kapsa** *(p. 164)*, une véritable forteresse fondée au XVe s., et **Moni Toplou** *(p. 172)*, du XIIIe s.

➤ **Dans la région de Rethimnon.** Deux hauts lieux du patriotisme crétois, **Moni Arkadi** *(p. 203)* et **Moni Preveli** *(p. 209)*, l'un des plus beaux de l'île.

➤ **Dans la région de La Canée.** **Moni Gouverneto** *(p. 230)*, dédié à **saint Jean l'Ermite**, et **Moni Gonia** *(p. 243)*, souvent indiqué **Moni Odigitrias**, et sa **collection d'icônes** de valeur des XVe-XVIe s.

L'art minoen

À l'image de la civilisation qui, durant treize siècles, imprime sur toute la Méditerranée la spécificité crétoise, l'art minoen est florissant : palais, villas ornées de fresques, délicates figurines, céramiques, bijoux, pierres gravées en sont autant de témoignages. Pour mesurer la puissance de l'art et de l'architecture minoenne, quelques sites incontournables : le **palais de Knossos** *(p. 95)*, proche d'Heraklion, est le premier palais minoen découvert et le seul reconstitué. **Festos (Phaistos**, *p. 118*), à 15 km à l'O de Gortis, est le deuxième site minoen de Crète. À **Malia** *(p. 113)*, face à la mer, les ruines ont été mises au jour par l'École archéologique française d'Athènes. **Kato Zakros** *(p. 177)*, à 17 km au S de Palekastro, tourné vers l'Orient, est le quatrième grand palais minoen. Les sites de **Galatas** *(p. 110)*, un palais construit sur les hauteurs, d'**Agia Triada** *(p. 120)*, de **Kommos** *(p. 123)* et de **Gournia** *(p. 148)* sont de moindre importance, mais méritent cependant l'attention.

La civilisation minoenne tient une large place dans les Musées archéologiques d'**Heraklion** *(p. 87)*, d'**Agios Nikolaos** *(p. 145)*, de **Ierapetra** *(p. 162)*, de **Rethimnon** *(p. 195)* et de **La Canée** *(p. 224)*.

Les souvenirs vénitiens

Dès leur arrivée dans l'île, les Vénitiens ont voulu en assurer la protection par d'imposantes forteresses et des remparts dont il reste de très beaux vestiges. Ils ont aussi importé d'Italie loggias, fontaines élégantes et tous les éléments du charme de leur architecture.

➤ **Les forteresses.** Toute la côte crétoise est festonnée de forteresses vénitiennes. Les plus fameuses sont **Kastro Koules** *(p. 84)*, la forteresse d'Heraklion, celle de l'**île de Spinalonga** *(p. 147)*, la forteresse **Kales** *(p. 161)*

à Ierapetra, **Kazarma** *(p. 165)* à Sitia, la forteresse de **Rethimnon** *(p. 195)*, la forteresse de **Frangokastello** *(p. 241)* et la forteresse créto-vénitienne de la **petite île de Gramvoussa** *(p. 244)*.

➤ **Les fontaines.** Vous en trouverez dans nombre de villes et villages comme à **Spili** *(p. 207)*, **Alikampos** *(p. 239)*, **Spilia** *(p. 243)*, ou **Kasteli** (Kissamos, *p. 244)*. La fontaine **Morosini** *(p. 85)*, à Heraklion, la fontaine de **Moni Vrondisi** *(p. 128)* et la fontaine **Rimondi** *(p. 194)* à Rethimnon sont parmi les plus belles de l'île.

➤ **Les maisons.** Il reste de jolies maisons vénitiennes dans le village d'**Arhanes** *(p. 106)*, à **Hersonisos** *(p. 112)*, à **Vori** *(p. 118)*, à **Etia** *(p. 171)*, à **Gavalohori** *(p. 238)* et à **Kournas** *(p. 238)*.

➤ **Et aussi**… À **Heraklion** *(p. 79)*, les remparts, une loggia, l'Armeria, à **Rethimnon** *(p. 191)*, la Loggia, le port vénitien et, à **La Canée** *(p. 219)*, le port vénitien, le quartier de Topanas, une loggia vénitienne et des arsenaux sont autant de traces de la splendeur architecturale vénitienne.

Les plages et le farniente

En règle générale, les grandes plages de sable sont au N et les petites criques au S.

➤ **Sur la côte sud** : du port de Kali Limenes, on accède en bateau à la petite plage isolée d'**Agio Farago** *(p. 126)*. À **Matala**, la plage de sable est abritée par une falaise creusée de grottes ; en 30 mn de marche en direction du S, on arrive à **Red Beach** *(p. 125)*. Plus au N, le site de **Kommos** *(p. 123)* est bordé par une superbe plage de sable. Plus à l'E, proche du village d'**Arvi** se trouve la magnifique plage d'**Akrotiri Sidonia** *(p. 127)*.

Palm Beach *(p. 210)*, la plage des palmiers, est près de Moni Preveli.

➤ **Sur la côte nord** : à **Spinalonga**, la plage de **Kolokithia** *(p. 147)* et, au S de l'Akrotiri, la plage de **Marathi** *(p. 230)*.

➤ **Sur la côte est** : la plage de **Vaï** *(p. 173)*, au cœur d'une palmeraie, l'une des plus propres d'Europe, et celle d'**Ambelos** *(p. 178)*, en contrebas de Xerokampos.

➤ **Sur la côte ouest** : sur la presqu'île de Gramvoussa, le **lagon de Balos** *(p. 245)*.

➤ **Dans les îles** : au N de l'**île de Gavdos**, la plage de **Sarakiniko** *(p. 251)* ; de nombreuses plages sur l'**île de Koufonisi** *(p. 163)* et, au N de l'**île de Krisi**, **Golden Beach** *(p. 162)*, une plage de coquillages roses.

Les grottes

Laurence Durrell parle de véritable « gruyère » à propos de la surface de l'île. Les spéléologues dénombrent plus de 3000 grottes. Lieux mythiques, cultuels ou plus simplement habitations ou refuges, elles sont souvent spectaculaires.

➤ **Dans la région d'Heraklion.** La **grotte de Kamares** *(p. 129)*, sur le versant S du mont Ida, était une grotte à usage cultuel.

➤ **Dans la région du Lassithi.** La **grotte de Milatos** *(p. 156)* fut le théâtre d'une sanglante rébellion contre l'occupant turc en 1823. La **grotte de Trapezas** *(p. 158)*, proche de Tzermiado, est connue dès l'époque néolithique et utilisée à l'époque minoenne. La **grotte de Zeus** *(p. 159)*, proche de Psihro, aurait abrité l'enfance du dieu des dieux. La **grotte de Pelekita** *(p. 178)*, au N de Kato Zakros, est intéressante pour les spéléologues. La **grotte de Peristeras** *(p. 178)*, à l'E du village de Karidi, à 540 m d'altitude. Celle d'**Oxo Latsidi** *(p. 178)* est l'une des plus grandes de l'île.

➤ **Dans la région de Rethimnon.** La **grotte de Melidoni** *(p. 199)*, à l'E de Rethimnon, où Talos le géant se serait installé. La **grotte de Sfedoni** *(p. 200)*, près d'Anogia, est la plus grande et la plus impressionnante de Crète. La **grotte de l'Ida** *(p. 201)*, sur le plateau de Nida, fut le principal sanctuaire de la Crète centrale. Dans la **grotte d'Agios Andonios** *(p. 205)*, à l'entrée de la gorge de Patsos, une église est aménagée dans la roche.

➤ **Dans la région de La Canée.** La **grotte de Katoliko** *(p. 230)*, sur l'Akrotiri, était le refuge d'ermites qui y fondèrent, au XIIe s., le premier monastère de Crète.

Les icônes

Directement inspirées de l'imagerie religieuse byzantine, les icônes ornent églises et monastères, copies fidèles, appliquées et naïves

ou réalisations flamboyantes d'un art crétois dans toute sa maturité. Vous découvrirez les plus remarquables dans les monastères de **Moni Odigitrias** *(p. 125)*, **Moni Vrondisi** *(p. 128)*, **Moni Faneromenis** *(p. 147)*, **Moni Kapsa** *(p. 164)*, **Moni Toplou** *(p. 172)* et son **musée des Icônes, Moni Gouverneto** *(p. 230)* et dans le **monastère de Gonia** *(p. 243)*.

Le **musée des Icônes d'Agia Ekaterini** *(p. 91)*, à Heraklion, abrite une très belle collection d'icônes créto-byzantines. Les six plus précieuses sont signées Michel Damaskinos.

La gastronomie et les bons vins

Si la Crète est le pays des dieux, c'est à son miel et à son huile qu'elle le doit: le miel qui nourrit Zeus, l'huile de l'olivier offert aux Grecs par Athéna. Sans oublier le vin, dont un autre fils de Zeus, Dionysos, est le dieu. **Le miel et les produits crétois** sont vendus dans toutes les villes et dans tous les villages.

➤ **LES RÉGIONS VINICOLES. Arhanes** est un important chef-lieu d'une riche région agricole où l'on cultive le raisin *rosaki* qui donne un excellent vin *(p. 106)*. À **Peza**, un village au milieu des vignes, important centre vinicole, vous pourrez visiter les établissements Minos et découvrir les différentes étapes de la vinification *(p. 109)*. Proche du village de Kali Limenes, **Moni Ampezanon** est un monastère producteur de vin et de très bon raki *(p. 126)*. À l'O de Sitia, la région de **Mouliana** est réputée pour son raisin et son vin rouge *(p. 167)*.

➤ **MARCHÉS ET FESTIVALS.** Au **marché de la rue 1866** à Heraklion *(p. 83 et 136)*, découvrez le dictame et le miel crétois. La **fête du Vin de Rethimnon** *(p. 214)*, durant une semaine, fin juillet, permet de déguster les bons crus crétois au son de musiques folkloriques.

La faune et la flore

Les lauriers-roses et les genêts fleurissent au printemps. Mais c'est en été que la garrigue est la plus odorante: origan, thym, romarin, sauge et autres aromates, certains spécifiquement crétois, sans oublier le basilic géant dont toute terrasse crétoise est ornée. À titre indicatif, quelques curiosités animales et végétales: *Phoenix theophrasti*, une espèce rare de palmiers protégés, dans la **forêt de Vaï** *(p. 173)*, de vieux cèdres sur l'**île de Krisi** *(p. 162)*, une espèce de tortue protégée sur la **plage de Kommos** *(p. 123)*, des chèvres sauvages (agrimis ou « kri-kri »), des oiseaux rares dans les **gorges d'Agia Irini** *(p. 251)* et **de Samaria** *(p. 233)* et une vie animale étonnante et microscopique dans la **grotte de Sfedoni** *(p. 200)*.

Les musées

➤ **LES MUSÉES ARCHÉOLOGIQUES ET HISTORIQUES.** Le plus riche est celui d'**Heraklion** *(p. 87)*. Il présente les trouvailles des grands sites antiques de l'île sur une période de plus de 4000 ans. Ceux de **Rethimnon** *(p. 195)* et de **Ierapetra** *(p. 162)* contiennent quelques belles pièces.

La Crète autrement

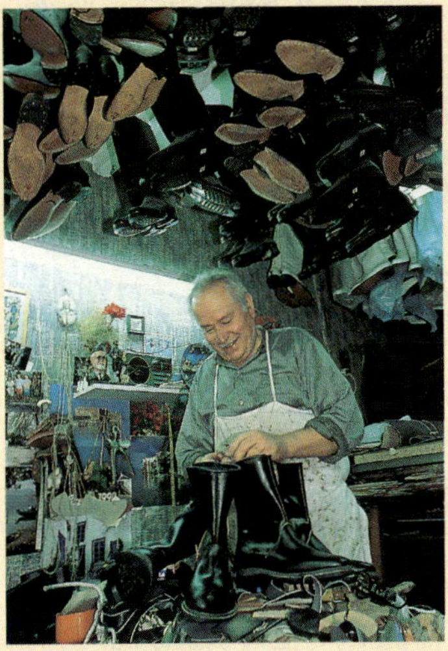

➤ **S'asseoir dans un kafénion** sur la place d'un village de montagne peu fréquenté, en fin d'après-midi, et boire l'ouzo : animation crétoise assurée.

➤ **Jouer au tavli**, un privilège masculin très prisé : apprendre les règles du jeu de cette sorte de jacquet et se trouver un partenaire sont choses relativement faciles, battre un Crétois relève en revanche de la gageure.

➤ **Aller au cinéma en plein air** dans une des grandes villes de la côte nord. Petite brise, film étranger sous-titré en grec... Dépaysant !

➤ **Fouiller les marchés d'Heraklion et de La Canée** pour les senteurs, les couleurs, les cadeaux, un léger parfum d'Orient. Mais aussi les marchés de campagne, à Timbaki (le matin) ou à Mires (le samedi matin), dans la Messara.

➤ **Se mêler aux réjouissances d'une famille crétoise** le dimanche en déjeunant (vers 14 h) dans une taverne en bord de mer près d'une plage ; les plats affluent, les verres sont pleins : beaucoup de gaieté.

➤ **Partager avec les Crétois la ferveur religieuse des nuits de fête** : passer de la lumière des cierges aux plaisirs plus terrestres en humant le fumet des *souvlaki* et des viandes qui grillent *(voir le calendrier des fêtes p. 33)*.

➤ **Faire les vendanges** autour d'Arhanes, à partir de la fin août, ou cueillir les olives en hiver : une excellente approche du quotidien crétois. ❖

Celui d'**Arhanes** *(p. 107)* constitue un bon préambule à la visite des sites alentour. La visite du **Musée historique et ethnographique** d'Heraklion *(p. 90)* complète celle du Musée archéologique et couvre une période qui va du IVe-Ve s. apr. J.-C. jusqu'à l'ère moderne.

➤ **Les musées d'art populaire et d'ethnologie.** D'**Arolithos** *(p. 103)*, un véritable musée vivant d'art populaire, au musée Lychnostasis de **Limenas Hersonisou** *(p. 112)*, initiation à la vie de l'île et à sa flore, en passant par le musée d'Ethnologie crétoise de **Vori** *(p. 118)*, qui couvre toute la vie crétoise de la deuxième période byzantine (950 apr. J.-C.) à nos jours.

➤ **Et aussi...** Le **musée Nikos-Kazantzakis**, à Mirtia *(p. 106)*, et le **musée Venizelos**, plus modeste, à Agios Georgios *(p. 158)*, restent indispensables pour découvrir deux des plus grandes personnalités crétoises.

Carte d'identité de la Crète

➤ **Situation** : 5ᵉ île de la Méditerranée après la Sicile, la Sardaigne, Chypre et la Corse, la Crète est la plus vaste et la plus méridionale des îles grecques.

➤ **Distances** : Péloponnèse : 100 km. Afrique : 300 km.

➤ **Superficie** : 8 300 km². 260 km de long ; 56 km dans sa plus grande largeur, 12 km dans la plus petite.

➤ **Population** : env. 584 000 hab.

➤ **Capitale** : Heraklion, env. 150 000 hab. 2ᵉ aéroport de Grèce.

➤ **Point culminant** : Psiloritis, 2 456 m.

➤ **Principales ressources** : agriculture (olives, raisins, agrumes, bananes, élevage de moutons) et tourisme (la Crète reste la destination touristique la plus importante de toute la Grèce).

➤ **Religion** : orthodoxe.

➤ **Monnaie** : depuis 2002, la drachme (DR), l'unité de monnaie grecque, a laissé sa place à l'euro.

➤ **Statut** : rattachée au royaume de Grèce en 1913, la Crète, divisée en 4 *nomos* (départements), fait partie de la République grecque proclamée en 1973. Le gouvernement est à Athènes. ❖

À Rhodes, si vous aimez...

L'architecture des chevaliers

L'île de Rhodes, patrie de l'ordre des chevaliers de Saint-Jean durant plus de deux siècles, regorge de témoignages du talent de ces chevaliers bâtisseurs. C'est dans la **vieille ville de Rhodes** *(p. 263)* que sont rassemblées les plus belles réussites architecturales des chevaliers : le **Collachium**, quartier des chevaliers, l'**hôpital des chevaliers de Saint-Jean**, la **rue des Chevaliers**, le **palais des Grands Maîtres**, l'**hospice Sainte-Catherine** et les **remparts**. Tout autour de l'île, les chevaliers ont bâti les châteaux fortifiés de **Lindos** *(p. 282)*, de **Feraclos** à Haraki *(p. 282)* et de **Kamiros** *(p. 285)*.

L'empreinte turque

L'occupation ottomane a laissé dans l'île des traces architecturales de toute beauté dont la vieille ville de Rhodes est le plus riche témoin : les **mosquées de Soliman** *(p. 271)* et du sultan **Mustapha** *(p. 274)*, le **quartier turc** *(p. 274)* et les **Bains turcs** *(p. 274)*.

L'art byzantin

Comme sa sœur crétoise, l'île de Rhodes possède de magnifiques églises et monastères byzantins : dans la ville de Rhodes, **Aghia Triada** *(p. 273)*, une imposante église byzantine du XVᵉ s., et **Aghia Ekaterini** *(p. 273)*, qui contient de très belles fresques restaurées du XIVᵉ s. ; à Lindos, l'**église de la Panaghia** *(p. 281)*, qui date du

XIVe s., et le **monastère de Skiadi** *(p. 287)*, fondé à l'époque byzantine et restauré au XVIIIe s. Le **musée d'Art byzantin** *(p. 279)*, installé dans l'**église Sainte-Marie-du-Château**, renferme des peintures de l'époque byzantine et postbyzantine, des icônes et des fresques.

Les sites archéologiques

L'île compte trois cités antiques doriennes : **Lindos** *(p. 281)*, dont le rocher abrite toujours les restes d'une **acropole**, **Kamiros** *(p. 285)* et **Ialyssos**, dont l'**acropole** se situait sur le **mont Philerimos** *(p. 285)*, une région habitée depuis la plus haute Antiquité. Dans la ville de Rhodes, le **site antique** et le **mont Smith** *(p. 280)* remontent au Ve s. av. J.-C. La visite du **Musée archéologique** *(p. 279)*, qui présente le résultat de fouilles effectuées à Ialyssos et dans d'autres sites du Dodécanèse, et de l'**exposition sur la Rhodes antique** du **palais des Grands Maîtres** *(p. 269)* sont un complément indispensable à la visite des sites.

Les plages

Vous trouverez les plus belles plages de Rhodes au **cap Prassonissi** *(p. 287)*, à l'extrémité S de l'île. La station estivale de **Faliraki** *(p. 284)* possède une belle plage de sable.

Programme

Entre les vestiges minoens, les églises byzantines, la variété de l'architecture et l'envie de détente et de plage, il n'est pas envisageable de voir toute la Crète en quelques jours. D'autant que des quatre villes principales, capitales des quatre départements, partent des routes qui flirtent toujours avec la mer, que de petites criques isolées se cachent dans tous les itinéraires, surtout sur la côte sud, et que leur invitation à la balade buissonnière est irrésistible. Mieux vaut donc opter pour un menu « à la carte ». Voici quelques suggestions où vous trouverez l'essentiel des sites importants.

L'ÉPOQUE MINOENNE EN 3 JOURS

JOUR 1 : visite du **Musée archéologique d'Heraklion** le matin et des ruines de **Knossos** l'après-midi. **JOUR 2** : excursion à **Festos** et à **Agia Triada** (150 km aller-retour) pour découvrir plusieurs facettes de l'île en profitant de ses charmes bucoliques ; à combiner avec la visite des sites voisins, les ruines de **Gortis**, **Kommos**, sur une magnifique plage, la crique de **Matala** et ses grottes, les fresques de l'église byzantine **Agios Fanourios**. **JOUR 3** : les sites de **Malia**, **Gournia** et **Kato Zakros** et la découverte de la Crète orientale avec **Agios Nikolaos** et **Sitia**, toute blanche ; une longue journée avec 400 km de route.

UNE SEMAINE EN CRÈTE OCCIDENTALE

JOUR 1 : **Heraklion**, musée ; **Knossos**. **JOUR 2** : **Rethimnon**, déjeuner dans la vieille ville ; **La Canée**, dîner sur le port (nuit). **JOUR 3** : les **gorges de Samaria** à pied ; **Agia Roumeli/Hora Sfakion** en bateau. **JOUR 4** : **Plakias**, plage ; **Agia Galini**, soirée (nuit). **JOUR 5** : **Festos**, **Agia Triada**, **Matala** (nuit dans la région). **JOUR 6** : **Gortis**, retour à Heraklion.

SUGGESTION : si vous circulez avec les transports en commun, reprenez le même programme pour les deux premiers jours. **JOUR 3** : de Hania, gagnez **Paleohora**, plage, soirée (nuit). **JOUR 4** : ferry pour **Agia Roumeli**, marche dans les

gorges de Samaria ; ferry d'Agia Roumeli à **Hora Sfakion** (nuit). **Jour 5** : reprendre l'itinéraire précédent. Ce circuit se réalise très bien avec les bus locaux.

Une semaine en Crète orientale

Jour 1 : **Heraklion**, musée, **Knossos. Jour 2** : plateau du **Lassithi**, **Agios Nikolaos** (nuit). **Jour 3** : **Kritsa** et l'église byzantine de la **Panagia Kera**, déjeuner à **Plaka** près d'Elounda, **île de Spinalonga** ; **Agios Nikolaos** (nuit). **Jour 4** : **Gournia**, **Sitia**, plage (nuit). **Jour 5** : **Moni Toplou** ; **Vaï**, plage ; **Kato Zakros** ; **Sitia** (nuit). **Jour 6** : **Ierapetra**, retour par Agios Nikolaos, voie express Malia/Heraklion ou par la route du centre par Ano Vianos et Arkalohori, pittoresque mais longue et sinueuse.

Vivre la Crète en réduisant les kilomètres

Jour 1 : **Heraklion**, musée, Knossos (nuit). **Jour 2** : **Mirtia**, le musée Kazantzakis ; **Arhanes**, le musée, le village, les sites archéologiques et le mont Ioukhtas au coucher du soleil (nuit à Heraklion). **Jour 3** : la plaine de la **Messara** en visitant soit les sites archéologiques de Gortis, Festos, Agia Triada et Kommos, soit le musée ethnologique de Vori ; plage à Matala ou à **Kommos** (nuit à Zaros). **Jour 4** : journée de grande randonnée : la **gorge de Rouvas** ou la **grotte de Kamares** pour les plus courageux ; **Moni Vrondisi** et l'église byzantine d'**Agios Fanourios** si vous êtes petit marcheur (nuit à Zaros). **Jour 5** : la **province d'Amari** ; soirée à **Rethimnon. Jour 6** : retour à Heraklion par la **route côtière** (plage et déjeuner à Bali ou à Agia Pelagia) ou par la route de montagne (**village d'Anogia** et **mont Ida**).

Rhodes en 3 jours

Jour 1 : promenade dans la vieille ville, au **Collachium**, pour parcourir la rue des Chevaliers jusqu'au palais des Grands Maîtres ; shopping dans la **rue Socrate** et découverte des **quartiers turcs et juifs** ; le soir, **son et lumière. Jour 2** : promenade sur le **port** et dans la **Rhodes moderne** ; dans la vieille ville, tour des **remparts** ou visite d'un musée ; montée dans la soirée au **mont Smith** pour le coucher du soleil. **Jour 3** : **Lindos**, le village, l'acropole ; détente sur une plage.

Rhodes en une semaine

Reprenez le même programme pour la ville de Rhodes (« en 3 jours ») et poursuivez votre découverte de l'île :

Jour 4 : **mont Philerimos**, promenade botanique. **Jour 5** : **mont du Prophète-Élie, église Aghios Nikolaos** de Fountoukli, les **Sept Sources** ; détente sur les plages vers Moni Tsambihas. **Jour 6** : le sud de l'île, le **monastère de Thari**, le **cap Prassonissi** et ses plages.

PARTIR

Quand partir ?

Ces îles sont agréables toute l'année : ce sont les plus ensoleillées de Grèce (environ 300 jours de soleil par an). L'hiver est doux, avec des orages passagers. La saison touristique commence vraiment à Pâques et ne se termine que fin octobre.

Les mois de **mai** et de **juin** sont très séduisants : les îles, en fleur, offrent un large éventail de parfums et de senteurs. Grâce aux vents qui soufflent pendant les mois d'été, la chaleur n'est jamais accablante.

En **juillet** et en **août**, la forte densité de touristes, en constante augmentation, est source de désagréments : hôtels complets dans les sites touristiques, personnel surmené. Il est bon de réserver dès que possible pour cette période. Le nombre d'hôtels étant toutefois important, on trouve toujours à se loger en quittant les sites à la mode.

Septembre est un mois plaisant : les champs brûlés par le soleil chatoient dans de jolies palettes de tons jaunes et bruns ; l'eau de la mer est encore chaude et les soirées sont fraîches.

En **octobre**, les journées sont encore très agréables et les bains de mer d'une bonne température. Rens. : fr.weather.yahoo.com.

Comment partir ?

En avion

Vols réguliers

➤ **De France.** De Paris, le voyage est long puisqu'il n'y a aucune ligne directe en vol régulier ; l'**escale à Athènes** (au nouvel aéroport Elefthérios Vénizélos, à 15 km E de la ville) est obligatoire. Durée du vol Paris/Athènes : 3 h 15. Compter env. 1 h de vol Athènes/Crète (Heraklion, La Canée) ou Athènes/Rhodes. Prix moyen : de 296 à 380 €.

Meltem et sirocco

Au cours de l'été, le meltem, un vent du Nord parfois extrêmement violent, se lève sur le plateau anatolien et se dirige par le détroit des Dardanelles vers le sud. C'est au beau milieu des Cyclades et particulièrement autour de Tinos et de Mykonos qu'il prend toute sa puissance, canalisé à l'ouest par les montagnes de l'Épire et de la Macédoine et à l'est par celles de Turquie. Il n'est plus aussi fort quand il arrive en Crète... mais assez cependant pour empêcher les petits bateaux de quitter le port et les touristes de se baigner. Le meltem souffle de façon constante pendant plusieurs jours, parfois plusieurs semaines, à 35 km/h environ. Il se lève le matin, forcit au cours de la journée et se calme le soir. Il lui arrive de s'emballer jusqu'à 90 km/h. Alors, la peau se dessèche et l'esprit s'affole... Mais en dehors de ses crises de violence, le meltem transforme en chaleur agréable ce qui sans lui ne serait que fournaise. À l'opposé, de mai à août, le sirocco, ce vent très sec et très chaud venu directement du désert de Libye, se manifeste sur la côte sud, lorsque des basses pressions règnent sur la Méditerranée.

Air France, 119, av. des Champs-Élysées, 75008 Paris. Rens. et rés. ☎ 0.820.820.820. www.airfrance.fr. 4 vols/j. pour Athènes depuis Roissy-CDG 2B. **Olympic Airways**. À Paris: 3, rue Auber, 75009 ☎ 01.44.94.58.58. www.olympic-airways.gr. 2 vols/j. pour Athènes depuis Roissy-CDG 1.

➤ **De Belgique. Olympic Airways**, 138 A, av. Louise, 1050 Bruxelles ☎ (02) 649.81.58. 2 vol/j. les lun., mer., jeu., ven., dim. et 1 vol/j les mer. et sam. Bruxelles/Athènes.

➤ **De Suisse. Olympic Airways**, 4, Tour-de-l'Île, 1204 Genève ☎ (022) 319.64.70. 1 vol/j. Genève/Athènes sauf lun. et jeu.

Vols à tarifs négociés

Les agences de voyages proposent des vols réguliers pour Athènes pour environ 145 € A/R hors saison. Les vols charters pour Athènes, disponibles en général d'avr. à sept., coûtent environ 190 €. Tarifs pour la Crète: à partir de 350 €. Des vols charters directs pour la Crète et pour Rhodes sont affrétés durant la haute saison.

Dégriftour/Lastminute, le siège : 12, av. des Béguines, 95800 Cergy-Saint-Christophe ☎ 0.89.27.05.000. www.degriftour.com ou www.lastminute.com. **Détours Voyages**, 13, rue de l'Échelle, 75001 Paris ☎ 01.44.55.01.01. www.detours.fr. **Go Voyages**, 22, rue d'Astorg, 75008 Paris ☎ 01.53.43.70.70. Rés. ☎ 0.892.891.831. www.govoyages.com. **Jet Tours**, 23, rue Raspail, 94858 Ivry-sur-Seine ☎ 0.820.815.000, fax 01.53.09.93.01. www.jettours.com. **Look Voyages**, 12, rue des Truillot, 94204 Ivry-sur-Seine. Rés. ☎ 0.825.313.613. www.look-voyages.fr. **Nouvelles Frontières**, siège, 87, bd de Grenelle, 75015 Paris. Rés. centrale ☎ 0.825.000.825. www.nouvelles-frontieres.fr. **Otu Voyages**, rens. et rés. ☎ 0.820.817.817 www.otu.fr. Tarifs étudiants.

Au départ de Mulhouse, Bâle, Zurich et Genève: **Hotelplan**, 32, rue Henriette, 68072 Mulhouse ☎ 03.89.46.01.11, fax 03.89.56.27.67. www.hotelplan.ch.

En voiture et en train

En voiture

Le trajet pour rejoindre la Grèce est de 3 jours minimum si l'on passe par l'Italie, 4 à 5 jours si l'on traverse l'Allemagne, l'Autriche et la Hongrie. Dans les deux cas, la durée du voyage permet difficilement d'envisager un séjour de moins de 15 jours. La solution la plus rapide est de passer par l'Italie et de prendre le ferry à Trieste, Venise, Ancône, Brindisi ou encore Bari. De l'une de ces villes, gagner Patras, puis Le Pirée (port d'Athènes, *pour les rens. sur les liaisons maritimes, voir plus bas*). La traversée la plus rapide à l'heure actuelle est celle qui relie Bari à Patras (16 h de trajet). Il est prudent de réserver le passage de la voiture.

En train

On embarque en Italie depuis les villes de Trieste, de Venise, d'Ancône, de Brindisi et de Bari, pour arriver à Patras (Grèce). Des correspondances sont prévues pour rejoindre Athènes et son port, Le Pirée (env. 3 h de trajet). **Paris/Venise**: départs tous les soirs de la gare de Lyon à 20 h 01, arrivée à Venise Santa Lucia à 8 h 25. **Paris/Ancône, Bari et Brindisi**: changement à Bologne. Départs tous les soirs depuis la gare de Lyon à 19 h 09, arrivée à Bologne à 6 h 32. De Bologne, correspondance à 8 h 56. Rens. et rés.: **SNCF** ☎ 08.92.35.35.35. **CIT** (Compagnie italienne de tourisme), 3, bd des Capucines, 75002 Paris ☎ 01.44.51.39.51. citcapucines@citfrance.fr. Agence des chemins de fer italiens. Bureau CIT spécialisé dans la vente des billets de train.

Liaisons maritimes

400 km séparent Le Pirée, le port d'Athènes, de la Crète. Des bateaux et de nombreux hydroglisseurs (plus rapides, entre 6 h et 8 h) partent tous les soirs, à 19 h pour la Crète (12 h de traversée pour Heraklion et 11 h pour La Canée, avec les compagnies **Anek Lines** ou **Minoan Lines**) et pour Rhodes. **Acropolis-Paris-Athènes**, 6, rue de la Michodière, 75002 Paris ☎ 01.44.51.03.03, fax 01.47.42.23.85. www.paris-athenes.com. Rens. sur toutes les compagnies maritimes desservant la Crète et Rhodes, y compris sur les lignes intérieures. **Euro-Mer**, 5 quai de Sauvages, 34070 Montpellier ☎ 04.67.65.67.30, fax 04.67.65.20.27 www.euromer.net. propose des traversées pour la Grèce et les îles à des tarifs compétitifs. **Anek Lines**, représenté par Euromer (coordonnées ci-dessus), propose également des prix très intéressants. **Navifrance**, 20, rue de la Michodière, 75002 Paris ☎ 01.42.66.65.40, représente Minoan Lines Blue Star et Anek. **Eurocroisière,** 5, bd des Capucines, 75002 Paris ☎ 01.42.66.97.25, organise des croisières avec escale en Crète au départ du Pirée.

En voyage organisé

Les généralistes

Directours, uniquement par téléphone, fax ou Internet. À Paris ☎ 01.45.62.62.62, fax 01.40.74.07.01. www.directours.com. Vente au public sans intermédiaires. Vols secs, voyages à la carte, hôtels en Crète et à Rhodes. **Fram**, 4, rue Perrault, 75001 Paris ☎ 01.42.86.55.55. www.fram.fr. Bon hôtel-club dans les environs d'Heraklion, bon rapport qualité-prix, circuits-découverte. **Go Voyages** *(p. 22)*. Location de voitures en Crète et à Rhodes. **Havas Voyages Vacances**, siège, 6-8, place Jean-Zay, 92300 Levallois-Perret ☎ 0.825.825.055. www.havasvoyages.fr. **Hotelplan** *(p. 22)*. Séjours à la carte, hôtels-clubs, location de voitures. **Jet Tours** *(p. 22)*. **Look Voyages** *(p. 22)*. **Nouvelles Frontières** *(p. 22)*. Circuits individuels avec réservation d'hôtels et location de voitures en Crète et à Rhodes. **Républic Tours**, 1 bis, av. de la République, 75011 Paris ☎ 01.55.36.55.50; 4, rue du Général-Plessier, 69002 Lyon ☎ 04.78.42.33.33. www.republictours.com. Séjours à la carte, hôtels et hôtels-clubs, circuits.

Les spécialistes de la Grèce

Acropolis-Paris-Athènes *(voir plus haut)*. Vols charters et réguliers, séjours, circuits, location de voitures. **Air Sud Découvertes**, 25, bd de Sébastopol, 75001 Paris ☎ 01.40.41.66.66. www.airsud.com. Location d'appartements et de maisons, séjours balnéaires, vols charters Paris/Heraklion en été. Autotours. Croisières avec équipage. **Atsaro**, 9, rue de l'Échelle, 75001 Paris ☎ 01.42.60.98.98. Vols pour la Crète, location de studios et de villas, location de voitures. **Détours Voyages** *(p. 22)*. Spécialiste de la Grèce. Circuits inter-îles, location de voitures, hôtels-clubs, auto-tours. **Méditrad**, 3, rue Taitbout, 75009 Paris ☎ 01.48.24.71.56. meditrad@wanadoo.fr. Séjours en hôtels-clubs dans tout le bassin méditerranéen. **SIV** (Sélection Informations Vacances), 9, rue de l'Échelle, 75001 Paris ☎ 01.42.60.83.40. www.siv.fr. Vols charters et hébergement pour la Crète et Rhodes. **Héliades**, 63, rue Sainte-Anne, 75002 Paris ☎ 0.825.803.113. Siège: 1, parc Club-du-Golf, rue Jean-R.-Guillibert Gautier, 13100 Aix-en-Provence Cedex. www.heliades.fr. Spécialiste de la Grèce depuis 1975. Séjours en Crète ou à Rhodes, excursions, voyages organisés. En Crète, agence à Heraklion *(p. 136)* pour tout service (location de voitures, sports, randonnées, visites guidées).

Séjours culturels

Arts & Vie, 251, rue de Vaugirard, 75015 Paris ☎ 01.40.43.20.21. www.artsvie.asso.fr. « Crète botanique » (8 j.), « Crète et Cyclades » (15 j.), « Rhodes et les îles du Dodécanèse » (9 j.). **Clio**, 34, rue du Hameau, 75015 Paris ☎ 01.53.68.82.82, fax 01.53.68.82.60. www.clio.fr. « Grand circuit archéologique en Crète » (11 j.) et « Crète et Santorin, sur les traces des Minoens » (8 j.).

Écotourisme

Un autre tourisme se développe avec l'écotourisme, soucieux de l'environnement et des traditions, et grâce à des associations qui se créent. Des jumelages sont organisés, privilégiant échanges et rencontres.

Association Alsace-Crète, 69, rue de la Grossau, 67100 Strasbourg ☎ 03.88.84.30.34, fax 03.88.44.54.44. www.alsacecrete.fr.st. Conférences, concerts et séjours. **Arvel**, 31, cours Émile-Zola, 69100 Villeurbanne ☎ 04.72.44.95.50, fax 04.78.89.58.66. www.arvel-voyages.com. Randonnée pédestre, séjours, auto-tours en individuel. **Atalante**, CP 701, 36-37, quai Arloing, 69256 Lyon Cedex 09 ☎ 04.72.53.24.80, fax 04.72.53.24.81. À Paris, 10, rue des Carmes, 75005 ☎ 01.55.42.81.00, fax 01.55.42.81.01. www.atalante.fr. Membre de la Société nationale de protection de la nature. Deux randonnées: canyons des Montagnes blanches et mont Ida.

Sports et aventure

Allibert, 37, bd Beaumarchais, 75003 Paris ☎ 01.44.59.35.35, fax 01.44.59.35.36, et route de Grenoble, 38530 Chazpareillan ☎ 04.76.45.22.26. www.allibert-voyages.com. Circuits de 8 j. ou 15 j. en Crète. **Athéna**, BP 100, 74650 Chavanod ☎ 04.50.10.93.10, fax 04.50.10.93.13. www.athenavoyages.com. Randonnées de 8 à 15 j. entre mer et montagne, circuits, séjours, séminaires... **Club Aventure**, 18, rue Séguier, 75006 Paris ☎ 01.44.32. 09.30. Pour le courrier: Le Nereis, av. André-Roussin, Saumaty-Séon, 13016 Marseille ☎ 0.826.88.20.80. www.clubaventure.fr. Tour de la Crète en 15 j. et randonnée dans le sud-ouest en 8 j. **Nomade Aventure**, 40-49, rue de la Montagne-Sainte-Geneviève, 75005 Paris ☎ 01.46.33.71.71, fax 01.43.54.76.12; 21, place du Salin, 31000 Toulouse ☎ 05.61.55.49.22. www.nomade-aventure.com. Circuit de 8 à 12 j. en été. **Terre d'Aventures**, 6, rue Saint-Victor, 75005 Paris. **Rés.** centrale (valable pour les antennes situées en province) ☎ 0.825.847.800. www.terdav.com. Randonnées (tour de l'île en 8 j. et Montagnes blanches et criques en 15 j.). **UCPA, rés.** centrale ☎ 0.825.820.830. www.ucpa.com. Randonnées pédestres ou en VTT; planche à voile.

Croisières

Les croisières sont plus chères que les séjours proposés par les voyagistes. Les tarifs ont cependant baissé. Compter env. 1 070 €/pers. pour une semaine en cabine double, 765 €/pers. en cabine quadruple.

Réductions et facilités de voyage

➤ **AVION. Usit Connect**, 85, bd Saint-Michel, 75005 Paris. ☎ 01.43.29.69.50. www.travelclub.fr. Tarifs intéressants pour les jeunes et les étudiants pour les billets d'avion. Sur place : réductions sur les prix des visites de musées et monuments ainsi que sur les hébergements. Les billets **Tempo**, d'Air France : tarifs attractifs et facilités de voyage pour toute la famille. Rens. et rés. ☎ 0.820.820.820.

➤ **TRAIN**. Le **BIJ** (Billet international de jeunes) : réduction d'environ 20 % en 2e classe en aller simple ou aller-retour sur des trajets internationaux.

La carte **Inter-Rail** permet de circuler librement en 2e classe dans 29 pays d'Europe. Le pass **Eurodomino**, d'une validité d'un mois, donne la possibilité de voyager librement en 1re ou 2e classe dans un pays pendant 3, 5 ou 10 jours. En ce qui concerne la SNCF, seule la carte Vermeil offre des réductions sur les parcours internationaux. Rens. ligne directe ☎ 0.892.35.35.35. www.sncf.com. ❖

Costa Croisières, 2, rue Joseph-Monier, bât. C, 92859 Rueil-Malmaison ☎ 01.55.47.55.00, fax 01.55.47.55.70. www.costacroisieres.fr. 7 j. de croisière au départ de Venise : la *Costa Classica* parcourt les îles grecques, avec étape à Rhodes et escale en Croatie (Dubrovnic). **Croisières Festival**, 3, rue Meyerbeer, 75009 Paris ☎ 01.47.42.67.67, fax 01.47.42.68.82. www.festivalcruises.com. Rhodes sur les bateaux *Azur, uropean Vision*; départ le sam. de Venise, de juin à oct. **Royal Olympic Cruises**, 5, bd des Capucines, 75002 Paris ☎ 01.42.66.97.25, fax 01.42.65.15.33. www.royalolympiccruises.com. Croisières au départ du Pirée avec escales en Crète et à Rhodes.

LOCATION DE BATEAUX

Des agences spécialisées dans les locations de bateaux à voile ou à moteur proposent des croisières depuis le Pirée ou Rhodes. Le prix de la journée sur un bateau à 3 cabines (6 à 8 passagers) correspond à celui d'un bon hôtel. **Camper et Nicholson**, port Camille-Rayon, 06200 Golfe-Juan ☎ 04.93.43.16.75. **Europ'yachting**, 11, bd de la Bastille, 75012 Paris ☎ 01.43.44.66.77, fax 01.43.44.74.18. europyachting@wanadoo.fr.

Formalités

➤ **PAPIERS.** La Grèce fait partie de l'espace Schengen. Les formalités sont réduites au minimum pour les ressortissants européens : carte d'identité valide ou passeport en cours de validité. Les mineurs non accompagnés de leurs parents doivent être porteurs d'une carte d'identité et d'une autorisation parentale de sortie de territoire, délivrée à la mairie ou au commissariat de police. On peut séjourner 3 mois en Grèce sans visa ; pour une prolongation de séjour, se présenter aux autorités de police 20 jours avant l'expiration de ce délai. Rens. : www.douane.minefi.gouv.fr.

➤ **PERMIS DE CONDUIRE ET ASSURANCE.** Vous devez posséder un permis de conduire français ou européen et la carte verte pour le véhicule. Si vous entrez avec votre voiture, consultez votre assureur en France pour étendre la police d'assurance à la Grèce. Assurance indispensable. Il existe des assurances bagages, en cas de perte.

➤ **ANIMAUX.** Le carnet de vaccination doit être en règle. La vaccination antirabique doit dater de moins de 12 mois pour un chien/6 mois pour un chat, et de plus de 6 jours.

Sécurité cartes bancaires

Avant le départ, il est utile de se procurer, auprès de son agence, le numéro à composer pour faire immédiatement opposition depuis l'étranger. Par ailleurs, de France, vous pouvez appeler le ☎ 0.892.705.705 quelle que soit la carte (service groupé d'opposition).

➤ **Cartes Bleues Visa**. Numéro communiqué par votre banque.

➤ **Cartes American Express** ☎ 01.47.77.72.00.

➤ **Cartes MasterCard**. Numéro vert international ☎ 0.800.902.390. En France ☎ 01.45.67.84.84.

➤ **Cartes Diners Club** ☎ 0.810.314.159.

➤ **Santé**. Aucun vaccin n'est exigé. Rien à signaler, sinon les coups de soleil et la nourriture (un peu lourde pour les estomacs fragiles). Les pharmacies sur place sont très nombreuses et bien approvisionnées en médicaments français.

Les frais médicaux et pharmaceutiques déboursés en Grèce sont remboursés par la Sécurité sociale. **Rens.** auprès de la Caisse d'assurance maladie, qui fournira l'imprimé E111.

Monnaie

Depuis début 2002, la drachme (DR), l'unité de monnaie grecque, a disparu pour laisser sa place à l'euro.

Que faut-il emporter ?

Vêtements et objets divers

En hiver, un bon pull-over et un imperméable sont indispensables ; les hôtels sont souvent mal chauffés, et les nuits frisquettes. La température du jour est clémente.

De mai à sept., emportez des vêtements légers, amples et en coton ; prévoyez de la crème solaire, de la crème anti-moustiques, des lunettes de soleil ainsi qu'une protection pour la tête. Enfin, une lampe de poche vous sera utile pour visiter les grottes et les églises.

Cartes

Il n'existe pas de cartes exactes et précises de la Crète ni de Rhodes, mais les cartes des brochures éditées par l'ONHT (Office national hellénique du tourisme) pour chacune des deux îles sont suffisantes pour s'orienter. L'**IGN** a des cartes fiables. Les cartes **Fairey** de Crète et de Rhodes sont assez précises. Les cartes **Freytag** de Crète (1/200 000) et de Rhodes (1/100 000), éditées en Autriche, indiquent le relief et les routes principales. Le nom des sites y est écrit en grec ou transcrit en phonétique allemande. La carte **Geobuch** de Crète, éditée en Allemagne, ainsi que la carte **Nelles** (1/200 000) sont de bons documents. La carte **Hildebrand** de Crète est la mieux actualisée. Pour les randonneurs, les cinq cartes **Harms** (La Canée, Rethimnon, Heraklion, Agios Nikolaos, Sitia), au 1/80 000, donnent malgré les nombreuses inexactitudes des détails précieux. Les cartes **Petrakis** indiquent en rouge les chemins. La **Map for Crete** de Georvassakis, récente, indique routes et chemins.

Adresses utiles

Consulats

➤ **En France. Consulat général**, 23, rue Galilée, 75116 Paris ☎ 01.47.23.72.23, fax 01.47.20.70.28, et 28, rue Grignan, 13001 Marseille

☎ 04.91.77.54.01. **Consulats honoraires**, 9, rue de la Liberté, 38000 Grenoble ☎ 04.76.47.39.23 ; 7, rue Saint-Sauveur, 59000 Lille ☎ 03.20.52.70.04.

➤ **En Belgique. Consulat**, 40, av. Louise, 1050 Bruxelles ☎ (02) 646.55.51.

➤ **En Suisse. Consulat**, 1, rue Pedro-Meylan, 1208 Genève ☎ (022) 735.37.37.

➤ **Au Canada. Consulat**, 1170, place du Frère-André, 300 Montréal H3B3C ☎ (514) 875.87.81.

Office national hellénique du tourisme (ONHT)

➤ **En France.** 3, av. de l'Opéra, 75001 Paris ☎ 01.42.60.65.75, fax 01.42.60.10.28. www.grece.infotourisme.com. *Ouv. lun.-jeu. 9h-17h, ven. 9h-16h.*

➤ **En Belgique.** 172, av. Louise, 1000 Bruxelles ☎ (02) 647.57.70, fax 647.51.42.

➤ **En Suisse.** Griechische Zentrale für Fremdenverkehr, 25, Loewenstrasse, 8001 Zurich ☎ (01) 221.01.05.

➤ **Au Canada.** 1170, place du Frère-André, 300 Montréal H3B3C ☎ (514) 871.15.35.

Librairies spécialisées

Desmos, 14, rue Vandamme, 75014 Paris ☎ 01.43.20.84.04. Cours de grec moderne, réunions littéraires le ven. **Epsilon**, 33, rue de Vaugirard, 75006 Paris ☎ 01.45.44.53.00.

Librairies de voyage

➤ **À Paris. L'Astrolabe**, 46, rue de Provence, 75009 ☎ 01.42.85.42.95. **L'Harmattan**, 16, rue des Écoles, 75005 ☎ 01.40.46.79.11. www.editions-harmattan.fr. **IGN** (Institut géographique national), 107, rue La Boétie, 75008 ☎ 01.43.98.80.00. www.ign.fr. **Librairie Voyageurs du monde**, 55, rue Sainte-Anne, 75002 ☎ 01.42.86.17.38. www.vdm.com. **Ulysse**, 26, rue Saint-Louis-en-l'Île, 75004 ☎ 01.43.25.17.35. www.ulysse.fr.

➤ **En province. Bordeaux : Mollat**, 15, rue Vital-Carles, 33000 ☎ 05.56.56.40.40. mollat@mollat.com. **Caen : Hémisphères**, 15, rue des Croisiers, BP 99, 14008 ☎ 02.31.86.67.26. **Lille : Le Furet du Nord**, 15, pl. du Général-de-Gaulle, 59800 ☎ 03.20.78.43.43. www.furet.com. **Lyon : Flammarion Privat**, 19, pl. Bellecour, 69002 ☎ 04.72.56.21.21. www.flammarion.privat.fr. **Marseille : Librairie de la Bourse Frézet**, 8, rue Paradis, 13001 ☎ 04.91.33.63.06. **Montpellier : Les Cinq Continents**, 20, rue Jacques-Cœur, 34000 ☎ 04.67.66.46.70. **Nantes : Géothèque**, 10, place du Pilori, 44000 ☎ 02.40.47.40.68. **Nice : Magellan**, 3, rue d'Italie, 06000 ☎ 04.93.82.31.81. **Strasbourg : Géorama**, 20-22, rue du Fossé-des-Tanneurs, 67000 ☎ 03.88.75.01.95. **Toulouse : Ombres blanches**, 48-50, rue

Votre budget

Le coût de la vie en Grèce tend à s'aligner sur celui des autres pays d'Europe. Selon votre style de vie et le site où vous séjournerez, nuancez votre budget. Dans les stations balnéaires touristiques, les prix des hôtels, restaurants et consommations sur les ports sont comparables à ceux pratiqués en France. En revanche, si vous choisissez les tavernes locales et si vous évitez le poisson, très cher, vous pouvez bien manger pour 20 € par jour, vin compris. Le prix des hôtels ou des chambres varie selon la saison et la durée du séjour. **À titre indicatif**, une **chambre double** sans petit-déjeuner, en hôtel luxe, coûtera à partir de 80 € ; en catégorie A, entre 40 et 55 € ; en catégorie B, entre 25 et 40 € ; en catégorie C, entre 20 et 25 €. Une nuit en camping coûte de 10 à 17 € par tente (2 pers.), avec voiture. L'entrée dans les sites archéologiques et les musées est payante (de 2 à 12 €). ❖

La Crète en ligne

www.gnto.gr (en français). Site de l'office national hellénique du tourisme.

www.grece.infotourisme.com (en français). Site de l'office du tourisme grec. Pour une première prise de contact.

www.multimania.com/rhodes (en français). Compte rendu d'un voyage à travers des descriptions et des informations, parsemé de photos.

www.multimania.com/crete (en français). Site perso qui rend compte d'un voyage à travers une très belle galerie de photos.

www.crete.tournet.gr (en français). Beaucoup de rubriques mais des informations (historiques, géographiques et culturelles) succinctes.

www.dilos.com (en anglais). Riche d'informations détaillées et de visites sur les îles. Liens vers les hôtels et possibilité de louer une voiture.

www.forthnet.gr/internetcity/chart/home.htm (en anglais) : informations sur la Crète de l'Est et ses principales villes. ❖

Gambetta, 31000 ☎ 05.34.45.53.38. www.ombres-blanches.fr. **Tours** : **Géothèque**, 6, rue Michelet, 37000 ☎ 02.47.05.23.56. geotheque-tours@geotheque.com.

➤ **En Belgique. Peuples et Continents**, 11, rue Ravenstein, 1000 Bruxelles ☎ (02) 511.27.75. **La Route de Jade**, 116, rue de Stassart, 1050 Bruxelles ☎ (02) 512.96.54. www.laroutedejade.com.

➤ **En Suisse. Travel Bookshop**, Rindermarkte 20, 8000 Zurich ☎ (01) 252.38.83. www.travelbookshop.com.

Lieux culturels grecs

Association Crète, terre de rencontres, 11, rue Alphonse-Karr, 75019 Paris ☎ 01.40.34.78.71. www.chez.com/crete. Rencontres, conférences et concerts. **Association des Amis de la Grèce et de Chypre**, 19, rue Érard, 75012 Paris ☎ et fax 01.43.41.39.84. Rencontres, conférences, soirées musicales. **Bibliothèque des langues orientales**, 4, rue de Lille, 75006 Paris ☎ 01.44.77.87.20. Consultation de livres grecs et sur la Grèce. **Centre culturel hellénique**, 23, rue Galilée, 75016 Paris ☎ 01.47.23.39.06. Propose des expositions et des conférences. **Institut d'études néo-helléniques de Paris**, 19 bis, rue Fontaine, 75009 Paris ☎ 01.48.74.09.56, fax 01.42.80.45.79. www.ienh.org. Cours de grec. Activités culturelles, séjours linguistiques en Grèce l'été. **Maison de la Grèce et de Chypre**, 9, rue Mesnil, 75116 Paris ☎ 01.47.27.31.19, fax 01.47.04.78.13. Antenne culturelle de l'ambassade de Grèce. Propose des cours de grec (☎ 01.55.73.00.02), des conférences et des expositions. **Phoniegraphie**, 51, av. Parmentier, 75011 Paris (correspondance) ☎ et fax 01.49.29.05.32. www.phonie-graphie.org. Promotion du grec moderne en France.

Restaurants grecs

Les Délices d'Aphrodite, 4, rue Candolle, 75005 Paris ☎ 01.43.31.40.39. *F. le dim.* Pour se familiariser avec une cuisine grecque authentique. À la carte uniquement. **Mavrommatis**, 42, rue Daubenton, 75005 Paris ☎ 01.43.31.17.17. www.mavrommatis.fr. *F. le lun.* Le meilleur restaurant grec de Paris, *ex aequo* avec le précédent... la maison mère. Menus abordables, même le soir. ■

SIROTER UN OUZO AU KAFÉNION ?

DÉGUSTER UN TIROPITA ?

ASSISTER AUX CÉRÉMONIES
DE LA PÂQUE ORTHODOXE ?

NAVIGUER EN CAÏQUE
LE LONG DE LA CÔTE ?

RAPPORTER UN KOMBOLOÏ
OU UNE LYRA ?

**DE A À Z, VIVRE LA CRÈTE
ET RHODES AU QUOTIDIEN.**

QUOTIDIEN

Arrivée

➤ **EN AVION.** La Crète comprend deux aéroports principaux assurant des vols quotidiens depuis la Grèce continentale et l'Europe. Celui d'**Heraklion** est situé à environ 5 km à l'E de la ville et accessible par la voie rapide (« New Road »). Des bus assurent la liaison avec les deux gares routières d'Heraklion. Rens. ☎ (0810) 39.71.36. L'aéroport de **La Canée** (Hania) est à environ 14 km au N-E de la ville, dans la presqu'île d'Akrotiri ☎ (08210) 838.00. À **Rhodes**, l'aéroport se trouve à 16 km à l'O de la ville ☎ (02410) 832.00 (accès en bus ou en taxi).

➤ **EN BATEAU.** Des liaisons régulières relient la Crète au Pirée, au Péloponnèse ou aux Cyclades. Les principaux ports de l'île sont à **Heraklion**, **La Canée** (port de Souda), **Kasteli** (ou Kissamos), **Rethimnon** et **Agios Nikolaos**.

Cartes bancaires

La **Carte Bleue VISA** internationale est acceptée dans les hôtels, les restaurants de catégorie supérieure et les magasins de luxe. On peut retirer de l'argent à la Banque commerciale de Grèce (Commercial Bank of Greece), à la Banque ionienne (Ionian Bank) et à la Credit Bank. L'**Eurocard**, la **MasterCard** et la carte **Cirrus** sont acceptées à la Banque nationale de Grèce (National Bank of Greece).

Des **distributeurs automatiques de billets** sont installés dans les grandes villes et dans les villages touristiques.

Les boîtes postales crétoises se reconnaissent à la corne de postillon qu'elles arborent en hommage aux cochers des anciennes diligences des postes.

Courrier

On peut vous adresser du courrier en **poste restante** au bureau central de chaque ville *(main post office)*.

Des « **camions poste** » sont ouverts en saison touristique tous les jours, même fériés, dans les villes principales et certains sites touristiques; ils assurent la **vente des timbres**.

Cuisine

Les plats

Sans la comparer à la gastronomie française, la cuisine grecque est néanmoins savoureuse, simple et originale. Les plats sont cuisinés à l'huile d'olive. Si elle est trop abondante, demander une seconde assiette propre pour transférer le contenu de la première assiette où beaucoup d'huile restera. Ne pas se fier au cadre rudimentaire d'une taverne: c'est souvent là que l'on mange le mieux. L'usage, qui voulait que chacun aille droit à la cuisine et aux fourneaux et compose soi-même son menu, tend hélas à disparaître dans les endroits très touristiques.

➤ **Pour calmer une petite faim.** Les *tiropita*, feuilletés triangulaires au fromage, les *spanakopita*, aux épinards, et les *créatopita*, à la viande, sont là pour cela.

➤ **Pour s'ouvrir l'appétit.** Vous avez l'embarras du choix: *salata koriatiki*, salade de tomates, concombres, oignons et fromage blanc sec (la *feta*); *dolmadès*, feuilles de vigne farcies au riz; ou *tzatziki*: fromage blanc agrémenté de concombres et d'ail haché.

➤ **Viandes** *(kreas)*. Elles sont grillées, en brochettes ou en sauce. Les *souvlaki*, brochettes de viande, s'arrosent de citron; les *keftedes* ou *biftakia*, boulettes de viande, sont assaisonnées.

➤ **Produits de la mer et poissons** *(psari)*. L'*octopus*, poulpe servi en salade, les *kalamares*, calamars frits, et le *barbounia*, rouget, le poisson le plus répandu.

➤ **Plats déjà cuisinés et tenus au chaud.** *Moussaka*, gratin d'aubergines et de viande hachée recouvert de sauce béchamel; *boureki*, feuilletés de légumes variés, souvent à base de courgettes; *papoutsaki*, aubergines farcies gratinées.

➤ **Plats mijotés.** Essayez le *stifado*, veau braisé aux oignons; le *briam*, légumes mélangés, un peu à la mode « ratatouille »; les *souzoukia*, boulettes de viande très épicées à la sauce tomate, et les *saligaria*, petits escargots gris en sauce.

➤ **Légumes.** Essentiellement les *patates*, pommes de terre, coupées en gros morceaux et revenues avec les plats mijotés ou frites, et les *melitsanes* (aubergines).

➤ **Desserts.** On ne finit pas un repas par une pâtisserie; on préfère les fruits *(frouta)*, délicieux et nombreux dans ces îles pleines de soleil; *stafilla*, raisins; *karpouzi*, pastèque; *peponi*, melon. On déguste aussi le délicieux *iaourti mé meli*, yaourt au miel.

➤ **Pâtisseries.** À déguster en dehors des repas dans des établissements souvent modestes, prévus à cet effet. *Bougatsa*, feuilletés chauds garnis de crème à la vanille, saupoudrés de cannelle;

Manger crétois, une assurance « longévité »

Les Crétois vivent bien et longtemps. Leur secret : ils marchent et mangent juste. Peu de viande, mais des fruits frais et des légumes, des céréales, des fromages et des yaourts au lait de brebis et de chèvre, du miel et de l'huile d'olive. Goûtez au pourpier, cueillez des figues et accompagnez vos repas d'un petit vin rouge local : il possède des vertus inégalées. Outre des saveurs, les herbes aromatiques et les épices apportent aussi de la vitalité. Et si vous n'êtes pas dans votre assiette, un petit verre de raki, à toute heure du jour ou de la nuit, vous remettra d'aplomb.

Voir Manger crétois, *par Véronique Skawinska et Thémis Banoussis, éd. Michel Lafon, 1999.*

loukoumades, beignets au miel et au sésame, *baklava* et *kataifi*, gâteaux très sucrés, avec du miel, des noix, des amandes. Tant pis pour la ligne !

Les vins

Les vins locaux, bouchés ou non, sont souvent excellents, rouges, rosés ou blancs, et même parfois réservés à la consommation locale : profitez-en *(voir p. 226)*. Le **retsina** est un vin grec résiné, qui vient souvent du continent ; on aime ou on déteste. Il faut l'essayer au moins une fois. Il se boit frais. Le *retsina* crétois de La Canée et d'Heraklion a un goût plus doux et moins âpre que son homologue grec. Le vin est souvent proposé en kilo et non en litre. Le **raki** est le véritable alcool du Crétois, une eau-de-vie de raisin naturelle, toujours préparée de façon artisanale ; il ne grise pas et se boit sec. À ne pas confondre avec le raki turc, anisé, qui ressemble à l'ouzo grec.

Où se restaurer ?

Pour avoir une idée des prix pratiqués, voir encadré p. 27. Pour nos meilleures adresses, voir les pages pratiques à la fin de chaque chapitre.

On peut manger vite, pas cher et grec à toute heure du jour. Dans les villes, près des marchés et dans les rues commerçantes, repérez les échoppes appelées souvent ***souvlaki-bar***, où l'on voit de gros morceaux de porc cuit, embrochés verticalement. On sert au comptoir des *pitaghiros*, sortes de crêpes épaisses que l'on fourre de viande de porc coupée en fines lamelles, d'oignons et de yaourt : un hot dog à la grecque.

➤ **Les restaurants.** Leurs tables ont de vraies nappes. Peu nombreux en dehors des grandes villes ou des centres touristiques, ils proposent une cuisine plutôt internationale. La Crète suit l'attristant exemple de Rhodes et se plie au goût de ses visiteurs : pizzerias et fast-foods envahissent les sites les plus charmants.

➤ **Les tavernes.** Les tables y sont recouvertes de papier ou de plastique ; même les meilleures tavernes se soumettent à cette règle, sous peine de se voir reclassées dans la catégorie restaurant et d'être taxées plus lourdement. Couverts, pain et serviettes en papier sont apportés dans une corbeille ; à vous de faire la distribution.

Les **plats** commandés ne sont pas servis dans un ordre établi, mais mis sur la table tous en même temps, certains à la fin du temps de cuisson. Chacun pique avec sa fourchette de la salade grecque, du *tzatziki* ou des pommes de terre frites dans l'assiette commune à tous. Dans l'**addition** *(to logariasmo)* figure aussi le **prix du pain**.

Le kafénion

La population masculine du kafénion vaque à ses occupations favorites : entre lecture et conversation, l'on sirote un verre. Nul ne songe à admirer la fontaine qui agrémente le décor. Elle fut érigée par le gouverneur Ioanis Bembo en 1588, grâce aux fragments recueillis sur les ruines romaines de Ierapetra. La statue acéphale, antique héritage, est encadrée par les armoiries de la famille Bembo.

Fatigue, grosse soif, envie de mieux comprendre l'âme crétoise : rendez-vous au kafénion. On en trouve partout, et bien sûr tout autour de la place du village, toujours ombragée. Dans les campagnes, le décor est vite planté : murs défraîchis, vieilles photos, chaises et tables bancales orientées selon l'heure vers l'extérieur ou vers le comptoir. Pivot de la vie sociale, le kafénion n'est jamais désert. Toute la journée, les hommes poursuivent d'inlassables parties de cartes ou de *tavli* (le jacquet local), à peine interrompues par des pauses café, ouzo... et par la sieste – n'en profitez pas pour photographier le patron qui somnole devant sa porte. Le soir, tout le monde – y compris le pope – se retrouve. Les discussions, élément essentiel de la vie intellectuelle grecque, s'animent au rythme des *komboloï*, sortes de petits chapelets que les Crétois font tourner avec dextérité. Mais parler donne soif... c'est le moment de savourer l'ouzo, un alcool de raisin fortement anisé ; à boire « sec » sur des glaçons ou allongé d'eau fraîche. Si vous n'êtes pas très alcool, goûtez les jus de fruits frais : orange *(khimo portokaliou)* ou pêche *(rodakina)*, ou encore l'inévitable Coca. L'hospitalité crétoise est chaleureuse. Vous ne risquez guère de vous sentir isolé ; on vous prendra à témoin et il y aura toujours un volontaire pour traduire en anglo-français l'essentiel de la discussion. De votre côté, une seule précaution : évitez de froisser la sensibilité nationale en réclamant un café turc, commandez *« ena helinikos kafès, parakalo »*, que vous prendrez sans sucre *(sketo)*, un peu sucré *(metrio)* ou très sucré *(gliko)*. Et si vraiment vous n'aimez pas, rabattez-vous sur le Nescafé que les Crétois servent « frappé » (glacé). Une soirée au kafénion, c'est une bonne façon « d'entrer en Crète ». ❖

➤ **L'ouzeri.** Il est de bon goût d'y boire un ouzo, mais on peut aussi y prendre des mezzés, tantôt simples olives ou tomates, tantôt délicieux petits amuse-gueule, dans les meilleures ouzeris – un vrai repas miniature qui suffit souvent aux petits estomacs.

Excursions organisées

➤ **En autocar.** Les agences de voyages locales organisent des excursions en autocar au départ des grandes villes et des centres touristiques, avec ramassage dans les hôtels de la côte : toutes les visites de sites célèbres figurent à leurs programmes. Il est encore difficile de trouver un « tour organisé » en français. Renseignements à la réception des hôtels ou directement dans les agences de voyages *(voir adresses dans les pages pratiques des grandes villes)*. **Héliades** garantit toutes ses excursions en français *(p. 24 et 136)*.

Les excursions proposées sont en général d'une journée. Celles, toutefois, qui permettent de traverser la Crète d'est en ouest, ou inversement, durent deux jours.

➤ **En bateau.** Excursions en bateau sur la côte nord au départ de La Canée, de Rethimnon et d'Agios Nikolaos ; sur la côte sud de Makrigialos, Ierapetra, Matala, Agia Galini, Hora Sfakion et Paleohora.

Fêtes et jours fériés

L'année liturgique orthodoxe commence le 1er septembre et se termine le 31 août ; elle commémore les épisodes de la vie de la Vierge. Il n'y a guère que quelques fêtes purement profanes qui se glissent entre ces fêtes religieuses. Les liturgies de Noël, de Pâques et les réjouissances populaires qui en découlent sont de grands moments. Comme la Crète, Rhodes célèbre les fêtes religieuses orthodoxes. Dans les deux îles, chaque église est dédiée à un saint, dont le nom est vénéré avec ferveur, au moins une fois par an, surtout dans les villages.

Fêtes profanes

➤ **Février-mars.** Le **carnaval** : il commence une semaine avant le « **lundi maigre** », premier jour du carême. **Le 25 mars : fête nationale grecque.**

➤ **Mai. Le 1er : fête du Travail ; fête du printemps et des fleurs.** On tresse bouquets et couronnes de fleurs pour les suspendre au-dessus des portes. On ne les décrochera que le 24 juin.

➤ **Juin. Le 24 : solstice d'été et feux de la Saint-Jean.**

➤ **Octobre. Le 28 : commémoration du « ochi »** (« non ») prononcé par le gouvernement de Metaxas et marquant le refus de se rendre malgré l'ultimatum de Mussolini. Jour férié national pour célébrer la victoire des Grecs au mont Pindos pendant la Seconde Guerre mondiale.

Fêtes religieuses, voir encadré p. 34.

Grandes fêtes en Crète

➤ **Septembre. Le 8 : Nativité de la Vierge**, fête à Sougia sur la côte sud (département de La Canée). **Le 14 : fête de la Croix**, jour de jeûne. Messe à Heraklion ; fête dans les villages autour du mont Ida et dans la chapelle de la Cime ; grande procession au

Toponymie

La **transcription** des noms grecs est souvent pleine de fantaisie, selon qu'elle s'attache aux lettres ou à la façon de prononcer les mots. Ainsi, La Canée s'écrit Chania (en allemand), Khania ou Hania. Par ailleurs, il arrive que plusieurs villages portent le **même nom** : pour les distinguer, il importe de savoir dans quel *nomos* ou département ils se trouvent.
Enfin, nous avons conservé le nom grec des **sites archéologiques** : Gortis est le nom grec de Gortyne, Festos celui de Phaistos…

Les fêtes religieuses en Crète et à Rhodes

➤ **SEPTEMBRE. Le 8 : Nativité de la Vierge.**

➤ **DÉCEMBRE. Le 14 : fête de la Sainte-Croix. Le 24** : les enfants chantent les *kalanda* de Noël, allant de maison en maison. **Le 25 : jour de Noël**. Début d'une fête qui dure 12 jours. **Le 31** : peu avant minuit, il est d'usage d'ouvrir la fenêtre pour faire sortir l'année écoulée et laisser entrer la nouvelle. À minuit, on partage le gâteau du Nouvel An, la *pita*, dans lequel est cachée une pièce de monnaie, porte-bonheur à qui la trouvera. C'est une tradition byzantine.

➤ **JANVIER. Le 1er : Saint-Basile**. Agios Vassilis, avec son manteau et sa barbe blanche, apporte comme notre Père Noël des cadeaux aux enfants. **Le 6 : Épiphanie**. Fête de la visite des Rois mages. Jour de la bénédiction des eaux. La messe est célébrée au bord de la mer et dans les villages de pêcheurs ; le célébrant bénit une croix, qu'il jette ensuite à la mer ; on fête celui qui réussit à la ramener. **Le 7 : Saint-Jean-Baptiste**. Fête dans les églises qui portent le nom de ce saint, Agios Ioanis.

➤ **MARS. Le 25 : fête de l'Annonciation.**

➤ **AVRIL. Ascension** et **Pentecôte**.

➤ **PÂQUES**. *Attention, la Pâque orthodoxe ne coïncide pas avec la fête de Pâques catholique*. **Dimanche des Rameaux** : les églises sont décorées de croix de feuillages tressés. **Vendredi saint** (précède le dimanche de Pâques ; férié) : célébration de la mort et de la mise au tombeau du Christ. **Samedi saint** : la messe est célébrée tout au long de la soirée et, à minuit, on chante la résurrection du Christ : *Kristos anesti* ! **Dimanche de Pâques** : la messe est solennellement célébrée dans toutes les églises. On allume parfois, au sommet d'un rocher ou sur la grève, un bûcher pour brûler symboliquement Judas.

➤ **AOÛT. Le 15 : Assomption de la Vierge** ; toutes les églises et les monastères prennent un air de fête. ❖

mont Afendis Kavousi (montagnes de Sitia). **20-25 septembre** : démonstrations sportives des clubs de sport et de natation d'Agios Nikolaos.

➤ **OCTOBRE. Le 7 : Saint-Jean-l'Ermite.** La veille au soir, service religieux au monastère de Gouverneto ; le matin, procession jusqu'à la grotte de Katoliko, où vécut et mourut l'ermite (Akrotiri). **Le 26 : Saint-Dimitri.** Fête dans les églises dédiées à ce saint très populaire. L'avant-dernier **dimanche** du mois : **fête de la Châtaigne** à Elos *(p. 246)*.

➤ **NOVEMBRE. Du 7 au 9 : fête nationale crétoise.** Hommage est rendu à la mémoire des quelque mille Crétois et Crétoises qui, en 1866, s'étaient réfugiés au monastère d'Arkadi et durent se donner la mort pour échapper aux Turcs. Rethimnon organise des concours sportifs et une fête populaire. **Le 11 : Saint-Minas.** Grande procession à Heraklion à partir de l'église Agios Minas.

➤ **DÉCEMBRE. Le 4 : Sainte-Barbara.** Fête villageoise à Agia Varvara (sur la route de Festos). **Le 5 : Saint-Savas.** Fête à Moni Savathianon (près d'Heraklion). **Le 6 : Saint-Nicolas.** Fête à Agios Nikolaos.

➤ **FÉVRIER-MARS.** Le **carnaval** : défilés à Heraklion et à Rethimnon ; masca-

La religion orthodoxe, avec ses fêtes et ses rites, constitue la toile de fond de la vie crétoise. Elle a tissé la trame de presque toutes les traditions.

rades dans toute l'île. **Le 29 mars**: liturgie, le matin, au séminaire d'Agia Triada (Akrotiri).

➤ **Avril. Le 23 : Saint-Georges** (quand Pâques a lieu après le 23, la fête de ce saint populaire est reportée au 1er lundi après Pâques). Fête dans toutes les églises consacrées à Agios Giorgios. Messe et fête populaire à Agios Giorgios Selinari, sur la route d'Agios Nikolaos. **Ascension**: dans la paroisse d'Almiros près d'Agios Nikolaos, messe et fête populaire avec danses folkloriques et feu d'artifice. **Pentecôte**: célébrée solennellement dans toutes les églises. Le **lundi de Pentecôte** est aussi jour de fête.

➤ **Mai. Le 5: Sainte-Irène.** Fête villageoise à Kroussonas (département d'Heraklion) et à Agia Irini (derrière l'aqueduc après Knossos). **Du 20 au 27 : anniversaire de la bataille de Crète** (1941) lors de laquelle les Crétois résistèrent aux parachutistes allemands; discours et concours d'athlétisme, les **Venizelia** à La Canée. **Le 21 : Saint-Constantin et Sainte-Hélène.** Fête dans les églises qui leur sont dédiées. **Le 25 : célébration de la révolution de 1821** en l'église de la Panagia Thymania à Hora Sfakion.

➤ **Juin. Du 1er au 7 : rendez-vous des pêcheurs** du Club hellénique à Agios Nikolaos. **Le 24 : feux de la Saint-Jean** et célébration du début de l'été. **Le 29 : Saint-Pierre** et **Saint-Paul.** Fêtes dans les paroisses et les chapelles du nom des apôtres.

➤ **Juillet. Le 17 : Sainte-Marine,** grande martyre qui guérit du mal. Fête populaire et grande affluence à Voni (au-delà de Knossos vers Kastelli). **Le 26 : Sainte-Paraskevi.** Fête populaire à la grotte Skotino (à quelques kilomètres au S de Gouves). **Le 27 : Saint-Pandeleimon,** grand martyr. Fête à Kounavi (au-delà de Knossos sur la route d'Ano Viano); à Pigi, près de Kastelli (département d'Heraklion); à Fournes (au S de La Canée). **Fête du Vin** à Rethimnon: danses populaires, représentations musicales et dégustation de vin dans le parc de la ville. **Festival culturel d'Heraklion**: représentations théâtrales et musicales.

➤ **Août. Le 6 : Transfiguration.** Fête religieuse en l'église du mont Ioukhtas (au S de Knossos); à Skines (au S de La Canée). **Le 8 : Saint-Miron,** qui vécut d'eau sacrée dans une grotte. Fête à Agios Miron (route d'Heraklion, vers le S). **Le 15 : Assomption de la**

Vierge. Toutes les églises et les monastères prennent un air de fête; grande fête à Neapolis dès le 14 août avec musique folklorique, danses traditionnelles et feu d'artifice; fête au village de Mohlos (au N du plateau du Lassithi); à Alikampos (à l'E de Rethimnon sur la route d'Hora Sfakion); à Moni Khrissoskalitissas (au S-O de l'île). **Le 25: Saint-Tite**, le patron de l'île et de la ville d'Heraklion. Grande procession qui part de l'église Agios Titos. **Le 27: Saint-Fanourios.** Fête en la remarquable église d'Agios Fanourios (près de Kamares). **Le 29: Saint-Jean.** Fête religieuse au N de Rodopou (dans la presqu'île à l'O de La Canée); pendant toute la nuit qui précède le 29, des milliers de fidèles se rendent à pied à une petite église isolée (env. 1 h de marche sur un mauvais chemin); célébrations et baptêmes se succèdent. Fête à Moni Kapsa (S-E de l'île). **Fin août**: mariage crétois à Kritsa, au son de la *lyra*. **Le 30 et le 31 août**: grande fête sur le plateau du Lassithi, parcouru par les villageois à dos d'ânes et de mules; fête à Psihro. **Fin août-10 sept.: festival Renaissance**, dans le fort vénitien de Rethimnon (théâtre, danse, etc.).

Grandes fêtes à Rhodes

➤ **Mars. Le 7**: célébration du rattachement du Dodécanèse à la Grèce par le traité de Lausanne.

➤ **Juillet. Le 20: fête du Prophète-Élie** et de toutes les églises qui lui sont dédiées, situées sur les hauteurs. **Le 29 et le 30**: fête en l'église Aghios Soulas de **Kremasti**.

➤ **Août. Le 14**: fête religieuse à **Kremasti**; exposition d'objets d'art populaire.

➤ **Septembre. Le 7**: célébration au monastère de Tsambikas. **Le 13 et le 14**: jour de la Sainte-Croix, célébré à Apollona et Kalithies.

➤ **Octobre. Le 28**: jour férié national *(p. 33)*.

➤ **Novembre. Le 14**: les évêques de tout le Dodécanèse célèbrent ensemble saint Konstantinos Idreos, protecteur de Rhodes.

Hébergement

Les possibilités d'hébergement sont multiples et à tous les prix. S'il était de coutume en Grèce de considérer le touriste comme un hôte, le nombre grandissant des visiteurs, souvent peu délicats, a ruiné la tradition. De nombreux hôtels sont fermés hors saison (entre oct.-nov. et mars-avr.). *Pour les adresses, voir les pages pratiques à la fin de chaque chapitre.*

Hôtels

La Crète et Rhodes vivent du tourisme et les exploitations hôtelières sont nombreuses et dans l'ensemble de bonne qualité. Sachez toutefois rester souple; pour avoir une chambre « avec vue sur la mer », précisez-le par écrit au moment de la réservation.

Les **catégories** des hôtels suivent des normes qui ne correspondent pas aux nôtres. Un hôtel « **de luxe** » n'est pas du type Hilton et cet attribut qualifie plus souvent le site et l'architecture de ces hôtels que le luxe et le style « palace ». À titre d'exemple, l'air conditionné est parfois un « extra », non systématique. Toutefois, les hôtels les plus récents répondent aux normes européennes. Les personnes seules sont, comme souvent, défavorisées quant au prix (supplément « single »). On paie en fait un espace, que l'on soit un, deux ou trois dans la chambre.

Après les hôtels « de luxe » viennent les hôtels classés de **A** à **E**. Les hôtels **A** ou de première catégorie (avec piscine) et **B** ont tous une salle de bains privée, le téléphone dans les chambres et un restaurant; la demi-pension n'est plus obligatoire. Les hôtels **C** sont de même niveau que **B**, souvent très confortables, mais ils ne proposent que la formule « chambre et petit déjeuner ». Les hôtels **D** et **E** s'apparentent aux petites pensions. La Grèce commence à s'aligner sur la classification par étoiles en usage dans l'Union européenne. *Nous avons indiqué la classification grecque des hôtels, à laquelle nous avons ajouté une transcription en symboles (de ▲ à ▲▲▲▲, voir encadré en rabat de couverture).*

Les **prix sont libres**; seul le prix minimal est fixé, mais il n'a qu'un caractère indicatif, l'hôtelier pouvant l'augmenter à sa guise. Ainsi, un hôtel C peut être plus cher qu'un B *(encadré p. 27)*.

Le nombre d'hôtels récents étant en forte augmentation, il est toujours possible de trouver une chambre sans réservation, sauf dans les sites touristiques les plus recherchés.

Pensions

On les trouve dans les villes et les villages de la côte, mais aussi à l'intérieur des terres. Elles sont souvent signalées par le panneau «**Pension**» ou «**Rent rooms**». C'est un mode d'hébergement recommandé à ceux qui circulent dans les îles. Les pensions sont souvent d'un confort et d'une propreté inattendus, à des prix plus intéressants dans l'intérieur que sur la côte. À partir de 15,25 € la chambre, quel que soit le nombre de personnes.

Locations

Maisons et appartements à louer sont de plus en plus faciles à trouver en raison d'une forte augmentation de la clientèle intéressée. Ils se situent dans la partie E de la Crète, autour d'Agios Nikolaos, de Sitia et de Ierapetra, et dans les régions de Rethimnon et de La Canée à l'O. Des **agences à Paris** en proposent dans leurs programmes : **Héliades** et les maisonnettes crétoises de Koutsounari, près de Ierapetra; **Air Sud Découvertes** et **Atsaro** *(p. 24)*. L'**ONHT** *(voir p. 27)* fournit une liste d'agences. On peut aussi consulter directement des agences sur place. *Voir la rubrique «Adresses utiles» des principales villes dans les pages pratiques à la fin de chaque chapitre.*

Monastères

On peut envisager de passer une nuit dans certains monastères: moines ou religieuses offrent parfois l'hospitalité. Leur condition est souvent difficile: laisser discrètement une offrande et proposer de payer sa nuit. Il ne faut cependant plus trop compter sur ce mode d'hébergement, devenu rare.

Auberges de jeunesse

On les trouve à **La Canée**, **Heraklion**, **Malia** et **Sitia**, mais les normes européennes sont rigoureuses et certaines doivent s'y conformer avant d'être autorisées à retrouver l'appellation. Renseignements auprès de la **FUAJ** (Fédération unie des auberges de jeunesse) où l'on se procurera la carte internationale. FUAJ, 27, rue Pajol, 75018 Paris ☎ 01.44.89.27.27, fax 01.44.89.87.49. www.fuaj.fr.

Camping

Les campeurs vont se réjouir: le nombre des terrains augmente. En **Crète**, sur la côte nord, à proximité d'Heraklion (Gournes, Hersonisos), de Rethimnon, de La Canée, d'Agios Nikolaos; sur la côte sud, à Paleohora, Agia Galini, près de Ierapetra.

À **Rhodes**, sur la côte est, à Kalithies et à Lardos. Ils sont soumis à des catégories, représentées par les lettres A, B et C, les établissement de catégorie A étant le plus haut de gamme, comprenant en général piscine et nombreux équipements.

Heure locale

La Crète et Rhodes ont **une heure d'avance** sur la France: quand il est 12h à Paris, il est 13h en Crète et à Rhodes. Le changement d'horaire a lieu à la même date qu'en France.

Horaires

➤ **BANQUES.** Les banques publiques sont généralement ouvertes de 8h30 à 14h et fermées les samedis, dimanches et jours fériés.

➤ **COMMERCES.** Ils sont soumis à une réglementation stricte qui peut varier. Les **magasins** sont ouverts les lundis et mercredis de 8h30 à 16h30, les mardis, jeudis et vendredis de 8h30 à 14h et de 17h à 20h, les samedis de 8h30 à 15h30. Ces horaires, pouvant varier d'une saison à l'autre, ne sont donnés qu'à titre indicatif. Tout est fermé le dimanche. Les **boutiques touristiques et de souvenirs** ne sont pas soumises à cette réglementation ; elles sont ouvertes toute la journée.

➤ **Postes**. Elles sont en général ouvertes de 8 h à 14 h, fermées les samedis, dimanches et jours fériés. Des «**camions poste**» sont ouverts en saison dans les grandes villes et certains sites touristiques.

➤ **Téléphone**. Les bureaux de l'**OTE** (téléphone et télégrammes) sont ouverts, en général, de 7 h 30 à 13 h.

➤ **Musées et sites archéologiques** : les horaires varient d'un site à l'autre, au gré des saisons et des humeurs. *Les horaires précisés dans ce guide à chaque site ou musée ne sont donnés qu'à titre indicatif.*

Informations touristiques

L'ONHT (**Office national hellénique du tourisme**) a un bureau d'information ouvert au public dans les villes principales, Heraklion, Rethimnon, La Canée en **Crète** et dans la ville de **Rhodes** : on y trouve brochures avec cartes des îles, listes d'hôtels, horaires des bus, liaisons maritimes. Le personnel est accueillant et parle l'anglais, souvent même le français. N'hésitez pas à vous adresser à la **police touristique**, qui peut également donner des informations sur l'hébergement sur place.

Internet

La Crète et Rhodes se sont mises à l'heure Internet. Dans les villes, et jusque dans quelques petites localités du littoral, on trouve facilement des **cybercafés** ou des **Internetcafés**, mentionnés parfois par la simple indication « Internet ». Certaines instances touristiques possèdent leurs sites et leurs boîtes aux lettres.

Langue

Le **grec**, bien sûr, mais avec quelques nuances selon l'origine de votre interlocuteur. Mais parler grec est déjà toute une entreprise !

À Heraklion, dans la petite rue 1866 qui abrite le marché, abondent les fruits et légumes frais.

La passion des armes

80 % des Crétois sont armés. Il s'agit d'une longue tradition pour cette population qui fut menacée et souvent martyrisée par des occupants successifs. Autrefois, pour montrer qu'on était un homme, on volait un Turc. Aujourd'hui, on tire sur les pancartes. Les jours de fêtes, mariages, baptêmes, une salve est de rigueur, histoire de manifester sa joie, sa virilité, son indépendance. Les cibles préférées sont les O et les A sur les panneaux des villages. Une campagne d'information a été lancée pour dissuader les tireurs. On peut ainsi lire, sur de grandes affiches au bord de la route : « Ne tirez pas sans raison ». Le civisme grec a du mal à venir à bout de cette tradition crétoise. ❖

Le **grec ancien** enseigné à l'école permet seulement de lire les noms des rues et les pancartes.

L'usage de l'**anglais** est répandu dans tous les lieux touristiques ; n'attendez surtout pas qu'on s'adresse à vous en français et, si tel est le cas, prenez-le comme un privilège.

La plupart des indications routières sont rédigées en grec et en anglais.

Voir le lexique p. 305.

Médias

➤ **Presse**. La **presse étrangère** est largement diffusée, ainsi que les journaux grecs nationaux ou régionaux. Les principaux **journaux et magazines français** sont en vente dans les villes et les lieux touristiques peu après leur parution (prix majorés). *Athens News* est un quotidien en langue anglaise.

➤ **Télévision**. Outre les trois chaînes nationales, la Crète programme sur ses cinq chaînes de nombreux films en v.o. (surtout anglaise). Tous les hôtels de bonne catégorie reçoivent des programmes en français, soit par câble, soit par satellite (TV 5) et de nombreuses chaînes privées en toutes langues.

Nudisme

Le maillot de bain « complet » est la seule tenue réglementaire. Se montrer nu choque toujours les esprits et reste passible de sanctions. Mais beaucoup de femmes quittent (pudiquement) le soutien-gorge sans susciter de réactions. Une loi grecque permet d'organiser des camps de nudistes loin des regards et

Le kiosque

C'est un supermarché en miniature, planté au coin des rues, ouvert jusque tard dans la soirée. On y trouve de tout : cigarettes grecques et américaines, journaux, bonbons, lacets, coton, aspirine, lames de rasoir, lampes, piles électriques, cartes postales, timbres, savons, *komboloï*, breloques, etc. Avec un peu de chance, on peut apercevoir le vendeur à son guichet.

On y téléphone. Repérez la couleur du téléphone ; il est rouge : on ne peut appeler que dans la région ; il est gris-noir : on peut « parler » loin, à l'étranger même. Pas d'erreur possible sur le tarif : un petit compteur enregistre le temps de parole.

Une curiosité : le *« presto café metrio »*. On achète dans un sachet un « Nescafé frappé » en kit... Il suffit d'ajouter de l'eau glacée et de secouer. ❖

selon des conditions bien définies. Plusieurs hôtels en Crète sont ouverts aux amateurs de naturisme : parmi eux, le **Calypso Cretian Village**, près de Plakias *(p. 217)*, et **Vritomartis**, à côté d'Hora Sfakion *(p. 259)*.

Politesse et usages

Les Grecs, très hospitaliers, vous invitent facilement à bavarder autour d'un café. Il serait maladroit, voire malséant, d'ignorer ces marques de sympathie et de refuser ce qui vous est proposé.

La population est très **pratiquante** : respectez ses convictions. Dans une **église**, les femmes doivent avoir les épaules couvertes et porter une jupe ; certains **couvents** refusent les femmes en pantalon. Les hommes ne doivent pas avoir les jambes nues (pas de short). Rappelez-vous qu'une femme n'a pas le droit de passer **derrière l'iconostase** : le chœur lui est interdit.

Pourboires

Cette pratique, même si elle n'obéit à aucune règle, est fort répandue dans tous les lieux touristiques : restaurants et hôtels. Mais elle est souvent déplacée dans les campagnes : mieux vaut manifester sa satisfaction par un geste.

Protection de la nature

Un sujet préoccupant, qui concerne toute une population. Égouts dans la mer, plages polluées de goudron, mer dynamitée par les pêcheurs... les dégâts importants ont laissé des traces. Les constructions sauvages, qui ont défiguré une partie des paysages, notamment sur la côte nord, sont désormais interdites. Une loi stricte prévoit leur arrêt et leur destruction en cas de transgression. Parallèlement, un effort financier est fait pour favoriser la protection de la nature, entre autres par l'intermédiaire de clubs. De gros efforts sont faits pour la collecte des ordures et la propreté des plages. Repérez les poubelles.

De grandes affiches rappellent d'être vigilant dans les régions de **forêts**; le feu détruit tous les ans de vastes étendues. Ne jetez pas de cigarettes mal éteintes, n'allumez pas de feu.

Randonnée

La Crète, avec son paysage accidenté, sa nature parfois sauvage et ses sites d'une beauté souvent saisissante, est idéale pour les randonnées.

Les amateurs pourront se procurer dans les librairies crétoises les deux cartes (une pour la moitié est, une pour la moitié ouest) ***Crete Touring Map***, au 1/100 000, éditées par Harms IC Verlag. On y trouve l'incontournable E4 (en rouge), route européenne de trekking qui traverse la Crète d'ouest en est, mais aussi une multitude de tracés en pointillé. Sur ces cartes, où sont mentionnés les refuges, camping et auberges de jeunesse, sont indiqués les reliefs, informations utiles sur cette île montagneuse.

Santé

Beaucoup de **pharmacies** *(farmakion)*, bien approvisionnées, dans les villes de grande et moyenne importance; elles sont faciles à repérer par leur enseigne: une grosse croix rouge ou verte, souvent une croix de Malte.

Dans les villages sans pharmacie, le **médecin** *(iatros)* fournit les médicaments. Les médecins sont nombreux; ils ont souvent fait leurs études à l'étranger et sont donc ouverts aux touristes. Les villes principales ont un **hôpital**. Pas de SAMU. Si la situation est grave, **rapatriement** conseillé.

Sécurité

La confiance règne encore dans ces îles. Toutefois, nul n'est à l'abri d'un vol, d'ailleurs plus à craindre d'un étranger que des autochtones. La **police** *(astinomia)* se charge du trafic routier, des affaires criminelles, etc. La **police touristique** est chargée de faire respecter les normes et les prix et de régler les litiges, son aide peut être efficace. **Un conseil**: garder sur soi argent, papiers, effets précieux; ne pas se baigner en les laissant, même cachés, sur la plage sans surveillance.

Shopping

➤ **ALBÂTRE ET ONYX**. Dans toutes les boutiques touristiques, on achète des objets taillés dans ces pierres: cendriers, vases, bougeoirs, etc.

➤ **ANTIQUITÉS**. Les boutiques d'antiquités, dans les villes touristiques, proposent de tout, des boutons d'uniformes vénitiens aux pièces turques; n'achetez pas trop cher un objet dont la valeur vous semble incertaine. Quant aux **icônes**, ne soyez pas dupe: il n'y a plus que de bonnes imitations d'icônes anciennes (exportation contrôlée).

➤ **BIJOUX**. Les Crétois sont experts dans l'art de reproduire les **bijoux de musée**, le disque de Festos par exemple. Pour ce faire, ils utilisent un procédé original, la granulation. Ils proposent également des créations originales. Ces bijoux sont à tous les prix; si l'un d'eux vous plaît et que son prix vous convient, n'hésitez pas: vous ne le verrez nulle part ailleurs.

➤ **BOIS**. Sculptures et **instruments de musique**. La *lyra*, tout à fait crétoise, ou le luth, sont de beaux instruments bien travaillés.

➤ **BRODERIE ET TISSAGE**. La qualité est encore un des traits caractéristiques du véritable artisanat crétois et rhodien, dont les traditions se perpétuent. Les femmes et les jeunes filles « crochètent », tricotent des ouvrages pour les trousseaux de mariage, mais aussi pour les boutiques des grandes villes. Grand choix de **vestes de laine**, **tapis**,

Si l'artisanat crétois s'affranchit parfois de sa vocation utilitaire, il reste fidèle aux traditions : faïences, céramiques, poteries sont toujours fabriquées et recherchées.

sacs crochetés ou tissés, napperons, **nappes**, etc. C'est du beau travail, bien fait et pas cher, si l'on considère le nombre d'heures qu'une main habile a dû y consacrer. Les étoffes, certaines anciennes, aux tons chatoyants, sont très décoratives. Attention aux nappes trop bon marché, elles viennent d'Asie.

➤ **Cuir.** Le cuir est vendu sous toutes ses formes à un prix intéressant; ceintures, sacs, porte-monnaie, pochettes, bottes, etc. Faites vos achats à **La Canée**, dans la rue du cuir, aux meilleurs prix, ou à **Rethimnon**.

➤ **Plus original.** Le ***komboloï***, petit collier de perles à « tripoter », amusant et pas cher, dans tous les kiosques. La **couronne de mariage**, un pain doré orné de jolis motifs (fleurs, oiseaux, serpents, etc.), sur les marchés d'Heraklion et de La Canée. Les **herbes** et **aromates**, sur les marchés : n'oubliez pas votre sachet d'origan et votre dictame, aux vertus vulnéraires et aphrodisiaques, dit-on.

Sports et loisirs

La Grèce étant grande adepte de basket, tous les enfants s'entraînent; faute de terrains adéquats, une jante de bicyclette accrochée au portail d'une église peut faire office de panier. On joue aussi au football, même sous la chaleur. Les vacanciers préféreront les **sports nautiques** proposés dans les hôtels de bonne catégorie et sur les plages les plus touristiques. La mer, souvent agitée par les vents, ne permet pas toujours de s'adonner à ces activités. Les terrains de tennis sont en extension.

Pour la **planche à voile**, la côte est est la mieux exposée aux vents; mais on la pratique aussi dans la baie de Sitia et à l'O de Rethimnon, dans la baie d'Almirou vers Georgioupoli.

Les **pistes** de toute la Crète se prêtent bien aux **randonnées en VTT et à pied** : l'île est parcourue par d'innombrables chemins muletiers ou sentiers à chèvres, qui longent la mer ou grimpent au flanc des montagnes. D'ailleurs, les plus beaux sites – la crête des montagnes, quelques belles plages de sable fin, les églises byzantines remarquables – ne sont souvent accessibles qu'ainsi. Plusieurs agences organisent des trekkings d'une ou deux semaines (*p. 135*).

EOS, le Club alpin hellénique, a un programme d'excursions ouvert à tous (bureaux à Heraklion, Rethimnon et La Canée, *p. 135, 216 et 255*).

Téléphone

Les bureaux de l'**OTE** (téléphone et télégrammes) sont en général ouv. t.l.j. dans les grandes villes, de 7h30 à 13h; l'attente est souvent longue et le correspondant parfois difficile à joindre (lignes occupées, surchargées).

Des **cabines téléphoniques** à carte permettent d'appeler à toute heure toute destination (cartes en vente à la poste et dans les kiosques). 100 unités permettent environ 5 mn de communication avec la France. On peut appeler depuis les « kiosques » *(encadré p. 40)*.

La Crète est très bien couverte pour les **portables**, montagnes et plages comprises.

Toilettes

« *Toualétas parakalo ?* » : « les toilettes, s'il vous plaît ? » On trouve des toilettes publiques dans les grandes villes, sous le sigle WC. Il était d'usage de jeter le papier hygiénique dans un seau ou une poubelle, surtout pas dans la cuvette des toilettes : cela devient de plus en plus rare. Soyez toutefois prêt à vous y conformer si la situation se présente.

Transports intérieurs

Pour les ***distances*** *entre les principales villes de Crète, voir p. 44.*

En voiture

➤ **Les routes.** Elles sont dans l'ensemble bien goudronnées et les pistes sont praticables. Les postes à essence sont fréquents sur le réseau asphalté. Les noms de localités sont en caractères grecs, mais avec transcription en caractères latins. Les orthographes varient certes, mais on reconnaît « au son approché » tous les lieux. Dans les villes et sites touristiques, un grand nombre d'informations sont données en anglais. Les indications kilométriques sont parfois approximatives. Restez prudent, nids de poule ou pistes peu carrossables pour une voiture de tourisme sont encore d'actualité. La **vitesse** est **limitée** à 80 km/h sur les routes, 50 km/h dans les agglomérations.

➤ **La circulation en ville** et surtout le **stationnement** relèvent de l'exploit ; l'asphyxie est quasi totale, le matin, à l'heure des marchés. Si, d'aventure, vous transgressez la loi, attendez-vous

Téléphone, mode d'emploi

En 2002, une nouvelle numérotation téléphonique a été mise en place en Grèce. Chaque numéro comporte désormais **10 chiffres** : l'ancien indicatif (qui est intégré au numéro) et le numéro du correspondant. Le 0 de l'indicatif a été remplacé par un **2**.

➤ **Indicatifs régionaux** : Heraklion : 2810 ; Agios Nikolaos : 28410 ; Rethimnon : 28310 ; La Canée : 28210 ; Sitia : 28430 ; Agia Galini : 28320 ; Paleohora : 28230 ; Rhodes : 22410.

Téléphones portables : leurs numéros commencent par **6**.

➤ **Pour téléphoner en Grèce**, composer le 00 (international) + 30 (Grèce) + n° du correspondant avec le 2 initial (fixe) ou le 6 initial (portable). On compose 14 chiffres au total.

➤ **Pour téléphoner en France**, composer le 00.33 puis le numéro du correspondant (sans le 0 initial).

Indicatif pour la **Belgique** : 00.32.

Indicatif pour la **Suisse** : 00.41.

Tableau des distances en Crète

	Agia Galini	Agios Nikolaos	La Canée	Heraklion	Rethimnon	Sitia	Ierapetra
Agia Galini	-	139	134	70	62	212	175
Agios Nikolaos	139	-	219	65	147	73	36
La Canée	134	219	-	150	58	292	255
Heraklion	70	65	150	-	78	138	105
Rethimnon	62	147	58	78	-	220	183
Sitia	212	73	292	138	220	-	60
Ierapetra	175	36	255	105	183	60	-

à une forte contravention et même à la disparition de vos plaques d'immatriculation que vous ne pourrez récupérer, moyennant finance, qu'à la police « spéciale circulation ».

➤ **LOCATION DE VOITURES.** C'est une des solutions qui présentent le plus d'avantages. Les agences sont nombreuses et les offres de prix variées. Les deux compagnies internationales **Avis** et **Hertz** offrent sans doute les meilleures garanties (possibilités de location et de paiement en France), mais leurs services sont chers. **Payless** offre de bons services à moindre prix. Une petite compagnie locale sérieuse, **Kydon Rent-a-Car**, à La Canée (Hania), garantit, en français, ses services dans toute la Crète *(p. 257). Voir la rubrique « Adresses utiles » des principales villes dans les pages pratiques à la fin de chaque chapitre.*

En taxi

Le taxi n'est pas encore un luxe; on peut l'utiliser pour de petits déplacements sans se ruiner ; pour ces courses, donner au chauffeur le prix indiqué sur le taximètre. La location de voiture avec chauffeur n'existe pas, mais on peut prendre un taxi qui fixera un prix forfaitaire à la journée ou à la visite.

En autocar ou en bus

À la campagne, les arrêts d'autocars sont en général faciles à trouver, sur le bord des routes ou au cœur des villages: ce sont les panneaux bleus **KTEL**, du nom de la compagnie qui régit les bus locaux. Tous les sites touristiques sont desservis par les **bus locaux**. On trouve des horaires clairs et précis dans les offices de tourisme et les gares routières (indications en anglais).

Les grandes villes ont leur **gare routière** (Heraklion en a deux, *voir p. 137*). Rethimnon et La Canée ont, en plus de leur gare, des arrêts en ville pour certaines destinations *(p. 215 et 257).*

En moto et en scooter

Moins chers que la voiture, les deux-roues sont très prisés sur les îles. Soyez prudent et ne faites pas de record de vitesse. Vérifiez que le véhicule est assuré. *Pour la location de deux-roues, voir les pages pratiques à la fin de chaque chapitre.*

En ferry

Des lignes régulières desservent la côte sud-ouest de la Crète. L'une assure la traversée **Paleohora/Gavdos**, tôt le matin (2 fois par semaine) avec escales à Sougia et Agia Roumeli. **Trajet**: Paleohora/Sougia, 1 h. Sougia/Agia Roumeli, 1 h. Agia Roumeli/Gavdos, 4 h. Retour le même jour avec les mêmes escales.

L'autre ligne fait la liaison entre **Agia Roumeli** (arrivée des gorges de Samaria) et **Hora Sfakion** (autocars pour La Canée, Rethimnon et Plakias); plusieurs bateaux par jour, avec escale éventuelle à Loutro, 1 h 30 de traver-

L'autocar, mode de transport pittoresque et pratique, est un moyen d'entrer en contact avec la population locale.

sée. Pour aller de Paleohora à Hora Sfakion et inversement, il faut changer de bateau (avec attente possible) à Agia Roumeli (liaisons t.l.j.).

Un ferry partant d'Hora Sfakion dessert l'île de **Gavdos**. **Trajets**: Hora Sfakion/Loutro, 20 mn. Hora Sfakion/ Agia Roumeli, 1 h 10. Hora Sfakion/ Paleohora, 3 h. Hora Sfakion/Gavdos, 2 h 20.

En caïque

Ces petites embarcations n'assurent pas de liaisons régulières le long de la côte, sauf sur la côte ouest de la Crète. Quelques excursions sont organisées des ports des côtes nord et sud. Il est parfois possible de s'embarquer avec un pêcheur: vous pouvez en chercher un dans un kafénion près du port et discuter le prix, mais sachez que la plupart des pêcheurs ne sont pas autorisés à transporter des passagers.

Urgences

En cas d'accident, n'attendez pas l'organisation sanitaire en vigueur en Europe occidentale; pas de SAMU, par exemple. Laissez-vous orienter sur les services compétents: police, hôpital… En cas de difficulté, contactez le consulat français à Heraklion, à La Canée ou à Rhodes.

Pour les voitures, l'Automobile Club de Grèce **ELPA** propose un réseau d'assistance très efficace, même si l'on n'est pas adhérent; information au ☎ 174, assistance sur route ☎ 104, 24 h sur 24. *Voir adresses p. 136 et 186.* **Express Service** a aussi un réseau privé d'assistance ☎ 154.

Voltage

Le courant électrique est de 220 V. S'il faut parfois un adaptateur dans les sites reculés, les prises sont en général conformes aux normes européennes.

DÉCOUVRIR

Fresque du Paradis (XIVe s.)
de l'église byzantine
de la Panagia Kera à Kritsa,
dans le département du Lassithi.

HÉRITAGE ET ACTUALITÉ

Les mythes fondateurs, tels que les rapportent les poètes de la Grèce antique, Homère et surtout Hésiode, lient directement les origines de Rhodes et celles de la Crète. À l'origine, racontent-ils, était Éros, l'Amour, qui unit Gaïa, la Terre, à Ouranos, le Ciel. De cette union naquit le Titan **Cronos**, le dieu du temps, qui épousa **Rhéa**. De crainte d'être détrôné par l'un de ses enfants, Cronos avalait sa progéniture. Rhéa, en bonne mère, usa de stratagèmes pour tenter d'épargner ses enfants. Enceinte de Zeus, elle s'en fut accoucher secrètement en Crète, revint à l'Olympe et présenta à Cronos, à la place de son dernier-né, une pierre langée que ce dernier avala, persuadé qu'il s'agissait de son fils.

C'est donc en Crète, dans la grotte de l'Ida ou du mont Dicté, selon les traditions, que naquit **Zeus**, fils de Cronos et futur dieu des dieux. Il passa son enfance parmi les Courètes, un peuple de génies guerriers, allaité par la chèvre Amalthée ou nourri par des nymphes qui lui donnaient à boire du lait de chèvre.

Rhéa, après avoir arraché Zeus à l'appétit paternel, confia son jeune frère **Poséidon** aux Telchines, petites divinités du feu venues de Crète s'installer à Rhodes. Ces dernières élevèrent Poséidon qui s'empressa, à la mort de son père Cronos, de prendre le trident tendu par Zeus, qui en fit le dieu de la mer *(voir aussi p. 50)*. Fidèle aux compagnes de son enfance, Poséidon épousa Alia, une sœur des Telchines, dont il eut six fils et une fille, **Rhodes**.

Histoire de la Crète

Avec le roi **Minos**, le mythe rejoint l'histoire de la Crète. Certes, les poètes disent que Minos fut désigné par les immortels pour siéger aux enfers comme juge, en compagnie d'Éaque et de Rhadamante. Il aurait régné sur l'île vers 1500 av. J.-C. et été un monarque vénéré, grand législateur, estimé pour sa haute sagesse. Pourtant, bien des éléments échappent encore aux archéologues et aux historiens: qui anima l'âge d'or de la Crète ? Est-ce Minos ? Fut-il le maître incontesté, ainsi que le prétendent les mythes ? Minos est-il le nom d'un roi ou bien celui d'une dynastie ? Autant d'hypothèses dont aucune n'apporte toutes les certitudes.

Le culte de la déesse-mère

Les fouilles ont permis d'établir que les premières peuplades de l'île apparaissent vers le **V^e millénaire av. J.-C.** Elles vivent alors de pêche, de chasse et de cueillette, utilisant des outils en pierre et en os; elles se logent d'abord dans les nombreuses grottes de l'île et construisent plus tard des cabanes en torchis sur une base de pierre. Les populations de cette époque adorent la grande divinité-mère, une **déesse de la fécondité**. Cette croyance, propre à toutes les cultures primitives, sera une des constantes de la civilisation minoenne.

Les premiers envahisseurs

Au cours du **IIIe millénaire av. J.-C.**, des envahisseurs venus du Nord s'implantent dans l'île, y introduisent le bronze, leur culture et des techniques nouvelles. Le mariage des méthodes est heureux puisque la Crète devient vite compétitive sur les marchés d'Égypte et du Proche-Orient, où elle fait commerce de ses poteries et achète les matières premières ainsi que les pierres précieuses et semi-précieuses qui lui font défaut. Dans les îles de Milo et de Iali, elle trouve l'**obsidienne**, qui lui sert à fabriquer les objets tranchants tels qu'armes et lames. Les **tombeaux** nous révèlent la vie d'alors: dans ceux qu'on a retrouvés dans la **plaine de la Messara**, à proximité de Gortis, les défunts étaient enterrés avec toutes sortes d'objets, des bijoux, des sceaux faits d'ivoire, de cristal de roche et de pierres semi-précieuses.

Durant cette période, la Crète orientale est très active, comme en témoignent les fouilles des îlots de **Psira** ou de **Mohlos**. Mais la Crète d'il y a plus de 4000 ans a surtout ce talent de concevoir avec art les objets les plus communs ; les poteries, d'abord grossières, modelées à la main et cuites en plein air,

Thésée combattant le Minotaure.

La Crète, ses héros et ses dieux

Zeus

Les poètes de la Grèce antique, Homère et surtout Hésiode, nous ont transmis une version écrite des mythes grecs qui nourrissent et exaltent encore aujourd'hui notre imaginaire. Ces récits épiques, où s'entremêlent légende et histoire, racontent les aventures des dieux, des héros et des simples mortels, et sont révélateurs de l'évolution de l'humanité telle qu'on la concevait à l'époque. Dans cette « production à grand spectacle », la Crète, qui vit naître Zeus et Thésée venir à bout du Minotaure, tient l'un des premiers rôles.

Les dieux de l'Olympe

Pour arriver et se maintenir au sommet de l'Olympe, le chemin des dieux a été malaisé : il leur a fallu écraser les Titans avec l'aide des Cyclopes, précipiter les Géants aux enfers, mettre à mort et enterrer l'horrible Typhon sous l'Etna en Sicile. Zeus lui-même ne s'impose comme dieu des dieux qu'après avoir eu raison de son père Cronos – il l'oblige à restituer ses frères et sœurs que cet abominable géniteur dévorait dès leur naissance ! Une fois la famille réunie, les frères se partagent le monde : Zeus se réserve le ciel et la terre, Poséidon reçoit la mer, Hadès les enfers. Dieux et déesses sont anthropomorphes et leur vie est jalonnée de succès et d'échecs. Ils s'intéressent comme les mortels aux personnes du sexe opposé et procréent un grand nombre d'enfants légitimes et illégitimes auxquels ils font une place, selon leur mérite, dans l'Olympe. Ils déploient, en permanence, un génie fertile en inventions qui aujourd'hui encore nous remplit d'admiration. Il est bien normal que les mortels demandent leur intercession quand l'univers se déchaîne et qu'ils ont peur.

Apollon

Zeus et sa fratrie

De l'union de Rhéa et de Cronos naissent six « rescapés », plus ou moins haut placés dans l'Olympe. **Poséidon**, dieu de la mer, est identifiable à son trident dont il ne se sépare presque jamais. **Hadès**, dieu des enfers mais aussi du monde, est le maître des richesses du sous-sol. **Hestia** est la déesse protectrice du foyer et la gardienne du feu sacré. **Déméter** est la déesse de l'agriculture. Elle donne une fille, Perséphone, à son auguste frère. **Héra**, sœur et

Héra

Hadès

Athéna

épouse de **Zeus**, est la déesse du mariage, protectrice des foyers et mère d'Athéna, Hébé, Arès et Héphaïstos. Elle est furieuse des infidélités de son époux, dont elle cherche sans cesse à se venger.

Le mythe du Minotaure

Tout commence avec l'enlèvement d'**Europe** *(encadré p. 125)*. Des amours de Zeus et d'Europe naissent trois fils : Minos et ses deux frères Rhadamante et Sarpédon qu'il évince pour devenir roi de la Crète, dont la civilisation rayonne sur toute la Méditerranée.

Pour montrer à ses frères qu'il est l'élu des dieux, **Minos** demande à son oncle de lui offrir une victime digne de lui, destinée au sacrifice ; **Poséidon** fait surgir de l'eau un superbe taureau blanc… que Minos omet de sacrifier aux dieux. C'est alors que les événements se précipitent. Pour se venger de cet affront, Poséidon inspire à **Pasiphaé**, la femme de Minos, une folle passion pour le taureau. **Dédale** lui construit une vache en bois dans laquelle Pasiphaé se cache. Elle peut ainsi assouvir cet amour contre nature et donne naissance à un monstre à corps d'homme et à tête de taureau, le **Minotaure**.

Poséidon

Thésée et le labyrinthe

Minos, furieux et vexé, demande à son architecte Dédale de construire à Knossos un **labyrinthe** dans lequel il enferme le Minotaure. Mais il faut nourrir le monstre, et celui-ci s'abreuve de sang humain.

Après sa victoire sur Athènes, Minos exige en tribut que sept jeunes gens et sept jeunes filles soient chaque année livrés au Minotaure. **Thésée**, le fils du roi d'Athènes, se mêle aux jeunes Athéniens et part pour la Crète. À peine débarqué, il rencontre **Ariane**, fille de Minos, et en tombe amoureux. Ariane lui donne une pelote de fil dont il attache une extrémité à l'entrée du labyrinthe. Il affronte le Minotaure, le tue et regagne la sortie du labyrinthe en enroulant sa pelote.

Thésée s'enfuit avec Ariane, mais l'abandonne quelque temps plus tard pendant son sommeil. La justice divine est clémente avec la belle Ariane : à son réveil, elle rencontre Dionysos qui tombe amoureux d'elle et l'épouse. Il la conduira sur le mont Olympe où elle accédera à l'immortalité. ■

Héphaïstos

Le labyrinthe de Minos,
représentation d'une pièce de monnaie.

La fresque du corridor de la Procession de Knossos, en hommage à Minos, montre des offrandes cérémonieusement portées dans les rhytons.

trouvent un style original, appelé **style de Vassiliki**, du nom de leur lieu d'origine, ou encore « flammé » : des flammes sombres lèchent le fond clair de cruches avec un long bec à l'allure d'oiseaux, le versoir séparant les yeux.

Les anciens palais : la période protopalatiale (2000-1700 av. J.-C.)

Vers **2000 av. J.-C.** commence une ère nouvelle et prospère marquée par quatre grandes constructions : des palais, dit-on souvent, « des sanctuaires », a suggéré l'historien Paul Faure. Les édifices s'élèvent à **Knossos**, au milieu des vignes, non loin du mont Ioukhtas, à **Festos**, face au mont Ida, sur une colline dominant la plaine de la Messara, à **Malia**, sur le littoral fertile de la côte nord, et à **Kato Zakros**, dans une baie souriante de la côte orientale. Les trois premiers sites étaient probablement les capitales d'une fédération de petits royaumes qui, rapporte la mythologie, auraient été gouvernés par les trois fils de Zeus et d'Europe, Minos à Knossos, Rhadamante à Festos et Sarpédon à Malia.

L'ère minoenne

Durant cette période, appelée « **ère minoenne** », la Crète intensifie ses relations commerciales avec l'Égypte et l'Orient, élargit ses marchés, installe des comptoirs en Phénicie, à Chypre, dans les Cyclades et en Argolide; important des matières premières et exportant des produits transformés, elle détient alors le monopole du commerce. Elle est peut-être le premier empire maritime jamais connu, selon Arthur Evans *(encadré p. 54)*, qui n'hésite pas à parler de « **thalassocratie minoenne** ». L'île connaît alors trois siècles de prospérité: les grandes jarres se remplissent des produits du terroir, olives, huile, céréales, légumes et fruits secs, vin. L'aisance favorise le **développement des arts** qui gagnent en finesse et en créativité: les sculpteurs travaillent le métal et les pierres précieuses, les peintres exécutent des fresques, les artisans, en découvrant la technique du tour, créent une poterie remarquable, la **céramique de Kamares**, où les motifs polychromes du monde végétal et animal s'impriment sur des fonds sombres.

Les nouveaux palais : la période néopalatiale (1700-1450 av. J.-C.)

Vers 1700 av. J.-C., l'île est ravagée et les palais de Knossos, de Festos, de Malia et de Kato Zakros sont détruits. La cause reste mal connue: un tremblement de terre? un raz de marée? Après ce désastre, la Crète se relève. De nouveaux palais sont reconstruits sur les ruines des anciens, mais avec plus d'ampleur. Il semble que **Knossos**, dont la ville est importante, impose son autorité sur toute l'île, après avoir détruit Malia et soumis Festos. Les archéologues ont bien retrouvé des signes, des caractères hiéroglyphiques qui datent d'environ 2000 av. J.-C., ainsi que des tablettes recouvertes d'écritures, qu'ils regroupent sous le nom de « **linéaire A** », mais leurs efforts pour les déchiffrer demeurent vains. En revanche, une deuxième écriture, le « **linéaire B** » a pu être déchiffrée, qui a démontré l'existence d'activités économiques et religieuses d'une partie de la Crète, centralisées et contrôlées par Knossos *(p. 94)*. On constate ainsi que l'**industrie**

Henri Schliemann et Sir Arthur Evans

Un jeune Allemand, **Henri Schliemann** (1822-1890), accorde aux récits légendaires une valeur historique et, s'appuyant sur l'œuvre d'Homère, retrouve à la fin du XIXe s. la ville de Troie. Fort de cette expérience, Schliemann gagne la Crète, en quête de ruines qui prouveraient les dires d'Homère : « au large, dans la mer vineuse, est une île aussi belle que riche, isolée dans les flots, c'est l'île de Crète, aux hommes innombrables, aux quatre-vingt-dix villes ; parmi elles, Knossos, grande ville de ce roi Minos [...]. »

Mais les troubles politiques qui secouent l'île à la veille de son indépendance empêchent l'archéologue d'accomplir son travail de fouilles et c'est un amateur, l'Anglais **Sir Arthur Evans** (1851-1941), qui réalise plus tard son projet : à partir de 1900, il exhume Knossos. Son zèle est aussi fantastique que la découverte : Evans et son équipe libèrent des pierres, des murs, des escaliers, des amphores, mais aussi de petits trésors, des statuettes, des bijoux, des morceaux de fresques ; ils recollent, ajoutent, reconstituent avec du ciment, repeignent des murs à partir de quelques petits restes de couleurs pour essayer de comprendre et de faire comprendre la civilisation qu'ils mettent au jour *(encadré p. 100)*.

Recherches passionnées où cohabitent observations, hypothèses et contradictions, tel est le climat qui règne autour de ces fouilles. Malgré des interprétations souvent peu scientifiques, le travail d'Evans a une énorme répercussion sur les cercles archéologiques qui entrevoient l'espoir de résoudre une énigme et de remonter plus avant dans leur connaissance de l'histoire. Ses démarches ont révélé l'existence d'une civilisation intermédiaire entre l'Égypte et la Grèce, florissante entre 2000 et 1450 av. J.-C., les dates restant approximatives. Cette Crète dite « minoenne », caractérisée par son rayonnement économique et culturel sur toute la Méditerranée, serait l'aube de la Grèce antique.

Aucun texte écrit n'a permis d'établir une chronologie satisfaisante ; nous laisserons de côté celle d'Evans, qui s'est appuyé sur l'évolution de l'art de la céramique et a distingué trois périodes (Minoen ancien, Minoen moyen et Minoen récent), pour préférer celle du Musée archéologique d'Heraklion *(p. 87)*, plus facile à suivre. Elle est établie en fonction de l'architecture et se divise en quatre périodes dont les grandes constructions, les palais de Knossos, Festos, Malia et Kato Zakros constituent les points de repère. ❖

textile, dispersée dans toute l'île, était prospère, grâce à un cheptel de 300 000 moutons ; que les salaires étaient payés en nature, que des familles entières, hommes, femmes et enfants, travaillaient. Les offrandes aux dieux étaient elles aussi comptabilisées. Tous ces renseignements permettent de mieux comprendre la vie courante de l'époque néopalatiale, sans pourtant éclaircir tous les aspects de cette civilisation.

1450 av. J.-C : seconde destruction des palais

Vers 1450 av. J.-C., une terrible catastrophe anéantit une partie de l'île et les palais sont à nouveau détruits. Plusieurs hypothèses furent avancées : invasions, révoltes intérieures, ou encore éruption du volcan de Santorin, thèse qui est la plus retenue actuellement. L'**éruption de Santorin**, d'une terrible violence, eut en effet lieu vers 1500 av. J.-C. et on a retrouvé en Crète de la pierre ponce, des cendres, des traces d'incendie. Le seul fait non éclairci reste un décalage de chronologie d'une cinquantaine d'années entre l'éruption et la destruction des sites crétois. Après cette catastrophe, seul Knossos réussit à revivre ; mais la civilisation minoenne, atteinte par ce coup fatal, décline rapidement.

La période postpalatiale (1400-1100 av. J.-C.)

Vers 1400 av. J.-C., les conquérants **mycéniens** arrivent. Ce peuple venu du Nord s'était d'abord installé dans le Péloponnèse sous le nom de peuple **achéen**, avant de prendre la domination de Mycènes – d'où leur nouveau nom –, puis de s'emparer de la Crète. Les Mycéniens ont commercé pacifiquement avec les Crétois avant de les conquérir, assimilant une partie de leur culture ; pendant trois siècles, la Crète, toujours active, se teinte de culture mycénienne. Les morts, par exemple, sont enterrés avec des armes ou des épées, une tradition des peuples guerriers, ce qui n'était pas le cas sous les Minoens.

La domination dorienne (1100-env. 70 av. J.-C.)

Puis arrivent les **Doriens**, des barbares venus des Balkans au XIIe s. av. J.-C. Ils occupent bientôt toute la Crète, qu'ils dévastent. Conquérants vainqueurs, ils imposent à l'île leur système social, une législation et une constitution ; les célèbres **lois écrites de Gortis**, où figurent les droits des citoyens et des esclaves, datent de cette époque (500 av. J.-C. ; *voir p. 117*).

Les Doriens développent le commerce et l'industrie et fondent de nouvelles villes. Le **fer** remplace lentement le bronze. Les **arts** connaissent une impulsion nouvelle et le style de cette époque, caractérisé par une certaine raideur, est appelé « **dédalique** ». Mais la politique dorienne ne convient pas à tous et certains se réfugient dans les montagnes et les sites d'accès difficile, comme les abords du plateau du Lassithi, Karfi et surtout Pressos *(p. 170)*, qui porte encore les traces d'une acropole et de l'enceinte d'une forteresse. Cette population qui résiste aux envahisseurs conserve la langue et la religion de la civilisation minoenne anéantie : on appelle aujourd'hui les derniers porteurs de ces survivances les **Étéocrétois**.

La conquête romaine (de 67 av. J.-C. à 395 apr. J.-C.)

Soucieux d'agrandir leur empire, les **Romains** s'attribuent la Crète en 67 av. J.-C., après deux ans de combats. Ils rattachent l'île à la Cyrénaïque – cette région orientale de la Libye devenue province romaine en 74 av. J.-C. – pour former une province, dont Gortis, cité-État, devient la capitale administrative. De cette époque il reste quelques traces : mosaïques, temples, sculptures, aqueducs, routes, bâtiments de briques, etc. La Crète fut aussi égyptienne, le temps d'un amour : Antoine offrit en effet à Cléopâtre une partie de l'île. En l'an 59, l'apôtre Paul, lors de son voyage vers Rome, débarque sur la côte sud ; il laisse à Titus, son compagnon, futur évêque de Crète, le soin de christianiser l'île (épître de saint Paul à Tite).

Domination byzantine et intermède arabe (395-1204)

Dans le partage de l'Empire romain entre Orient et Occident, au IVe s., la Crète passe sous obédience byzantine pour un peu plus de huit siècles. Seuls les **Arabes**, qui détiennent alors tout le commerce méditerranéen, réussissent à l'occuper de 824 à 961, établissant un port de refuge avec une forteresse ; son nom, **El-Kandak**, qui veut dire « le retranchement », deviendra Candie, l'actuelle Heraklion. Libérée des Arabes par **Nikiforos Fokas** en 961, un général qui devient empereur de Byzance en 963, la Crète accueille des familles nobles byzantines, des négociants, des chrétiens de tous pays, jusqu'au jour où, pour trente livres d'or, elle est vendue.

Venise dicte sa loi (1204-1669)

La IVe croisade (1202-1204) n'aboutit pas en Terre sainte, mais à Constantinople, l'ancienne Byzance, et s'achève par le partage des biens de l'Empire byzantin, en 1204. **Boniface de Montferrat**, chef de l'expédition, cède alors la Crète, qui lui revient, à la république de Venise ; celle-ci, soucieuse de maintenir sa puissance dans le commerce du Levant, a besoin de s'assurer les ports crétois. La soumission de l'île ainsi bradée se révèle difficile et Venise, qui veut lever une dîme et installer ses colons, doit dompter plus de trente révoltes entre 1205 et 1363. Malgré cette résistance, le lion de Saint-Marc, son symbole, s'imprime sur les forteresses qu'elle construit sur tout le pourtour de l'île, à Heraklion, Ierapetra, Sitia, Rethimnon, Frangokastello, etc.

Le lion de Saint-Marc, symbole de la république de Venise, rappelle aux Crétois le joug qui leur fut imposé de 1204 à 1669.

Les façades vénitiennes, les jolies fontaines, comme la fontaine Morosini à Heraklion ou la fontaine Rimondi à Rethimnon, l'église Saint-Marc à Heraklion, sont autant de traces laissées par la sérénissime république au long d'une dictature qu'elle exerce durant plus de quatre siècles sur l'île rebelle, dont les montagnes assurent, une fois encore, le refuge des insoumis.

L'épanouissement des arts que connaît la Crète sous la domination vénitienne n'empêche pas l'île de subir un profond malaise économique qui se répercute sur la population, quand les **Turcs** décident de déloger les Vénitiens. Ils sont puissants et attaquent La Canée en 1645, puis Rethimnon en 1646. Ils ne réussissent à s'emparer de Candie qu'après

La peinture crétoise du XIIe au XVIIe s.

Durant l'occupation vénitienne, la Crète reste imprégnée des **traditions artistiques de Byzance**. Plus de huit cents petites églises et chapelles byzantines, dont beaucoup sont encore à découvrir, sont décorées de fresques : si les plus anciennes datent du XIIe s. – au village d'Episkopi, l'église dédiée à l'archange Michel *(p. 244)* – la majorité furent exécutées aux XIVe et XVe s. – monastère de Vrondisi *(p. 128)*, église Agios Pandeleimon *(p. 111)*, etc.

À la chute de Constantinople en 1453, la Crète devient une terre d'asile pour de nombreux artistes et hommes de lettres qui fuient devant les Turcs. Sous leur impulsion, monastères orthodoxes, universités et écoles se multiplient : c'est le début d'une **renaissance artistique et intellectuelle**.

Le style original des nouveaux peintres leur confère une solide réputation ; leurs œuvres s'inscrivent dans l'art byzantin sous le nom d'**« école crétoise »**. Certains sont appelés à exercer leur activité artistique loin de l'île, au mont Athos, comme Théophane, entre 1535 et 1558, ou aux Météores, par exemple. L'**icône** supplante lentement la fresque. Entre 1570 et 1591, un peintre s'impose dans cet art : **Michel Damaskinos** (six de ses œuvres sont exposées au musée des Icônes d'Agia Ekaterini à Heraklion, *voir p. 91*).

À partir du XVIe s., l'**influence italienne** transparaît dans toute la peinture. Un artiste crétois, **Domenikos Theotokopoulos** (1541-1614), originaire peut-être de Fodele, affirme son génie en Espagne sous le nom plus connu du **Greco**. ❖

un siège de vingt et un ans (1648-1669) et grâce à l'aide de Crétois animés par l'espoir de se libérer du joug des Vénitiens ; ces derniers résistent et gardent quelques forteresses côtières jusqu'au début du XVIIIe s. : celles de l'île de Spinalonga et de Gramvoussa tomberont respectivement aux mains de Turcs en 1714 et 1715.

« La liberté ou la mort » : l'occupation turque (1669-1898)

L'occupation turque (1669-1898) est longue, cruelle, sanguinaire et entrecoupée de révoltes. La Crète doit se soumettre aux nouveaux maîtres, pachas, agas, janissaires ou beys, des oisifs qui ont le pouvoir et exploitent les chrétiens. Aussi les plaines et les villes non abritées se font-elles musulmanes par intérêt plus que par conviction ; quant aux chrétiens insoumis, ils gagnent les montagnes. L'agriculture et le commerce vont en se dégradant et la colère gronde dans les âmes orthodoxes. En 1770, les Crétois, d'abord soutenus par la puissante Russie, qui s'approprierait volontiers une partie de l'Empire ottoman s'il sombrait, se soulèvent avec à leur tête un Sfakiote : **Daskaloianis**. Mais la cause est perdue et la rébellion violemment réprimée.

Au cours du XIXe s., les soulèvements se multiplient, surtout à partir de 1821, date de l'insurrection victorieuse des Grecs contre les Turcs. Quand, en 1832, la Grèce obtient son indépendance, la Crète ne veut plus être esclave. Mais la politique des grandes puissances et leurs intérêts ne vont pas dans le sens des Crétois, qu'elles abandonnent à leurs tristes réalités quotidiennes. **Nikos Kazantzakis** *(encadré p. 107)* a dressé, dans son roman *La Liberté ou la Mort*, le tableau de la misère intolérable subie par ses compatriotes.

L'île de Crète devient grecque

La lutte cependant n'est pas vaine. En 1898, la situation est si critique que les puissances alliées décident le départ des Turcs et accordent à la Crète son autonomie ; elles désignent le **prince Georges**, fils cadet du roi de Grèce alors régnant, pour l'administrer. Sa politique est dénoncée par **Eleftherios Venizelos** *(encadré ci-contre)* ; cet homme politique influent et actif réussit enfin à donner à la Crète le statut auquel elle aspirait : en 1913, après la guerre des Balkans, l'île est rattachée au royaume de Grèce. Son autonomie n'aura duré que quinze ans. En 1922, Grèce et Turquie redéfinissent leurs frontières ; tous les musulmans de Crète sont expulsés de l'île qui accueille, en contrepartie, de nombreux réfugiés grecs d'Asie Mineure.

L'occupation allemande et italienne

Lors de la Seconde Guerre mondiale, la Crète, plus que jamais convoitée du fait de sa position privilégiée en Méditerranée, retombe aux mains de nouveaux occupants : le 20 mai 1941, les parachutistes allemands se posent à **Maleme**, à l'ouest de La Canée. Malgré la résistance farouche des Crétois, soutenus par les Alliés, qui

Sacré héros national, artisan du rattachement de la Crète à la Grèce, Eleftherios Venizelos a connu une popularité fluctuante. La postérité délaisse ses élans totalitaristes pour conserver la seule mémoire de son œuvre moderniste.

Eleftherios Venizelos

Personnalité emblématique de la vie politique de la Grèce dont il devient en 1910 le Premier ministre, Eleftherios Venizelos (1864-1936) naît en Crète, à La Canée. Il se bat dès 1897 pour l'*enosis*: le rattachement de la Crète à la Grèce. Venizelos est partisan d'une grande nation hellénique et rassemble, au lendemain de l'indépendance crétoise (1898), l'opposition contre la politique du prince Georges Ier alors roi de Grèce. Il réclame, en 1905, une révision de la constitution crétoise. Trois ans plus tard, le gouvernement grec proclame l'union de la Crète à la Grèce qui sera ratifiée en 1913.

Chef du parti libéral, ses défaites et victoires se succèdent au long des années instables que la Grèce traverse entre les deux guerres sans qu'il perde jamais de vue l'idée de la consolidation d'une grande nation hellénique au sein de l'Europe. Cependant, usé par les années de pouvoir, il démissionne en 1932, quitte la Grèce et meurt à Paris en 1936. Il est inhumé à La Canée. ❖

ont mal coordonné leurs actions, et après un combat de dix jours, la **bataille de Crète** est pour Hitler le succès sans précédent d'une grande opération aéroportée payée cependant du prix du sang: les pertes humaines sont considérables. Les Italiens occupent l'est de l'île, les Allemands l'ouest et pendant trois ans et demi, famines, répressions et déportations sont les fléaux contre lesquels les Crétois se battent. Quand, en octobre 1944, la Crète est libérée, le bilan des dommages subis est impressionnant: villes bombardées, villages anéantis, misère, souffrances physiques et morales. À la Libération, le redressement de l'île, la reconstruction des maisons et de villages entiers se font avec l'aide des Alliés. Les États-Unis prennent vite la relève d'une Angleterre épuisée par ce second conflit mondial. Et la Crète, dont l'histoire politique se calque désormais sur celle de la Grèce, devient un pion sur l'échiquier mondial, une base importante de l'OTAN et l'oreille des États-Unis en Méditerranée, dit-on! Ainsi la partie se joue-t-elle avec la Crète, mais sans les Crétois.

Nouvelle menace turque

Un jour de l'été 1974, la Crète vit une fois encore une grande angoisse: le conflit opposant Grecs et Turcs pour **Chypre** – aussi convoitée que la Crète – laisse réapparaître l'ombre menaçante de l'ennemi héréditaire. Victime de cet événement, l'économie crétoise risque de retomber, entraînant dans sa chute le tourisme, nouvelle « industrie » encore artisanale que les « colonels », au pouvoir à Athènes, veulent favoriser par leurs crédits hôteliers – injustement distribués, dit-on. En 1974, les colonels cèdent enfin le pouvoir et la démocratie est restaurée avec le retour de **Constantin Caramanlis** qui, comme beaucoup de Grecs rebelles à la dictature, avait trouvé refuge en France. Depuis lors, les Crétois manifestent souvent de la sympathie pour les Français. En revanche, ils n'apprécient guère les Américains qui ont soutenu le pouvoir des colonels (1967-1974) et dont les bases occupent tous les points stratégiques; certains le manifestent sur les murs.

Une île aux marches de l'Europe

La nouvelle situation politique, bien accueillie, ne bouleverse pas le profil économique d'une île essentiellement montagneuse et toujours agricole. Seul le **tourisme** (35 % des revenus), selon ses partisans, peut contribuer à équilibrer la balance commerciale, créant des emplois et enrayant donc une émigration, moins chronique certes que dans la période de l'après-guerre, mais qui reste encore l'unique moyen pour des jeunes de satisfaire de nouvelles aspirations matérielles. On craint que l'inflation ne grignote les maigres économies ou les espoirs de modernisation de certains.

Pourtant, la Crète connaît un développement spectaculaire, le meilleur par tête d'habitant en Grèce. Elle semble animée d'une frénésie de construction, non plus seulement d'hôtels, mais de maisons particulières ou d'immeubles. Il suffit de regarder les faubourgs des villes et des villages. Les paysans augmentent leurs surfaces cultivées d'oliviers; ils se tournent vers les cultures maraîchères qui s'exportent bien et s'enrichissent en plaçant leur argent dans l'immobilier. La Grèce vit au rythme de l'Europe et les grosses exploitations d'oliviers ou de cultures destinées à l'exportation supplantent la propriété du petit paysan qui vivait sobrement en autarcie. Les Crétois, qui étaient dans l'ensemble contre l'entrée de la Grèce dans le Marché commun, reconnaissent aujourd'hui que leurs produits s'exportent bien. Conscients de l'importance de leur participation à la communauté, ils s'orientent désormais vers la qualité. Rester crétois tout en étant européen, tel est le grand défi du XXIe s. ■

Actualité de la Crète

Entre tradition et modernité, la Crète demeure fidèle à ses racines et n'abandonne rien de sa piété. Entre agriculture et tourisme, elle s'engage sur les chemins d'une économie moderne, l'agriculture restant prédominante. Les sources d'énergie traditionnelles sont insignifiantes, mais le soleil et le vent offrent à la Crète de belles et nouvelles perspectives.

Apprivoiser la terre

Malgré le relief accidenté et un sol pierreux, plus de 30 % des terres sont cultivées. On imagine aisément le travail que cela exige : il faut aménager des terrasses et bien souvent irriguer les cultures, les sources étant très inégalement réparties entre l'ouest, bien nanti et très vert, et l'est, sec et désertique. L'éolienne permet de pomper l'eau là où se trouve une nappe phréatique. L'amélioration souvent vitale du rendement est liée aux progrès de la mécanisation, mais les méthodes de travail sont encore très artisanales.

Entre la vigne et l'olivier

L'olivier et la vigne viennent en tête de la production agricole. Il y aurait sur l'île plus de **50 millions d'oliviers**... de quoi gauler pour tous ! Quant aux vignes, elles couvrent toutes les régions vallonnées, surtout au sud d'Heraklion. Olives, huile, raisins de table et surtout raisins secs sont destinés à l'exportation. Le **vin**... on se le garde, même s'il s'exporte de mieux en mieux *(voir p. 226)*. Les serres, souvent en plastique, sont de plus en plus nombreuses dans les plaines côtières, où elles abritent **cultures maraîchères** et **fleurs** : concombres, tomates et bananes dans la région de Ierapetra ou à l'ouest de Paleohora, œillets et giroflées à l'est d'Heraklion. Quelques régions se sont spécialisées dans l'**orange** et le

Arbre d'Athéna, symbole de richesse et de paix qui sait se contenter des sols arides et caillouteux, l'olivier fournit d'importantes ressources à la Crète. Ses fruits et l'huile qu'on en extrait sont en grande partie exportés.

Les « nomos » ou départements

La population crétoise compte environ 584 000 hab., répartis comme si le continent grec exerçait un pouvoir magnétique ; les trois quarts des habitants vivent dans les villes et les villages de la côte nord, tandis que le sud est très faiblement peuplé. La Crète est divisée administrativement en quatre parties *(nomos)* que nous appellerons « départements » ; leurs capitales, Heraklion, Agios Nikolaos, Rethimnon et La Canée, toutes sur la côte nord, drainent l'essentiel de l'activité. Une bonne partie des relations avec l'extérieur passent par **Heraklion**, la capitale, et **La Canée**, qui sont desservies par un port et un aéroport. ❖

citron (La Canée, Fodele). Près de La Canée, on tente d'acclimater l'**avocat**. Une surprise: les **petits escargots gris** achetés surgelés en France proviennent de Crète, qui exporte aussi des **herbes** (sauge, camomille, etc.), surtout pour la pharmacie, et des caroubes, utilisées pour nourrir le bétail, fabriquer le Celluloïd et le papier photo.

Le tourisme, deuxième activité économique

Le **tourisme** profite à l'économie locale par les emplois qu'il crée et les perspectives qu'il ouvre sur l'avenir et le monde extérieur; mais le tableau n'est pas sans ombres, comme à Rhodes: certains sites sont dénaturés, les emplois sont saisonniers et le personnel manque souvent de qualification.

Images du quotidien

Un personnage que vous rencontrerez partout en Crète, c'est le **pope**, cheveux tirés en un petit chignon serré dans le cou. Vous le trouverez au marché, au kafénion, discutant avec les hommes du village. Comme l'autorise la religion orthodoxe, il peut être marié et père de famille, à la différence des moines et des évêques, qui, eux restent célibataires.

Bienveillance et hospitalité marquent l'ambiance de tous les jours. L'étranger, souvent, est convié à partager une tomate, une grappe de raisin, quelques amandes, un bol de lait de chèvre ou un verre de raki, quels que soient les moyens, souvent réduits, de son hôte. Il peut même arriver que, dans un kafénion, un villageois que vous ne connaissez pas règle votre café. Cela ne se refuse pas…

Pas de village sans église

Depuis le passage de saint Paul, l'île a été chrétienne, mais son destin a suivi celui de Byzance et quand, en 1054, l'**Église d'Orient** s'est séparée de Rome, la Crète est restée dans son giron. L'Église crétoise a réussi à maintenir chez ses fidèles la langue et les traditions byzantines, rituelles et populaires, et ce malgré les tentatives renouvelées des Vénitiens pour la ramener vers Rome, puis des Turcs pour lui imposer l'islam.

L'Église de Crète, aujourd'hui indépendante de celle de Grèce, est toujours sous l'obédience de Constantinople. Autonome, elle mène une politique d'ouverture œcuménique et d'action sociale. Pour entrevoir sa dimension, il suffit de regarder: il n'est pas de village sans église, pas de sommet

Foulard à franges, canne de berger, bottes… Les Crétois restent très fortement attachés à leurs traditions.

sans chapelle, pas de route ni de chemin sans sanctuaire. Elle a tissé la trame de presque toutes les traditions ; hommes, femmes et enfants vont au service religieux du dimanche, communient (non pas d'une hostie, mais de pain et de vin) ; le pope vient bénir, en général au début du mois, maisons et boutiques ; baptêmes et mariages sont de grands événements. Toutefois, certains monastères se dépeuplent et les constructeurs d'églises ne sont plus animés de l'inspiration spirituelle d'antan. Piété ou habitude ? La foi, en tout cas, est teintée de superstitions ; on ne s'adresse pas tant au bon Dieu qu'à ses saints ou à la Vierge (la *Panagia*) pour qu'ils adoucissent la vie quotidienne. Pour conjurer le mauvais œil, on attache le « bon œil » (petit pendentif qui s'achète au kiosque ou en bijouterie) au cou du bébé, au tableau de bord du taxi ou de l'autocar.

Pas de fête sans rites religieux

Il n'est pas de fête sans rites religieux, pas de manifestation officielle sans représentation du pouvoir spirituel. Les Crétois vivent au rythme de leurs fêtes qu'ils célèbrent avec une ferveur toute méditerranéenne.

La fête peut être un pèlerinage pour rejoindre l'église du village où est vénéré un saint. Elle débute la veille du jour à célébrer et dure toute la nuit.

Pour approcher le vrai visage de la Crète d'aujourd'hui, il faut saisir le contraste entre cette foule recueillie qui, le devoir religieux accompli, retrouve une dimension purement profane. Car, autour de l'église ou à proximité, il y a la kermesse où pacotilles en plastique côtoient images saintes dans une joyeuse cacophonie et les effluves de *souvlaki*… On dansera sur la place du village. ■

Histoire de Rhodes

Le jour où Zeus distribua le monde, confiant la mer à Poséidon, il oublia **Apollon**, alors occupé à promener le Soleil dans son char à travers le ciel. Le soir, quand Apollon revint sur l'Olympe réclamer sa part, Zeus chercha dans les restes du partage et lui proposa l'île de Rhodes. Un jour, visitant ses terres, Apollon rencontra Rhodé, la jolie nymphe. De leurs amours naquirent **Ialyssos**, **Lindos** et **Kamiros**, qui fondèrent sur l'île de Rhodes trois villes à qui ils donnèrent leurs noms.

Quand l'histoire rattrape la légende, l'île n'apparaît plus que comme un territoire sous influences. Rhodes, comme les autres îles de la mer Méditerranée, a en effet connu une multitude d'envahisseurs, dont plusieurs laissèrent leur empreinte, en particulier aux époques hellénique, byzantine, médiévale et turque. Les fouilles, effectuées essentiellement par des archéologues danois et italiens, ont mis au jour la plupart des ruines.

Une île sous influences

Tout porte à croire que, dans les débuts de la civilisation de l'île, entre 1550 et 1100 av. J.-C. (fin de l'âge du bronze), l'influence dominante fut celle de la **Crète minoenne**. Puis, comme la Crète, Rhodes voit arriver les **Mycéniens**, vers 1400 av. J.-C., suivis des **Doriens**, vers 1100 av. J.-C. Ces derniers développent les villes de **Ialyssos**, **Lindos** et **Kamiros**, qui connaissent au VIe s. av. J.-C. une période de prospérité économique. Au carrefour des routes maritimes et commerciales entre le Nord et le Sud, l'Ouest et l'Est, les Doriens deviennent de prospères **marchands** ; ils maintiennent de bonnes relations avec les autres pays méditerranéens, notamment avec l'Égypte, où ils ont un comptoir sur le Nil. Pour faciliter le commerce, chaque ville frappe ses pièces. Les archéologues

Vue médiévale de la ville de Rhodes. On y reconnaît le palais des Grands Maîtres ainsi que les remparts, bâtis à l'époque byzantine et consolidés par les chevaliers de Saint-Jean. Gravure conservée au département des Cartes et Plans de la Bibliothèque nationale (Paris).

ont retrouvé des spécimens datant des Ve et VIe s., où figurent la tête d'Apollon et une fleur de grenadier.

C'est aux emplacements des trois villes antiques que l'on retrouve les monuments de la période hellénique : ville antique de Kamiros, acropole et théâtre de Lindos, maigres vestiges du temple d'Athéna sur le mont Philerimos, où Ialyssos était construit. **Rhodes**, qui les supplante toutes les trois au Ve s. av. J.-C., garde également trace de cette période, avec le temple d'Aphrodite dans la vieille ville, le stade, le théâtre et l'acropole sur le mont Smith.

Hésitations politiques

De la fin du Ve au IIIe s. av. J.-C., Rhodes connaît une période plus trouble du point de vue des alliances politiques. Les Rhodiens changent plusieurs fois d'alliés : on les voit aux côtés des Perses contre les Grecs, vers 480, puis membres de la ligue athénienne, puis aux côtés de Sparte contre Athènes, en 411, enfin contre Sparte, du côté de la démocratie athénienne. L'île se dote d'un gouvernement oligarchique, à la manière de Sparte, avant d'adopter un régime démocratique, sur le modèle d'Athènes. Les fluctuations politiques génèrent

Paysages crétois

Avec ses 12 à 56 km de largeur et 260 km de longueur seulement, la Crète est pourtant la plus grande des îles grecques, la cinquième en Méditerranée après la Sicile, la Sardaigne, Chypre et la Corse. Les paysages y sont d'une étonnante diversité.

1000 km de côtes n'y changent rien: la Crète est avant tout une région de montagnes dominée par de hauts massifs. À l'ouest, les Montagnes blanches *(Lefka Ori)*; au centre, le mont Ida, dont le plus haut sommet, le Psiloritis, atteint 2456 m, et, vers l'est, le mont Dicté puis les montagnes de Sitia. L'Afrique n'est pas loin, 300 km au sud à vol d'oiseau, mais son influence n'est que tectonique: la Crète a subi les mouvements des plaques et en se soulevant elle s'est plissée, puis craquelée. Ainsi se sont creusés dans le sud de l'île des canyons et des gorges. Les plus célèbres sont les gorges de Samaria *(p. 233)*.

À l'ouest de l'île se dressent les Montagnes blanches, les *Lefka Ori*, qui dominent la région de La Canée. Ponctuées de gorges, elles comptent une vingtaine de sommets, enneigés six mois par an. L'un d'eux, le mont Pachnes, culmine à 2 453 m.

Plus de 3000 grottes à explorer

Dotée d'un sol calcaire à 97%, la Crète a subi toutes les formes d'érosion. Elle est creusée d'innombrables grottes, de cavernes, de passages souterrains, tout un monde tellurique qui passionne les géologues, les archéologues ou les spéléologues. Dans ce relief tourmenté, il ne reste de fertiles que les plaines côtières, plantées de cultures maraîchères et fruitières, la Messara au sud, l'unique grande plaine de l'île et de tout temps son grenier à blé, et quelques hauts plateaux (800 m d'altitude environ) où poussent céréales et pommes de terre, comme le plateau du Lassithi.

La forêt, belle mais rare

Les gorges d'Aradena, qui surplombent un village abandonné, peuvent faire l'objet d'une excursion : il faut prévoir une marche de six heures au cours de laquelle les novices rencontreront certains passages ardus.

L'île était autrefois couverte de forêts de cyprès, de pins et de châtaigniers, déjà exploitées par les Minoens. Mais les arbres furent victimes de l'occupation turque : cherchant refuge dans les montagnes, les Crétois ont coupé et brûlé pour survivre. L'élevage a ensuite poussé les propriétaires à agrandir les pâturages. Aujourd'hui, la situation inquiète : aucun grand projet pour replanter n'est amorcé et les quelque 90 000 chèvres de l'île se régalent des tendres pousses des jeunes arbres. Le feu, enfin, dans cette île brûlée par le soleil, est un ennemi implacable qui détruit tous les ans de vastes étendues.

Pas un paysage ne ressemble à l'autre. La flore sauvage, surtout celle du printemps, est d'une richesse inattendue. Quand le voyageur suit la côte entre Heraklion et Malia, il l'imagine dénudée ; mais il faut la parcourir, la regarder pour la découvrir. Les animaux, en revanche, sont moins variés. Mais la Crète a une originalité, l'agrimi, appelé aussi « kri-kri », une chèvre sauvage aujourd'hui très rare, qui n'existe plus que dans des régions protégées de l'ouest ; on en trouve des représentations sur des vases et des sceaux minoens.

Le relief accidenté de l'île est adapté aux seuls élevages caprin et ovin.

Le vent domestiqué

Les moulins à vent du plateau du Lassithi illustrent tous les livres consacrés à la Crète. Le vent a fait tourner les petites voiles blanches, permettant ainsi de puiser l'eau dans la nappe phréatique et d'irriguer les cultures. Les Vénitiens avaient déjà su exploiter cette énergie : les carcasses de ces moulins d'antan se détachent encore au sommet des cols et sur les crêtes. Avec les progrès de la technique et l'apparition du moteur, le vent ne semblait plus présenter d'intérêt. Erreur ! Des éoliennes modernes au profil esthétique ont fleuri dans l'est de l'île, près de Toplou. Financées en grande partie par l'Union européenne, elles constituent un exploit technique, avec les plus grosses turbines d'Europe (hélices et turbines pèsent 37 tonnes). Elles pourront fournir jusqu'à 30 % de l'énergie consommée en Crète, une énergie propre qui réjouit les écologistes.

Le soleil, une énergie à l'étude

Outre l'industrie du tourisme qu'il favorise grandement, le soleil est aussi une source d'énergie inépuisable qu'il suffirait de contrôler pour que la Crète devienne riche. On étudie l'énergie « soleil » sur l'île de Gavdos, loin des regards curieux : attendons pour apprécier.

Le colosse de Rhodes

Heureux du dénouement trouvé au siège de leur ville par Démétrios, en 304 av. J.-C., les Rhodiens, reconnaissants, couvrent leurs dieux d'offrandes et érigent, avec l'argent provenant de la vente des armes de Démétrios, laissées sur place, le fameux colosse. Œuvre de Charès de Lindos, le colosse n'était pas à l'entrée du port, un pied sur chaque digue, contrairement à ce que montre un dessin de Rottiers. Une telle construction, haute de 35 m, nécessite en effet pour ses fondations un terrain beaucoup plus résistant. On ne connaît pas son emplacement exact, mais on peut affirmer qu'il était dans les limites de l'actuelle vieille ville. La merveille ne resta debout qu'une soixantaine d'années; en 226 av. J.-C., un violent tremblement de terre la jeta au sol. Les débris restèrent sur place neuf siècles, jusqu'au jour où les Arabes les transportèrent sur la côte d'Asie Mineure et les vendirent.

Si le colosse était en ruine, la ville ne l'était pas moins, et de nombreuses cités amies envoyèrent de l'aide pour la reconstruire; la prudente politique extérieure menée par Rhodes s'avérait payante. ❖

des discordes, et les batailles entre les deux partis – pro-spartiate et pro-athénien – durent pendant presque toute la première moitié du IVe s. av. J.-C. Finalement, le bon sens et l'opportunisme l'emportent et il est plus ou moins décidé que Rhodes sera dorénavant du côté le plus profitable à son commerce, c'est-à-dire, dans la majorité des cas, du côté des vainqueurs.

C'est ainsi que les Rhodiens deviennent les alliés d'**Alexandre le Grand** en 332 av. J.-C. Mais à la mort du grand conquérant, en 323, son lieutenant, **Antigonos**, demande à Rhodes de s'allier à lui pour combattre le roi d'Égypte. Le commerce de l'île avec ce pays est alors trop important et les dirigeants de Rhodes refusent. Antigonos veut les faire fléchir par la force et leur envoie son fils, **Démétrios Poliorcète**, qui assiège la ville. Ce siège (305-304 av. J.-C.), un des plus longs de l'histoire de Rhodes, est une occasion glorieuse pour la population de montrer son ingéniosité, face aux modernes machines de guerre de Démétrios. Au bout d'un an, les deux ennemis sont toujours sur les mêmes positions. Comme rien ne laisse prévoir une issue prochaine, un arrangement est conclu grâce à la médiation de plusieurs villes grecques et aux relations directes entre Antigonos et le roi d'Égypte.

Rhodes entre Rome et Byzance

Rhodes connaît une époque florissante, sa monnaie a cours partout, son code du commerce maritime fait la loi sur les mers. Peuplée de 60 000 à 80 000 hab., la cité s'embellit de théâtres, de statues, de temples et d'écoles. Cette **ère de paix** ne dure guère: à la fin du IIIe s. av. J.-C., l'**Empire romain** commence à s'étendre à l'est de la Méditerranée; fidèles à leurs principes de politique extérieure conciliatrice, les Rhodiens adoptent une attitude amicale à l'égard des

Romains. Mais rapidement, le destin de Rhodes suit celui, mouvementé, de Rome qui, en 297 av. J.-C., l'annexe définitivement. Au partage de l'Empire romain, en 395 apr. J.-C., l'île devient byzantine, oubliée de l'Occident, et livrée aux raids des pillards perses puis arabes. On redécouvre l'île au temps des croisades, dès le XIe s. : les vaisseaux en route pour la Terre sainte y font escale. Elle en profite pour se déclarer indépendante, échappe au joug de Venise, mais tombe sous celui de **Gênes** puis est de nouveau rattachée à l'Empire byzantin.

Il ne reste pratiquement aucun vestige architectural authentique de l'époque byzantine ; les églises ont été transformées au cours des siècles en mosquées par les Turcs. La très belle **église des Saints-Apôtres**, par exemple, est devenue l'actuelle mosquée de Soliman le Magnifique. Quelques rares spécimens de cet art subsistent à l'intérieur de l'île, moins touché par les invasions : église de la Panagia à **Lindos**, chapelle de Saint-Georges à **Philerimos** (restaurée) et celle de Saint-Jean à **Koufa**, **monastères de Thari** (près de Larma) et de **Skiadi** (entre Apollakia et Katavia).

Le temps des chevaliers

En 1309, les **chevaliers de l'ordre de Saint-Jean-de-Jérusalem** débarquent sur l'île de Rhodes, après avoir été chassés de Saint-Jean-d'Acre puis de Chypre *(voir p. 276)*. Ils achètent l'île aux Génois et luttent trois ans durant pour obtenir de l'empereur de Byzance le droit de rester. Rhodes ayant été depuis longtemps convertie au **christianisme** par saint Paul, ils y trouvent bon accueil et ils bâtissent. Ce sera, du début du XIVe s. à la fin du XVe s., une très grande époque **architecturale**. Un style gothique, très proche du style provençal de l'époque, caractérise les constructions : croisées d'ogives, blasons, etc. On peut voir maisons, remparts et château dans la vieille ville de Rhodes et d'autres monuments répartis dans l'île : **châteaux de Kamiros** et de **Monolithos**, maisons du XVe s. et remparts à **Lindos**. Remparts, auberges, châteaux, toujours debout, donnent une idée de ce que fut l'extraordinaire puissance de cette petite communauté.

La domination ottomane

En 1522, après des mois de siège héroïque, **Soliman le Magnifique**, le sultan ottoman, qui veut absolument Rhodes, réussit à s'en rendre maître. Les chevaliers de Saint-Jean émigrent une nouvelle fois vers l'Italie, puis l'île de Malte.

Dans la ville de Rhodes, de beaux témoignages de l'occupation turque se mêlent aux monuments médiévaux : la **tour de l'Horloge** (derrière la mosquée de Soliman), quelques tours rondes dans les remparts, des maisons et surtout des **mosquées** : celles de Soliman (la plus importante), de Mustapha, de Radjep Pacha, d'Agha Djami, de Tekkedji Djami (cette dernière rattachée à l'école des derviches). Vus du port, les minarets des mosquées, pointant au-dessus des remparts, donnent l'impression d'être à la porte de l'Orient. À l'extérieur de la vieille ville, rue Konstantinou, face au théâtre national, une ravissante petite mosquée, celle de Murat Reis, est entourée d'un cimetière où les stèles, très caractéristiques, sont surmontées d'un turban.

Portrait de Crétois

Les Crétois portent le costume traditionnel en maintes occasions. Mandili *noué autour de la tête, poignard d'argent glissé dans la ceinture, ils ont fière allure. Si les couleurs sombres sont de rigueur, c'est pour marquer le deuil de la liberté observé durant des années d'asservissement.*

Le Crétois, si bien campé dans les romans de Nikos Kazantzakis *(encadré p. 107)*, a pour trait essentiel son attachement aux traditions. À la campagne, il est courant de voir les hommes vêtus du costume traditionnel, surtout pendant les fêtes : bottes de cuir noir, culottes larges au-dessus du genou *(vraka)*, tête ceinte d'un foulard à franges *(mandili* ou *sariki)* ; dans la ceinture, ils glissent encore le poignard d'argent et d'ivoire, comme à l'époque minoenne. D'une manière générale, les Crétois ont plus les traits de montagnards que d'insulaires. C'est aussi que la montagne leur a toujours servi de refuge contre les envahisseurs, qu'ils soient doriens, turcs ou italiens. Fier, libre, patriote, passionné jusqu'à en être violent, prisant l'honneur et prêt à laver un outrage dans le sang, le Crétois « typique » se sépare rarement d'une arme ; les bergers ont ainsi refusé de livrer leurs fusils aux gendarmes du régime des colonels, chargés de réquisitionner toutes les armes.

Petits, bruns, de type méditerranéen, ou grands, blonds, les yeux bleus, comme l'étaient probablement les Doriens : l'histoire et sa kyrielle d'invasions ont laissé leurs marques sur les visages des habitants de l'île, rendant caduque la notion de « type crétois ». Seul le nom, qui se termine souvent en « akis » ou « aki », signe peut-être réellement l'appartenance à la population de Crète.

De manière traditionnelle, le père règne en maître incontesté sur une famille très solidaire et préfère avoir des fils. Ainsi, interrogé sur sa famille, le père dira : « J'ai trois enfants et aussi deux filles » pour dire qu'il a cinq enfants dont trois garçons. La femme vit en retrait, vouée aux travaux ménagers et agricoles, et à ses devoirs de mère ; les vieilles et les veuves s'habillent en noir. La fille, dès son plus jeune âge, file, crochète et tricote sa dot pour trouver plus vite un époux, que son père choisit. Un frère ne se marie pas avant que toutes ses sœurs ne soient mariées. ❖

Le palais de Rhodes s'organise autour d'une cour dallée de marbre. Sur la face nord-est s'élèvent des statues hellénistiques provenant de l'odéon de l'île de Kos (archipel du Dodécanèse).

La période contemporaine

Rhodes reste aux mains des Turcs jusqu'en 1912, puis devient italienne jusqu'à la fin de la Seconde Guerre mondiale. Durant leurs quelque quarante ans d'occupation, les Italiens bâtissent, eux aussi. Passons vite sur le quartier à l'entrée du port Mandraki, fruit de la mégalomanie fasciste, pour ne retenir que les bonnes réalisations de ces derniers occupants: la restauration du **château des Chevaliers**, peut-être un peu trop neuve d'aspect pour un spécialiste, et l'ensemble ravissant des **thermes de Kalithea**, à 6 km de la ville. En 1947, enfin, l'île est rattachée à la Grèce, contre laquelle elle s'était si souvent battue plus de vingt siècles auparavant.

Un destin touristique précoce

Tout se passe, à partir de sa prise de possession par l'**Italie**, comme si le destin de Rhodes était déjà scellé: la beauté du lieu, son climat exceptionnel n'échappent pas aux Italiens. En accord avec leurs alliés allemands, ils décident d'en faire un lieu de villégiature privilégié pour les bourgeois et les militaires de leurs deux pays. Ils mettent donc en œuvre un programme de **restauration de la vieille ville** de Rhodes et construisent les deux routes principales de l'île.

La Seconde Guerre mondiale interrompt le projet. La paix revenue, ce sont les Grecs eux-mêmes qui découvrent les charmes touristiques de leur nouvelle possession. De plus, l'île bénéficie alors d'un statut de port franc et les Grecs en profitent pour réaliser des affaires intéressantes. En 1956, on voit arriver les premiers Scandinaves. Dix ans plus tard, **Constantin Caramanlis**, alors à la tête du gouvernement grec, prévoit l'essor touristique important dont Rhodes pourrait bénéficier. Par de larges financements, il la fait doter d'équipements hôteliers convenables. Et c'est une irrésistible ascension qui ne connaît de halte que durant la période difficile des colonels, entre 1967 et 1974, ou lorsque des événements politiques secouent Chypre (1974), la fiévreuse voisine.

Une île pauvre d'être trop belle

Rhodes est aujourd'hui entièrement tournée vers le **tourisme**, ce qui ne va pas sans présenter certains risques. Financièrement, les habitants s'enrichissent, mais l'île, elle, s'appauvrit. Alors que Rhodes était jadis fertile et exportait des fruits et des légumes, elle doit maintenant en importer. Un tiers seulement de sa population habite encore dans les nombreux villages de l'île. Les jeunes paysans descendent à la ville pour trouver un travail plus rémunérateur et moins dur que celui des champs, mais **aucune garantie d'emploi** ne les protège et, malgré les efforts des autorités pour promouvoir le tourisme toute l'année, ils n'ont du travail que six mois par an.

Autre incidence malheureuse du tourisme à Rhodes, l'île de charme au passé prestigieux a attiré les pires laideurs architecturales de la part de promoteurs plus soucieux de rentabilité que d'esthétique. Seule la vieille ville de Rhodes, exemple unique en Europe de cité médiévale à avoir toujours été habitée, est restaurée avec un grand souci de rigueur. Une approche très humaine des problèmes sociaux que posent les travaux a fait en sorte de ne pas déloger ses occupants, et d'énormes subventions ont permis de préserver cet étonnant patrimoine qui garde ainsi son caractère authentique. Mais sur le reste de l'île, c'est une autre affaire. Le gouvernement cherche à protéger ce qui attire les étrangers et investit dans l'héritage légué par les cultures antérieures, mais laisse aussi agir les hommes d'affaires. Comment concilier deux ambitions, visant toutes les deux à faire de Rhodes une île accueillante pour beaucoup? ■

Les repères de l'histoire

En Crète et à Rhodes	Dates	Dans le monde
	Av. J.-C.	
Période néolithique.	**5000**	Égypte : culture néolithique du Fayoum.
Échanges commerciaux entre la **Crète** et les îles égéennes.	**3000-2800**	Civilisation sumérienne. Mésopotamie : civilisation phénicienne, fondation de Tyr. Égypte : début de l'Ancien Empire.
Début de la civilisation minoenne en Crète.	**2600 à 2100**	Égypte : début du Moyen Empire.
Les premiers palais : Knossos, Festos, Malia, Kato Zakros.	**2000 à 1700**	Époque d'Abraham, patriarche des Hébreux.
1700. Première destruction et reconstruction des palais minoens.		Mésopotamie : ascension de Babylone.
1450. Seconde destruction des palais. Déclin de la civilisation minoenne.	**1500**	**Vers 1500.** Éruption du volcan de Santorin.
Invasion des Achéens en Crète et à Rhodes. Culture mycénienne.	**1400**	Début de la civilisation mycénienne en Grèce.
	1300	**1300.** Égypte : Ramsès II. Fin du Nouvel Empire.
Destruction des palais mycéniens en raison d'une crise économique et de troubles sociaux.	**1200**	Grèce : les palais de Mycènes, Tirynthe, Pylos et Thèbes sont détruits. 1230 : guerre de Troie.
Invasions doriennes en Crète et à Rhodes.	**1100**	Époque de Moïse. Les Hébreux sortent d'Égypte.
900-650. Période géométrique et orientalisante.	**900 à 800**	**814.** Fondation de Carthage.
650-500. Période archaïque.	**700 à 500**	**753.** Fondation de Rome. **538.** Conquête de la Mésopotamie par les Perses.
500-330. Période classique. **330.** *Période hellénistique, décadence : une partie de l'île de Rhodes est aux mains des Ptolémées d'Égypte. La situation politique est confuse et les actes de piraterie se développent.* **305.** *Rhodes s'allie avec Athènes. Édification du colosse de Rhodes par Charès de Lindos.* **Fin du IVe s.** *Construction du temple d'Athéna à Lindos.*	**500 à 300**	**490-478.** Grèce : guerres médiques. **461-446.** guerre d'Athènes contre Sparte. **336.** Alexandre le Grand succède à Philippe de Macédoine. **330.** Assassinat du roi Darius.
297. *Rome annexe Rhodes.* **226.** *Violent tremblement de terre et destruction de la ville de Rhodes. Chute du colosse.*	**300 à 1**	**297-275.** Règne de Pyrrhus, roi d'Épire. **212-167.** Guerre macédonienne contre les Romains. **146.** Les Romains soumettent la Grèce. **101-44.** Vie de Jules César.

67. La **Crète** devient province romaine, rattachée à la Cyrénaïque. **59.** Saint Paul accoste au sud de la **Crète**. Christianisation.		**50.** La Gaule devient une province romaine. **48-31.** Guerres civiles romaines. **30.** Mort d'Antoine et de Cléopâtre.
	Apr. J.-C.	
330. Première période byzantine.	**IVe s.**	**314.** 1er partage de l'Empire romain. **306-337.** Grèce : règne de Constantin le Grand, premier empereur chrétien.
	Ve s.	**476.** Fin de l'Empire romain d'Occident.
824. Occupation arabe, établissement du port-refuge El-Kandak (**Heraklion**).	**IXe s.**	**824.** Rome : le pape retombe sous la coupe de l'empereur germanique.
961. Seconde période byzantine, libération de l'emprise arabe par Nikiforos Fokas.	**Xe s.**	**959-963.** Grèce : règne de Romain II.
1054. La **Crète** demeure fidèle à l'Église d'Orient.	**XIe s.**	**1054.** L'Église d'Orient se sépare de Rome.
1204. Boniface de Montferrat cède la **Crète** à la République de Venise. **1204-1669.** Hégémonie vénitienne. Occupation vénitienne mais influence byzantine. **1206-1210.** Guerre des Vénitiens contre les Génois pour la domination de la **Crète**. Victoire vénitienne.	**XIIIe s.**	**1202-1204.** 4e croisade, sous la conduite de Boniface II de Montferrat. L'Empire byzantin tombe aux mains des croisés. **1212.** Frédéric II Hohenstaufen est couronné empereur de Germanie. **1290.** Naissance de l'Empire ottoman.
1306. *Les chevaliers de l'ordre de Saint-Jean-de-Jérusalem achètent l'île de Rhodes aux Génois puis s'y implantent (1309).*	**XIVe s.**	**1306.** France : Philippe le Bel bannit les juifs et confisque leurs biens.
1452. Fuyant les Turcs, de nombreux artistes et lettrés se réfugient en **Crète**.	**XVe s.**	**1453.** Chute de Constantinople. Fin de l'Empire romain d'Orient.
1522. *Soliman le Magnifique se rend maître de Rhodes. Les chevaliers de Saint-Jean quittent l'île.*	**XVIe s.**	**1522.** Siège de Méthoni et de Koroni par les Turcs (S-O du Péloponnèse).
1645-1646. Attaque des Turcs à **La Canée**, puis à **Rethimnon**. **1669.** Début de l'occupation turque. Le 27 septembre, les Turcs s'emparent de **Candie**, capitale de l'île.	**XVIIe s.**	**1669.** Louis XIV prend les premières mesures de restriction à l'application de l'édit de Nantes.
1770. Soulèvement crétois contre l'occupant turc organisé par Daskaloianis. **1798.** Napoléon en **Crète** (campagne d'Égypte).	**XVIIIe s.**	**1770.** Soulèvement anti-ottomans dans le Péloponnèse. **1789.** Révolution française. **1798.** Égypte : Bonaparte fonde l'Institut du Caire.

1898. Autonomie de la Crète. Le prince Georges, fils cadet du roi de Grèce, désigné administrateur.	**XIXe s.**	**1832.** Indépendance de la Grèce. **1898.** France : affaire Dreyfus.
1913. Rattachement de la Crète au royaume de Grèce.	**1910**	**1913.** Raymond Poincaré est élu président de la France. Assassinat de Georges Ier, roi de Grèce.
1914. La Grèce proclame sa neutralité dans le conflit mondial.		**1914-1918.** Première Guerre mondiale.
1922. Les populations musulmanes quittent la Crète, remplacées par les réfugiés grecs d'Asie Mineure.	**1920**	**1922.** Grèce et Turquie redéfinissent leurs frontières.
1941. Occupation allemande et italienne de la Crète. **Octobre 1944.** Libération de la Crète.	**1940-1950**	**1939-1945.** Seconde Guerre mondiale. **23 sept. 1941.** Création à Londres du Conseil national français de la Résistance. **6 juin 1944.** Débarquement allié en Normandie.
1947. *Rhodes rattachée à la Grèce.*		**1947.** États-Unis : lancement du plan Marshall pour reconstruire l'Europe.
EN GRÈCE		
1967-1974. Dictature des colonels. **1973.** Proclamation de la République grecque.	**1960-1970**	**1er janvier 1973.** Élargissement de la CEE à la Grande-Bretagne, à l'Irlande et au Danemark.
1981. Prise du pouvoir par le Pasok (parti socialiste grec). Entrée de la Grèce dans la CEE.	**1980**	
1985. Khristos Sardzetakis président de la République.		**1985-1988.** Prise d'otages français au Liban. **1989.** Chute du mur de Berlin.
1990. Constantin Caramanlis président de la République. **1994.** Incidents à la frontière gréco-albanaise. **1995.** Costis Stéphanopoulos président de la République. **1996.** Costas Simitis Premier ministre.	**1990**	**1994.** Massacres au Rwanda. **1995.** Assassinat d'Itzhak Rabin.
1999. Séisme dans le Nord d'Athènes.		**1999.** Fin de la guerre du Kosovo. Fort séisme en Turquie.
2000. Costas Simitis réélu Premier ministre. **2002.** Entrée de la Grèce dans la zone euro. **2003.** La Grèce à la tête de la présidence tournante de l'UE, jusqu'à fin juin.	**2000**	**2001.** George W. Bush président des États-Unis. **11 sept.** : attentats à New York et à Washington. **Mars 2003.** Les États-Unis déclarent la guerre à l'Irak. **Début mai** : fin de la guerre. ■

FORTEZZA
CLUB
CREPERIE
EVEREST
CREPERIE
FAST-FOOD
ΑΓ. ΝΙΚΟΛΑΟΣ Ν.Ρ.11

SUR PLACE

Au carrefour de trois continents, le port de Rethimnon occupa une position essentielle lors des invasions vénitiennes. Aujourd'hui, ses façades, témoins d'un passé florissant, se marient au pittoresque des caïques et des cafés en plein air.

HERAKLION ET SON DÉPARTEMENT

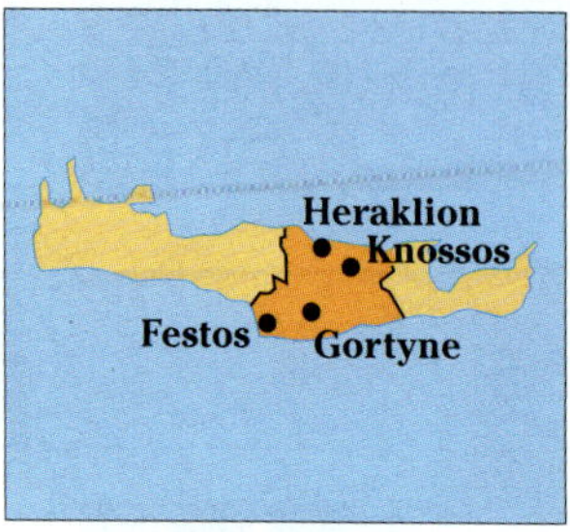

Le nom d'Heraklion *(Iraklio)* désigne à la fois la ville et le département qui s'y rattache. Ce nom s'est modelé au gré des événements survenus dans l'île au cours des siècles. Capitale et port principal de la Crète, Heraklion est un pôle indéniable d'attraction pour tout visiteur de l'île, avec son Musée archéologique et les ruines de Knossos à quelques kilomètres.

Dans les environs d'Heraklion, la route de l'ouest traverse, dans un paysage montagneux, de petits villages, jusqu'à Fodele, village lié au nom du Greco, tandis que la vieille route de l'est mène à Limenas Hersonisou et à l'important site minoen de Malia. Les ruines d'Arhanes et le mont Ioukhtas vous attendent dans l'arrière-pays ; la plaine de la Messara abrite des sites prestigieux : les vestiges romains de Gortis, les ruines minoennes de Festos ou encore le site de Kommos en bord de mer… Les amateurs de randonnées s'attarderont au nord de la Messara, avant de partir à l'aventure dans les criques de la côte sud, plus difficile d'accès.

Heraklion***

Heraklion, ville animée et en pleine expansion, compte quelque 150 000 hab. (200 000 avec l'agglomération). Son port et son aéroport connaissent un très fort trafic. Capitale administrative, ville universitaire avec un pôle technologique avancé, Heraklion est également une ville d'affaires ; les produits crétois s'exportent bien. Elle continue de s'aménager, les constructions étant aujourd'hui soumises à une loi de contrôle.

Ce n'est pas, sans doute, une ville aux lignes harmonieuses et elle peut décevoir le touriste pressé ; elle a pourtant ses charmes cachés. Quelques moments « perdus » à flâner au marché ou dans ses nombreuses ruelles offrent au visiteur une excellente occasion de découvrir le vrai visage des Crétois.

Flâneries en ville

➤ *Bonnes adresses* p. 132.

La partie intéressante de la ville se trouve dans l'enceinte des remparts vénitiens. On ne risque donc pas de se perdre dans le dédale des quartiers d'habitation qui s'étalent au-delà de leurs limites.

Heraklion, Candie, Megalo Kastro…

La baie au fond de laquelle la ville est construite abrita, à l'époque minoenne, un des deux ports de Knossos (l'autre étant situé plus à l'E, à Amnissos) ; les Grecs l'appelèrent plus tard Heraklea, d'où l'actuel nom d'Heraklion. Le nom, selon une légende, dériverait d'**Héraclès** ; le héros grec, fils de Zeus, aurait débarqué en Crète pour dompter le taureau de l'île, que Poséidon avait rendu furieux parce que Minos n'avait pas respecté sa promesse de le sacrifier aux dieux.

Les Arabes, lorsqu'ils s'emparèrent de l'île en 824, y construisirent une forteresse, El-Kandak. Ce mot, mal prononcé, évolua en Chandax à l'époque byzantine et, au XIIIe s., les Vénitiens en firent Candia, qui désignait à la fois la ville et l'île tout entière.

La ville, aux mains de la sérénissime république de Venise, devint capitale et connut ses années de prestige. Florissante et surtout point stratégique, elle fut toujours convoitée par les Turcs ; en 1462, les Vénitiens renforcèrent la forteresse pour en faire une véritable arme de dissuasion.

Mais, en 1648, elle devint le théâtre d'une sanglante épopée qui dura vingt et un ans, mentionnée dans tous les livres d'histoire : le **siège de Candie**. La lutte farouche que se livrèrent les Turcs et les Vénitiens pour la domination de la capitale se transforma en guerre de religion et mobilisa l'Europe occidentale. Candie, totalement détruite après une longue agonie, passa sous obédience turque, fut baptisée Megalo Kastro (grande forteresse) et devint la résidence d'un pacha ; les églises furent transformées en mosquées. La ville ne retrouva son nom d'Heraklion qu'après le rattachement de la Crète à la Grèce en 1913. ❖

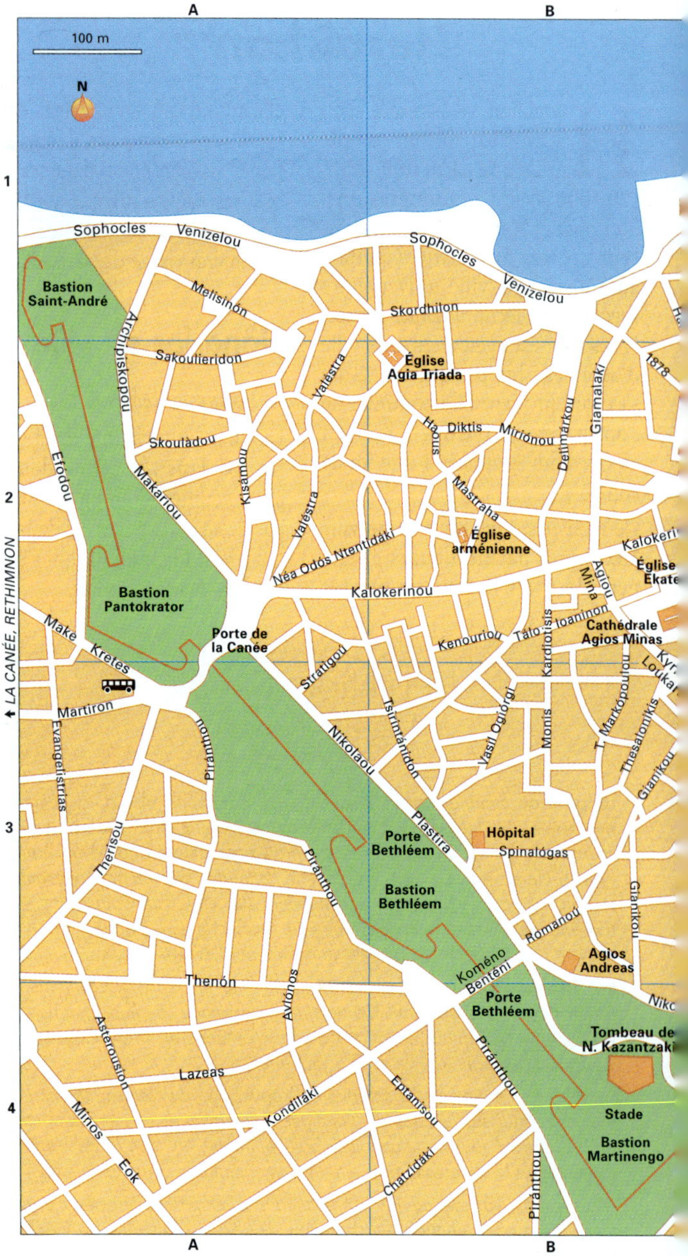
A
B
100 m
N
1
2
3
4
LA CANÉE, RETHIMNON
Sophocles
Venizelou
Bastion Saint-André
Melisinón
Skordhilon
Archipiskopou
Sakoulieridon
Valéstra
Église Agia Triada
1878
Giamalaki
Skoulàdou
Efódou
Makariou
Kisamou
Diktis
Miriónou
Delimárkou
Mastraha
Église arménienne
Néa Odós Ntentidáki
Kalokerinou
Agiou Mina
Bastion Pantokrator
Porte de la Canée
Kenouriou
Talo
Ioaninon
Kardiotisis
Cathédrale Agios Minas
Make
Kretes
Martiron
Stratigoú
Tsirintánidon
Vasil Ogiorgi
Monis
T. Markopoúlou
Thesalonikis
Evangelistrias
Piránthou
Nikolaou
Plastira
Therisou
Porte Bethléem
Bastion Bethléem
Hôpital
Spinalógas
Gianikou
Romanoú
Agios Andreas
Koméno Benténi
Thenón
Avlónos
Asterousion
Lazeas
Kondiláki
Eptanisou
Minos
Eok
Chatzidáki
Stade
Bastion Martinengo

HERAKLION

C
D
Fort vénitien (Kastro Koules)
Port vénitien
Sophocles
Venizelou
PL. 18 AGGLON
Église San Pietro
Musée historique
Théotokopoulou
Thálita
Vironos
Église catholique
Avgoustou
Arsenaux et douane
Epimenidou
PLACE KOUNTOURIOTOU
Idomeneos
Minotavrou
Banque de Grèce
25
Parc El Greco
O.T.E.
PL. AGIOS TITOS
Église Agios Titos
Titou
Agiou
Epimenidou
Malikouti
Hôtel de ville
Merambellou
Musée de la Résistance
Hándakos
PL. VENIZELOU
Église Saint-Marc
Milatou
Hatzidáki
Musée archéologique
Bofor
Fontaine Morosini
Idis
Dedalou
Xanthoudidou
Doukós
PL. NIKOFOROU FOKA
Police touristique
Dikeosinis
M. Giánnari
PLACE ELEFTHERIAS
Porte Saint-Georges (del Lazzaretto)
Ikarou
Anthemiou
Katehaki Argiraki
1821
1866
Evans
PL. DASKALOIANIS
Zografou
Karterou
Fontaine turque et fontaine Bembo
Othonos
Averof
Tris Kamares
Vikela
PL. KORNAROU
Alber
Trieistou
Anapoleos
Pediados
Lasithiou
Arhánon
Evans
Pediados
PL. VIGLAS
Dimokratias
Ieronimaki
Kapetanisas
Porte de Kainouria
Trikoupi
Plastira
Miliaráki
Hrisostomou
E. Kastrináki
Dimokratias
Ethnikis Antistáseos
Georgiadou
Akadimias
Knossou
Papandreou
Georgiou
1
2
3
4
MALIA, AGIOS NIKOLAOS
KNOSSOS, VIANOS, PIRGOS

La place de la Liberté

➤ **D2** *Platia Eleftherias. À l'E, dans l'enceinte de la ville, près de la porte Saint-Georges.*

Adossée à la porte Saint-Georges (ou *porta del Lazzaretto*), construite en 1565, la place de la Liberté, toujours animée, est la plus importante de la ville. Les Crétois aiment à s'y retrouver dans les cafés à l'ombre des platanes ou des eucalyptus. Mais des aménagements récents (esplanade, rond-point...), fermant les rues qui la traversaient, ont bouleversé les habitudes.

Au N de la place se trouve le **Musée archéologique***** *(p. 87)* et, juste en face, l'Office national du tourisme. Le **boulevard Beaufort** *(doukos Bofor)*, qui longe à l'E le Musée archéologique puis le musée de la Bataille de Crète et de la Résistance nationale *(p. 91)*, descend au port et à la gare principale des autobus.

Le duc de Beaufort

Alors que l'Empire ottoman menace la chrétienté, Louis XIV, roi de France, répond à l'appel du pape Clément IX qui mobilise l'Europe chrétienne contre la domination des Turcs. Il envoie en 1668 et 1669 des contingents d'hommes pour soutenir les Vénitiens ; l'amiral de France François de Vendôme, duc de Beaufort, et mille soldats, tombent sous les murs de Candie. Des restes du galion *La Thérèse*, qui faisait partie de l'expédition, sont exposés au Musée historique, dans la première salle, consacrée au siège de Candie *(p. 90)*.

Au S de la place, on peut se familiariser avec les héros que la Crète honore toujours ou les événements qui ont marqué son histoire. Près des bureaux d'Olympic Airways s'élèvent le **buste de Nikos Kazantzakis** *(encadré p. 107)* et, lui faisant face, une grande statue représentant **Eleftherios Venizelos** *(encadré p. 59)*.

En longeant au S-E de la place le **jardin municipal** (espace pour les enfants, grande roue), on rejoint la grande **rue Dimokratias** qui mène à Knossos. La colonne de marbre à l'angle fut édifiée en l'honneur de Nikiforos Fokas *(voir p. 56)* et, quelques mètres plus loin, un monument assez imposant célèbre la résistance crétoise aux Allemands en 1941.

De retour au centre de la place, la petite **rue Dedalou C2**, piétonnière, parallèle à la rue Dikeosinis, se prête bien au shopping.

La rue de la Justice

➤ **C2** *Odos Dikeosinis. Du centre de la place de la Liberté, face à la statue du Soldat inconnu, vers l'O.*

La rue de la Justice fut rebaptisée à la fin de l'été 1975 et l'on trouve encore des plans avec son ancien nom : rue du Roi-Constantin *(odos Konstantinou)*.

Longer sur la g. la préfecture, un bâtiment construit par les Ottomans puis remanié dans le style néoclassique. Le bâtiment a été coupé en son milieu : on trouve à cet endroit le **buste de Daskaloianis**, un héros de la révolte de 1770 contre les Turcs, et un grand escalier qui conduit à la place du même nom, bordée par des tavernes et par la poste. Dans cette même rue à g. (n° 10) se trouve la police touristique ; gagner ensuite la place Nikiforos Fokas.

Faire son marché rue 1866

Dans la rue 1866, tout de suite à dr. en quittant la rue de la Justice, dans une boutique d'alimentation de type « bazar », on trouve du **miel crétois** parfumé et d'excellente qualité ; un peu plus loin à dr., les herboristes proposent thym, sauge, marjolaine, origan, menthe, camomille, etc. N'oubliez pas votre sachet de raisins secs et aussi de **dictame**, cette herbe miracle crétoise, aphrodisiaque selon certains, qui se boit en infusion. Au même étalage, la **couronne de pain**, dont la croûte est décorée de fleurs et d'autres motifs comme le serpent, peut être un souvenir à rapporter : ce pain confectionné pour les mariages se conserve très longtemps.

Dans deux petites boutiques en vis-à-vis, le **yaourt frais** (à goûter avec du miel), préparé dans de grandes cuvettes de terre cuite et servi au poids, attire les amateurs et habitués ; on y trouve aussi les **fromages locaux** : *feta, mizithra, graviera, kefalotiri.* ❖

La place Nikiforos Fokas et le marché** de la rue 1866

C2 La **place Nikiforos Fokas** *(platia Nikiforou Foka)* est un des points névralgiques de la ville d'où partent en étoile la fameuse rue du 25-Août *(p. 84)* qui descend au fort vénitien, la rue Kalokerinou, avec ses nombreux petits commerces, hôtels et pensions, qui aboutit à l'O aux remparts vénitiens, porte de La Canée **A2**, et les rues 1821 et 1866 (ces dates correspondent à deux insurrections importantes des Crétois contre les Turcs), artères d'un petit quartier d'artisans très actif.

La **rue 1866 C2** est petite, mais très animée et haute en couleur et en senteur. Elle sert de cadre au **marché**** *(ouv. de l'aube à 14h et de 17h à 20h les mar., jeu. et ven.; les lun., mer. et sam. de 7h à 14h30)*, qui abonde en miels, huiles d'olive, fruits secs et épices de toutes sortes.

Au bout de ce marché se trouvent **deux fontaines** : l'une, la fontaine turque, est hexagonale ; elle abrite un petit café qui dispose de quelques tables sous les arbres ; plus à g., sur la place Kornarou, la **fontaine Bembo* C3**, du nom de celui qui la fit construire, est un ouvrage de la Renaissance italienne (1588).

La rue Alber

➤ **C3** *De la place Kornarou, prendre à dr. et suivre la rue Vikela. La rue Alber est sur la g.*

Une très belle **maison turque*** remarquablement restaurée, avec son avancée caractéristique et ses fenêtres à moucharabieh, sert de siège à l'École italienne d'archéologie. Au bout de la rue Alber, on est tout près du bastion Martinengo où se trouve la tombe de Nikos Kazantzakis.

La cathédrale Agios Minas et l'église Agia Ekaterini**

➤ **B2** *Revenir rue Vikela et suivre la rue qui la prolonge.*

La cathédrale **Agios Minas** (XIXe s.), grande et froide, est la plus vaste de toute la Grèce. L'église **Agia Ekaterini****, située un peu en retrait de la cathédrale, fut édifiée au XVe s. et transformée en mosquée sous les Turcs ; elle abrite le **musée des Icônes**** *(p. 91)*.

Suivre ensuite la rue Agiou Mina. Sur la g., la pâtisserie **Savodakis** propose de délicieux gâteaux. Traverser la rue Kalokerinou : la place Nikiforos Fokas **C2** est à dr.

Les quais à l'ouest du port

➤ **BC2** *Suivre la rue qui prolonge la rue Agiou Mina et descendre jusqu'à la mer.*

Sur les quais à g. se tient le marché aux fruits. En tournant à dr., on passe devant une **maison de style néoclassique** construite en 1903 et propriété de la famille **Kalokerinos**, dont le nom est lié aux premières fouilles de Knossos *(encadré p. 100)*. Elle est un peu le symbole de la renaissance gréco-crétoise. En effet, le père du fondateur du ♥ **Musée historique**** *(p. 90)*, qu'elle abrite, fut tué ici par les Turcs lors du grand massacre de 1898, et sa maison totalement pillée et incendiée. Sur les cendres de cette maison, l'actuel bâtiment fut reconstruit au lendemain de l'autonomie crétoise.

En suivant les quais, on longe les ruines imposantes de l'église médiévale **San Pietro C1** (XIIIe s.), qui faisait partie d'un monastère dominicain. Les Turcs l'ont transformée en mosquée. Arrivée au port où l'on aperçoit, sur la g., la forteresse vénitienne.

La forteresse vénitienne**

➤ **D1** *Ouv. du lun. au sam. de 8 h à 18 h, le dim. de 10 h à 15 h ; petit droit d'entrée ☎ (2810) 24.62.11.*

Le port est fermé au N par une longue jetée dont l'entrée est gardée par un fort, très bel exemple de l'architecture militaire du XVIe s. Construit par les Vénitiens entre 1523 et 1540 pour prévenir une attaque ottomane, le Rocca al Mare (« fort sur la mer »), comme il s'appelait, est marqué sur trois côtés du lion de Saint-Marc, l'emblème de la république de Venise. Quand, au XVIIe s., les Turcs s'en emparèrent, ils lui donnèrent le nom de **Kastro Koules**, encore employé aujourd'hui. Il est intéressant à visiter pour son architecture intérieure avec ses murs massifs en belle pierre de taille et ses voûtes... Un tour de ronde derrière les mâchicoulis offre une vue magnifique sur le port, la ville, le mont Ioukhtas et l'île de Dia. Des représentations musicales ou théâtrales en plein air y sont données pendant l'été... Une agréable façon de découvrir le fort.

En face de la forteresse, le long du port, on aperçoit les **arsenaux***, grands bâtiments voûtés, où les Vénitiens construisaient et réparaient les bateaux.

Plus à l'E se trouve le port moderne où accostent ferries et bateaux de croisière.

La rue du 25-Août

➤ **C1-2** *Odos 25 Avgoustou. De la forteresse vénitienne, revenir sur la place 18 Agglon* **C1**, *d'où monte la rue du 25-Août.*

La date du 25 août, gravée dans les mémoires, rappelle le massacre de la population par les Turcs en 1898.

C'est la rue des banques, des agences de voyages et de location de voitures, des compagnies maritimes, des boutiques de souvenirs. Quelques curiosités historiques, discrètes mais importantes par leur signification, méritent un coup d'œil.

En bas de la rue à dr. (en la remontant) se dresse la façade originale et bien préservée d'une maison turque

Saint patron de la Crète, saint Tite (Ier s.) fut chargé par saint Paul d'organiser l'Église de Crète. Sa relique est conservée dans l'église Agios Titos, rue du 25-Août.

baroque. Passer à g. devant le siège de la compagnie maritime Minoan Lines, aux intérieurs luxueux. Plus haut, au coin de la rue Epimenidou, une belle **maison vénitienne** se reconnaît à ses balcons. Par un léger détour dans cette rue, on gagne un petit square sur lequel donnent, à g., l'**église catholique C1** et, au fond, la taverne Ligeros dont la **vue sur le port** est magnifique.

Au milieu de la rue du 25-Août, sur la g., après la Banque nationale de Grèce, apparaît un peu en recul la façade byzantine d'**Agios Titos C2**, du XVIe s. Transformée en mosquée par les Turcs, c'est aujourd'hui l'église du métropolite, où sont célébrés des cultes orthodoxes ; Venise lui a restitué, en 1966, sa plus précieuse relique, la tête de saint Tite, le patron de l'île. Une agréable taverne sous un vieux platane borde la place.

Un peu plus haut sur le trottoir de g. se trouvaient à l'époque vénitienne une célèbre **loggia** et l'**Armeria** (armurerie), qui furent endommagées puis détruites pendant la Seconde Guerre mondiale. La Loggia, reconstruite dans son style original du XVIIe s., abrite aujourd'hui la municipalité.

L'**église Saint-Marc C2**, qui fut construite en 1239 et rebâtie en 1303 après un tremblement de terre, présente une façade vénitienne. Transformée en mosquée par les Turcs, elle sert aujourd'hui de salle de conférences et de concerts et abrite des reproductions de fresques créto-byzantines des XIIIe, XIVe et XVe s. L'église donne sur la place Venizelos.

La fontaine Morosini*

➤ **C2** *Sur la place Venizelos (platia Venizelou).*

Inaugurée en 1628, elle a le charme des ouvrages vénitiens ; les quatre lions qui soutiennent sa vasque supérieure datent du XIVe s. Son support est orné de bas-reliefs. Même si l'eau n'en coule plus, la place de la fontaine est un savoureux point de rencontre : deux modestes petits cafés affichent de fameux *bougatsa*, feuilletés au fro-

La fontaine Morosini porte le nom du proveditore generale, *Francesco Morosini (1618-1694), qui en ordonna la construction. Commandant en chef de la flotte vénitienne, il s'évertua à lutter contre les assauts ottomans au* XVIIe *s. Redditions et victoires marquèrent une carrière couronnée par le titre de doge obtenu en 1688.*

mage parfumés à la cannelle, et des *kataifi*, pâtisseries arméniennes et turques. Dans la rue Dedalou, qui lui fait face, les tavernes et les boutiques très fréquentées abondent.

Le parc El Greco

C2 Au N de la place Venizelos, le parc El Greco, avec le buste du célèbre peintre **Domenikos Theotokopoulous**, dit le Greco (1541-1614), est un jardin agréable. Plusieurs bars y distillent de la musique le soir. De l'autre côté de ce jardin se trouve le bureau de l'OTE (téléphone et télégrammes).

Les remparts vénitiens

Aucune promenade aménagée ne permet de faire le tour des remparts, mais il existe un projet. On peut toutefois apprécier leur épaisseur en prenant la porte Saint-Georges à l'E quand, de l'aéroport, on gagne la place de la Liberté ou en quittant Heraklion à l'O par la porte de La Canée. Une partie se parcourt à pied: au S de la place de la Liberté, longer le jardin public jusqu'à la place Viglas d'où l'on prend, vers l'O, le chemin sur les remparts; il est poussiéreux, mais la perspective sur la ville mérite l'effort. On passe au-dessus du petit théâtre en plein air Nikos-Kazantzakis. Au bastion Martinengo, monter jusqu'à la **tombe de Nikos Kazantzakis B4** *(encadré p. 107)*, d'une sobriété impressionnante avec sa grande croix de bois.

Les musées d'Heraklion

Les musées présentent les richesses les plus variées de la Crète. Le plus prestigieux, le Musée archéologique, embrasse toute la civilisation minoenne. Mais les autres musées de la ville réservent aussi d'agréables surprises: du Musée historique et ethnographique, qui remonte le temps jusqu'aux premières traces chrétiennes dans l'île, au musée des Icônes, en passant par le musée de la Bataille de Crète, évocation de la douloureuse période de la résistance nationale, et par le musée d'Histoire naturelle.

Le Musée archéologique***

➤ **D2** *Au N de la place de la Liberté. Horaires sujets à de fréquentes modifications. À titre indicatif : ouv. du mar. au dim. de 8 h à 19 h, le lun. de 12 h à 19 h ; entrée payante, gratuit pour les moins de 18 ans et les étudiants de l'Union européenne ☎ (2810) 22.60.92, fax (2810) 24.15.15. Guide complet du musée, en français, vendu sur place. Pour une visite guidée organisée, s'adresser à une agence de voyages (p. 136) ou aux gardiens du musée. Dans les jardins (entrée libre, toilettes), agréable cafétéria.*

Très riche pour les passionnés d'archéologie ou d'ethnologie, ce musée prestigieux peut aussi intéresser les profanes. Les collections sont présentées par ordre chronologique et l'on suit, salle par salle (numéros en chiffres romains),

Le port d'Heraklion et sa forteresse vénitienne : la Crète vécut sous la griffe du lion de Venise du XIIIe au XVIIe s., avant de tomber sous la coupe de l'Empire ottoman.

l'évolution d'une civilisation, qui se découvre partiellement à partir des pièces exposées dans les vitrines (numéros en chiffres arabes). *Le descriptif du musée qui suit n'est pas exhaustif ; il s'attache aux pièces les plus significatives. Les numéros en* **rouge** *sont ceux des vitrines.*

Les remparts

Les remparts vénitiens, de 5 km de périmètre, constituèrent une muraille d'une puissance exceptionnelle qui, pendant vingt et ans, défia l'assiégeant turc. Ils sont renforcés par sept gros bastions et coupés de quatre portes. À l'O, la **porte Panigra**, dite aussi **porte de La Canée** ; au-delà de cette porte se dresse la statue en bronze du capetan Mikhalis Korakas, héros crétois célèbre par sa lutte acharnée contre les Turcs au XIXe s. (évoqué dans *La Liberté ou la Mort*, de Nikos Kazantzakis). Au S-O, la **porte de Bethléem**. À la pointe S, le **bastion Martinengo**, où repose le grand écrivain crétois. Au S-E, la **porte de Jésus** ou **de Kainouria**, avec deux inscriptions datées respectivement de 1567 et 1587. À l'E, la **porte Saint-Georges** ou del Lazzaretto, datée de 1565. ❖

Pour une visite rapide

Si vous avez moins de 2h à consacrer à la visite, voici les œuvres à ne pas manquer.

➤ **Salle II**. Vases du style de Kamares*** (vitrine 22).

➤ **Salle III**. Céramique polychrome sur fond sombre du style de Kamares***, disque de Festos*** (vitrine 41).

➤ **Salle IV**. Déesses aux serpents*** (vitrine 50), rhyton en forme de tête de taureau*** (vitrine 51), acrobate en ivoire*** (vitrine 56).

➤ **Salle VII**. Bijoux***, pendentif en or*** (vitrine 101).

➤ **Salle VIII**. Rhyton en cristal de roche*** (vitrine 109).

➤ **Salle XIII**. Sarcophage d'Agia Triada***.

➤ **Salle XIV**. Fresques minoennes**.

➤ **Salle XV**. Figure peinte « la Parisienne »*** *(encadré p. 101).* ❖

➤ Salle I 1-8

Périodes néolithique (5000-2500 av. J.-C.) et prépalatiale (2500-2000 av. J.-C.). Cette salle donne un aperçu des différents styles de céramiques, fabriquées à la main et cuites à la flamme, caractéristiques de ces époques primitives. La plupart des objets sont des offrandes funéraires provenant des tombes ou des offrandes votives trouvées dans des grottes cultuelles, où était vénérée la grande divinité-mère.

À voir absolument: les **vases** du style de Pirgos (récipients à large pied conique, doubles ou triples) et les **vases peints** du style d'Agios Onouphrios **3**; les **vases en pierre 7** de l'île de Mohlos fabriqués dans les matériaux du pays: stéatite, albâtre, stalactites, conglomérat; une **collection de sceaux 11** provenant de tombes, qui servaient à sceller portes, sarcophages, etc. Portés aussi en amulette, modelés en forme de bague ou de cylindre, pourvus d'une ou de plusieurs faces, ces cachets reproduisent des animaux ou des têtes d'animaux: oiseaux, petit singe; les **bijoux en or 17** de Mohlos, les bandeaux qui recouvraient les yeux des défunts, des colliers en cristal de roche, les feuilles, fleurs et rosettes d'or de la parure du mort.

➤ Salle II 19-29

Période protopalatiale (2000-1700 av. J.-C.). Cette salle regroupe des objets de la période des premiers palais de Knossos et de Malia, issus des sanctuaires de sommets. Vers 2000 av. J.-C., la population atteint un haut degré de prospérité; la céramique s'affine, surtout grâce à l'invention du tour de potier.

Les **vases du style de Kamares*** 22** (du nom de la grotte cultuelle située au-dessus du village de Kamares où furent trouvés les premiers vases de ce style) portent des motifs (spirales, disques, feuilles, etc.) blancs, rouges et orange qui se détachent sur un fond sombre avec élégance et mouvement. Une vitrine est consacrée aux **offrandes votives 24** trouvées dans des sanctuaires de sommets: objets en terre cuite représentant des animaux, des hommes, des femmes ou des parties du corps offerts à une divinité pour qu'elle opère une guérison.

➤ Salle III 30-43

Période protopalatiale (2000-1700 av. J.-C.): **le premier palais**

L'énigme du disque de Festos

Daté de 1650 av. J.-C., le disque de Festos demeure une énigme : sa provenance comme sa destination sont inconnues.

Parmi les documents découverts en Crète, le plus célèbre est le disque d'argile mis au jour dans les ruines du premier palais de Festos en 1908. Les deux faces de cette grande médaille de 1,2 cm d'épaisseur et de 16 cm de diamètre sont couvertes d'inscriptions ; les signes pictographiques sont estampés en spirale et se liraient de l'extérieur vers l'intérieur. Cette première forme d'écriture hiéroglyphique est composée d'idéogrammes et de signes, dont certains ont été identifiés, quoique le texte global reste indéchiffrable. Il date de 1650 av. J.-C. et serait donc contemporain du « linéaire A » *(voir p. 53)*. Sur les 242 signes que compte ce document, 45 signes différents ont été recensés.

Ce disque a été réalisé à l'aide de cachets, ce qui en fait le premier document de type mécanique au monde. On peut supposer que son auteur avait l'intention d'en fabriquer un grand nombre ; c'est pourtant l'unique spécimen découvert à ce jour. S'agirait-il d'un texte religieux ? En l'absence d'un échantillonnage adéquat, le contenu du texte fait l'objet d'âpres discussions et n'a pas encore livré son mystère. ❖

de Festos. Cette salle montre la **céramique polychrome sur fond sombre du style de Kamares*****, exécutée entre 1900 et 1700 av. J.-C. Le **disque de Festos***** **41** *(encadré)*, une des pièces les plus remarquables du musée, est couvert de signes hiéroglyphiques imprimés dans l'argile à l'aide de cachets, une première forme d'imprimerie !

➤ SALLE IV 44-59

PÉRIODE NÉOPALATIALE (1700-1450 av. J.-C.) : les nouveaux palais de Knossos, Festos et Malia.** Après la grande catastrophe qui, vers 1700 av. J.-C., anéantit tous les bâtiments de l'île, de nouveaux palais, plus importants, furent reconstruits. Cette salle réunit des chefs-d'œuvre de l'âge d'or de l'époque minoenne.

Les célèbres **déesses aux serpents***** **50**, statuettes en faïence, proviennent du sanctuaire central de Knossos, tandis que le remarquable **rhyton en forme de tête de taureau***** **51** vient du palais de Knossos *(p. 103)* ; on versait dans le cou le liquide qui s'échappait par les narines. Le côté droit est authentique, avec l'œil en cristal de roche et en jaspe et le museau entouré de nacre; oreilles et cornes ont été reconstituées. Quel que soit l'angle sous lequel vous observez ce taureau, son regard vous suit et ne vous quitte jamais. Magnifique **acrobate***** **56** en ivoire trouvé à Knossos, sauteur de taureau représenté en plein effort avec d'étonnants détails anatomiques.

➤ **Salle V 60-70**

Dernière phase de la période néopalatiale (1450-1400 av. J.-C.): **le palais de Knossos**. Les dernières installations de Knossos, Festos, Malia et Zakros furent anéanties par une grande catastrophe vers 1450 av. J.-C. Seul le palais de Knossos fut reconstruit. À voir: une **lampe** et un **poids de porphyre** décorés de poulpes **62**; ce poids de 29 kg servait au contrôle des « talents », monnaie exposée dans les vitrines **97**, **99** et **113**.

➤ **Salle VI 71-88**

Périodes néopalatiale et postpalatiale (1400-1350 av. J.-C.): **nécropoles des régions de Knossos et de Festos**. Cette salle contient des offrandes provenant de tombes mycéniennes près d'Arhanes: colliers d'or, rosettes, sceaux, bagues en or avec cachet, miroirs, etc. **88**.

➤ **Salle VII 89-102**

Période néopalatiale (1700-1450 av. J.-C.). Cette salle renferme plusieurs des objets les plus remarquables du musée provenant de villas, mégarons et grottes cultuelles de la Crète centrale, dont des **bijoux*****. Un **pendentif en or***** **101**, venant de Malia, est orné de deux frelons suçant une goutte de miel.

➤ **Salle VIII 103-118**

Période néopalatiale (1700-1450 av. J.-C.): **le palais de Kato Zakros**. Les objets trouvés dans ce quatrième palais, découvert seulement en 1962, sont d'une grande importance. Magnifique **rhyton en cristal de roche***** **109**.

À partir de la **salle IX**, le déclin de la civilisation minoenne est flagrant, et les objets exposés ressemblent plus à ceux que l'on peut trouver ailleurs en Grèce. À ne pas manquer: **salle XIII**, le sarcophage d'**Agia Triada*****; **salle XIV**, les **fresques minoennes**** des palais et des villas, souvent en relief (1600-1400 av. J.-C.); **salle XV**, une figure peinte célèbre et attachante, baptisée par Sir Arthur Evans « **la Parisienne** »***, qui était en fait une prêtresse *(encadré p. 101)*. La **salle XIX** contient des pièces grecques et romaines.

♥ Le Musée historique et ethnographique**

➤ **BC1** *Maison Kalokerinou, à l'O du fort vénitien en suivant les quais, en face de l'hôtel Xenia. Ouv. du lun. au ven. de 9h à 17h, le sam. de 9h à 14h; f. dim. et j.f.; entrée payante; tarifs réduits pour les groupes et les étudiants ☎ (2810) 28.32.19, fax (2810) 28.37.54.*

Dans l'élégante maison qu'il occupe, agrandie d'une aile en verre bien intégrée, ce musée assure la suite logique du Musée archéologique, en couvrant une période qui va des IVe-Ve s. apr. J.-C. jusqu'à l'ère moderne.

➤ **Le rez-de-chaussée**. Dès l'entrée, à dr., la nouvelle **salle Kalokerinos** montre la **ville vénitienne de Candie** telle qu'elle était au XVIIe s. avec ses monuments, grâce à une grande maquette et un jeu de projecteurs que l'on anime soi-même. Un diaporama complète la visite *(en grec et en anglais, demander à la caisse)*. En face de la maquette se trouvent les restes trouvés au fond de la mer (pièces de monnaie, poteries) du galion *La Thérèse* envoyé par Louis XIV pour aider la ville assiégée *(encadré p. 82)*. Il fut détruit par les Turcs le 24 juillet 1669 et 286 des 336 hommes à bord périrent.

La **salle des céramiques** présente seize siècles de cet artisanat, allant de la première période byzantine jusqu'à l'époque ottomane, avec des pièces de la période arabe qui reste encore à découvrir.

Peintures murales, icônes de l'école crétoise du XVe au XVIIIe s. et objets précieux (bijoux, objets sacerdotaux) sont exposés au rez-de-chaussée où est aussi reconstituée une chapelle byzantine avec des fresques provenant d'églises crétoises.

➤ **LE 1er ÉTAGE** évoque une Crète plus récente, originale par sa verve populaire : vêtements, tissus ou tapis aux couleurs chatoyantes, broderies très fines ou plus grossières et d'autres formes de l'artisanat local, bois sculptés, instruments de musique. À voir, le seul tableau exposé en Crète de Domenikos Theotokopoulos, dit **le Greco** : ***Vue du mont Sinaï et du monastère de Sainte-Catherine******. C'est une œuvre de jeunesse (1570) qui s'inscrit dans la tradition des icônes de l'école crétoise et préfigure la peinture occidentale.

➤ **AU 2e ÉTAGE**, une place significative est accordée aux luttes des Crétois contre leurs occupants et lors de la **bataille de Crète** en 1941 ; une salle est consacrée à **Emmanuel Tsouderos** (1882-1956) qui était alors Premier ministre. On peut voir aussi le bureau reconstitué du célèbre écrivain **Nikos Kazantzakis** *(encadré p. 107)*.

Le musée des Icônes d'Agia Ekaterini**

➤ **B2** *Platia Agia Ekaterini, à côté de la cathédrale Agios Minas. Ouv. lun., mer. et sam. de 9h à 13h30, mar., jeu. et ven. de 17h à 18h ; f. dim. et j.f. ; entrée payante ☎ (2810) 28.88.25. Photos interdites.*

Cette église byzantine était le siège *(metochion)* du monastère Sainte-Catherine-du-Mont-Sinaï, qui eut un large rayonnement en Crète pendant la Renaissance crétoise (XVe et XVIe s.) jusqu'à la prise de la ville par les Turcs en 1669. Elle fut alors transformée en mosquée. Elle abrite aujourd'hui de très belles icônes, représentatives d'un art créto-byzantin original. Les six plus précieuses viennent du monastère de Vrondisi et sont signées **Michel Damaskinos**, sans doute le maître du Greco. Elles dateraient de la fin du XVe s. On y décèle déjà une forte influence italienne. Dans la nef centrale, sur le mur de dr., on voit successivement : *L'Adoration des mages, La Cène, L'Apparition de Jésus à Marie-Madeleine, Le Buisson ardent, La Sainte Trinité dans sa gloire, Le Concile de Nicée* peint en 1591. D'autres icônes, le plus souvent anonymes et provenant de couvents de la région, des fragments de fresques de tradition byzantine et quelques objets sacerdotaux ornent le chœur et les transepts. D'anciens livres liturgiques, dont certains manuscrits, complètent cette belle collection.

Le musée de la Bataille de Crète et de la Résistance nationale 1941-1945

➤ **D2** *Sur doukos Bofor, au coin de la rue Mirabelou (Merambellou). De la place de la Liberté, longer le Musée archéologique à g. en*

Les icônes

Du grec eikonion, *« petite image », les icônes sont des peintures sur bois, métal ou ivoire qui matérialisent le culte des saints ancré au cœur de la foi orthodoxe. Aux yeux des fidèles, elles sont véritablement habitées par le saint ou le dieu qu'elles représentent.*

De l'Égypte à nos jours

Les icônes naissent avec le christianisme et survivent encore de nos jours. Les plus anciennes (Ve et VIe s.) sont fortement inspirées par les portraits du Fayoum qui remplaçaient, sur le visage des morts, les masques funéraires placés dans les sarcophages de l'Égypte pharaonique. Du VIe au VIIe s., la peinture d'icônes se développe. Cependant, aux yeux des empereurs dits iconoclastes, qui tentent d'imposer un art religieux sans images comme le judaïsme ou l'islam, leur culte entraîne certains excès dangereux. L'empereur Léon III prend, dès 726, les premières mesures contre la vénération des icônes et amorce la persécution des moines (et de ses fonctionnaires peu zélés). Son fils et successeur Constantin V Copronyme continue et amplifie la lutte. Quelles qu'aient été les causes politiques réelles, extérieures (islam en expansion) ou intérieures (montée en puissance du clergé), la crise iconoclaste déclenche un siècle de persécutions contre les monastères et les œuvres d'art qu'ils abritent. Sans succès, puisque l'art figuratif survit; le rôle et la place des icônes dans la liturgie orthodoxe sont définitivement établis par un concile sous le règne de l'impératrice Théodora en 843. L'art des icônes connaît alors son apogée durant plusieurs siècles. Objets de ferveur pour les fidèles, les icônes jouent un rôle capital de soutien et de propagation de la foi orthodoxe sous la domination ottomane.

Les icônes sont doublement vénérées à travers les saints, deux fois martyrs, durant leur vie et dans leur icône.

La Descente de Croix, icône du XVIIe s. du monastère Savathianon (Musée historique, Heraklion

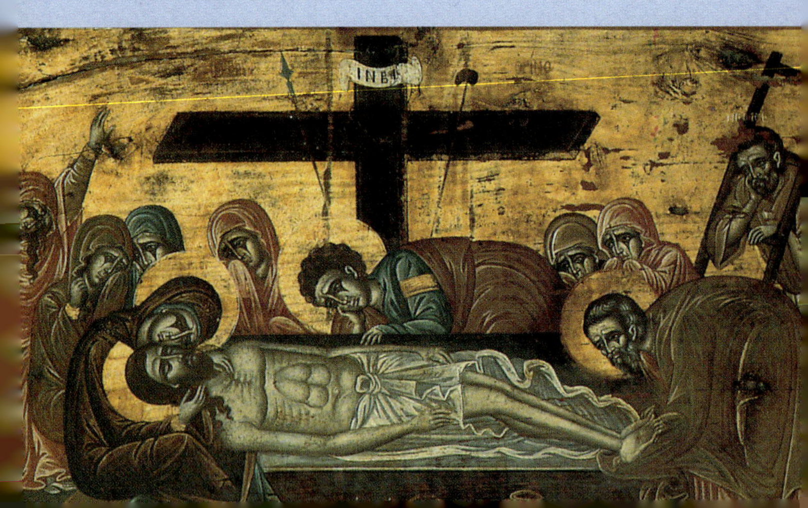

Christ,
icône peinte
par Emmanuel Tzanes
Bounialis en 1675
(Musée historique, Heraklion).

Icônes à portraits ou à scènes

Dans les icônes à portraits (Vierge, saints, martyrs), tous les détails de la peinture sont codifiés; les peintres d'aujourd'hui – des moines essentiellement – les utilisent encore: les expressions, les attitudes, les vêtements, leurs drapés, leurs couleurs… sont indiqués avec précision. On peut comparer le peintre à un musicien exécutant fidèlement une partition; seule la sensibilité de l'interprète peut intervenir. Les icônes à scènes (vie des saints, Nouveau Testament) connaissent une évolution sensible de leur style. Il n'est pas rare d'y voir des éléments historiques intégrés (un dragon aux allures de soldat janissaire, par exemple!).

L'école crétoise

Aux XVe et XVIe s., l'école crétoise est florissante. Plus de cent vingt peintres, dont les plus célèbres sont Théophane et Damaskinos, essaient, sans renier la tradition et la manière byzantines, de l'enrichir d'emprunts faits à l'art italien de l'époque. Les œuvres de jeunesse du Greco appartiennent d'ailleurs à cette école *(voir p. 57)*.

Des règles strictes

La technique de la peinture d'icônes n'a pas évolué depuis le Xe s. Elle obéit aux règles très strictes élaborées alors. Le support (le plus souvent une planche de bois) est recouvert d'un enduit composé de poudre de plâtre blanc et de colle. Les couleurs sont diluées dans de l'eau additionnée d'huile de lin. La peinture achevée et sèche est recouverte d'un vernis à base d'huile. Depuis, l'art et la technique de l'icône se perpétuent dans bon nombre de monastères orthodoxes du monde entier. ■

direction du port, après la 1re intersection à g. Ouv. t.l.j. sf dim. de 9h à 17h; entrée payante ☎ (0810) 28.32.19.

Le musée de la Bataille de Crète évoque cette période douloureuse *(voir p. 59)* à travers des récits écrits, des armes et des photos. Des visiteurs venus d'Australie ou de Nouvelle-Zélande rappellent parfois avec émotion le souvenir de proches qui étaient dans la résistance.

Le musée d'Histoire naturelle de Crète*

➤ **C4** *157, av. de Knossos (Knossou), installation provisoire. Prendre la direction de Knossos après être passé sous le pont de la voie rapide, à g. Ouv. du lun. au ven. de 9h à 17h, le dim. de 11h à 20h; entrée payante sf pour les enfants de moins de 6 ans ☎ (0810) 32.47.11. Cafétéria.*

Une très belle approche de la nature crétoise avec les plantes, les fleurs, les animaux qui vivent sur l'île, certains depuis les temps les plus anciens. À découvrir: la belle orchidée crétoise, *Ebenus critica*, qui fleurit en mai dans les montagnes, l'ochedra, une souris endémique avec des piquants comme les hérissons, les magnifiques oiseaux de proie ou encore l'agrimi, la fameuse chèvre sauvage crétoise. La géologie de l'île, ses pierres et ses fossiles sont également présentés. Au 1er étage, une exposition permet de voir vivre l'homme à l'époque minoenne et de suivre son évolution. Enfin, dans le petit jardin botanique sont cultivées bon nombre d'herbes crétoises. ■

Les environs d'Heraklion

Le palais de Knossos est, avec le Musée archéologique, le lieu le plus visité de l'île. Pour donner au voyageur un aperçu des richesses de la Crète sans pour autant lui faire parcourir trop de kilomètres, l'ouest d'Heraklion offre tous les attraits de l'île: des paysages montagneux, Tilissos et ses villas minoennes, un monastère, des bords de mer agréables et Fodele, avec le souvenir du Greco et une église byzantine. À l'est d'Heraklion, région très touristique, la vieille route passe par les premières plages proches de la ville et permet de rejoindre la baie de Malia *(p. 111)*.

Knossos

➤ *À 5 km au S d'Heraklion. Bus n° 2 toutes les 20mn depuis la gare principale (port)* **D1-2**, *arrêt rue 1821. On peut se joindre à une excursion organisée par une agence, au départ d'Heraklion ou de la plupart des hôtels, ou prendre un guide privé; rens. à l'office du tourisme (p. 132). Des guides proposent leurs services au point de rencontre (buste d'Evans).*

Modeste village avec cafés, tavernes et boutiques, Knossos est aussi le site archéologique le plus visité de Crète, le **premier palais minoen** découvert et le seul reconstitué *(encadré p. 54)*.

Le palais de Knossos***

➤ *Ouv. t.l.j. en été de 8h à 19h, le reste de l'année de 8h à 17h; entrée payante ☎ (2810) 23.19.40. Petits fascicules en français, avec plans-dessins, en vente à l'entrée.*

Les ruines sont situées sur une colline dans une région vallonnée, dominée par le mont Ioukhtas.

De l'entrée, on traverse la cour occidentale sur un trottoir dallé et l'on arrive devant la façade O, dont le soubassement existe encore sur une hauteur d'environ 1 m (c'est ce qu'on appelle le socle à orthostates). On considère que ce rez-de-chaussée n'avait pratiquement pas d'ouverture.

➤ **En suivant le corridor de la Procession.** Du côté S de la cour d'entrée, on pénètre par un propylée **1** dans un long couloir **2** appelé le **corridor de la Procession** parce que ses murs étaient revêtus, sur deux hauteurs, de fresques représentant de longues rangées de porteurs d'offrandes. On estime à

Se repérer à Knossos

Les trois entrées principales du nouveau palais, appelé aussi « second palais » *(voir plan p. 98)* étaient situées au nord, à l'ouest, et au sud. Aujourd'hui, c'est par l'ouest que l'on pénètre dans le palais. Le plan permet d'en imaginer la disposition, mais n'aide qu'en partie à s'orienter : les murs indiqués sont souvent réduits à des soubassements ou pratiquement inexistants. On entre dans le palais en se repérant toujours par rapport à la cour centrale et en s'aidant des indications qui figurent dans les parties reconstituées. Prenez les couloirs, montez les escaliers : vous ne retrouverez sans doute pas le fil d'Ariane, mais bien les dédales du labyrinthe ; c'est le meilleur moyen d'apprécier le climat qui règne encore à Knossos. ❖

Le palais de Knossos est orné de reproductions de mosaïques dont les originaux sont conservés au Musée archéologique d'Heraklion. Elles sont autant de témoignages de la civilisation minoenne : l'attrait pour l'exploit sportif se révèle sur cette fresque représentant un saut acrobatique.

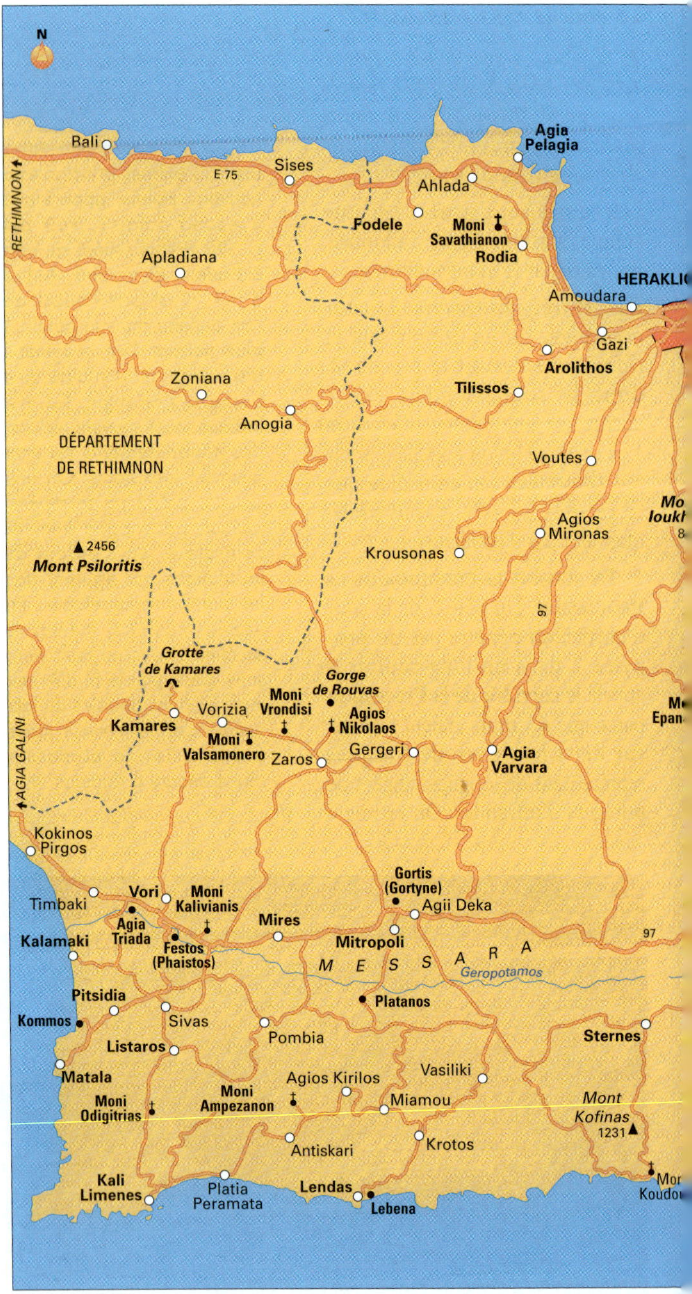

LE DÉPARTEMENT D'HERAKLION

Île de Dia
MER DE CRÈTE
Tombrouk
Kokini Hani
Amnissos
Nirou Hani
Gournes
Gouves
Limenas Hersonisou
Piskopiano
Hersonisos
Knossos
Skalani
Palais de Malia
E 75
Malia
Moni Gouverniotissas
Mohos
Potamies
Anemospilia
Mirtia
Moni Agarathou
Arhanes
Pigi
Agios Pandeleimon
Avdou
Krasi
Moni Kardiotissa
Kera
SELENA OROS
Peza
Agios Paraskies
Kastelli
Agios Antonios
Agios Vasilios
Sklaverohori
Lyttos
Tzermiado
Voni
Galatas
Trapsano
Agios Georgios
Partheni
OROSEIRA DIKTI
DÉPARTEMENT DU LASSITHI
Arkalohori
Panagia
Mont Dicté
2148
Garipa
Martha
Ano Vianos
Kefalovrisi
Anapodiares
Kato Kasteliana
Kato Vianos
Keratokampos
Arvi
Tsoutsouros
Ahendrias
Maridaki
Akrotiri Sidonia
AGIOS NIKOLAOS
IERAPETRA
0
5
10 km

À ne pas manquer

Pour ceux qui n'ont que peu de temps à consacrer à la découverte du palais, voici une sélection des temps forts de la visite.

La cour centrale pour accéder à la salle du Trône*** **11** : trône en albâtre*** et vasque de porphyre*** ; les appartements de la reine** **21** ; la voie royale** **28** ; l'aire théâtrale** **29**. ❖

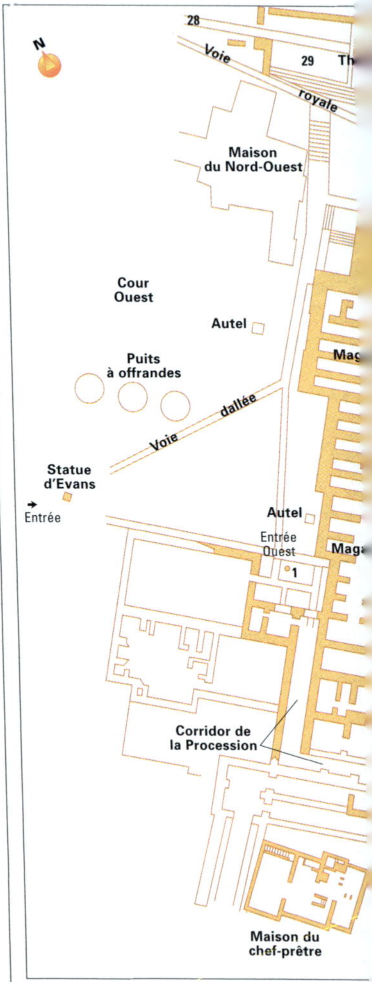

LE PALAIS DE KNOSSOS :

cinq cents les figures masculines de cette frise; c'est de là que provient le porteur de rhyton qui se trouve aujourd'hui au Musée archéologique d'Heraklion. Au bout de 20 m, le corridor tourne à angle droit vers l'E et atteint un «puits de lumière» **3**, petite cour intérieure fermée autrefois par trois portes. De semblables puits de lumière, traversant plusieurs étages et dépourvus de toit, se trouvent en de nombreux endroits du palais. De là, on accède à deux **vestibules à piliers 4**. C'est à cet endroit qu'aboutit un autre corridor venant de l'entrée S du palais. À l'extrémité des vestibules, un large **escalier 5** monte vers l'étage noble *(piano nobile)*.

➤ **VERS LA COUR CENTRALE.** Le corridor de la Procession oblique ensuite vers le N: c'est le **corridor du Prince aux fleurs de lys 6** (copie de la fresque dont l'original, très retouché, est au Musée archéologique d'Heraklion), qui conduit vers la **cour centrale**. Celle-ci s'étend du N au S sur 50 m de long et 28 m de large. Les ailes principales du palais longent les deux grands côtés de ce rectangle. Chacune d'elles est divisée en deux par un corridor: celui de l'O **7** coupe les bâtiments du N au S, celui de l'E **8** est perpendiculaire à la cour. Le palais est ainsi partagé en quatre «quartiers» qui facilitent un peu l'orientation. Le groupe des bâtiments donnant sur la cour centrale avait une importance particulière, parce que leurs locaux servaient aux cérémonies religieuses. Selon une esquisse d'Evans, la façade intérieure, à deux étages, aurait été somptueuse.

REZ-DE-CHAUSSÉE (plan reconstitué d'après les fouilles)

➤ **La salle du Trône*****. À dr. d'un escalier **9** conduisant à l'étage supérieur *(piano nobile)*, on accède par un vestibule **10** à la **salle du Trône 11**. On descend d'abord par quelques marches dans le vestibule, au centre duquel se trouve une imposante **vasque de porphyre*****. Bien qu'elle ait été retrouvée dans un corridor situé dans le bâtiment N, réunissant la cour centrale et les celliers O, Evans la plaça ici parce qu'il la considérait comme une sorte de bénitier appartenant à la dotation de la salle du Trône. On pénètre dans cette dernière par une double porte que sépare un pilier. Le **trône***** élevé, en albâtre, les bancs qui courent le long des murs et la fresque monumentale, avec ses imposants griffons, soulignent le caractère royal de cet endroit. Face au trône, quelques marches conduisent à une **pièce en sous-sol 12**, sorte de **bassin sacré**, qui,

Les fouilles de Knossos

C'est à **Minos Kalokerinos** que l'on doit la localisation du palais de Knossos en 1878. Evans et son équipe, qui lui succédèrent, achevèrent de mettre au jour les ruines vers 1900 et leur firent subir des « traitements », appréciés ou contestés. L'archéologue entreprit de reconstituer une partie de l'ensemble architectural vieux de plus de 3 500 ans (étages, escaliers, fresques).

C'est à partir de ces fouilles que **Sir Arthur Evans** *(encadré p. 54)* fonda son découpage de l'histoire minoenne : entre 2000 et 1900 av. J.-C. fut construit un premier palais qui, 300 ans plus tard, fut détruit par un tremblement de terre ; vers 1600 av. J.-C., sur les ruines de celui-ci, fut réédifié, comme à Malia et à Festos, un nouveau palais, plus grand et plus beau que le précédent. Ce sont les ruines de cet édifice que l'on visite aujourd'hui. Une catastrophe, causée peut-être par l'éruption du volcan de Santorin, anéantit le palais vers 1450 av. J.-C. Knossos continua encore à vivre jusque vers les années 1400 à 1350 av. J.-C., mais sous domination mycénienne. L'immigration des Doriens mit définitivement fin à la civilisation minoenne.

n'ayant pas d'écoulement, ne pouvait servir au bain, mais jouait certainement un rôle rituel pour la purification et la prière. Il existait déjà de tels locaux en contrebas dans les anciens palais. Il n'est pas certain qu'on y ait gardé des serpents sacrés, mais leur disposition était peut-être, en partie, un souvenir des cavernes cultuelles du Minoen ancien.

➤ **Dans l'aile occidentale.** À g. de l'escalier **9** qui monte vers l'étage noble, s'étend le groupe des locaux à usage cultuel : le **sanctuaire 13**, avec ses cinq colonnes en façade (une grande à l'entrée de la nef centrale, deux plus petites de chaque côté devant les nefs latérales), les **cryptes cultuelles 15** soutenues par des piliers, et leur vestibule **14**, et les **chambres du trésor 16** avec leurs fosses souterraines d'où provient une grande partie des précieux objets du culte – par exemple les « déesses aux serpents » et leurs attributs. Au S de l'aile occidentale se trouvent un temple grec **32** et une salle de bains minoenne **33**. À l'O du **corridor occidental 7** s'étire la longue série des **magasins**, couloirs étroits d'inégale longueur dont dix-huit étaient remplis de *pithoi* (jarres géantes) qui sont en partie demeurés à leur place.

➤ **L'étage supérieur de l'aile occidentale.** On a déjà mentionné les accès, par le S **5** et par la cour centrale **9**. L'étage semble avoir été constitué essentiellement des pièces d'apparat. On ignore sa disposition exacte et l'on est réduit à des hypothèses. Selon Evans, la partie à l'E du corridor était occupée par une grande salle avec colonne centrale, un vestibule et le sanctuaire avec trois colonnes et trois piliers. À l'O de ce même corridor, c'est-à-dire au-dessus des parties les plus au N des magasins situés au rez-de-chaussée, se serait trouvée une vaste salle presque carrée avec deux colonnes, suivie d'une autre, au N, celle-là rectangulaire et avec six piliers, dans laquelle on découvrit les vestiges d'une fresque comportant sur deux hauteurs différentes des figures humaines assises et debout. En raison de la forme des sièges, on lui a donné le nom de **fresque des Pliants**. La tête de femme connue sous le nom de « la Parisienne » *(encadré)* en faisait peut-être partie. L'escalier montant de la cour centrale conduisait primitivement à un second étage.

➤ **Des installations royales.** C'est au S du corridor **8** à plusieurs niveaux, orienté E-O, qu'on a dégagé les **appartements privés de la famille royale**. Déjà, dans l'ancien palais, les constructeurs avaient, pour des raisons climatiques, disposé les parties d'habitation sur la pente qui conduit à la rivière et réuni les différents étages par une grande cage d'escalier **17**. Evans put la retrouver pratiquement intacte. Seules les colonnes de bois, détruites dans un incendie au XVe s. av. J.-C., ont été remplacées par des colonnes en pierre. Par des degrés larges et bas, on descend commodément de la cour centrale dans les appartements royaux. Un puits attenant, fermé sur trois faces par des colonnes, fournissait l'éclairage et l'aération aux parties inférieures du bâtiment. Un corridor aux murs couverts d'une belle et originale décoration mène vers la **salle des Haches bipennes 18**, ainsi nommée à cause des haches à deux taillants gravées dans la paroi d'un puits de lumière attenant. Le même corridor conduit aussi au **mégaron du roi 19**, pièce dans laquelle on peut accéder par des portes percées sur trois côtés. Le long du quatrième mur, Evans trouva les restes d'un trône de bois avec baldaquin. Grâce aux portes à deux battants, la pièce pouvait être réunie à son vestibule et former une salle unique utilisée pour les audiences. Du mégaron partait un **portique couvert 20** qui dispensait ombre et fraîcheur.

Les **appartements de la reine**** **21**, situés à proximité, étaient décorés de fresques magnifiques.

Une Parisienne à la cour du roi Minos

De sa découverte du palais de Knossos, **Sir Arthur Evans** *(encadré p. 54)* ne fait pas une radioscopie rigoureuse et ses certitudes n'apparaissent à certains qu'hypothèses osées. En revanche, il baptise ! Les ruines, ce sont celles du palais du roi Minos, pense-t-il sans que personne n'ait pu le prouver : « minoen » sera donc tout ce qui se rattache à ces ruines, et « minoenne » la civilisation relative à cette époque. Autre exemple, il découvre un morceau de fresque où apparaît le visage d'une femme et il l'appelle « la Parisienne » (exposée au Musée archéologique d'Heraklion, *p. 90*). Le rapprochement est sans doute flatteur de la part d'un Anglais : une prêtresse d'il y a 3 500 ans lui suggère autant de féminité que les femmes de Paris au début du XXe s. ! Des interprétations fantaisistes d'Evans nous viennent toutes les histoires imagées, parfois bien imaginées, souvent racontées dans les journaux et même dans les livres d'école, présentant une Crète minoenne romancée, élégante et raffinée, prélude à toute l'histoire de la Grèce. ❖

Les plus connues sont le *Bain des dauphins* et la *Danseuse aux cheveux flottants*. Dans la salle de bains de la reine **22** se trouvait une baignoire d'argile peinte et une petite pièce en retrait **23** comportait même un lieu d'aisance avec chasse d'eau. Au N de cette dernière était située une courette dite « aux quenouilles » **35**.

➤ **DES ARTISANS AU PALAIS.** Au N du corridor E-O **8** s'étendaient les **ateliers** des potiers **24**, des tailleurs et des polisseurs de pierres **25**, des orfèvres et d'autres artisans. Il s'y trouvait aussi des magasins. C'est dans ces locaux de l'aile orientale **26** qu'on a découvert les plus grands exemplaires de *pithoi*. À la vue de ces jarres géantes, on comprend mieux l'aventure survenue à **Glaucos**, un fils de Minos, que rapporte la légende : en essayant d'attraper une souris ou bien en jouant, l'enfant serait tombé dans un *pithos* rempli de miel et s'y serait étouffé.

➤ **UNE ENTRÉE ROYALE.** L'entrée N du palais **27** servait à ceux qui venaient soit des quartiers d'habitation situés à l'O et au N de la cité minoenne soit des installations portuaires de Katsembas et d'Amnissos. Elle était accessible par la **voie royale**** **28** qui, d'une largeur approximative de 4 m, était composée d'une chaussée centrale surélevée et dallée, flanquée de deux bandes latérales, et conduisait aux degrés de l'escalier en plein air. Le chemin bifurquait, à g., pour se terminer dans l'**aire théâtrale**** **29** et, à dr., jusqu'au portail de l'angle N-O. Par un vestibule, on pénétrait dans une salle à piliers dite salle hypostyle **30**, qu'Evans appelait « la Douane », de l'angle S-O de laquelle partait une rampe **31** que pouvaient même emprunter des véhicules. Cette voie d'accès en pente douce, qui menait à la cour centrale, était notablement plus large dans l'ancien palais ; lors de la reconstruction, elle avait été rétrécie et encadrée de murs surmontés de colonnades. Les fresques en relief des parois de ces péristyles représentaient des scènes animalières. À l'O de cette voie, l'ensemble de salles **34** appartenait probablement à l'ancien palais.

Autour du palais

Le site archéologique de Knossos ne se réduit pas à son seul palais, même si c'est l'unique partie ouverte au public et la plus spectaculaire. Les fouilles ont révélé d'autres bâtiments de grande importance et se poursuivent aujourd'hui.

Faute de pouvoir les visiter, on peut, en se promenant, mieux apprécier la dimension de l'espace minoen de Knossos *(compter 30 mn de marche)*.

➤ **LE « CARAVANSÉRAIL ».** Du côté de la route actuelle, on a retrouvé un bâtiment qui semble avoir servi de maison de réception ; une salle était ornée de fresques : la *Frise des perdrix*, exposée au Musée archéologique d'Heraklion. Evans lui a donné le nom de « Caravansérail ». Les voyageurs qui venaient des contrées plus chaudes du Sud, de la mer de Libye ou de la plaine de la Messara pouvaient s'y rafraîchir aux fontaines, s'y baigner dans des piscines et y abreuver leurs bêtes.

➤ **LE TEMPLE-TOMBEAU.** *Plus au S, à dr. de la route, alors que le palais n'est plus en vue.* Le temple-tombeau, un bâtiment de la période néopalatiale, est composé d'un **vestibule**, d'une **salle hypostyle** et d'une **chambre sépulcrale**. Il était destiné au culte des morts et on y enterrait les princes minoens.

L'art de capter l'eau

L'alimentation en eau du palais était remarquablement installée. Dès le début du IIe millénaire av. J.-C., de l'eau de source était amenée de loin dans des conduites d'argile soigneusement façonnées. À l'extrémité S-E du palais, un énorme puits de 16 m de profondeur et de 8 m de diamètre avait été creusé dans le calcaire jusqu'au niveau du lit de la rivière ; malheureusement, l'imposant ouvrage s'est effondré peu après les fouilles. On l'a comparé au pozzo di San Patrizio d'Orvieto, parce qu'il possédait aussi une rampe en spirale, creusée dans les parois, qui descendait jusqu'au fond. Mais le puits italien ne date que du XVIe s. de notre ère ! Au reste, les Minoens étaient même capables de transporter de l'eau sous pression et aménagèrent des jets d'eau dans les jardins du palais, comme en témoigne une image de la maison dite « des fresques ». Dès l'époque de l'ancien palais, un viaduc enjambait la rivière au S-O du palais par une arche de 8 m de haut et de 3 m de large. ❖

➤ **La villa royale.** *Située au N-E du palais, à dr. en contrebas du chemin.* Constituée d'un rez-de-chaussée et d'un étage, elle dominait la vallée du Kairatos. Elle était richement décorée et on y a retrouvé un trône encastré dans le mur.

➤ **Le petit palais.** C'est en cherchant le prolongement, à l'O, de la voie royale qu'on a découvert le petit palais, deuxième bâtiment, par son importance, mis au jour. Il fut construit dans la dernière période de l'époque néopalatiale et servait surtout à des fins cultuelles. Dans des cryptes à piliers, on retrouva des objets de culte d'une grande valeur, comme par exemple le **rhyton en forme de tête de taureau***** exposé au Musée archéologique d'Heraklion *(p. 89).*

***Taverne** à Agia Irini (p. 134). Pour prolonger l'itinéraire dans l'arrière-pays, voir p. 106.*

À l'ouest d'Heraklion

À l'ouest d'Heraklion, la route offre une palette intéressante des points d'attrait de la Crète : montagne et mer, sites archéologiques, monastères, sans oublier Fodele et son église byzantine.

Arolithos, un musée vivant d'art populaire

➤ *Sortir d'Heraklion par l'O et prendre la vieille route de Rethimnon (Old Road) ; Arolithos est à 10 km.* ***Hébergement** à Tilissos p. 139.*

Ce joli village-hôtel, créé de toutes pièces pour les touristes, semble sortir d'un livre d'images crétoises. La vie s'anime dans les intérieurs reconstitués avec goût. En flânant dans les ateliers d'artisanat traditionnel, on suit les gestes du ferronnier à l'enclume, du potier sur son tour, de la vieille femme penchée sur son métier à tisser. On s'arrête au kafénion et sur la grand-place, on mange à la crétoise au son de la *lyra* en regardant les danses traditionnelles exécutées en costumes folkloriques. Les ateliers et les boutiques sont ouverts à des horaires variables. On dîne sur la place du village entre 20 h et 22 h 30.

Tilissos

➤ *À 11 km d'Heraklion. Sur la vieille route de Rethimnon, à 4 km après Gazi, tourner à g. en direction d'Anogia. Tilissos est à 2 km. Accès par le bus d'Anogia à la gare routière B d'Heraklion, porte de La Canée.* ***Hébergement*** *p. 139.*

Le détour par Tilissos se justifie si l'on s'intéresse à l'époque minoenne et que l'on aime les paysages montagneux. Cette route qui monte à **Anogia** constitue en soi une très belle excursion *(p. 200).*

Tilissos, au milieu des vignes et des oliviers, vit de son agriculture locale et offre une bonne image du village crétois: on y trouve le kafénion sur la place, une fontaine turque et les ruines de trois villas minoennes contemporaines des seconds palais de Knossos et de Malia *(ouv. de 8h à 15h).*

La chapelle de la Panagia de Fodele a été construite sur une basilique à trois nefs qui daterait du VIIIe s. En croix grecque et dotée d'une coupole à tambour, c'est un véritable bijou.

Rodia

➤ *À 17 km à l'O d'Heraklion. Revenir à Gazi et prendre la direction de Rodia-Ahlada.*

À 300 m d'altitude, sur le flanc de la montagne, le village de Rodia domine toute la baie d'Heraklion et l'île de Dia. À l'entrée du village, à g., une vieille pancarte indique le chemin qui mène à **Moni Savathianon**** : ce monastère, un havre de paix harmonieusement fleuri, abrite toujours des religieuses qui vaquent aux travaux des champs et d'aiguille. L'église, encastrée dans la paroi rocheuse, contient encore quelques belles icônes ; le Musée historique d'Heraklion *(p. 90)* conserve les autres.

Agia Pelagia

➤ *À 6 km au N de Rodia; 21 km au N-O d'Heraklion par la voie express. De Rodia, redescendre vers la mer et laisser à g. la route d'Ahlada, beau village dans la montagne.* ***Bonnes adresses*** *p. 138.*

Agia Pelagia était, avant de connaître l'envahissement estival, un tout petit village de pêcheurs dans une baie protégée, agréable pour sa belle plage. Devenu très touristique, le village offre toutes les facilités: tavernes, magasins, pensions, hôtels poussent comme des champignons. La circulation en voiture y est souvent difficile. Tous les sports nautiques y sont proposés. Le dimanche, la plage est surpeuplée, car très prisée par les autochtones.

Fodele

➤ *À 7 km au S-O d'Agia Pelagia; 28 km au N-O d'Heraklion. De la voie express, continuer vers Rethimnon jusqu'à la bifurcation de Fodele.* ***Bonnes adresses*** *p. 139.*

La route chemine dans une vallée d'orangers et de citronniers. Fodele serait le village natal du Greco ; rien ne le prouve, mais qu'importe, il est très pittoresque. La **Panagia de Lumbinies***** (église byzantine à 800 m du village) est remarquable par son architecture. Le tambour, qui soutient la coupole, inscrit dans le plan d'une croix grecque, est doté de onze fenêtres. La finesse des détails, les frises taillées dans la pierre témoignent d'une grande recherche artistique. À l'intérieur, admirez les remarquables fresques des XIIIe et XIVe s. À 50 m, sur une hauteur, un petit **musée** encadré par la verdure est consacré au Greco *(ouv. du mar. au dim. de 9h à 17h).*

Une longue piste carrossable permet de grimper et de rejoindre la vieille route *(Old Road)* Heraklion/Rethimnon, Arolithos, puis Heraklion. Il est conseillé de se munir d'une carte précise.

Vers l'est d'Heraklion

Pour qui vient visiter la Crète et découvrir ses traditions, l'est d'Heraklion ne présente que peu d'intérêt : les beaux paysages y sont rares, et la côte dévastée par un tourisme anarchique. On ne fait donc qu'y passer ou on y séjourne dans un hôtel pour la plage et la mer, en y faisant quelques excursions organisées.

➤ **LA VIEILLE ROUTE (« OLD ROAD »).** Pour gagner l'E de l'île, la voie express est le moyen le plus rapide. La vieille route, en revanche, chemine le long de la côte. Elle part des faubourgs E d'Heraklion, contourne l'aéroport et donne accès à Amnissos *(hébergement p. 138)* et aux premières plages proches de la ville *(p. 134)*, ainsi qu'à quelques agréables tavernes de bord de mer, comme au lieu-dit **Tombrouk**.

Après un beau passage en corniche, on a l'impression de traverser les faubourgs d'une ville mal dessinée où les hôtels, les maisons à louer, les tavernes, les boutiques touristiques se succèdent à un rythme déconcertant pour le visiteur en quête d'une Crète sauvage.

➤ **NIROU HANI.** *À Kokini Hani, à 8 km d'Heraklion (hébergement p. 139 ; voir aussi à Gouves, p. 139).* Le petit site archéologique de Nirou Hani *(ouv. t.l.j. sf lun. de 8h30 à 15h ; entrée libre)* permet de voir les restes d'une villa minoenne de la période néopalatiale (vers 1550 av. J.-C.).

Longer ensuite l'ancienne base américaine, une « autre » ville aux maisonnettes proprettes, qui a vécu isolée du reste de l'île, comme mise entre parenthèses, avec sa clôture de barbelés, mais tout à l'écoute de ce qui se passait dans le champ balayé par ses impressionnants radars.

À **Gournes**, on retrouve la route principale. Dans la plaine côtière se multiplient les serres, sous lesquelles sont cultivés œillets et giroflées destinés à l'exportation vers l'Europe du Nord, une industrie en pleine expansion.

Vous pouvez prolonger l'itinéraire jusqu'à Limenas Hersonisou *(p. 111)* et Malia *(p. 113)*, puis prendre la route du Lassithi *(p. 112)*, ou rebrousser chemin vers l'arrière-pays d'Heraklion. ■

L'arrière-pays

L'arrière-pays d'Heraklion, d'un accès facile à pied, en bus ou en voiture, offre de magnifiques perspectives sur la Crète rurale. Pour une promenade au pays de Nikos Kazantzakis, une visite du joli village d'Arhanes, berceau de l'Antiquité, avec à proximité de passionnantes découvertes archéologiques toujours en lien avec Knossos.

Mirtia (Varvari)

➤ *À 15 km au S d'Heraklion; 7 km au N-E de Peza. À 3 km de Knossos, quitter la route d'Arhanes et emprunter, à g., la route de Skalani, en direction de Mirtia (pancarte).*

La **route**** offre de belles vues sur les vignobles et les oliviers, et une nature vallonnée bien ordonnée.

Mirtia est un **paisible village** où il fait bon flâner et s'asseoir aux terrasses ombragées des modestes tavernes. Sur la place du village se trouve le musée, une grande maison familiale restaurée aux allures un peu trop neuves.

➤ **Le musée Nikos-Kazantzakis***. *Ouv. de mars à fin oct., t.l.j. sf jeu. de 9h à 13h, et les lun., mer., sam. et dim. après-midi de 16h à 20h; entrée payante.* Ce musée rend hommage au célèbre écrivain Nikos Kazantzakis (dit Kazantzaki selon son souhait), dont la famille paternelle était originaire de Varvari, rebaptisé Mirtia après la guerre pour en effacer la sonorité «barbare». Attention, le fondateur du musée, soucieux d'authenticité, ignore le nom de Mirtia, que vous ne lirez donc sur aucun des documents relatifs au musée. Souvenirs personnels, manuscrits, photographies ou affiches des films tirés de ses livres ainsi qu'un diaporama de 20 mn en fondu enchaîné, avec 160 diapositives et un commentaire en français, sur demande, évoquent la vie et l'œuvre de Kazantzakis et font comprendre sa personnalité.

♥ Arhanes**

➤ *À 11 km au S de Knossos; 16 km au S d'Heraklion. Bus toutes les heures de la gare routière A d'Heraklion* **D1-2** *; 1er départ à 6h30, dernier retour à 20h.*

Une bonne route asphaltée monte de Knossos à Arhanes-le-Haut *(Epano Arhanes)*, important chef-lieu d'une riche région agricole *(pensions et tavernes sur la place)*. Les collines avoisinantes sont couvertes de vignes, dont la récolte, raisins de table et raisins secs, est destinée à l'exportation. Les grappes de *rosaki* donnent un excellent vin. Il règne alentour une joyeuse ambiance au moment des vendanges.

La région est riche en découvertes archéologiques. Bien située, au milieu de terres fertiles, jouissant d'un climat privilégié, elle fut habitée depuis la plus haute Antiquité.

Le village d'Arhanes

La conception des maisons, souvent en forme de L avec une cour intérieure, remonte à l'époque vénitienne. Cette cour a une fonction intéressante: elle représente, en effet, le passage entre l'espace public et l'espace purement privé.

Plusieurs églises sont décorées de **fresques**. L'église principale du village, la **Panagia**, contient de belles **icônes**. Sur la place, la statue d'un capetan, avec son fusil et sa cartouchière, rappelle que la résistance aux Ottomans fut ici sans merci.

« Je suis libre »

Heraklion, la ville natale de Nikos Kazantzakis, abrite la tombe du chantre de la Crète. Ancrée dans la pierre, l'épitaphe reprend ses propres mots : « Je n'ai peur de rien, je n'espère rien, je suis libre. »

Nikos Kazantzakis (1883-1957) est l'écrivain crétois que son talent et les persécutions qu'il eut à subir ont rendu le plus célèbre. Ses œuvres les plus connues sont *Alexis Zorba*, qui a inspiré le film *Zorba le Grec* (1947), *Le Christ recrucifié* (1948), dont fut tiré *Celui qui doit mourir*, film de Jules Dassin avec Melina Mercouri, *La Liberté ou la Mort* (1950) et *Les Frères ennemis* (1949-1954). Il est également l'auteur de *La Dernière Tentation* (1955) qui a inspiré le réalisateur Martin Scorsese.

La Société des amis de Nikos Kazantzakis *(Case postale 2714, CH 1211 Genève 2 Dépôt)*, association francophone, accueille tous ceux qui s'intéressent à l'auteur. Elle édite un journal et organise des conférences. *Rens. par courrier uniquement.* ❖

➤ **Le Musée archéologique****. *Ouv. t.l.j. sf mar. de 8h30 à 15h.* Installé dans l'ancienne école du village, ce musée offre la meilleure introduction possible à la découverte des sites que comptent le village et ses alentours. Très informatif, il présente, dans un minimum d'espace, sous forme de tableaux et à partir d'objets découverts lors des fouilles et reproduits dans les vitrines, une image complète de la **vie des Minoens.** Les rites funéraires et les trois manières d'enterrer les morts – à même le sol, dans des sarcophages ou dans des *pithoi* – sont expliqués, de même que la manière dont étaient travaillés le bronze ou l'or, ou encore la façon dont s'organisaient les transports ou dont se déroulaient les relations avec les pays de l'E de la Méditerranée. À voir aussi : la presse à raisin, les amphores, le métier à tisser, les coupelles à teinture. Un ouvrage en français sur Arhanes, écrit par les archéologues du site, documenté et très complet, est en vente au musée.

Les ruines minoennes d'Arhanes

Le bourg actuel est construit sur des ruines minoennes parmi lesquelles a pu être identifié un édifice d'une importance comparable, semble-t-il, à celle des palais déjà découverts ; sa taille correspondrait à celle du palais de Knossos et son raffinement rappellerait celui de Festos. Evans avait déjà fait mention de ce qu'il avait appelé « le palais d'été du roi de Knossos ». Qu'en est-il ? La question reste ouverte.

Les archéologues se heurtent en effet à un problème difficile à résoudre pour que cette hypothèse soit vérifiée. Comment poursuivre des fouilles dans un village habité ? Faute de pouvoir exproprier, les recherches ont cessé. On peut voir toutefois une partie des murs, formés d'énormes blocs de pierre, et constater la grandeur des pièces, très vastes par rapport à celles, par exemple, de Kato Zakros *(p. 177)*.

La fondation d'un bâtiment contemporain du second palais de Knossos (1750-1450 av. J.-C.) reste en cours d'excavation ; on y retrouve tous les éléments de l'architecture minoenne, traités avec un éclat inhabituel.

Les environs d'Arhanes

Arhanes est un très bon point de départ pour plusieurs excursions, toutes agréables à faire à pied. Les sites intéressants à visiter sont localisés en plusieurs points : à Fourni, à Anemospilia, à Vathipetro et au sommet du mont Ioukhtas.

La colline de Fourni

➤ *Prendre la route à dr. à l'entrée d'Arhanes (pancarte). Ouv. de 8 h à 15 h ; entrée libre.*

La nécropole de la colline de Fourni est le premier **cercle de tombes mycénien** retrouvé en Crète. On suppose qu'elle était utilisée essentiellement pour des personnes de haut rang, car on y a trouvé des objets peu communs : presse à raisin, métier à tisser et des pièces de valeur. On y a aussi découvert un **sistre** (instrument de musique ancien) de 2000 av. J.-C.

Anemospilia*

➤ *Un chemin (difficile) reliant Arhanes à Knossos suit le flanc E du mont Ioukhtas le long d'une gorge. C'est là que se trouve le site d'Anemospilia. Ouv. de 8 h à 15 h.*

La découverte de quatre corps dans un sanctuaire détruit vers 1 700 av. J.-C. a donné à ces fouilles un caractère exceptionnel *(encadré ci-contre)*.

Vathipetro

➤ *À 5 km au S d'Arhanes ; 19 km au S d'Heraklion. Sortir d'Arhanes par la route goudronnée qui part vers le S et continuer dans les vignes pendant 3 km (pancartes). Laisser son véhicule à la pancarte « Archeological Site of Vathipetro ». Ouv. t.l.j. de 8 h à 15 h ; entrée libre.*

Les vestiges de Vathipetro, de moindre importance que d'autres sites célèbres, révèlent la présence d'une importante « ferme » ou **entreprise agricole minoenne**, datant approximativement de 1500 av. J.-C. et dont subsistent encore un pressoir à olives et un ingénieux système pour fouler le raisin et faire le vin.

♥ Le mont Ioukhtas

➤ *Accès au sommet (811 m) à pied (un sentier part d'Arhanes) ; ou, en véhicule tout-terrain, par la route de Vathipetro (3 km), bifurquer à dr. à la pancarte « Ioukhtas ».*

Le mont Ioukhtas, qui surplombe toute la région, a une silhouette très caractéristique, la tête de Zeus dormant, dit-on. La **vue***** sur Heraklion et la mer est remarquable. Sur cette montagne sacrée, où, selon une légende locale, Zeus aurait été enterré, on a retrouvé des figurines votives et des vases à usage cultuel de l'époque minoenne ainsi qu'un sanctuaire minoen, au N

Sacrifice à Anemospilia ?

Quatre corps ont été mis au jour lors des fouilles du site d'Anemospilia. Le premier corps se trouvait dans le corridor ; la position de ses os suggère qu'il fuyait en emportant un remarquable vase, du style de Kamares, qui put être reconstitué à partir des fragments gisant sur le sol. Les trois autres squelettes furent découverts dans la pièce O ; une femme d'abord, la face contre le sol, avait été apparemment tuée par le poids du plafond s'abattant sur elle ; le deuxième, un homme de haut rang si l'on en juge par les attributs qu'il portait, avait dû tomber sur le dos sous l'effet d'un choc ; enfin, le troisième, un garçon, était placé, non pas sur le sol comme les autres, mais sur une petite surface aménagée qui suggère un autel. La présence proche d'un couteau (poignard ou épée) avec une lame de 40 cm, n'a pas manqué de susciter une grande curiosité.

Les lieux, les circonstances laissent penser qu'il s'agirait d'un sacrifice humain pratiqué avant qu'une catastrophe n'anéantisse les lieux et ne tue les trois autres officiants. En effet, à l'heure où la Crète était menacée par des tremblements de terre d'une force dévastatrice, il est possible d'imaginer que la population ait cherché à conjurer le mauvais sort par des moyens exceptionnels, non plus en sacrifiant un animal, mais un être humain. Cette hypothèse n'est pourtant pas toujours admise. ❖

de la petite église, lieu de pèlerinage très fréquenté le **6 août**, date de la Transfiguration.

Peza

➤ *À 10 km au S de Knossos; 10 km au N-E de Vathipetro; 7 km au S-O de Mirtia.*

Ce village au milieu des vignes est un important centre vinicole (vins d'appellation d'origine contrôlée) avec des coopératives.

Une visite des établissements **Minos** *(à la sortie S du village, à dr. Ouv. du lun. au sam. de 10h à 16h. Visite organisée sur demande ☎ (2810) 74.12.13, fax (2810) 74.15.97)*, permet de découvrir les différentes étapes de la vinification et son évolution (petit musée) des vendanges à l'embouteillage, ainsi que la vigne en Crète depuis l'époque minoenne, grâce à une vidéo-projection. La dégustation ne manquera pas de vous convaincre de la qualité de ces excellents petits vins crétois. Le responsable, Nicolas Miliarakis, parle le français.

De Peza à la plaine de la Messara

De Peza, on rejoint la plaine de la Messara *(p. 116)* et Protoria par une bonne route d'environ 30 km. À **Kaloni**, la très vieille église byzantine **Agios Vasilios**, dédiée à saint Jean-Baptiste, contient des fresques de 1292.

Après Partheni, un détour de 4 km par une route indiquée à dr. mène à **Moni Epanossifi**, un monastère empreint de sérénité qui fut construit à la fin de l'époque vénitienne et joua un rôle important sous l'occupation turque.

De Peza vers Ierapetra

Une autre route asphaltée mais très sinueuse permet de rejoindre Ierapetra *(p. 160)*, dans le département du Lassithi *(env. 80 km)*. **Arkalohori** est un bourg très animé le samedi matin, jour de foire.

Ano Vianos, un gros village blanc blotti au flanc du mont Dicté, s'enorgueillit d'un arbre centenaire, sur la place du village. Les églises **Agia Pelagia**, dans le quartier dit Plaka, et **Agios Georgios** contiennent des fresques datées respectivement de 1360 et 1401. À la sortie O du village, un musée folklorique *(ouv. t.l.j. de 9h à 13h30 et de 17h à 19h30)* présente, à travers des objets traditionnels, la vie des Crétois de cette région et leurs coutumes sur plusieurs époques.

De Peza vers Kastelli

➤ *De Peza, prendre la direction de Kastelli (Pediados).*

Le village d'**Agios Paraskies** abrite un joli magasin de poteries artisanales. À quelques kilomètres de là, un petit détour par une route sur la g. conduit à **Moni Agarathou**, un monastère encore habité, perdu dans les vignes. L'église contient quelques icônes anciennes.

Trapsano

➤ *À 15 km au S-E de Peza.*

Ce village situé au S de la route de Kastelli est connu pour ses **poteries**, un artisanat traditionnel que les villageois perpétuent ; on y assiste à la fabrication des *pithoi*, ces grandes jarres en terre déjà utilisées par les Minoens et que l'on voit encore souvent sur les toits ou les terrasses des maisons pour stocker l'eau de pluie. Un souvenir intéressant, mais encombrant à rapporter !

♥ Galatas, un palais minoen sur les hauteurs

➤ *De la route de Kastelli, prendre la direction de Voni, puis de Galatas. À la sortie de ce petit village retiré, à env. 2 km à dr., bien avant le chemin qui mène à l'église, laisser son véhicule pour emprunter à pied la montée assez raide d'un sentier en partie dallé (compter 15 mn de marche).*

La **vue***** du sommet de la colline, dominant tout l'arrière-pays, est exceptionnelle. Le site était idéal pour surveiller et défendre une probable route minoenne allant de Knossos vers le S-E. C'est là que fut découvert en 1992 le quatrième palais de Crète centrale dont on aperçoit les fouilles, protégées par un grillage, envahies par la végétation. Le palais date de la même époque que le second palais de Knossos (XVIIe-XVIe s. av. J.-C.) et est construit sur le même plan, avec une cour centrale, quatre ailes pour les résidences et les divers ateliers. Il était aussi décoré de fresques. Sa superficie est toutefois de moitié inférieure à celle du palais de Knossos. Sans doute détruit par l'éruption de Santorin (vers 1450 av. J.-C.), le palais de Galatas fut reconstruit et joua encore un rôle à l'époque mycénienne ; c'est une découverte importante pour la compréhension de cette fameuse civilisation minoenne.

Kastelli (Pediados) et ses environs

➤ *À 8 km au N-E de Trapsano ; 40 km au S-E d'Heraklion (liaisons en bus).*

Cette grosse bourgade avec un joli marché le samedi matin n'a d'intérêt que pour son site antique, Lyttos, et pour de belles églises byzantines aux alentours.

Lyttos*

➤ *À 3 km à la sortie E de Kastelli sur la route d'Avdou, près de Xidas.*

Il ne reste de l'antique Lyttos que le site à admirer, magnifique, sur l'un des contreforts du mont Dicté. Cette ville dorienne, mentionnée par **Homère** pour son rôle dans la guerre de Troie, exerça son pouvoir pendant toute la période hellénistique.

Détruite par sa rivale Knossos au IIIe s. av. J.-C., Lyttos retrouva un peu d'influence sous les Romains et jusqu'à l'époque byzantine, dont il ne subsiste que des morceaux du mur de protection de la ville.

Sklaverohori

➤ *À 2 km à l'O de Kastelli, accessible à pied du hameau en 15 mn; après la bifurcation, prendre le chemin de g.*

L'église de la Présentation-de-la-Vierge de ce petit hameau contient des fresques des XIVe et XVe s. représentant la vie du Christ.

L'église Agios Pandeleimon**

➤ *À 2 km au N de Kastelli. À Kastelli, prendre la route de Hersonisos (« Chersonissos »). Avant Pigi, à dr., pancarte « Byzantine Church and Paradise Tavern »; suivre la route et demander la clé à la taverne. Ouv. de 8 h à 14 h; entrée libre.*

Agios Pandeleimon est une église byzantine originale. Perdue sous les arbres, près d'une source, elle se compose de trois grandes nefs, soutenues par des colonnes dont l'une est constituée de quatre chapiteaux antiques provenant sans doute des ruines de l'antique Lyttos. Il est difficile de dater son architecture; on note des détails de sculptures de l'époque byzantine, des inscriptions hellénistiques, de très belles fresques du début du XIVe s. dans le chœur et une remarquable icône. ■

Autour de la baie de Malia

Tout au long de la route longeant la baie de Malia s'est développé un tourisme de masse, venu chercher à bon marché la mer, le soleil et les plaisirs sous forme d'alcool, de drogue et de rencontres peu crétoises. Dans les hôtels de catégorie supérieure, le calme est préservé. Pour des impressions de Crète plus authentiques, il faut se rendre au musée de Lychnostasis, près de Hersonisos, dans l'arrière-pays, ou remonter dans l'histoire de l'île en visitant les magnifiques ruines minoennes de Malia.

Limenas Hersonisou (le port de Hersonisos)

➤ *À 26 km à l'E d'Heraklion. De Kastelli, une route de 16 km descend jusqu'à la côte.* ***Bonnes adresses*** *p. 139 (voir aussi Gouves).*

Limenas Hersonisou a été un agréable petit port de pêcheurs. Le tourisme de masse a étouffé son charme. Le nombre de bars, d'hôtels, de pensions, etc. est impressionnant. Ce site a connu un passé sans doute florissant. Port de l'antique Lyttos, il fut ensuite habité par les Romains; on a retrouvé des

Au-dessus de Limenas Hersonisou, des paysages variés permettent de découvrir une Crète plus authentique.

fragments de mosaïques de deux basiliques paléochrétiennes des Ve et VIe s., la plus ancienne située au bout de l'isthme, au N du village, l'autre, à 1 km à l'E près de l'hôtel Nora, à l'emplacement de l'église Agios Nikolaos (XIIe ou XIIIe s.).

Le musée Lychnostasis*

➤ *À 800 m à l'E du village, en bord de mer, après le Star Water Park et avant l'hôtel Nora. Ouv. t.l.j. sf lun. de 9h30 à 14h; visite en français sur demande; entrée payante ☎ (28970) 236.60.*

Avec son moulin à vent, la maison crétoise, l'église ou l'atelier de tissage, le musée offre une initiation à la vie de l'île, à sa flore, à ses pierres et ses plantes aromatiques. On peut y goûter le *soumada*, une boisson aux amandes, ou le gâteau de figue et emporter la tisane minoenne qui assure une longue vie.

Le village de Hersonisos

➤ *Au flanc de la montagne au-dessus du port (30mn à pied, ou en voiture par la route de Kastelli).*

Ce petit village a gardé de belles maisons de l'époque vénitienne. D'agréables kafénions et tavernes bordent la place ombragée.

Piskopiano

➤ *À 1 km à l'E de Hersonisos.*

À flanc de montagne et un peu en dehors du gros mouvement touristique, le village garde quelques tavernes traditionnelles: Kostas et Manolis. Son musée *(ouv. de 10h à 13h et de 16h à 20h; entrée payante)* explique la production des olives et du raki.

Sur la route du Lassithi

➤ *À 3 km à l'O de Limenas Hersonisou, prendre à g. la route de Kastelli sur 7 km. Tourner ensuite à g. en direction de Potamies et du plateau de Lassithi. Cette route permet de visiter de belles églises byzantines.*

➤ **Potamies et Avdou.** *Juste avant le village de Potamies (15 km au S de Limenas Hersonisou), emprunter la route sur la g. (pancarte).* On passe devant la modeste église à une nef **Afendi Christo** (fresques du XIVe s.). Continuer jusqu'à l'emplacement d'un monastère de l'époque vénitienne, aujourd'hui abandonné, **Moni Gouverniotissas****, avec son église, la **Panagia**, intéressante par son architecture et ses fresques. Un gardien reste sur le site dans la journée et possède les clés des deux églises. Sinon, demander au kafénion du village. À **Avdou** *(6 km au S-E de Potamies)*, l'église **Agios Antonios** est ornée de fresques du XIVe s. La route commence ensuite à grimper. On peut rejoindre Malia par **Mohos**, un gros village plein de charme avec sa place, ses arbres blanchis et bleuis aux couleurs du drapeau grec, et ses kafénions *(hébergement p. 141)*.

Prolonger l'itinéraire ci-dessus permet de profiter de la magnifique **route panoramique***** qui monte au plateau. Laisser à g. Krasi pour rejoindre Moni Kardiotissa.

➤ **Moni Kardiotissa.** *À 16 km au S-E de Potamies, avant le village de Kera, sur la dr.* Ce petit monastère accroché au flanc de la montagne (700 m d'alt.), appelé aussi le monastère de la Panagia i Kera, la Vierge Mère de Dieu, cache une église intéressante par son architecture complexe. Elle a été construite en plusieurs fois à des époques différentes. Les fresques de la nef centrale seraient les plus anciennes et dateraient de la première moitié du XIVe s., les autres de la fin du XIVe s. La route, très escarpée, devient vite impressionnante. Au sommet du col se dégagent des carcasses de moulins à vent, restes de l'époque vénitienne.

➤ **Krasi.** *À 3 km au N de Moni Kardiotissa.* Célèbre et magnifique platane, plus que centenaire. Dégustation et vente de **raki**. À g. au-dessus de la fontaine part un chemin muletier qui monte à Tzermiado, sur le plateau de Lassithi *(p. 157)*: possibilité de randonnées.

Quitter Krasi par la route du N, pour prendre, à dr., la belle route de Malia, large et asphaltée, qui ne figure sur aucune carte officielle.

Malia

➤ *À 10 km au N de Krasi; 34 km à l'E d'Heraklion.* ***Bonnes adresses*** *p. 140.*

Lieu de passage des touristes, relais de jeunes ou point de séjour dans l'un des nombreux hôtels qu'il compte, Malia a été un centre touristique apprécié dont la plage de sable est l'une des plus belles de l'île. Trop fréquentée, Malia a perdu de son charme. Toutefois, les célèbres ruines de son palais, situé à proximité, réjouiront les amateurs d'archéologie.

Les ruines minoennes***

➤ *À 3 km à la sortie E du village, sur la g. (côté N), un chemin asphalté conduit au champ de fouilles (pancarte). Les bus de la ligne Heraklion/Agios Nikolaos s'arrêtent sur la route principale au bout du chemin d'accès. Site ouv. t.l.j. sf lun. et j.f. de 8 h 30 à 15 h (modifications possibles) ; entrée payante ☎ (28970) 315.97.*

Les ruines du palais de Malia, troisième site minoen d'importance en Crète, ont été mises au jour par l'École archéologique française d'Athènes. Le palais de Malia est intéressant surtout pour les amateurs d'archéologie ; pour les autres, il représente une curiosité insolite en bord de mer. Pourtant, c'est à Malia peut-être qu'on se rend le mieux compte du travail minutieux et laborieux qu'exigent les fouilles.

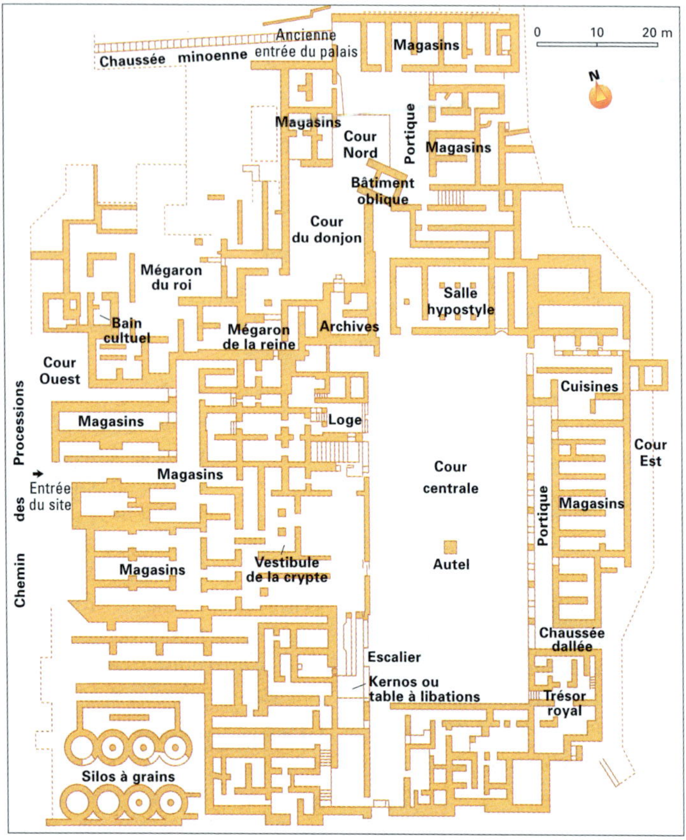

LE PALAIS DE MALIA

Traverser la large cour occidentale, fermée à l'E par une chaussée, baptisée chemin des Processions, et gagner vers le N la voie dallée dite **Chaussée minoenne**, qui allait de la ville au palais.

➤ **L'ENTRÉE PRINCIPALE** du nouveau palais se situait au N; elle est indiquée par deux grands *pithoi* à plusieurs anses, décorés de motifs en relief (spirales et cordes). La cour N, bordée de magasins et fermée à l'E par un portique à trois ailes, se prolonge au S-O par une cour dite « du donjon » : en son angle S-E se trouve la base d'une tour carrée aux murs très épais où étaient déposées les archives. Un passage, partiellement fermé par une construction oblique plus tardive, donne accès à la cour centrale, fermée au N par une pièce à pilier central (base visible), sorte de vestibule attenant à une salle hypostyle à deux rangées de trois colonnes.

➤ **LES MAGASINS.** À l'E de la cour s'élevait un portique à colonnes et à piliers qui ouvrait sur des magasins ; des jarres et un système rationnel de rigoles dans le sol permettaient d'y collecter des liquides, de l'huile sans doute.

➤ **LA COUR CENTRALE.** On pouvait aussi accéder au palais par l'E, comme en témoigne une chaussée dallée. Au milieu de la cour centrale restent les traces d'un autel, une énigme dans l'histoire minoenne, puisqu'il n'y en a pas de semblable dans les autres palais découverts. Il se situe, par rapport à l'aile O du palais, à la hauteur d'une sorte de crypte, caractérisée par deux piliers quadrangulaires et séparée de la cour centrale par une pièce à deux colonnes, utilisée à des fins cultuelles.

➤ **L'AILE OUEST**. Au N de ces pièces, on distingue les marches d'un escalier qui devait monter au 1er étage, comme le *piano nobile* de Knossos, puis une loge ouverte sur la cour, où devait apparaître le roi ; on a en effet exhumé dans l'arrière-pièce de la loge la tête d'un sceptre en forme de panthère, un poignard et une épée au pommeau décoré de cristal et d'améthyste, des attributs qui ne pouvaient appartenir qu'à une personnalité de haut rang. Le caractère sacré de cette aile O se confirme dans sa partie S avec, juste après les marches d'un large escalier, dans l'angle S-O, un remarquable **kernos*****, ou table à libations ; cette pierre circulaire de presque 1 m de diamètre présente une dépression en son centre et trente-quatre petites cavités sur son pourtour, dans lesquelles étaient déposées les offrandes. En arrière de l'aile O se trouvaient des magasins, et au S deux rangées de quatre réservoirs cylindriques, sans doute des silos à grains.

➤ **LE QUARTIER ROYAL**. Au N-O du palais se trouvent les ruines des appartements privés du souverain, conçus différemment des salles de culte ou des salles ouvertes sur la cour centrale. Un mégaron, dit « du roi », puis un vestibule donnent accès au bain, sans doute cultuel.

Enfin, à proximité de la chaussée d'accès au N du palais ont été découverts les vestiges d'habitations de la **ville minoenne****.

LA NÉCROPOLE CHRISSOLAKKOS

➤ *À env. 500 m au N du palais.*

De la nécropole proviennent de très belles pièces exposées aujourd'hui au Musée archéologique d'Heraklion. La plus remarquée est le **pendentif en or***** orné de deux frelons suçant une goutte de miel *(p. 90)*. ■

Le palais de Sarpédon

Un premier palais fut construit vers 2000 av. J.-C. sur cette plaine fertile directement ouverte sur la mer. Selon la légende, Sarpédon, frère de Minos et de Rhadamante, en était le maître. Vers 1 700 av. J.-C., une catastrophe naturelle anéantit l'ensemble, qui fut reconstruit d'après un plan semblable à celui des autres palais. Ses caractéristiques essentielles correspondent à celles de Knossos et de Festos : cour centrale, cour O, emplacements cultuels ; seule l'aire théâtrale n'existe pas. Mais tout y était plus petit et moins luxueux : pas de fresques et l'albâtre n'y apparaît nulle part ; les matériaux utilisés, grès ou calcaire, provenaient de la région. Le palais était intégré, à l'époque minoenne, dans une ville qui s'étendait jusqu'à la mer et qui actuellement continue à faire l'objet de fouilles. Vers 1450 av. J.-C., une autre catastrophe naturelle, dont l'éruption de Santorin fut sans doute la cause, détruisit la ville et son palais. Ce sont les ruines de ce second palais que l'on visite. ❖

La plaine de la Messara

La Messara est une grande plaine fertile, la plus importante de Crète (45 km de long, 8 km de large), séparée de la mer de Libye par les monts Asterousia (Kofinas, 1 231 m); les côtes de l'Afrique ne sont qu'à 300 km! Elle est dominée à l'E par le mont Dicté (2 148 m) au profil massif et, à l'O, par le mont Ida (2 456 m), souvent recouvert de neige. La culture de l'olivier y est partout en forte progression. Grenier à blé de la région, la Messara a été habitée depuis les temps anciens. Ses sites antiques et les plages qui la bordent à l'O méritent une longue visite, voire un séjour.

Gortis (Gortyne)***

➤ *À 45 km au S-O d'Heraklion. Accès en bus de la gare B d'Heraklion, de Festos et de Matala. À 2 km à la sortie O d'Agii Deka.*

Cette ancienne ville dorienne avec son acropole, qui continua à jouer un rôle dominant à l'époque classique (Ve-IVe s. av. J.-C.), devint sous les Romains, vers 67 av. J.-C., la capitale de la Crète et de la Cyrénaïque. Après le passage de saint Paul se rendant à Rome, Tite, nommé premier évêque de l'île, fit de Gortis un grand foyer de christianisation. C'est là que fut construite la première église de Crète. Son rayonnement se poursuivit à l'époque byzantine. Mais, au début du IXe s., Gortis fut détruite par les Sarrasins et désertée.

Deux champs de fouilles distincts permettent d'en apprécier l'importance: le premier, au N de la route, bien indiqué, est ouvert au public *(payant)*; le second, au S de la route *(accès libre)*, offre une agréable promenade dans les oliviers.

Le site officiel

➤ *Ouv. de 8h à 19h; entrée payante ☎ (28920) 311.44. Pas de guide sur place. Visite guidée organisée par les agences. Un plan du site avec expli-*

La basilique Saint-Tite, érigée au VIIe ou VIIIe s., voisine avec les vestiges des agoras antiques. À l'issue de diverses restaurations, elle offre une façade orientale bien conservée où se distingue une abside ceinte de deux chapelles.

Les lois de Gortis

Les citoyens de Gortis étaient protégés par un véritable code qui régissait le mariage, la séparation, la vente des biens, les droits et les devoirs des serviteurs. Ces lois, qui datent de 500 ans av. J.-C. environ, furent découvertes gravées sur des blocs de pierre sur le site antique de Gortis. Chaque bloc comporte douze colonnes d'inscriptions, avec un total de 600 lignes. Ces tables sont rédigées en dialecte dorien et en *boustrophédon* (« retour du bœuf »), écriture qui se lit selon le parcours d'un bœuf labourant un champ : de gauche à droite à la première ligne, de droite à gauche à la deuxième, et ainsi de suite. ❖

cations en anglais est fourni. Cafétéria et toilettes près du musée.

Dans le musée *(entrée libre)* sont exposées de très belles statues de pierre trouvées lors des fouilles.

En pénétrant dans le site protégé, on est impressionné par la taille de la **basilique Saint-Tite** (VIIe ou VIIIe s. apr. J.-C.), dont il ne reste pratiquement que les trois absides. C'est un remarquable exemple des premières basiliques chrétiennes. L'**odéon** (début du IIe s. apr. J.-C.), petit théâtre en demi-cercle, se trouve au N de la basilique. En le traversant on peut voir, dans un abri protégé, derrière des grilles, les tables verticales sur lesquelles sont gravées les **lois de Gortis***** (VIe s. av. J.-C., *encadré*) : une codification des droits du citoyen à l'époque dorienne !

Un peu en arrière de l'odéon, le gardien vous montrera le fameux ♥ **platane** qui ne perd jamais ses feuilles, et qui, dit-on, abrita les amours de Zeus et d'Europe.

Au sommet de la colline avoisinante s'élevait l'acropole. Les archéologues ont trouvé les traces du mur de fortification de la ville hellénistique (IIIe-IIe s. av. J.-C.), qui devait s'étendre sur 3 km.

♥ Promenade sous les oliviers

➤ *Quitter le site et revenir à pied vers Agii Deka. Laisser la route de Mitropoli sur la dr. et marcher env. 300 m. À la petite pancarte indiquant « Sanctuary of Apollo Pythios » (Mogoï), emprunter le chemin à dr.*

Le chemin s'enfonce dans une agréable oliveraie jusqu'aux **ruines romaines****. On longe, environ

100 m plus loin, les restes du temple des Dieux égyptiens (Ier-IIe s. apr. J.-C.) puis le temple romain dédié à Apollon.

Se diriger ensuite vers le S-E et longer une clôture sur la g. Colonnes de granit, de marbre, chapiteaux corinthiens témoignent de la grandeur passée du site. Derrière le grillage de protection, le prétoire (IVe s.), qui servit de résidence au gouverneur de la Province romaine et fut un haut lieu administratif; à côté, ruines d'un joli **nymphaion**. Suivre le grillage jusqu'à un chemin pavé venant du N: c'est le passage de l'aqueduc, qui conduit à la grande route.

Platanos

➤ *À 6 km au S de Gortis. F. du 1er nov. au 31 mars.*

À proximité de Gortis fut découvert un des fameux **tombeaux en rotonde** de la Messara, antérieurs à l'époque minoenne. Un grand nombre de morts y étaient enterrés avec leurs objets funéraires (bijoux, amulettes, idoles, outils, armes, actuellement exposés au Musée archéologique d'Heraklion); le tombeau le plus important a un diamètre de 18 m en comprenant les murs épais d'environ 2 m.

Mires et Moni Kalivianis

➤ *À 10 km à l'O de Gortis.*

À **Mires**, bourg important dans la Messara, on embauche pour les travaux agricoles: d'un kafénion de la place centrale on entend ainsi parler albanais ou une langue d'Europe de l'Est. On y vend aussi beaucoup: les banques sont actives et le marché du samedi matin très animé. Après Mires, à 3 km sur la dr., s'ouvre le **monastère Kalivianis**, très fleuri, un orphelinat tenu par des religieuses, sans intérêt architectural mais dont les travaux d'aiguille, exécutés dans la tradition crétoise par les pensionnaires, sont en vente au meilleur prix *(exposition à g. de l'allée centrale face à l'église)*. Un petit musée d'art traditionnel se tient à côté de l'église.

Vori : le musée d'Ethnologie crétoise**

➤ *Sur la route de Timbaki, à 1 km de l'embranchement de Festos. De Vori, route pour Kamares (p. 129).* ***Hébergement****, voir Festos et ses environs p. 141.*

À Vori, joli village avec des maisons d'époque vénitienne, se trouve le Centre de recherche d'ethnologie crétoise. Installé dans une de ces vieilles maisons, il compile le fruit de ses recherches dans des ouvrages qui font autorité et l'expose dans le **musée d'Ethnologie crétoise**** *(ouv. t.l.j. de 10 h à 18 h ; f. du 1er nov. au 31 mars; entrée payante)*. C'est une vitrine sur toute la vie crétoise de la deuxième période byzantine (950 apr. J.-C.) à nos jours. Tout en couleurs avec les tissages ou les vanneries aux motifs originaux, le musée présente aussi les outils agricoles servant à la fabrication de l'huile, du vin ou du raki ainsi que ceux des artisanats traditionnels: poteries, ferronnerie ou travail du bois et de la pierre.

♥ Festos (Phaistos)***

➤ *À 15 km à l'O de Gortis ; 62 km au S-O d'Heraklion; 72 km au S-E de Rethimnon. Bus depuis Heraklion, Matala, Agia Galini. Site ouv. t.l.j. en été de 8 h à 19 h ; entrée payante sf pour les moins de 18 ans et les étudiants. Pas de visite guidée organisée sur place. Agréable cafétéria dans un site ombragé au-dessus des ruines; boutique et librairie bien fournies.* ***Bonnes adresses*** *p. 141.*

Pendant les mois d'été, alors que les cités et les villages de la Crète méridionale sont écrasés par la chaleur, il règne sur les hauteurs où se dressait le palais une agréable fraîcheur : il souffle sur la colline un vent de N-O qui vient directement du massif de l'Ida. Aussi l'existence était-elle plaisante sur ces fraîches terrasses, sous ces colonnades à l'ombre propice, dans ces salles dont les murs s'escamotaient en partie grâce à des portes à plusieurs battants pour y laisser pénétrer l'air rafraîchissant. Entouré par les habitations des sujets du roi, le palais constituait un centre de la vie minoenne.

Le **site***** au sommet de la colline est remarquable, même si les ruines minoennes sont moins impressionnantes qu'à Knossos (pas de reconstitution spectaculaire, tout ou presque est au ras du sol).

➤ **LE THÉÂTRE*****. La visite du palais commence sur la cour N surélevée, d'où l'on a une **vue***** d'ensemble sur le champ de fouilles.

À ne pas manquer

Si vous n'avez que peu de temps à consacrer à la découverte du site de Festos, ne manquez pas le théâtre***, la vue*** depuis la cour nord surélevée et les gradins de l'ancien palais***. ❖

Puis on descend par un escalier jusqu'à l'esplanade O, qui constitue, avec les **gradins de l'ancien palais*****, le plus remarquable ensemble architectural. Dans ce théâtre, peut-être le plus vieux du monde, on se réunissait jadis pour des cérémonies solennelles ; leur caractère religieux est attesté par l'existence d'un ensemble de petites salles cultuelles situées à l'angle N-E de la cour. On y a trouvé des objets de culte, des tables d'offrande et même un autel des holocaustes.

S'il fut habité dès le IIIe millénaire av. J.-C., le site de Festos a vu ses palais dévastés par les séismes et les guerres. Seuls demeurent des vestiges.

➤ **Le quartier royal.** En haut du grand escalier qui mène à l'entrée du palais (ses marches sont bombées) s'élevaient les monumentaux propylées. Le passage aboutit dans la cour centrale, vide et imposante ; autrefois, le rez-de-chaussée des ailes qui la bordent à l'O et à l'E était agrémenté de portiques. Au N, la façade était soulignée en son centre par un portail orné de deux demi-colonnes et de niches en forme de coquillage. Ici se trouvaient les appartements privés de la famille royale. Les murs des pièces les plus belles étaient lambrissés d'albâtre jusqu'à mi-hauteur et les sols eux-mêmes étaient recouverts de dalles d'albâtre clair. Les joints rouges entre les plaques ajoutaient à l'effet décoratif en égayant les vastes surfaces. Le tuf, plus robuste, constituait les revêtements des cours. En plusieurs endroits on avait aménagé, au centre des péristyles, des bassins de pierre destinés à recueillir l'eau de pluie.

➤ **Les magasins.** De même qu'à Knossos, de grandes jarres, conservées dans des magasins, contenaient les réserves d'huile et de céréales.

Parmi les objets précieux trouvés dans ce site et exposés au Musée archéologique d'Heraklion, on compte des **céramiques de Kamares***** et le fameux **disque d'argile***** *(encadré p. 89)*, dont le texte en caractères hiéroglyphiques n'est toujours pas déchiffré. En regardant vers le N, la **grotte de Kamares**** *(p. 129)* se dégage du mont Ida comme une petite plaque noire.

Après le parking de Festos, la route de dr. mène à Agia Triada, celle de g. à Matala.

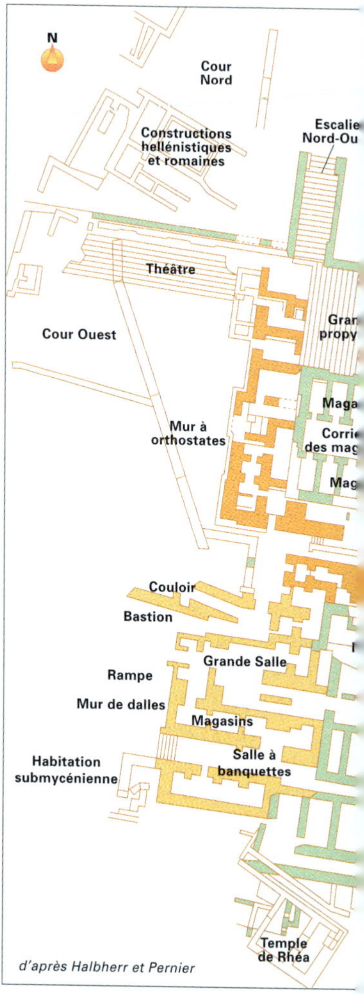

Le palais de Festos (Phaistos)

♥ Agia Triada**

➤ *À 2,5 km au N-O de Festos. Au S du parking de Festos, prendre la route de dr. qui se termine en cul-de-sac. Site ouv. t.l.j. de 8 h 30 à 15 h ; entrée payante ☎ (28920) 915.64. Les ruines minoennes sont au pied de l'escalier.*

Agia Triada mérite un détour : la vue est remarquable, le site énigmatique, les environs agréables.

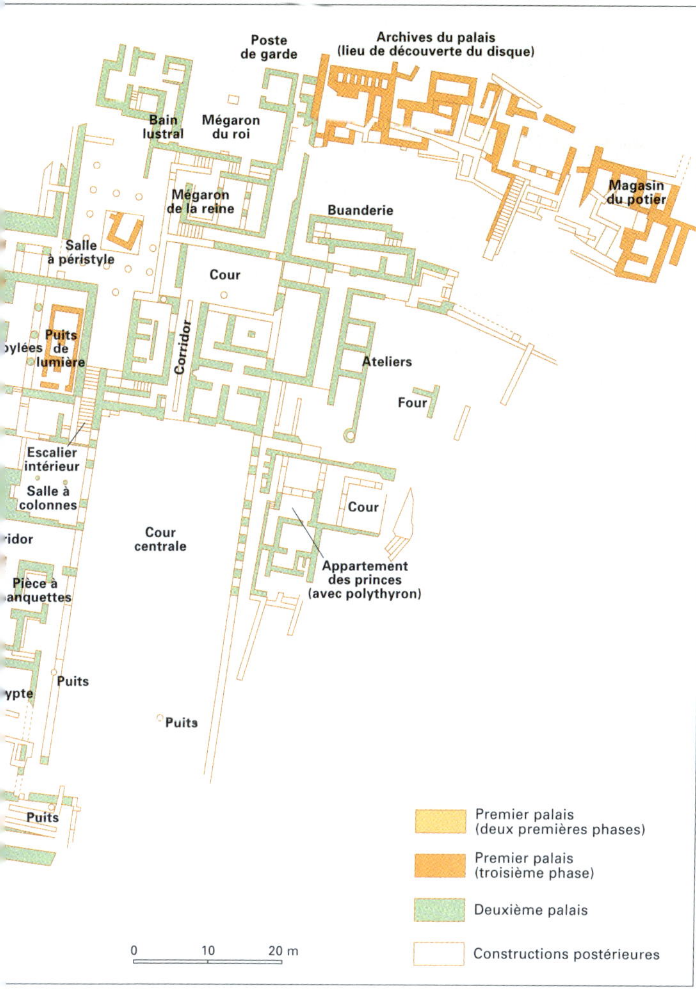

LE SITE D'AGIA TRIADA**

Des fouilles d'Agia Triada proviennent de précieux objets exposés au Musée archéologique d'Heraklion *(p. 87)*, de véritables joyaux de l'époque minoenne : des vases à libation en stéatite, le « vase des moissonneurs », le « gobelet du prince » et le fameux **sarcophage***** peint, daté (en 1997 avec certitude) d'environ 1340 av. J.-C. Il fut trouvé dans une tombe mycénienne mais témoigne cependant du maintien de la tradition minoenne. Cette découverte et les fouilles qui se poursuivent relancent les spéculations sur ce site encore mystérieux.

De l'entrée, on aperçoit au loin la mer de Libye. On domine le champ de fouilles, avec, à dr. (vers le N), les ruines d'un village minoen de la période néopalatiale (XVIIe-XVe s.

Villa royale ou palais ?

Contemporain de Festos, le site d'Agia Triada fut détruit vers 1450 av. J.-C. par une catastrophe naturelle.

Occupé dès le Néolithique et pendant toute la période minoenne, le site d'Agia Triada semble avoir été un centre bureaucratique et administratif florissant à l'époque néopalatiale et avoir atteint une importance politique et une grande puissance dans la Crète mycénienne. L'aspect atypique des espaces reconstitués n'a pas permis de déterminer la nature de certaines ruines : villa royale, comme le suggéreraient les riches matériaux utilisés et les fresques, ou palais, mais sans les caractéristiques des autres palais minoens ? La proximité du palais de Festos renforce le mystère d'Agia Triada. ❖

av. J.-C.) et postpalatiale (XIVe-XIIIe s. av. J.-C.), dont l'« agora » du XIVe s. av. J.-C. Devant se trouvent les restes de la villa dite royale, en forme de L, contemporaine du palais de Festos de l'époque néopalatiale (1600 av. J.-C.) et détruite comme lui à la même époque.

Dans l'angle S-E du site, on retrouva des autels et un temple datant d'environ 1500 av. J.-C. Ce dernier subit le même sort que la villa, mais fut ensuite reconstruit et resta en usage pendant toute la période mycénienne.

Suivre la belle voie dallée en direction de la mer, en longeant la villa par le N (pièces d'apparat) ; les appartements se trouvaient dans l'aile O de cette villa. Sur ses ruines furent reconstruits d'importants bâtiments, dont un mégaron mycénien.

Le cimetière était situé au N du village ; on y a trouvé deux **tombes à tholos**.

L'Église Agios Georgios

Très discrète à côté de ces vestiges célèbres s'élève une petite église byzantine, Agios Georgios, de l'époque vénitienne (épigraphe de 1302) ; quelques fresques y sont encore visibles *(demander la clé au gardien du site)*.

La route des plages

➤ *Pour gagner le S, revenir sur la route de Festos à Matala.*

Une route à dr. mène à **Kalamaki**, petit village en bord de mer en pleine expansion *(pensions, tavernes)*; la plage est superbe, le sable chaud, mais elle peut être désagréablement ventée. **Pitsidia** a su préserver son charme. Sur la place principale, en haut du village, de magnifiques cascades de bougainvillées dévalent le long des balcons des pensions qui l'entourent.

♥ Kommos**

➤ *À 8 km au S-O d'Agia Triada; 68 km au S-O d'Heraklion. Du village de Pitsidia, prendre à dr. la route qui descend à la plage (pancarte).* ***Bonnes adresses*** *p. 141.*

La longue et belle plage déserte, au pied de la colline d'Agia Triada, continue vers le S jusqu'au remarquable site de Kommos. De vastes espaces en bord de mer demeurent inhabités. Leur longue histoire les protège des constructions modernes: les recherches archéologiques y sont prioritaires.

Dans son cadre enchanteur, avec la mer de Libye en toile de fond, le site de Kommos, qui n'est toujours pas ouvert au public, est protégé par un grillage. C'est un site minoen et grec de première importance, le principal port de la plaine de la Messara entre 1800 et 1250 av. J.-C., d'abord le port de Festos puis celui d'Agia Triada.

Au sommet et sur le versant S de la colline située au N du site se trouvent les habitations minoennes, séparées les unes des autres par des ruelles. Seules quelques-unes d'entre elles ont été excavées. Au pied de la colline, les archéologues canadiens Maria et Joseph Shaw ont mis au jour le centre civil, composé de trois bâtiments publics successifs. Deux d'entre eux ont le plan d'un palais avec cour centrale et portiques à colonnades, le troisième comporte trois larges galeries protégées par un toit, qui devait être un entrepôt pour les bateaux.

L'antique site de Kommos, qui pourrait avoir été le lieu d'un important port minoen, est actuellement clôturé: on peut toutefois en faire le tour et observer ses trois foyers d'excavation.

La baie de Matala offre une plage aux divers aménagements touristiques, à l'abri des falaises de grès trouées de grottes. Il est aujourd'hui interdit de séjourner dans ces anciens repères de hippies en route vers Katmandou.

Respectons les tortues de mer !

Caretta caretta, une espèce menacée, doit être protégée. Ces tortues se reproduisent de juin à août sur la vaste plage s'étendant de Kommos à Kokinos Pirgos : elles couvrent de sable le nid où elles ont pondu leurs œufs, de la taille d'une balle de ping-pong, et retournent à la mer. Marcher sur le sable, c'est risquer d'écraser ces œufs. De petites cages signalent et protègent les nids : respectez-les. Ne pas camper, ne pas allumer de lampes la nuit sont des consignes transmises par l'Association de protection des tortues de mer pour éviter que ces dernières ne soient perturbées par le bruit et la lumière. *Rens. auprès des bénévoles, à l'entrée de Matala.* ❖

Des ancres, des poteries provenant de Chypre, d'Égypte, de Syrie et de Sardaigne témoignent de l'activité du port et de la diversité des échanges.

Il a été constaté que les Minoens ont déserté le site ; peu de temps après, le premier des trois temples grecs retrouvés était construit sur les ruines minoennes, au S-O.

Les temples étaient tournés vers l'E ; le premier était petit, le deuxième plus grand avec des bancs et un autel central témoignant d'une influence phénicienne. Le troisième comportait des bâtiments secondaires sur les deux côtés d'une cour faisant face à quatre autels.

Le dernier sanctuaire, sans doute dédié à Zeus et à Athéna, connut un rayonnement pendant la période hellénistique, puis fut abandonné vers 150 av. J.-C. Le sable recouvrit ensuite ce site jusqu'à ce que les Shaw y entreprennent des fouilles en 1976.

Revenir sur la route principale. Une piste à dr. longe la falaise qui sépare Kommos de Matala *(pancarte « Mystical View »)*. À son extrémité, magnifique surplomb sur la plage, les fouilles et le golfe de la Messara *(voie sans issue)*.

Matala**

➤ *À 5 km au S-O de Pitsidia ; 12 km au S-O de Festos ; 75 km au S-O d'Heraklion. Accès en bus d'Heraklion et de Festos.* ***Bonnes adresses*** *p. 141.*

Matala, petit port de pêche, a sa part de légende : déguisé en taureau, Zeus y accosta avec Europe, qu'il avait enlevée *(encadré)*. Avec ses falaises trouées de grottes, la crique présente un phénomène géologique intéressant. Le village, avec ses tavernes et son agréable plage de sable bien protégée, s'est équipé en hôtellerie. Le site, fort beau au lever du jour ou au coucher du soleil, est très touristique dans la journée. De Matala, en 30 mn de marche vers le S, bien chaussé, on accède à ♥ **Red Beach**, jolie plage isolée de sable fin, peu fréquentée car un peu difficile d'accès. À l'entrée de Matala, prendre la rue à g. après l'hôtel Zafiria ; par un chemin muletier et après une légère escalade, on atteint une hauteur d'où l'on domine la baie de Matala ; suivre vers le S la clôture à moutons jusqu'à la porte (penser à la refermer derrière soi) ; la vue plonge sur une nouvelle baie, fermée aussi par une falaise, et sa plage.

De Matala, prendre sur la dr. après Pitsidia vers Sivas, pour gagner la côte au sud de la Messara. À Listaros, la route se prolonge par une piste *(4 km)*. Un monastère fortifié, **Moni Odigitrias***, se dresse au sommet d'une colline dans un paysage vallonné. Il joua un rôle héroïque en 1828 contre les Turcs. Les moines sont accueillants et la petite église contient de belles icônes et des restes de fresques. ■

L'enlèvement d'Europe

L'Enlèvement d'Europe *(cabinet des Estampes de la Bibliothèque nationale, Paris).*

Quand il aperçoit la belle Europe, fille du roi de Phénicie, jouer avec ses amies sur la plage de Tyr, Zeus tombe éperdument amoureux. Il n'en est pas à une métamorphose près ; aussi décide-t-il de prendre la forme d'un taureau blanc pour mieux apprivoiser la belle. Son regard est si doux qu'Europe n'y résiste pas. La suite, on la devine : elle le caresse, s'assied sur son dos et s'accroche à ses cornes. Zeus s'élance alors sur les flots jusqu'en Crète, à Matala. Puis à Gortis, sous un platane dont les feuilles depuis restent toujours vertes, ils s'aiment. De leur union vont naître trois enfants : Minos, Sarpédon et Rhadamante. ❖

La côte au sud de la Messara

Pour les flâneurs qui n'ont pas peur de sortir des sentiers battus et asphaltés, la côte au S de la plaine de la Messara offre de grands attraits, notamment ceux de ses deux petits ports, à l'O, Kali Limenes et Lendas. Aucune route ne permet la découverte rapide de la côte sud, à l'E du département d'Heraklion. Elle reste peu fréquentée, car elle est souvent difficile d'accès et située loin des points touristiques. Randonneurs, campeurs ou amateurs de solitude apprécieront le monastère de Koudouma et les petits ports de Tsoutsouros ou d'Arvi.

Kali Limenes

➤ *À 20 km au S-E de Matala; 22 km au S-O de Mires par Pombia, par une route asphaltée; 76 km au S-O d'Heraklion.*

La très belle baie de Kali Limenes, avec sa plage de sable et de petits galets et ses hautes falaises, est un peu défigurée par de gros réservoirs de pétrole: c'est là que s'approvisionne en carburant la VIe flotte américaine. L'apôtre Paul, alors qu'il se rendait à Rome, débarqua sur l'île à proximité de ce hameau ombragé par des tamaris. Ce fut aussi le port de Gortis à l'époque romaine.

Ce petit port, qui ne connaît pas le grand tourisme, n'offre que deux tavernes et quelques chambres au confort spartiate. Un pêcheur, si vous négociez bien, peut vous mener à la petite plage isolée ♥ d'**Agio Farago** et vous montrer de belles grottes.

Une mauvaise piste longe vers l'E la côte et ses quelques petites plages *(pour véhicules tout-terrain)*. Des vivres de première nécessité sont en vente au minuscule village de **Platia Peramata**.

Une route peu fréquentée remonte sur Antiskari et **Moni Ampezanon**, un monastère encore habité, producteur de vin et de très bon raki! La région est perdue, sauvage.

D'Antiskari rejoindre Agios Kirilos, puis Miamou – à condition d'avoir un véhicule à toute épreuve. Le parcours Miamou/Lendas *(10 km)* est asphalté. Après avoir traversé des paysages montagneux, la route surplombe la mer, puis plonge sur Lendas.

Lendas

➤ *À 15 km à l'E de Kali Limenes; 72 km au S-O d'Heraklion (liaisons en bus t.l.j. sf dim.). Accès d'Agii Deka par une route asphaltée (31 km).* ***Hébergement*** *p. 142.*

Cette baie isolée, sans doute fréquentée à l'époque minoenne, abrita l'antique **Lebena**, un des ports de Gortis. Les habitants de cette dernière cité consacrèrent un temple (VIe-Ve s. av. J.-C.) à **Asclépios**, le dieu de la médecine, à l'endroit de sources thermales aux vertus thérapeutiques encore appréciées aujourd'hui (guérison des ulcères). Les vestiges, découverts au début du XXe s., sont d'un grand intérêt archéologique, mais assez peu évocateurs pour le profane.

Le village, longtemps endormi, découvre le tourisme *(tavernes, chambres et pensions)*. On trouve quelques belles plages à l'O sur la piste de Kali Limenes ou à l'E par une piste.

Moni Koudouma

➤ *De Lendas: 54 km par une route asphaltée jusqu'à Krotos, puis une piste pour véhicules tout-terrain. De Sternes, à 6 km à l'O de Pirgos, extrémité E de la Messara, par une piste carrossable (26 km).*

Moni Koudouma est un monastère accroché à la paroi rocheuse au-dessus de la mer et au pied du **mont Kofinas** (1 231 m). Quelques moines y vivent, encore sans électricité. Des dortoirs sont prévus pour le pèlerin de passage qui, comme le veut la coutume, laisse une obole. Prévoir eau et nourriture : le site est isolé.

Tsoutsouros

➤ *De Pirgos: 13 km de route jusqu'à Kato Kasteliana à l'E, puis 12 km de piste vers le S.*

La route traverse des paysages inattendus de montagnes dénudées, désertiques. Le dénivelé est souvent impressionnant.

Ce joli village de pêcheurs, à l'ombre des tamaris, s'étire au fond d'une baie tranquille avec une plage de sable *(tavernes et pensions)*. Les archéologues ont établi, à partir d'objets votifs du VIIe s. av. J.-C. trouvés sur ce site, que le port entretenait alors des liaisons commerciales avec l'Égypte.

À l'O, le village de **Maridaki**, dans la baie du même nom, en général non indiqué sur les cartes, est accessible uniquement par la route d'Ahendrias. Le tourisme y est rare.

Une piste, très mauvaise par endroits, suit la côte vers l'E jusqu'à Arvi ; elle passe par Keratokampos *(10 km)*, d'où une route permet de rejoindre la route asphaltée du S à Kato Vianos *(10 km)* ; elle est très spectaculaire avec d'impressionnants surplombs sur la mer (pas de parapets).

Arvi

➤ *De Tsoutsouros: 22 km à l'E par la piste qui longe la côte, praticable pour véhicules tout-terrain. De Kefalovrisi, situé à 7 km à l'E d'Ano Vianos: 14 km au S. De Mirthios: 15 km à l'O par la piste le long de la côte.* ***Hébergement*** *p. 142.*

Ce tranquille petit village de pêcheurs au milieu des bananiers a une plage de galets, avec un peu de sable gris. Il connaît un succès grandissant auprès des voyageurs qui ne recherchent pas le confort des grands hôtels *(tavernes en bord de mer, chambres à louer)*. Le monastère **Agios Antonios**, du XIXe s., est à 30 mn de marche au N-E du village ; des pancartes au N du village indiquent le chemin. Vous serez accueilli dans ce lieu paisible par quelques moines.

En suivant la côte à l'E d'Arvi, le long de la mer, on découvre quelques plages peu fréquentées ; celle ♥ d'**Akrotiri Sidonia**, à 6 km, est magnifique. ■

Au nord de la Messara

La petite route qui chemine au flanc du mont Ida donne de la Crète intérieure une image pastorale qui contraste avec celle des régions côtières. La gorge de Rouvas, la grotte de Kamares ou les sommets comme le Psiloritis attirent les randonneurs ; le monastère de Vrondisi et l'église de Valsamonero retiennent l'attention des amateurs d'art byzantin.

D'Heraklion, la grande route de Festos, vers le S, est la voie d'accès la plus rapide à la Messara. Une route qui lui est parallèle, à l'O, passe par Voutes et Agios Mironas. Les deux routes se rejoignent à Agia Varvara.

D'Agia Varvara à Zaros

Au bout du village d'Agia Varvara, prendre sur la dr. la direction de Gergeri, Zaros, Kamares. La petite route asphaltée chemine au flanc du mont Ida. À 10 km, on parvient à **Gergeri**. L'église de la **Panagia** contient des fresques du XVe s. **Zaros** n'est plus qu'à 7 km. Ce village est un havre de paix réputé pour sa végétation luxuriante et ses sources. Une usine d'embouteillage de son eau minérale y est installée. À l'hôtel Idi *(voir p. 142)*, visite d'un moulin à farine en état de marche et d'un élevage de truites.

À la sortie O du village de Zaros, à dr., un chemin indique la direction d'**Agios Nikolaos**, un monastère où vit toujours une petite communauté de moines très accueillante. L'église du XVe s. possède quelques restes de fresques. Perchée au-dessus du monastère se trouve la grotte d'un ermite, **Agios Efdinios**, avec des peintures murales, accessible à pied en 25 mn environ.

♥ La gorge de Rouvas

➤ *Zaros est très apprécié comme point de départ pour des marches aux alentours. La gorge de Rouvas constitue l'une des plus belles randonnées de la région. Pour y accéder, prendre le chemin qui part à g. avant l'entrée du monastère; garder la direction du N. La signalisation de ce sentier classé E4 est bien faite, des aires de repos sont aménagées.*

La marche dure environ 1h30; elle est très agréable au printemps, quand la Crète est en fleurs. Même si le feu a détruit une grande surface de pins, le cadre et la vue sur la plaine de la Messara sont plaisants.

Moni Vrondisi**

➤ *À 3 km au N-O de Zaros; 48 km au S-O d'Heraklion. Une route sur la dr. après Zaros conduit de la route principale au monastère (indication «Ayios Antonios»; ouv. de 7h à 18h).*

Ce monastère aux formes sobres, dont la construction s'échelonna du XIVe au XVIIe s., jouit d'une situation magnifique. De très vieux platanes ombragent l'entrée et l'une des plus belles fontaines vénitiennes de Crète, de style Renaissance (XVe s.): on y reconnaît des représentations, même si elles sont très endommagées, d'Adam et Ève. De la cour intérieure, joli point de vue sur toute la vallée. L'église, que l'un des moines vous ouvrira, contient de remarquables **fresques***** du XIVe s., récemment restaurées, représentant la vie de Jésus; noter, dans l'abside, la Cène. C'est de ce monastère que proviennent les **six icônes de Damaskinos** exposées au musée des Icônes d'Heraklion *(p. 91)*.

L'église Agios Fanourios***

➤ *À 5 km à l'O de Moni Vrondisi; 53 km au S-O d'Heraklion. Du village voisin de Vorizia, prendre une large piste à la sortie de l'agglomération, sur la g. (après la pancarte); à la fourche, garder la g. Au bout de 3 km apparaît une petite église. Ouv. du lun. au sam. de 8h à 13h, le dim. de 8h à 12h; les photos sont interdites à l'intérieur.*

L'église byzantine Agios Fanourios, aujourd'hui isolée, faisait partie autrefois d'un monastère, **Moni Valsamonero**.

Ses **fresques*****, en partie bien conservées et restaurées, comptent parmi les plus belles de l'île. Son architecture, complexe et difficile à dater, comprend deux nefs parallèles reliées à l'O par une troisième nef, une sorte de narthex.

La nef N, consacrée à la Vierge, serait la plus ancienne (XIVe s.). Sur la voûte et dans le chœur sont représentées des scènes de l'Évangile. Dans le chœur de cette nef, côté N (à g.), on voit un magnifique *Baptême* et *La Transfiguration*; côté S, *Les Femmes au tombeau*, *Jésus montrant ses plaies*.

Dans la même nef, côté N de la voûte, *La Naissance du Christ*, *Les Rois Mages* et *La Dormition*; côté S, *L'Annonciation* et *La Présentation au Temple*.

Les effets plastiques utilisés pour donner plus de profondeur à la peinture sont intéressants à observer : les auréoles des anges, par exemple, sont en relief. Ces fresques dateraient de la fin du XIVe ou du début du XVe s.

La grotte de Kamares**

➤ *À 3 km à l'O de Vorizia; 55 km au S-O d'Heraklion. Accès en bus par Mires.* ***Hébergement*** *p. 142.*

Kamares est le point de départ de nombreuses **randonnées** : la grotte de Kamares, le mont Psiloritis et la grotte de l'Ida sont les plus courues.

Le sentier permettant d'accéder à la **grotte de Kamares**** part du village; il faut compter environ 4h de marche. On peut trouver au village un guide et un mulet *(compter 1h de plus)* ou contacter la pension Psiloritis au milieu du village *(p. 142)*; il faut partir très tôt, prévoir de bonnes chaussures et emporter des lainages.

La grotte, située à 1500 m d'altitude sur le versant S du mont Ida, a 33 m de largeur, 18 m de hauteur et 140 m de profondeur. Elle fut découverte en 1890 par un pâtre. Les archéologues y trouvèrent des objets à usage cultuel essentiellement, dans un style original : cette fameuse **céramique de Kamares*****, aux motifs polychromes sur fond sombre, fut élaborée entre 1900 et 1700 av. J.-C. (des spécimens sont présentés dans la salle III du Musée archéologique d'Heraklion, *voir p. 88*).

De Kamares, on peut aussi monter à pied à la cime du **Psiloritis** *(7h)* ou gagner le plateau de Nida puis la grotte de l'Ida *(taverne et hébergement de fortune possible)* et redescendre sur Anogia.

La route suit les contreforts du mont Ida jusque dans la province d'Amari. ■

Lyra et bouzouki : danses et chants crétois

Si, en avant-scène du tableau crétois, vous ne rencontrez que des gens habillés à l'occidentale, qui ont voyagé parce qu'ils étaient dans la marine, étudiants ou émigrés, n'en déduisez pas trop vite que la Crète perd ses traditions.

La danse est de toutes les fêtes : une occasion de revêtir ses plus beaux atours pour vibrer au son de la *lyra*.

Le courage, l'amour, l'exil

Même si elle a tendance à s'effacer, il y existe toujours une forme de poésie à la fois populaire et savante, conservée et véhiculée par des bardes de village. Ils chantent la *levendia*, la vertu courtoise, les paysages de l'île, l'amour et souvent, plus sombrement, l'exil, la *xenita*. Plus vigoureuse encore est la coutume des *mantinades*, musique, chant et danse, toujours prêtes à jaillir à l'occasion d'une fête, d'un mariage, d'un soir de belle lune où le vin a eu sa partie. Et à la moindre occasion, sur la place du village ou même dans un kafénion, tout le monde danse, les jeunes gens des villes aussi bien que les vieux ridés des campagnes. Ainsi se tisse entre générations un lien très fort.

Une musique pour pleurer ou danser

Le joueur de *lyra*, l'homme important, donne le ton ; poète, conteur, autant que musicien, il chante l'histoire de la Crète, ses amours et ses drames. Sa musique langoureuse ou endiablée fait pleurer ou danser ceux qui l'entourent. Il est souvent accompagné du *laouto*, un instrument à cordes joufflu comme le *bouzouki*. Les pas de danse varient du facile à l'acrobatique ; les bras écartés du corps ne bougent guère, mais les pieds « tricotent » avec une étonnante rapidité. À chaque danseur son style, et l'homme qui mène la ronde (jamais fermée) cherche à mettre en valeur sa souplesse et son agilité ; soudain, on le voit sauter sur le dossier d'une chaise et tourner sur un pied en équilibre, tenu uniquement au deuxième danseur et à la ronde par un mouchoir. Il était le premier, il devient le dernier et le suivant prend la tête.

Le joueur de *lyr* donne le ton
Son instrument pos
sur les genoux
il frôle de son arche
ou de ses doigts
l'une des trois cordes
sans les pincer

La musique est à toute heure un moyen d'expression aux racines profondes, qui tisse un lien entre les époques et les générations.

Le bouzouki contre le spleen

Le *sirtaki* que danse Zorba n'est pas crétois; le *pendozali* est la danse la plus courante. Quant au *bouzouki*, c'est encore une autre histoire. Le *bouzouki* est d'abord un instrument à cordes (sorte de mandoline), puis une musique, et enfin le lieu où on l'écoute. Mais c'est surtout une atmosphère: les hommes, plutôt des citadins, l'aiment par-dessus tout et s'enivrent de son rythme, de mélodie et d'alcool, pour oublier leur spleen ou la réalité du jour. Autrefois, ils se manifestaient souvent avec passion, en jetant sur la scène des assiettes, leur verre et même la table, gestes surprenants pour nous, mais qui révélaient l'émotion que leur procuraient la chanson, le chanteur et l'ambiance. Au bouzouki, on vendait à boire et à casser. Aujourd'hui, la danse n'y est plus un privilège masculin: n'importe quel spectateur peut monter sur la scène; on se laisse aller au gré de la musique et on lance des fleurs. ■

Heraklion et son département, pratique

Heraklion

Indicatif ☎ *(2810)* — **Plan p. 80.**

Office du tourisme, en face de l'entrée du Musée archéologique **D2** ☎ 22.82.03/25, fax 22.60.20. *Ouv. en été du lun. au ven. de 8 h à 14 h 30.* Dépliant sur la Crète avec carte de l'île et plans des villes, liste des pensions et horaires des autobus. On y parle l'anglais et le français. **Bureau d'information à l'aéroport** ☎ 24.56.44. *Ouv. t.l.j. de 9 h à 21 h.*

Hébergement

Nous avons respecté la classification grecque des hôtels et l'avons transcrite en symboles *(voir p. 36).*

Heraklion ne dispose pas d'hôtels internationaux ou de grand luxe, mais assure parfaitement l'hébergement des touristes. Ce sont en général des hôtels de passage pour 1, 2 ou 3 nuits à l'arrivée ou au départ.

Si vous souhaitez vous éloigner de l'animation de la ville, vous trouverez des hôtels de bonne catégorie en bord de mer dans les faubourgs ouest d'Heraklion, à **Amoudara** (5 km) et **Linoperamata** (7 km), mais l'environnement manque de charme. Préférez les jolies baies loin de la capitale, à **Agia Pelagia** *(p. 138)* ou à **Fodele** *(p. 139)* par exemple. Quant à l'est de la ville, un nombre impressionnant d'hôtels jalonnent sans aucune harmonie la côte, très touristique. Vous pouvez toutefois apprécier le cadre et les services de certains bons hôtels de séjour, en bord de mer, à des prix raisonnables, comme à **Amnissos Karteros** ou **Kokini Hani** *(p. 139)*. Tous ces sites sont desservis par les bus locaux.

▲▲▲▲ **Atlantis** luxe, 2, rue Igias **D2** ☎ 22.91.03, fax 22.62.65. *290 lits. Ouv. toute l'année.* De la chaîne Grecotel. Derrière le Musée archéologique vers le port, très bien tenu et d'un bon confort ; air cond., double vitrage, parking. Superbe vue de son toit-piscine.

▲▲▲▲ **Astoria Capsis** A, 5, place de la Liberté **D2** ☎ 34.30.80, fax 22.90.78. *253 lits. Ouv. toute l'année.* Avec toit-piscine et air cond. (moyennant un supplément). Bien situé dans le centre-ville, près du Musée archéologique.

▲▲▲▲ **Galaxy** A, 67, av. Dimokratias, sur la route de Knossos **D4** ☎ 23.88.12, fax 21.12.11. *264 lits. Ouv. toute l'année.* Bon hôtel moderne, à 10 mn à pied du centre. Air cond., belle piscine. Un peu bruyant toutefois.

▲▲▲ **Atrion** B, 9, rue Ioanis Hronaki, à l'O du port **A1** ☎ 22.92.25, fax 22.32.92. *65 ch. Ouv. toute l'année.* Chambres modernes, air cond. Son gros atout : un parking, dans une ville où le stationnement est un réel problème.

▲▲ **Irene** C, 4, rue Idomeneos **D1-2** ☎ 22.97.03, fax 22.64.07. *59 ch. Ouv. toute l'année.* Moderne, air cond. et jolis balcons, en plein centre-ville.

▲▲ **Lato** B, 15, rue Epimenidou **CD1** ☎ 22.81.03, fax 24.03.50. *50 ch. Ouv. toute l'année.* Bon hôtel moderne dominant le port, agréable terrasse-bar sur le toit. Air cond. dans certaines chambres.

➤ **Auberges de jeunesse.** Aucune n'est encore aux normes européennes et n'a droit à cette appellation. On trouve donc des « **rent rooms** » (chambres à louer) : 24, rue Handakos, rue qui part de la fontaine Morosini **C2** ☎ 28.08.58, fax 28.44.42. *35 lits et dortoirs de 4 à 10 pers., consigne bagages*; bien tenu. 5, rue Vironos, petite rue qui donne sur la rue du 25-Août **C1-2**, en descendant au port sur la g. ☎ 28.62.81, fax 22.29.47. Vieillot mais économique.

➤ **Camping.** Il n'y a pas de camping à proximité d'Heraklion. Voir à **Gouves** *(p. 139)*, **Limenas Hersonisou** *(p. 139)* ou **Kommos** *(p. 141)*.

➤ **Pensions.** Une liste des pensions est proposée à l'office du tourisme.

➤ **Location d'appartements.** Ils sont en nombre grandissant, assimilés aux catégories d'hôtels, ce qui permet d'apprécier leur confort. Rens. à l'office du tourisme.

Restaurant

Kiriakos, 53, av. Dimokratias, sur la route de Knossos **D4** ☎ 22.46.49. Plats de viande mijotée ; à l'écart des touristes et apprécié des Crétois, prix plus élevés.

Tavernes

À toute heure, dans le centre-ville, on peut manger une *bougatsa* ou des *souvlakis* : sur la place de la fontaine Morosini, dans la rue Dedalou, qui donne sur la fontaine Morosini **C2**, ou dans une petite rue perpendiculaire à celle du marché **C3**. Faciles à trouver, mais touristiques.

Cafe o Iero Platanos (« le vieux platane »), sur la place de l'église Saint-Tite, en descendant la rue du 25-Août, à dr. **C2** ; ombragé, cuisine grecque toute la journée, très agréable.

Empolo, 5, rue Miliara **C3** ☎ 28.42.44. *Ouv. le soir seulement.* Prendre vers le S la rue dans le prolongement de celle du marché, 2e impasse à g., petite tonnelle de jasmin. Bon marché.

Ippokampos, en bas de la rue du 25-Août **C2**, prendre à g. la rue qui remonte. *F. entre 15h30 et 18h, ainsi que les sam. et dim.* Taverne à poissons très fréquentée. Salades de poulpes ou d'oursins ; vin en carafe. Tables sur le trottoir. Bon rapport qualité/prix.

Circuler

➤ **Circuler en voiture.** À Heraklion, il n'est pas facile de circuler, sauf à l'heure de la sieste. Une **zone piétonnière** couvre le centre historique autour de la rue du 25-Août *(odos 25 Avgoustou)* **C1-2** ; elle est accessible aux deux-roues et aux livreurs. **Sens de la circulation** : on circule de la place de la Liberté *(platia Eleftherias)* **D2** à la sortie ouest et, de la forteresse **D1**, on remonte la rue du 25-Août vers le sud. On longe la mer dans les deux sens. **Stationner** est encore plus difficile. Un parking payant, mais à tarifs modiques, se trouve près du Musée archéologique en contrebas de la place de la Liberté **D2**, en se dirigeant vers l'aéroport. Places de stationnement le long du port **CD1**. Parking couvert au centre commercial Iraklio Center, à l'ouest du Musée historique **B1**, et rue Averof (Kladis) **C3**. On trouve aussi des parkings de proximité appartenant aux propriétaires de l'espace.

➤ **S'orienter.** Point de repère facile à trouver, la **forteresse vénitienne D1**, à l'entrée du port de plaisance : il suffit de longer la mer pour la voir ou de suivre les pancartes indiquant la direction du port *(« Harbour »)*. En face, la rue du 25-Août **C1-2**, qui monte, et la fontaine Morosini **C2** en haut. Au feu à g., on rejoint la place de la Liberté **D2** et le Musée archéologique **D2** *(directions Knossos et aéroport indiquées)*. ❖

Ouzeri Terzaki, 17, rue Marinelli **C1**. À proximité du port vénitien. Ouzeri à découvrir pour sa cuisine et son accueil chaleureux.

Psaria, dans le bas de la rue du 25-Août **C2**, à dr. en descendant ; on y mange du poisson *(fish tavern)*.

Également : Ouzeri Varoulko, Klimataria, To Steki, Tis Viglas, Gorgona, tavernes situées sur la place Viglas **D3** sur les remparts de la forteresse vénitienne, à l'écart des espaces fréquentés par les touristes ; du S de la place de la Liberté, suivre la rue qui longe le jardin public à l'O.

AUX PORTES DE LA VILLE

➤ **À L'EST**, dans le faubourg **Alikarnassos** (sur le chemin de l'aéroport), plusieurs tavernes de poissons fréquentées par les Crétois : **Karpathos**, sur la place de l'église (goûtez la salade d'oursins *achinotasalata*), et des ouzeris (bars à ouzo) à l'ambiance crétoise où l'on joue au *tavli*. Tavernes à **Tombrouk**, à 8 km sur la vieille route, en bord de mer. On y sert du poisson.

➤ **À L'OUEST**, nombreuses tavernes sur la route qui longe la plage d'**Amoudara** et à **Linoperamata** : **O Miltos** ☎ 84.13.45. Levendakis, à 13 km : prendre la nouvelle route de Rethimnon et tourner à g. (malgré le panneau d'interdiction) à Palekastro Bridge (2e pont), à la sortie du village, en U, à g. Taverne très crétoise, beau verger de citronniers, une excellente cuisine locale. Demandez à goûter les spécialités. *Le soir seulement, à l'heure crétoise (pas avant 22 h).*

➤ **AU SUD**, à **Agia Irini** (6 km) : **O Xreiazomenos** ☎ 32.40.08. Après le palais de Knossos, suivre la route jusqu'à l'aqueduc qui enjambe le fond de la vallée ; taverne calme, en plein air, bonne cuisine traditionnelle.

Pâtisseries

Goûtez les *loukoumades* (beignets au miel), dès 6 h du matin, rue Dikeosinis et rue 1821 **C2**, dans de modestes petites boutiques. Les *bougatsa*, ces feuilletés garnis de crème vanillée à la cannelle, se dégustent dans deux petites échoppes contiguës, **Ta Leonaria** et **Kirkor**, sur la place de la fontaine Morosini **C2**. **Embiridis**, rue Akadimias **C4**, rue perpendiculaire à la route de Knossos : la plus réputée au S de la ville. **Perfect**, av. Dimokratias, avant l'hôtel Galaxy **D4**. **Savodakis B2** : de la cathédrale Agios Minas, suivre la rue Agiou Mina qui descend, sur la g. Un régal pour les yeux et le palais.

Plages

Elles se situent à la sortie de la ville.

➤ **VERS L'EST. EOT**, à 7 km, aménagée avec cabines et douches (entrée payante) ; un peu plus loin, à **Amnissos** puis à **Tombrouk** (douches, parasols, tavernes). Des bus fréquents qui partent du centre, place de la Liberté **D2**, les desservent direction Karteros (bus n° 7 face à l'hôtel Astoria). Arrêt de bus jaune.

➤ **VERS L'OUEST. Linoperamata** (Lido Beach), plus populaire, avant l'hôtel Creta Beach, puis la plage d'**Amoudara** (bus n° 6 devant l'hôtel Astoria). Accès par la vieille route *(Old Road)* de Rethimnon.

Sports

➤ **AÉROCLUB. Aéroport N.-Kazantzakis** ☎ 24.55.92. Avions 4 places, parapente.

➤ **ÉQUITATION.** Centre équestre **Horse and Wagontours Karteros** à 7 km sur la vieille route Heraklion/Agios Nikolaos ☎ 38.02.44, fax 38.00.59. **Horse Riding Tours**, à Finikia, à 10 km au S d'Heraklion ☎ 25.31.66.

➤ **PÊCHE.** Il faut avoir un permis délivré par les autorités portuaires du port d'Heraklion ☎ 22.60.73 ou 24.49.12.

➤ **PISCINE ET JEUX D'EAU. Water City Water Park**, prendre après Kokini Hani la route d'Anopoli : piscines avec toboggans géants.

➤ **PLONGÉE SOUS-MARINE.** *Avr.-oct.* Clubs et informations à l'hôtel **Peninsula** à Agia Pelagia ☎ 81.13.13 et à l'hôtel **Fodele Beach** à Fodele ☎ 52.12.51.

➤ **Randonnées pédestres et approche de la nature.** SOX-EOS, 53, rue Dikeosinis **C2** ☎22.76.09, entre 20h30 et 22h30. Le Club alpin hellénique propose avec beaucoup de gentillesse, et en français, des idées de randonnées. **Wild Nature,** Spilia Skalani ☎32.30.80, fax 32.55.11, est une agence qui organise de remarquables randonnées, dans le respect de la nature: marche dans des gorges, excursions en haute montagne, découverte de la côte sud par voie de terre et de mer.

➤ **Voile. Nautical Club of Heraklion,** près de la marina ☎22.11.28. **Sailing Club of Heraklion** ☎24.21.20.

Excursions au départ d'Heraklion

Heraklion est un excellent port d'attache; en effet, tous les sites minoens sont d'un accès facile en une journée et se combinent, pour celui qui a un véhicule, avec d'autres excursions: **Festos** avec **Agios Fanourios, Malia** avec le **plateau du Lassithi, Gournia** avec **Kritsa** et **Agios Nikolaos**; seul **Zakros,** à l'extrême E de l'île, oblige à couvrir plus de 400 km aller-retour, un trajet certes faisable mais très long. Pour ce qui est des gorges de Samaria *(p. 233),* il est conseillé de partir deux jours, et de préférence en excursion organisée. Les agences **Nouvelles Frontières** et **Héliades** *(p. 136)* ont un programme d'excursions en français.

➤ **Croisières d'une journée à Santorin**: *4 fois/sem., départ à 7h, retour à 21h30.* L'arrivée en bateau, après 4h de mer, dans le cratère du volcan de Santorin aux couleurs étonnantes, mérite la traversée. Visite possible de l'Akrotiri, site minoen. Rens.: **Paleologos Shipping Agency,** 5, rue du 25-Août **C1-2** ☎34.61.85, fax 34.62.08.

Vie nocturne

➤ **Bars et pianos-bars.** Des ambiances sympathiques avec de la musique souvent grecque, mais aussi moderne et étrangère. **Bar Veneto,** rue Epimenidou **CD1**, près de l'hôtel Lato. Sur la route d'Amoudara (faubourg ouest): **Qui** (à g.), **Memoris** (à dr.), **Tempo** (à dr.). Sur la route de Knossos: **Premiera** (à g.), bar dansant.

➤ **Discothèques.** La plupart des hôtels de catégories supérieures (de luxe et A) ont leur discothèque.

➤ **Musique et bouzouki.** Une soirée en musique commence toujours tard, pas avant 22h. On peut écouter la *lyra* crétoise et de la musique folklorique à **Kastro** (très populaire, après le Musée archéologique, dans la rue qui descend au port). **Aposperitis,** près de Knossos, à g. **Delina,** sur la route de l'aéroport à g., bon chanteur qui danse.

Le **bouzouki**, très animé en fin de semaine, ne commence guère avant minuit. Il n'y a pas de droit d'entrée, mais le prix des consommations est majoré. La note s'allonge si l'on consomme des fruits, casse des assiettes ou achète des fleurs. **Sur la route de Knossos**: **Ariadni** (4 km), le plus connu, un jardin en plein air l'été, juste avant Knossos sur la g. Et, sur la vieille route de Malia, à Karteros, **Ekavi.** Le night-club de l'hôtel **Zeus Beach**, dans le faubourg Amoudara (à l'O d'Heraklion), est très animé.

Shopping

Tous les objets d'artisanat crétois sont en vente dans les boutiques de souvenirs du centre de la ville *(ouv. t.l.j. et toute la journée).* Les magasins non touristiques sont *ouv. de 8h à 14h et de 17h30 à 20h sf lun. et mer. après-midi; f. sam. et dim.*

Beaux magasins sur la **place de la Liberté**, face au Musée archéologique **D2**: bijoux en or et en argent, tissus brodés ou tissés. La rue piétonnière **Dedalou C2** a de jolies boutiques de mode, de musique, des bijouteries et des magasins de souvenirs.

➤ **Librairies.** 6, rue Dedalou **C2**, à dr. en venant de la fontaine Morosini. Beaux livres en français sur tout ce qui concerne la Crète (archéologie, art, coutumes, etc.), presse internationale. Aussi sur la place Venizelos **C2**.

➤ **Matériel de sport-camping. Mountain Club**, 15, rue Evans **C2-3** ☎28.06.10, fax 22.83.54.

➤ **Marchés. Rue 1866 C2-3** *(ouv. du petit jour à 14h et de 17h à 19h; f. les lun., mer. et sam. après-midi)*, vers le S, dans le prolongement de la rue du 25-Août. Sans doute le lieu le plus attrayant pour découvrir ce que la Crète a de joli ou d'amusant à offrir *(encadré p. 83)*: sacs de cuir, couronnes de pain très décoratives, miel, herbes, ouzo et raki ou couteaux crétois.

Le **marché des Russes et des Albanais** *(le sam. matin)*, le long du port de commerce **D1**, est une curiosité. Depuis l'ouverture des frontières des pays de l'Est, Russes (extrémité est), Albanais ensuite, viennent vendre outils, nappes à des prix défiant toute concurrence. Les Tsiganes proposent des vêtements souvent importés de Chine et, enfin, les Crétois, leurs produits locaux.

Le **marché aux fruits B1**, le long de la mer, à l'O de la forteresse, après le Musée historique: tout ce que la Crète a de juteux et de savoureux.

➤ **Poteries. Georgios Krisogelos**: sur la route de Knossos en sortant d'Heraklion, prendre la rue à dr. avant l'hôpital en direction d'Agios Vlassis, Fortezza **hors pl. par D4**. À la 1re fourche, prendre à pied, à dr., la rue en sens interdit; à env. 200 m à g., escalier: le petit atelier artisanal est sur la dr. Tout un choix d'assiettes, de coupes, de bols, de bougeoirs, à **prix coûtant**... Si la porte est close, sachez que la propriétaire habite au-dessus.

Adresses utiles

➤ **Aéroport.** À 5 km à l'E. Rens. ☎ 39.71.36. Pour se rendre dans le centre-ville, prendre le bus n° 1 ou un taxi.

➤ **Agences de voyages.** Elles se situent pour la plupart dans la rue Epimenidou **CD1** et la rue du 25-Août **C1-2**. **Airtour Greece** (représente Jet Tours), 35, Stadiou, Alikarnassos **hors pl. par D2** ☎ 33.01.51, fax 34.31.24. Deux voyagistes français ont leur propre bureau: **Héliades**, 6, doukos Bofor **D2** ☎ 33.05.09, fax 33.07.17, et **Nouvelles Frontières**, 14, rue Epimenidou **CD1** ☎ 22.64.53, fax 24.14.05.

➤ **Banques.** *Ouv. de 8h à 14h (f. à 13h30 le ven.); f. sam. et dim.* **Banque commerciale**, Emboriki, rue du 25-Août, côté parc El Greco **C2**, distributeur automatique. **Banque de Crète**, à l'angle S-E du parc El Greco **C2**. **Banque nationale de Grèce, Ethniki Trapeza**, rue du 25-Août **C1-2**; distributeur automatique place Saint-Tite **C2**. **BNP**, au coin de la rue Averof et de la place de la Liberté **D3** ☎ 34.20.04, fax 34.24.54. **Credit Bank**, rue du 25-Août **C1-2**, distributeur automatique.

➤ **Compagnies aériennes. Aegean Airlines**, 11, av. Dimokratias **D3** ☎ 34.43.24, fax 34.43.30. Agence à l'aéroport ☎ 33.04.75, fax 34.13.06. **Axon Airlines**, rue Ethnikis Antistasseos **D4** ☎ 33.13.10, fax 22.22.97. **Cronus Airlines**, 10, rue 1821 **C2** ☎ 34.33.66. **Olympic Airways**: rens. et rés. rue Ethnikis Antistasseos **D4**, au S de la place de la Liberté ☎ 24.48.02, fax 34.25.26.

➤ **Compagnies maritimes. Anek Lines**, 33, rue du 25-Août **C1-2** ☎ 22.24.81, fax 34.63.79. **Arabatzoglou Travel**, en face de la Banque nationale de Grèce, 54, rue du 25-Août **C1-2** ☎ 22.66.97, fax 22.21.84. **Minoan Lines**, 78, rue du 25-Août **C1-2** ☎ 22.96.46, fax 22.64.79.

➤ **Consigne bagages.** Au coin des rues Handakos et Kidonias **B2** ou à la gare routière A **D1-2**.

➤ **Consulats. France**, 22, rue Krito Voulidou **C3** ☎ 28.56.18. **Belgique**, c/o agence Adamis Tours, 23, rue du 25-Août **C1-2** ☎ 28.38.20. **Suisse et Autriche**, 36, rue Dedalou **C2** ☎ 23.44.42.

➤ **Cultes.** Offices orthodoxes célébrés dans les églises de la ville. **Église catholique**, 2, rue Patros Antoniou **C1**, vers le port ☎ 34.61.91, messes le sam. à 18h et le dim. à 10h. Offices à l'**église arménienne B2**.

➤ **Dépannage automobile. Elpa**, pour un secours sur route, 16, rue Knossou **C4** ☎ 104 ou 28.94.40. **Express Service** ☎ 154 ou 23.91.11.

Le marché de la rue 1866, à Heraklion, est un régal pour les sens. On y trouve une grande variété de légumes et de fruits, frais ou secs. Ne vous y trompez pas, le poisson est en majeure partie importé.

➤ **Gares routières.** La ville présente l'avantage d'être bien desservie par un service d'autocars et un bon réseau routier, qui permet de gagner facilement les grandes villes de l'ouest (Rethimnon et La Canée) et de l'est (Agios Nikolaos et Sitia). Il y a **deux gares routières** à Heraklion, appelées A et B, la A étant la plus importante. **Station A** : au port, entre l'arrivée du ferry et la forteresse **D1-2**. Côté intérieur, gare principale ☎ 24.50.17 ; informations, billets, consigne bagages. Départs pour Hersonisos, Malia, Sisi, Agios Nikolaos, Gournia, Ierapetra, Sitia, l'est du département d'Heraklion, ainsi que Knossos, Arhanes et le plateau du Lassithi. Côté mer, départs pour Rethimnon et La Canée (Hania) pratiquement toutes les 30 mn de 5 h 30 à 20 h 30. Bus pour le sud-est du département d'Heraklion (Vianos, Pirgos, Kastelli) ; ils prennent également des passagers à l'extérieur de la porte de Kainouria (au S de la ville) **C3**. **Station B** : à l'extérieur de la porte de La Canée, à 50 m à dr. ☎ 25.59.65 **A3**. Départs pour l'ouest (Rodia, Fodele, Anogia) et le sud-ouest du département d'Heraklion (Mires, Festos, Matala, Agia Galini, Lendas) ☎ 25.59.65. Bus locaux, service réduit le dim.

➤ **Guides.** Pour faire appel à un guide sans passer par une agence de voyages, contacter directement l'**Union des guides**, 4, place de la Liberté **D2** ☎ 28.19.84, de 18 h à 21 h de préférence.

➤ **Liaisons maritimes.** Vers le reste de la Grèce : t.l.j. avec **Athènes** en été par ferry-boat, avec Minoan Lines à 19 h 15 et Anek Lines à 19 h 30. Bateaux pour **les îles** de Santorin (t.l.j. sf sam.), Ios (dim.), Naxos (mar., mer., dim.), Paros (5 fois/sem.), Mykonos (mar., jeu., dim.), Syros (mer., jeu., dim.), Tinos (lun., ven., dim.), Skyros et Skiatos (3 fois/sem.) ; Chalki, Kassos, Karpathos et Rhodes (1 fois/sem.). Vers l'**Italie** (Ancône et Patras) et l'**Égypte** (Alexandrie). Des bateaux de croisière permettent de se rendre aussi en **Turquie** (Kusadasi), à **Chypre** ou en **Égypte**.

➤ **Location de motos et de scooters.** **Agence Galaxie**, 24, av. Dimokratias **D4** ☎ 23.92.03 ou 23.40.53.

➤ **LOCATION DE VOITURES.** Beaucoup de guichets à l'aéroport. **Avis**, 40, rue du 25-Août **C1-2** ☎ 22.94.02, fax 28.24.33 ; à l'aéroport ☎ 22.94.46. **Europcar**, 135, rue Ethnikis Antistasseos **D4** ☎ 22.20.01, fax 22.50.70. **Hertz**, 34, rue du 25-Août **C1-2** ☎ 34.17.34, fax 34.11.84 ; à l'aéroport ☎ 33.04.52.

➤ **PHARMACIES.** Il y en a beaucoup, elles sont faciles à trouver dans le centre de la ville ou autour de la place de la fontaine Morosini **C2**.

➤ **POLICE TOURISTIQUE.** 10, rue Dikeosinis **C2** ☎ 28.31.90. Aide en anglais en cas de difficulté, perte, accident ou tout différend avec un hôtel ou un commerçant. Donne aussi des renseignements.

➤ **POSTE. Poste**, square Daskaloianis, près de la place de la Liberté **C2**, *ouv. du lun. au ven. (en été de 7h30 à 20h)* pour la vente des timbres et la poste restante ; les autres guichets sont fermés le dim. et à l'heure de la sieste. Un **camion-poste** qui assure la vente des timbres stationne en saison touristique *du lun. au ven. de 8h à 14h* à l'angle S-E du parc El Greco **C2**.

➤ **SANTÉ.** En cas de maladie, l'office du tourisme, les réceptions des grands hôtels et les agences de voyages vous donneront l'adresse de médecins ou de dentistes. **Hôpital de l'Université** ☎ 39.21.11, sur rendez-vous ☎ 54.21.08. Moderne, à Stavrakia, 5 km après la porte de La Canée à l'O d'Heraklion **B3**. **Hôpital Venizelou** ☎ 23.71.24, avant Knossos, à g. Il y a dans la ville plusieurs cliniques privées et médecins spécialistes (liste à l'office du tourisme).

➤ **SÉCURITÉ SOCIALE.** Les ressortissants de l'Union européenne bénéficient de la Sécurité sociale s'ils se présentent avec le formulaire E111 au service Ika, 11, rue Agiou Mina **B2** ☎ 22.46.02. Rens. ☎ 28.22.51 (services médicaux).

➤ **TÉLÉPHONE.** OTE, entrée sur le parc El Greco **C2**, *ouv. t.l.j. de 7h30 à 13h.* À l'aéroport, *ouv. t.l.j. de 8h à 23h, sam. et dim. de 13h à 20h ou 21h.* Nombreuses **cabines téléphoniques**. Les cartes s'achètent dans les kiosques.

Les environs d'Heraklion

Indicatif ☎ (2810)

Agia Pelagia

Hôtels

▲▲▲▲ **Capsis Beach** luxe, à 25 km au N-O d'Heraklion, à 3,5 km de la voie rapide Heraklion-Rethimnon ☎ 81.11.12, fax 81.10.76. *1 228 lits. Ouv. toute l'année.* Hôtel et bungalows dans le style crétois. Sur une superbe baie, dans le petit port naturel et le village ; jardins, 3 piscines, minigolf, tennis, sports nautiques. Agréable en famille.

▲▲▲ **Peninsula** A, sur un promontoire à 20 mn à pied du port ☎ 81.13.13, fax 81.12.91. *245 ch. Ouv. avr.-oct.* Toutes les facilités de sports nautiques. Conseillé aux amateurs de plongée sous-marine (club). Accès difficile à la plage pour les personnes handicapées.

▲▲ **Panorama** B ☎ 81.10.02, fax 81.12.73. *162 ch. Ouv. avr.-oct.* Piscine, sports nautiques. Joli cadre.

Pensions

Angel Village A, avant Agia Pelagia en venant d'Heraklion, avec vue sur la plage de Ligaria ☎ 25.04.12, fax 81.13.55. Complexe d'appartements bien meublés, tout confort, au-dessus de la baie. Piscine, tennis, taverne. Les propriétaires parlent le français.

Katerina (à 100 m de la plage) et **Marita** (à 250 m de la plage) ont vue sur la mer *(rés. Héliades, voir p. 24).*

Sport

➤ **PLONGÉE SOUS-MARINE.** Club à l'hôtel **Peninsula** ☎ 81.13.13.

Amnissos Karteros

➤ *À 8 km à l'E d'Heraklion.*

➤ **HÔTEL.** ▲▲▲▲ **Minoa Palace** A, Paralia Amnissou ☎ 38.04.04, fax 38.04.22. *127 ch., hôtel et bungalows. Ouv. avr.-oct.* Air cond., bien tenu. Piscine, tennis, plage, sports nautiques. Proche de l'aéroport.

Fodele

➤ **Hôtel.** ▲▲▲▲ **Fodele Beach** A, à 3 km du village ☎ 52.12.51, fax 52.12.49. *340 lits. Ouv. avr.-oct.* Bel ensemble aux couleurs agréables qui s'harmonise avec le paysage, au flanc d'une colline surplombant une petite baie isolée. Plage, 2 piscines. Tout confort et nombreuses facilités.

➤ **Plongée sous-marine.** Club à l'hôtel **Fodele Beach** ☎ 52.12.51.

Kokini Hani

Hôtels

▲▲▲▲ **Arina Sand** A ☎ 76.12.93, fax 76.11.79. *452 lits. Ouv. avr.-oct.* Hôtel et bungalows, modernes et fonctionnels; air cond., piscine, sports nautiques. Bonne animation.

▲▲▲▲ **Knossos Beach** A ☎ 76.10.00, fax 76.16.10. *124 ch. Ouv. avr.-oct.* Hôtel et bungalows.

Tilissos

➤ **Hôtel.** ▲▲▲▲ **Arolithos** A, à 11 km au S-O d'Heraklion sur la vieille route de Rethimnon, avant Tilissos, à dr. ☎ 82.10.50, fax 82.10.51. *36 ch. Ouv. toute l'année.* Bungalows aménagés dans le style crétois, intégrés dans un village reconstitué. Taverne.

Autour de la baie de Malia

Indicatif ☎ (28970)

Gouves

➤ *À 7 km à l'O de Hersonisos.*

Hébergement

▲▲▲▲ **Grecotel Creta Sun** A ☎ 411.03, fax 411.13. *344 ch. et bungalows* avec balcon sur la mer. *Ouv. mars-nov.* Décor raffiné, 2 piscines, tennis. Hôtel animé : gymnastique, danse, sports nautiques, club enfants, programmes récréatifs et bonne direction. Espace jardin, très agréable.

▲▲▲▲ **Marina Beach** A ☎ 413.61, fax 413.62. *748 lits en ch. et bungalows. Ouv. avr.-oct.* Un des bons hôtels de cette catégorie, avec les facilités attendues. Piscines, tennis.

▲▲▲ **Aphrodite Beach** A ☎ 411.02, fax 413.79. *251 ch. Ouv. avr.-nov.* Aménagé dans le style crétois. Piscine, tennis, sauna, bowling. Service de qualité, cadre agréable.

➤ **Camping. Creta** A, sur la plage ☎ 414.00, fax 417.92. *270 tentes.* Taverne. Environnement décevant.

Limenas Hersonisou (le port de Hersonisos)

Hébergement

▲▲▲▲ **Bella Maris** luxe, à Anissara, à 3 km à l'O du village ☎ 214.10, fax 214.00. *Ouv. mars-nov.* Bel ensemble de *147 ch.* avec balcons, tout confort, air cond., piscine, tennis, sports nautiques. Une longue plage de sable, club Fram. L'environnement proche est rocailleux, mais loin du bruyant village.

▲▲▲▲ **Creta Maris** luxe ☎ 221.15, fax 221.30. *Ouv. mars-nov.* Cet ensemble de *547 ch.* réparties en bungalows, conçu comme un village, a une belle architecture, des aménagements intérieurs de bon goût et toutes les facilités attendues dans cette catégorie. Jolie plage de sable et proximité du port. Un hôtel qui plaît.

▲▲▲ **Cretan Village** A supérieur, à 3 km à l'O du village d'Anissara ☎ 229.97, fax 223.00. *610 lits. Ouv. mars-oct.* Air cond. Piscine. Excentré par rapport à l'agglomération. Un village recréé et coloré, apprécié pour la tranquillité du site.

▲▲▲ **Hersonisos Maris** B, dans le village ☎ 224.00, fax 228.74. *204 ch. Ouv. avr.-oct.* Piscines. À 50 m de la mer. Pour ceux qui aiment la vie animée.

▲▲ **Marie-Christine** C, sur la route principale, donne sur la plage ☎ 225.37, fax 213.13. *62 ch. Ouv. avr.-oct.* Tenu par une Française.

➤ **Campings. Caravan** C, sur la plage de Plakias située entre Limenas Hersonisou et Malia ☎ 220.25. *5 500 m², 60 tentes.* Petit village de vacances avec des huttes et un emplacement pour les tentes. Confort très réduit. Taverne. Arrêt de bus à proximité. **Hersonisos** C, à Anissara, à 3 km à l'O de Hersonisos, juste avant la route pour Kastelli en venant d'Heraklion ☎ 229.02, fax 229.02. *9700 m², 58 tentes.* Plage de sable, taverne et constructions à proximité. Installations récentes.

Tavernes

Retrouver une bonne ambiance crétoise est un défi, avec peu de chance de réussite. On a davantage d'occasions de manger sur le pouce à la mode anglaise, hollandaise ou allemande... **Kavouri** a encore du caractère et une cuisine traditionnelle; à la sortie O du village, descendre la rue en sens interdit vers la mer. Au-dessus du port de Hersonisos, trois villages, **Koutouloufari**, **Piskopiano** et le vieux village de **Hersonisos**, au flanc de la montagne, ont encore du charme et toutes sortes de tavernes. **Cretan Corner**, à l'E de la place du vieux village de Hersonisos ☎ 210.58, propose une cuisine de qualité.

Sports et loisirs

➤ **Plages.** La côte est plutôt rocheuse; toutefois, plage de graviers à l'O, plage d'env. 300 m au centre, petites criques à l'E.

➤ **Plongée sous-marine.** **Padi Dive Center**, à l'hôtel Nana Beach ☎ 240.76.

➤ **Sports nautiques.** **Aqua Splash**, prendre, à l'O de Hersonisos, la direction de Kastelli à 7 km à dr. ☎ 249.50. Parc aquatique, piscine avec toboggan géant. **Star Water Park** ☎ 244.72, entrée libre, activités payantes; à la sortie E du village, piscine avec toboggans, saut à l'élastique, parachute ascensionnel, ski nautique, plongée sous-marine, promenade en mer sur bouée-boudin, karting. Excursions en bateau à l'O sur l'île de Dia ou à l'E vers Sisi. Bar et restaurants.

Adresses utiles

➤ **Banque.** Distributeur automatique dans la rue principale.

➤ **Bus.** Ligne **Heraklion/Malia**, départs t.l.j., toutes les 30 mn. Ligne **Heraklion/Agios Nikolaos**, départs de 6 h 30 à 22 h, toutes les heures tôt le matin ou le soir, toutes les 30 mn en journée. Arrêt de bus dans la rue principale.

➤ **Location de voitures.** **Avis**, 27, rue El. Venizelou ☎ 224.65, fax 213.50. **Hertz**, 8, rue El. Venizelou ☎ 220.09; à l'hôtel Creta Maris ☎ 221.15.

➤ **Police touristique.** 8, rue Minoos, ☎ 210.00 *(f. en hiver).*

➤ **Poste et téléphone.** **Poste**, rue Eleftherias. **OTE**, dans la rue principale, *ouv. du lun. au ven. de 8 h à 14 h.*

Malia

Hôtels

Malia est souvent mal fréquentée et bruyante la nuit; éviter le centre, même si les pensions ne manquent pas; les hôtels de bonne catégorie sont excentrés.

▲▲▲▲ **Malia Park** A ☎ 314.61, fax 314.60. *378 lits. Ouv. mars-nov.* De la chaîne Grecotel, une garantie de qualité. Cadre agréable sur la belle plage de sable. Aménagé avec goût dans le style crétois.

Tavernes

Grand choix de tavernes, steak houses, fast-foods, pizzerias, pubs anglais dans les rues perpendiculaires à la rue principale. **Kreta Taverne** : seule taverne crétoise (1re taverne à dr. en venant d'Heraklion, avant la station Mobil) : excellente cuisine familiale, servie dans un petit jardin sous une tonnelle de vignes et d'oliviers. Taverne avec cachet local à l'E de Malia, sur la route de bord de mer qui mène aux ruines minoennes.

Loisirs

➤ **Plage.** Belle et longue plage de sable fin très fréquentée, voire surpeuplée. Sports nautiques. Pour y accéder, prendre l'une des rues perpendiculaires à la rue principale.

➤ **Vie nocturne.** Bars, discothèques ouverts toute la nuit pour un public anglais, allemand ou hollandais, tatoué, amateur de piercing; prudence, bagarres fréquentes.

Adresses utiles

➤ **Achats.** Nombreuses boutiques touristiques. Vente de bananes produites localement.

➤ **Banques et distributeurs automatiques** dans la rue principale.

➤ **Bus.** Lignes **Heraklion/Malia** et **Heraklion/Agios Nikolaos**, départs t.l.j., au moins toutes les 30 mn. Arrêt de bus dans la rue principale.

➤ **Location de voitures. Budget**, av. Paraliaki ☎ 328.84, fax 24.39.18.

➤ **Poste.** Derrière l'église, *ouv. du lun. au ven. de 7h30 à 14h.*

Mohos

➤ **Hôtel.** ▲▲ **Mary** ☎ 615.34, fax 611.38. À 15 km de Malia et 9 km de la mer. *12 ch.* Petit hôtel confortable, à 10 mn de la mer. Accueil sympathique, bonne cuisine grecque. Bon rapport qualité/prix. Piscine et jardin sous les oliviers.

La plaine de la Messara

Indicatif ☎ *(28920)*

Festos et ses environs

➤ **Hôtels. Agios Giorgios** C, à Timbaki (3 km au N-O) ☎ 516.78. *10 ch. Ouv. avr.-sept.* **Mary Elen** C, à Kokinos Pirgos (6 km au N-O) ☎ 512.68, fax 526.24. *58 ch. Ouv. avr.-oct.* Moderne et isolé, vue sur la baie de Matala, piscine, taverne, accès à la mer par un petit chemin (5 mn) : prendre la direction d'Agia Galini; après le village de Kokinos Pirgos, chemin à g. indiqué.

➤ **Pensions** à **Vori** (2 km au N) et à **Pitsidia** (5 km au S-O).

➤ **Tavernes.** À **Agios Ioanis**, premier village après Festos, à g. sur la route de Matala : **The Rabbits** *(ouv. le soir seulement)*, avec, en spécialité, le lapin (et un bon petit vin local). À **Pitsidia**, tavernes **Eleni** et **Petros**, en haut du village, sur la place. Bonne taverne locale à **Vori**.

Kommos

➤ **Camping. Kommos** B ☎ 509.86. Très bien situé, sur une colline entre Pitsidia et Matala, au-dessus de la plage de Kommos (*10 mn à pied*). Bien entretenu. Taverne, agréable piscine. Arrêt de bus.

➤ **Taverne. Mystical View** ou **Kendraki**, du nom de l'arbre rare qu'elle jouxte, vieux de 700 ans. Sur la route vers Matala, prendre une piste à dr. (pancarte). Vue superbe; bonne table. *Ouv. de 12h à 2h du matin.*

Matala

Hébergement

▲▲ **Valley Village** B ☎ 457.76, fax 454.45. *Ouv. avr.-oct.* Un bâtiment central et *6 bungalows*, à l'écart de l'animation du village, paysage de l'arrière-pays pourtant proche de la mer, piscine.

▲ **Matala Bay** C ☎ 453.00, fax 453.01. *55 ch. Ouv. avr.-nov.* Situé avant le village, à 500 m de la plage. Moderne, piscine.

▲ **Pringipissa Evropi** C ☎ 451.13, fax 457.56. *46 ch. Ouv. avr.-oct.* Petit mais agréable, calme, vue sur l'arrière-pays (à 10 mn à pied de la mer).

▲ **Zafiria** C, à l'entrée du village à g. ☎ 451.12, fax 457.25. *70 ch. Ouv. avr.-oct.* Les chambres côté colline ont un petit balcon. Bon accueil.

➤ **Chambres à louer.** Nombreuses dans la rue à g. après l'hôtel Zafiria.

➤ **Camping. Matala** D, à l'entrée de Matala à dr., sur la plage ☎ 423.40. *25 327 m², 100 tentes*, dont certaines à l'ombre des tamaris.

Tavernes et bar

Nombreuses tavernes le long de la plage. **Minos Palace**, à dr. en arrivant à Matala ☎ 450.66 : en étage le long de la plage, vue sur les grottes, bonne cuisine crétoise sur demande. **Skala** (traverser tout le village vers le S), au bord de la mer : modeste mais vue superbe. À côté, bar branché, installé dans une grotte.

Sports et loisirs

➤ **Équitation. Horse Riding** à Pitsidia ☎ 450.40.

➤ **Excursions. Monza Travel** ☎ 457.32. Excursions organisées, notamment en mer, location de motos, voitures et bicyclettes.

➤ **Plages. Kommos** *(p. 123)* au N est accessible par la route, à pied ou en bus. **Red Beach**, accessible à pied uniquement *(p. 125)*. Au S de Matala, à 30 mn de marche par un chemin muletier.

➤ **Sports nautiques.** Pédalo, canoë, parachute ascensionnel (rens. sur la plage ou dans les agences).

Adresses utiles

➤ **Artisanat.** Petit marché : beaux travaux d'aiguille à prix raisonnables, couvertures tissées.

➤ **Poste et téléphone. Camion poste,** *du lun. au ven. de 8 h 30 à 13 h 45.* **Cabine téléphonique** à l'entrée du village à dr., et dans le village.

La côte au sud de la Messara

■ Arvi

Indicatif ☎ (28950)

➤ **Hôtel.** ▲▲ **Ariadni** C ☎ 713.00. *13 ch. Ouv. avr.-oct.* À l'entrée du village, au bord de la mer.

■ Lendas

Indicatif ☎ (28920)

➤ **Hôtel. Lentas Bungalow** C ☎ 952.22. *12 ch. Ouv. avr.-oct.* Vue agréable sur la mer et cuisine à disposition.

Au nord de la Messara

■ Kamares

➤ **Pensions.** Kamares abrite plusieurs petites pensions sans prétention. **Psiloritis** : le propriétaire a l'habitude d'accueillir des groupes importants d'étrangers.

■ Zaros

Indicatif ☎ (28940)

➤ **Hôtel.** ▲▲ **Idi** C, sur le versant S du mont Ida ☎ 313.02, fax 315.11. *60 ch. Ouv. toute l'année.* L'hôtel et les bungalows sont confortables. Le site très verdoyant, bucolique, est réputé pour ses sources et sa formidable végétation. On y trouve un élevage de truites, un moulin à farine et une piscine. La taverne est de qualité (réserve de poissons d'eau douce). En pleine nature, cet hôtel est un bon point d'attache pour faire des excursions aux alentours. ■

AGIOS NIKOLAOS ET LE LASSITHI

Agios Nikolaos*

➤ *À 65 km à l'O d'Heraklion. Liaisons en bus avec Sitia, Ierapetra, Matala, Elounda, Kritsa, Psihro et le plateau du Lassithi, Heraklion (voir p. 182).* ***Bonnes adresses*** *p. 179.*

Cet ancien petit port de pêche, attachant avec ses maisons blanches au flanc d'une colline, compte aujourd'hui 12 000 hab. Capitale du Lassithi (le *nomos Lassithiou* est le seul département dont le nom ne coïncide pas avec celui de sa capitale), il bénéficie d'une situation privilégiée dans une des plus belles baies de l'île, le golfe de Mirabello, ce qui lui vaut une cote touristique toujours en hausse. Son climat sec, particulièrement sain, fait de cette ville animée et de ses environs un lieu de séjour très apprécié. « Agios », comme on l'appelle couramment, s'efforce de conserver son charme ; ainsi le quartier autour du port devient-il une zone piétonnière le soir jusque tôt le matin. La ville en elle-même n'offre guère de curiosités, à part son petit Musée archéologique et une église byzantine. Toutefois, les possibilités

AGIOS NIKOLAOS

d'excursions au départ d'Agios sont multiples et l'accès à Heraklion en voiture ou en bus est facile. Les agences de voyages proposent un programme d'excursions qui permet de visiter l'E de la Crète. Pour parcourir l'O de l'île, mieux vaut envisager un autre point d'attache: La Canée est à plus de 3h de voiture *(p. 219)*.

La ville moderne s'est développée à la fin du XIXe s. autour du **lac Voulismeni A2** ; les légendes populaires en ont fait un lac sans fond, un «miracle de la nature»; en fait, il atteint la profondeur exceptionnelle de 64 m. Depuis 1870, il est relié à la mer par un canal. La vie se concentre surtout autour du port et dans les deux rues commerçantes (dos à la mer), à g. la rue Koundourou **A2**, à dr. la rue du 28-Octobre *(odos 28 Oktovriou)*, qui montent parallèlement du port à la grande place, place Venizelos; sur la g. de la place se trouve un bâtiment moderne, l'église de la Trinité.

Le musée d'Art populaire*

➤ **AB2** *Au N du pont qui relie le lac au port, à côté de l'office du tourisme. Ouv. de 10h à 16h, f. sam.; entrée payante.*

Ce musée, ouvert par la municipalité, présente dans une vaste pièce de nombreux ouvrages faits main, des travaux d'aiguille et des tapis. Un plaisir pour les yeux. Costumes vieux de trois cents ans, vêtements de cérémonie et armes.

Le Musée archéologique*

➤ **A1** *Rue Paleologou, à 400 m du pont qui relie le lac au port, à dr. en montant, dans un bâtiment moderne. Ouv. t.l.j. sf lun. et j.f. de 8h30 à 15h; entrée payante sf dim. et pour les étudiants ☎ (28410) 249.43.*

Ce musée abrite une collection d'objets, essentiellement de l'époque minoenne, découverts lors des fouilles effectuées dans la partie E de la Crète. Bien que la majeure partie des objets excavés à Zakros et à Malia soit exposée au musée d'Heraklion, les dernières pièces découvertes dans ces sites viennent désormais enrichir ce musée. On voit ici des vases, des sarcophages et des bijoux. Dans la **salle III**, un très beau **triton de pierre noire**** tout incrusté, trouvé près du palais de Malia, ainsi qu'un sphinx et un crocodile en ivoire provenant d'une tombe de Milatos.

L'église byzantine Agios Nikolaos

➤ **Hors pl. par A1** *Visible de la route d'Elounda, à dr. après Minos Beach, l'église se trouve dans les jardins du Minos Palace, implanté sur la petite presqu'île. Pour la visiter, demander la clé à la réception de cet hôtel (déposer une pièce d'identité en guise de garantie).*

Son architecture est intéressante, avec une belle coupole centrale. Seules les fresques du chœur apparaissent. Deux couches de fresques s'y superposent, témoignant du travail d'artistes à des époques différentes (Xe-XIe s. et XIVe s.). ■

Autour du lac Voulismeni relié au port d'Agios Nikolaos, il fait bon flâner, s'asseoir en terrasse et dîner, à un rythme tout crétois.

La baie de Mirabello***

Toute la baie de Mirabello est un enchantement par la beauté des paysages et la luminosité qui change au fil des jours. Elounda, l'île de Spinalonga et les ruines minoennes de Gournia sont des excursions appréciées.

Au nord d'Agios Nikolaos

En direction du N, une route en corniche longe la baie jusqu'au village d'Elounda, puis de Plaka, face à l'île de Spinalonga.

Elounda

➤ *À 12 km au N d'Agios Nikolaos. Liaisons en bus avec Agios Nikolaos et Plaka.* ***Bonnes adresses*** *p. 183.*

Elounda est un petit port de pêche sans prétention, mais qui a été envahi par le tourisme. Toute la vie s'organise autour de la grande place centrale qui borde le port, d'où partent les bateaux d'excursions pour la petite île de Spinalonga, recherchée pour la beauté de ses plages. Une belle promenade à pied le long de la mer conduit à la presqu'île de Spinalonga et à Olous. En quittant Elounda par la route d'Agios Nikolaos, prendre à g. une route qui longe la baie et les marais salants. Les tavernes se succèdent. Il faut franchir un pont facile à repérer, construit entre deux moulins, pour rejoindre la **presqu'île de Spinalonga**. Juste après le pont, à dr., se trouve **Olous** : les restes de l'antique **Olonte**, port de Dreros et ville voisine de Lato, gisent au fond des eaux. On peut voir aujourd'hui, sur la terre ferme, en longeant le local du « canal bar » par la dr., un morceau de mosaïque, protégé par une clôture, qui représente des poissons : c'est le pavement d'une basilique paléochrétienne.

Du pont, une piste à g., mauvaise mais praticable en voiture, conduit dans la presqu'île ; prendre la première à dr., parking à 1 km.

Elounda, à proximité du site antique d'Olonte, est aujourd'hui un petit port de pêche et une station balnéaire très fréquentée.

De là, on descend à la mer en 10 mn; **Kolokithia**** est une belle plage de sable blanc, souvent assez fréquentée…

D'Elounda à Driros

Elounda est un bon point de départ pour des excursions en voiture. La route qui remonte dans l'arrière-pays offre une vue remarquable sur le golfe de Mirabello. Juste avant Fourni *(10 km à l'O d'Elounda)*, une petite route mène à **Moni Areti***, un monastère fondé au Moyen Âge et tout juste restauré, qui reprend vie; il impressionne avec ses allures de forteresse et ses grandes citernes pour garder l'eau douce, visibles de l'extérieur. Le monastère a été très prospère, grâce à sa vigne et à ses oliviers, et son rayonnement était grand dans toute la région. Il fut particulièrement actif pendant l'occupation turque. La route continue, excellente et asphaltée, balisée, une curiosité dans ces terres sauvages avec seulement quelques villages isolés ou abandonnés; belles perspectives sur la côte nord du département.

Quelques kilomètres au-delà de Fourni, on atteint un petit plateau planté d'amandiers. Juste après Kastelli *(1 km de Fourni)*, un chemin mène à **Driros**, ou Dreros, une ville antique de l'époque dorienne, construite comme Lato *(p. 150)* sur une hauteur: beau panorama du haut de la colline, couverte de buissons. Les spécialistes sauront y voir les ruines, dont une agora et un temple dédié à Apollon ou à Delphinios. Une église dédiée à saint Antoine est édifiée sur les restes de l'acropole.

Pour rejoindre le plateau du Lassithi, regagner Nikithianos et Limnes *(p. 156)*, à quelques kilomètres.

L'île de Spinalonga**

➤ *À 9 km d'Elounda par Plaka (liaison en bateau). La route qui part de la place principale d'Elounda en direction du N longe la mer jusqu'à Plaka, un petit village d'où partent les bateaux pour l'île de Spinalonga.* ***Bonnes adresses****, voir Plaka p. 184.*

Les Vénitiens ont construit sur l'île, au XVIIe s., une des plus belles forteresses de Crète, dernière place forte à résister aux Turcs; ceux-ci ne réussirent à s'en emparer qu'en 1714, près de cinquante ans après Candie, l'actuel Heraklion. Au début du XXe s. et jusque dans les années 1950, l'île devint le refuge des lépreux.

De **Plaka**, la route monte dans l'arrière-pays, caractérisé par une nature sauvage et des villages peu fréquentés; les routes sont plus rares que les pistes…

Au sud d'Agios Nikolaos

Longeant la baie de Mirabello au S, une belle et large route suit la côte rocheuse et dessert l'E de l'île. L'excursion mène à un monastère, Moni Faneromenis, et aux ruines minoennes de Gournia.

♥ Moni Faneromenis*

➤ *À 25 km au S-E d'Agios Nikolaos.*

À environ 17 km d'Agios Nikolaos, sur la dr., un chemin de quelque 8 km, qui est carrossable mais souvent vertigineux, monte à Moni Faneromenis, un monastère où vivent encore deux moines. L'excursion est déconseillée aux voyageurs pressés ou sujets au vertige.

De ce nid d'aigle, la vue sur la baie est exceptionnelle. L'austérité de

LE DÉPARTEMENT DU LASSITHI

l'accueil surprend: à la porte, une inscription vous invite à réfléchir à votre démarche: « Si vous ne voulez plus être un homme et si vous avez la brutalité de l'animal, partez… »

Ce monastère, fondé au Xe s., a été détruit par les Turcs, puis reconstruit; il ne présente pas d'intérêt architectural, mais dans la très vieille église creusée dans la roche se cachent de belles **icônes anciennes** des XVIIe et XVIIIe s.

À dr. en entrant, une icône représente *La Vierge et l'Enfant*. Sur l'iconostase, de g. à dr., on peut identifier *La Vierge et l'Enfant*, le *Pantocrator*, *La Dormition*; au-dessous, *La Création*, *La Tentation d'Adam et Ève*, *Adam et Ève chassés du paradis*.

Il faut revenir sur ses pas pour rejoindre la route principale.

Gournia*

➤ *À 19 km au S-E d'Agios Nikolaos. Bus: 9 liaisons/j. depuis Agios Nikolaos, direction Ierapetra (entre 6 h 30 et 20 h). Ouv. t.l.j. sf lun. de 8 h 30 à 15 h; entrée payante ☎ (28420) 930.28.*

Revenir sur la route côtière et reprendre la direction de l'E. Les ruines de Gournia sont situées sur une colline à dr. de la route et font face à la mer.

Les fouilles ont permis de mettre au jour une ville florissante à l'âge d'or des palais minoens (vers 1600 av. J.-C.), détruite totalement vers 1450 av. J.-C.

Il ne reste aujourd'hui que des fondations, mais Gournia restitue parfaitement l'image du bourg avec ses ruelles, ses maisons à étages adossées les unes aux autres et une place publique en haut de la colline.

On a retrouvé les maisons du menuisier, du ferronnier et du potier. La ville avait son port, aujourd'hui submergé. Aucune trace de fortification n'a été mise au jour : les Minoens vivaient donc en paix à cette époque.

Pour mieux apprécier le site, gagner le sommet de la colline par l'une des trois ruelles et pénétrer dans les ruines des maisons, ce qui permet de se rendre compte de leur taille. ■

L'arrière-pays

L'arrière-pays offre aussi de magnifiques perspectives sur la mer et sur la montagne ; une visite à Kritsa et à sa remarquable église byzantine s'impose. Une excursion au plateau du Lassithi offre l'occasion d'approcher une Crète plus rurale, ses dieux et ses mythes.

Vers le plateau de Katharo

La route de Kritsa, qui part d'Agios Nikolaos en direction du S-O, prend vite de l'altitude ; superbe vue sur la baie de Mirabello, avec pour toile de fond les montagnes de Sitia. Avant le village de Kritsa, sur la dr., un panneau indique la Panagia Kera.

La Panagia Kera***

➤ *À 8 km au S-O d'Agios Nikolaos (liaisons en bus). Ouv. du lun. au sam. de 9h à 15h, le dim. de 9h à 14h ; entrée payante ☎ (28410) 515.25.*

Cette remarquable petite église byzantine blanche, située au bout d'un chemin pierreux, au milieu des oliviers, est orientée E-O. L'entrée principale, à l'O, donne accès à la nef consacrée à la Vierge Marie (*voir p. 152-155*).

Le village de Kritsa*

➤ *À 11 km au S-O d'Agios Nikolaos (liaisons en bus : 14 départs/j., au moins toutes les heures de 6h à 19h, 15 mn de trajet).* ***Bonnes adresses*** *p. 184.*

C'est un des plus gros bourgs de Crète, adossé à la montagne et dominant de loin la mer ; dans ses jolies ruelles colorées s'alignent les boutiques proposant des produits artisanaux. Jules Dassin y a tourné certaines scènes de son film *Celui qui doit mourir*, d'après le roman de Kazantzakis *Le Christ recrucifié*. Pendant les mois d'été, des soirées, auxquelles participent les villageois, sont organisées à l'intention des touristes : une occasion de connaître le folklore local *(rens. dans les agences de voyages d'Agios Nikolaos)*.

➤ **Sur la route de Kroustas.** À la sortie de Kritsa vers Kroustas au S-E, juste après le pont, à dr., se trouve une belle fontaine d'où jaillit de l'eau de source. Après le pont, à g., l'église à nef unique est ornée de fresques, bien conservées, qui datent du début du XIVe s. (malin, celui qui trouve la clé, qui est détenue soit par des villageois, soit par les services archéologiques). En montant à Kroustas, un joli village de montagne *(tavernes p. 185)*, on passe devant l'**église Saint-Jean-le-Théologue**, très belle par son architecture de la seconde période byzantine. Vous profiterez d'un point de vue exceptionnel sur la mer.

Lato**

➤ *À 4 km au N de Kritsa. Ouv. t.l.j. sf lun. et j.f. de 8h30 à 15h ; entrée libre.*

Une route part sur la dr. à l'entrée du village et conduit aux ruines : le site est sauvage et d'une étrange beauté. Lato était une **ville dorienne** importante fondée dès le VIIe s. av. J.-C. Ce qui reste des remparts se fond dans la roche ; la ville, étagée en terrasses, était enserrée entre deux collines surmontées d'acropoles. L'**agora**, où

La ville de Lato, fondée à l'époque dorienne, connut une prospérité grandissante de l'âge classique à l'époque hellénistique.

l'on voit encore d'anciens ateliers, s'étendait sur la partie plate de la crête. Du côté S *(à dr. en regardant la mer)*, sur une large terrasse, fut découvert le petit temple d'Apollon.

Lorsque l'on grimpe du côté N sur la colline, au-delà des gradins, on voit s'aligner en contrebas des milliers d'oliviers ; au loin, Agios Nikolaos se détache sur la baie de Mirabello.

De Kritsa au plateau de Katharo

➤ *À 16 km au S-O de Kritsa.*

De Kritsa, une **route spectaculaire*****, avec un dénivelé parfois impressionnant, monte à un plateau sauvage (1 150 m). Le village d'**Avdeliakos**, en fait quelques maisons isolées habitées l'été, est la seule bourgade du plateau.

Les **randonneurs** avertis et équipés, munis d'une bonne carte, peuvent gagner Kroustas, Kalamafka ou Males *(p. 162)*, ou rejoindre le plateau du Lassithi.

Vers le plateau du Lassithi

Haute étendue fertile d'une dizaine de kilomètres de long et de 5 km de large, à plus de 800 m d'altitude, le plateau du Lassithi est encastré dans les montagnes et a été longtemps irrigué par les moulins à vent. Scènes bucoliques et éoliennes aux voiles blanches ont séduit les amoureux de vie champêtre. Les paysans ont longtemps cultivé pommes de terre et céréales selon des méthodes traditionnelles. Les pommes y ont toujours été réputées. Aujourd'hui, très peu de voiles sont entretenues, mais le plateau reste un site très visité dans la journée. Les soirées, en revanche, s'écoulent paisiblement dans les villages du plateau.

En route pour le plateau, on peut traverser un village au charme d'autrefois, **Limnes**, faire un détour par la côte nord, puis regagner **Neapolis**, petite ville provinciale éloignée des mouvements touristiques.

➤ *suite p. 156*

L'architecture byzantine

L'héritage architectural byzantin en Crète est impressionnant. Plus de huit cents églises ou chapelles ornées de fresques et d'icônes, de nombreux monastères témoignent de la richesse du style byzantin. L'église de la Panagia Kera, près de Kritsa, à l'architecture complexe et à l'allure étonnante, en est un exemple particulièrement attachant.

Le rayonnement de Byzance

La Crète, rattachée à l'Empire romain d'Orient dès 395, bénéficie du rayonnement religieux, intellectuel et artistique de sa capitale Byzance. Dans ce creuset culturel entre Asie et Europe, la civilisation gréco-romaine élabore, pour célébrer la révélation chrétienne et répondre aux exigences de la liturgie orthodoxe, des formes architecturales nouvelles, aux décorations intérieures somptueuses.

L'évolution architecturale

À la ligne droite initiale de la basilique (le plus souvent à trois nefs séparées par des piliers), les architectes byzantins substituent, au IXe s., les sanctuaires à plan carré surmontés de coupoles dont les modèles seront aménagés, perfectionnés mais jamais remis en question. Dans le type le plus répandu, la coupole centrale repose sur quatre colonnes ou piliers (comme à Agios Dimitrios et à Rethimnon). Pour les édifices de dimensions plus ambitieuses, la coupole, plus large, repose sur huit colonnes ou piliers par l'intermédiaire de triangles incurvés.

La façade byzantine de la Panagia Kera ne compte que trois étroites fenêtres, les éléments les plus ornés de cette architecture qui affiche une extrême sobriété.

La Panagia Kera a une architecture complexe, avec une coupole centrale et trois nefs, dont la plus ancienne serait du XIIIe s.

Église et liturgie

Représentation de l'univers créé par Dieu, l'église est au service de la conception théologique et de la liturgie orthodoxe. La coupole symbolise le ciel, les murs la terre. L'iconostase – une cloison ornée d'or et d'icônes – sépare la nef, où se tiennent les participants à l'office, du sanctuaire, où le prêtre s'isole pour célébrer l'eucharistie. Au milieu de l'iconostase, des portes et un rideau permettent au prêtre de revenir vers les fidèles pour leur donner la communion.

La Panagia Kera

Composée initialement d'une seule nef se terminant par une abside surmontée d'une coupole, l'église s'est enrichie de deux nefs latérales soutenues par des contreforts.

Restaurées, toutes les fresques du XIVe et du XVe s., de l'aile sud à l'aile nord en passant par la nef, l'abside et la coupole, sont remarquables et semblables à un magnifique catéchisme illustré, racontant la vie de la Vierge, de la Sainte Famille, des apôtres, et des épisodes du Nouveau Testament. Ici, un détail de la fresque du Paradis (partie voûtée de la nef).

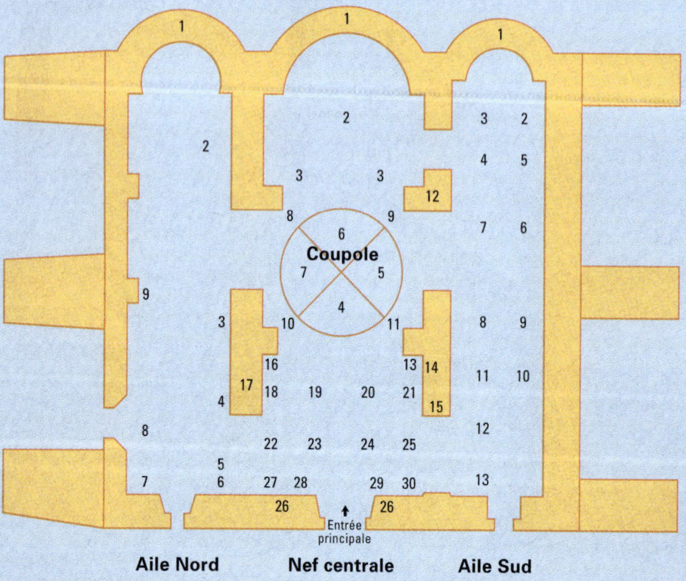

PLAN DE LA PANAGIA KERA

La nef centrale

- **dans l'abside** :

1 La Vierge Marie entre les archanges Gabriel et Michel, au-dessus des Pères de l'Église (partie basse).
2 L'Ascension du Christ (voûte).
3 Le roi Salomon.
3 Le roi David (à l'extrémité ouest de la voûte).

- **sur la coupole** :

4 La Présentation de Jésus au Temple.
5 Le Baptême de Jésus.
6 La Résurrection de Lazare.
7 Entrée de Jésus à Jérusalem.

Autour de ces quatre scènes de la vie de Jésus, les douze prophètes et, aux quatre coins de la coupole, les quatre évangélistes :

8 Saint Matthieu.
9 Saint Marc.
10 Saint Luc.
11 Saint Jean.

- **sur le mur est qui relie la nef à l'aile sud** :

12 La Vierge et Jésus.

- **dans la partie ouest de la nef** :

13 Saint Pierre (sur le pilier sud-ouest qui soutient la voûte).
14 Sainte Anne portant Marie enfant (sur le mur sud).
15 Saint André, le Crétois.
16 Saint François (sur le pilier nord-ouest qui soutient la voûte).
17 Saint Georges (sur le mur nord).

- **dans la partie voûtée de la nef** :

18 La Présentation de Marie au Temple.
19 La Cène.
20 La Naissance du Christ.
21 Le Massacre des saints Innocents.
22 Le festin d'Hérode (en haut, la danse de Salomé et, au-dessous, la tête de saint Jean-Baptiste posée sur un plateau).
23 Restes d'une fresque, le Baiser de Judas, semble-t-il.
24 La Descente aux Enfers.
25 Le Paradis ; sur le fond clair, les patriarches Abraham, Isaac et Jacob portent les âmes sur leurs genoux ; Marie est au milieu ; à gauche, un chérubin ouvre les portes du Paradis ; le Juste tient la Croix.

- **sur le mur ouest, au-dessus de l'entrée** :

26 Les punitions infligées aux pécheurs, sur fond rouge.
27 L'impératrice Hélène, mère de Constantin.
28 L'empereur Constantin.
29 Saint Dimitri.
30 Un archange.

L'aile sud (à dr. en entrant par la nef), longtemps considérée comme la partie la plus ancienne, daterait du XIVe s. Elle est consacrée à sainte Anne.

1 Sainte Anne entourée des Pères de l'Église.
2 La maison de Joachim.
3 Un ange annonce à Joachim pensif, en présence de deux pâtres, que sa femme Anne va concevoir un enfant.
4 Joachim et Anne s'embrassent.
5 La prière d'Anne dans le jardin.
6 La naissance de Marie.
7 La bénédiction de Marie par le grand-prêtre.
8 Marie conduite par Joseph devant le grand-prêtre Zacharie.
9 Joachim et Anne entourent tendrement Marie enfant.
10 L'entrée de Marie au Temple.
11 Joseph apprend en songe la conception virginale de Marie.
12 Le Voyage à Bethléem.
13 Marie « Porte close ».

L'aile nord (à g. en entrant par la nef) fut rajoutée à l'édifice au début du XVe s. Elle est consacrée à saint Antoine.

• **dans le chœur** :

1 Le Christ.

• **dans la partie sud de la voûte** :

2 Les Apôtres avec les anges.
3 La vision originale d'une Jérusalem céleste (le Paradis) où Pierre conduit Ève aux portes de l'Éden, gardées par un chérubin. La Vierge est représentée avec les trois patriarches qui, là encore, tiennent sur leurs genoux les âmes.
4 La parabole des Vierges folles et des Vierges sages.
5 Une scène de l'Apocalypse.
6 La pesée des âmes.
7 Le supplice des damnés.

• **sur le mur nord** :

8 Les bienfaiteurs de l'Église.
9 Des saints et des saintes, dont l'une, détail inhabituel, est en costume folklorique. ■

La Vierge et Jésus, fresque sur le mur est de l'église, reliant la nef à l'aile sud.

Randonnée dans la gorge de Kritsa

➤ *Prendre la route de Lato avant le village de Kritsa, à dr. Départ de la randonnée indiqué à 1,5 km.*

La traversée de la gorge de Kritsa qui relie Kritsa à **Tapes** au N-O, est une belle randonnée à pied d'environ 2 h (aller) sans difficultés particulières. Il faut toutefois être bien chaussé et pouvoir grimper sur des rochers. Le chemin, délimité pendant une partie de la marche par des marques bleues, suit le lit de la rivière ; les parois rocheuses se resserrent jusqu'à laisser un étroit passage de 1,50 m. À la sortie de la gorge, on retrouve les cultures et enfin le village de Tapes et ses kafénions ; il est relié par une route à Agios Nikolaos. Retraverser la gorge demande sans doute moins d'efforts et on peut couper par la Panagia Kera *(p. 150)*, la belle église byzantine avant Kritsa, où passe le bus pour Agios Nikolaos. ❖

Limnes

➤ *À 10 km au N-O d'Agios Nikolaos, par la voie express de Malia qui passe à proximité du village.*

Ce petit village était un musée vivant : pour qu'il ne perde pas son âme avec le départ des jeunes en quête de travail, les vieux avaient choisi de faire revivre les métiers traditionnels. Ils avaient repeint leur pas-de-porte et ouvert leurs échoppes. En parcourant les ruelles, on pouvait faire connaissance avec le bottier et son voisin le tailleur, avec le ferronnier ou le sellier : une dernière image de la Crète d'antan. Les artisans sont cependant de moins en moins nombreux.

De Limnes, regagner la voie express vers Heraklion. Neapolis n'est qu'à quelques kilomètres. Détour possible par la côte nord-ouest du département, à Sisi et Milatos.

L'église de Selinari et Sisi

➤ *À 12 km au N-O de Limnes ; 29 km au N-O d'Agios Nikolaos. Liaisons en bus avec Heraklion. Suivre la voie express qui, avant de s'ouvrir sur la côte nord, traverse une gorge.* ***Hébergement*** *p. 185.*

Sur la g. de la route, dans la paroi rocheuse, la petite **église de Selinari** est un lieu de pèlerinage. Le bus public qui assure la ligne régulière s'y arrête souvent, le temps pour ses passagers d'allumer un cierge à saint Georges, à qui est dédiée l'église. Prendre ensuite à dr. la direction de **Sisi**.

Ce petit village dans les terres avec son port et sa plage en contrebas sort d'une longue quiétude. Promis à un bel avenir touristique, il a vu fleurir le nombre de ses tavernes, pensions et hôtels.

♥ Milatos et sa grotte

➤ *À 6 km à l'E de Sisi.*

Le **port de Milatos**, à 2 km du village situé dans les terres, dispose d'agréables tavernes en bord de mer *(p. 185)*. Elles ont conservé leur caractère crétois, ce qui devient difficile à trouver sur la côte nord.

Mentionné par **Homère** dans *L'Iliade*, Milatos serait l'une des sept villes crétoises qui auraient envoyé leurs soldats combattre contre Troie. Du site antique situé à l'E de la plage de graviers, il ne reste que peu de chose. La **grotte de Milatos**, quant à elle, située à 3 km à l'E du village, est l'occasion d'une agréable promenade à pied.

Du village de Milatos, la direction est indiquée: « Milatos Cave ». La vue sur toute la baie est magnifique. De la route part ensuite un chemin pédestre, bien marqué, qui longe une gorge, en surplomb. Après une marche d'environ 10 mn, on atteint la grotte. Attention de ne pas se cogner ou de glisser; il est conseillé de se munir d'une lampe.

Cette grotte a une haute valeur symbolique pour tous les Crétois: en 1823, alors que la population se rebellait contre l'occupation turque, plusieurs milliers de femmes et d'enfants, protégés par une centaine d'hommes, s'y réfugièrent. Le combat était inégal: certains moururent de faim; d'autres furent massacrés ou acculés à se rendre et à devenir esclaves.

Pour rejoindre Neapolis, rebrousser chemin ou prendre la petite route intérieure sinueuse qui rejoint la voie rapide et offre de jolis paysages montagneux.

Neapolis

➤ *À 15 km au N-O d'Agios Nikolaos; 5 km au N-O de Limnes. Accès en bus d'Agios Nikolaos (1 liaison/j. à 14h) et d'Heraklion (2 liaisons/j. à 8h30 et 15h). Les horaires des bus, souvent modifiés, ne sont donnés qu'à titre indicatif.*

Située dans une plaine fertile réputée pour ses amandiers, Neapolis, ancienne capitale du Lassithi, est une ville importante de la province et son centre intellectuel avec ses écoles et le siège du métropolite. Le *soumada*, boisson locale très désaltérante, est fait d'amandes pressées *(taverne p. 185)*. Un petit **Musée folklorique** se visite sur la place.

De la place, prendre la direction du plateau, au S. À la sortie de la ville, à environ 2 km dans la montée, sur la dr., se trouve ♥ **Moni Kremasta**, qui fut florissant à la fin de la période vénitienne *(ouv. toute l'année, sonner la cloche si fermé)*. La date 1593 apparaît sur le porche d'entrée, et celle de 1622 dans l'église (belles icônes). Bien restauré, il est habité par des moniales. L'accueil est chaleureux (café, loukoums…).

Avec l'altitude, les oliviers se font plus rares; la route devient tortueuse et, comme en très haute montagne, les paysages sont sauvages et dénudés. Passé le col, on plonge sur le **plateau du Lassithi**. Une route périphérique de 22 km en fait le tour. Des chemins carrossables le traversent et dessinent un quadrillage. Quatorze villages vivent encore à un rythme simple et laborieux; ânes et chèvres restent les animaux les plus familiers.

Au carrefour avec la route périphérique, prendre à dr. pour rejoindre Tzermiado.

Tzermiado

➤ *À 35 km au S-O de Neapolis; 44 km à l'O d'Agios Nikolaos (liaisons en bus).* ***Bonnes adresses*** *p. 185.*

Ce village haut en couleur, avec ses maisons adossées à la montagne et ses petits cafés le long de la route, est le plus important en taille parmi ceux du plateau; on peut y faire son marché et s'approvisionner en fruits et légumes frais.

De ces moulins à vent construits à l'époque vénitienne, il ne reste plus que les carcasses qui se profilent sur les crêtes, comme à l'approche du plateau du Lassithi, à la hauteur du col.

➤ **La grotte de Trapezas.** *À 1 km de Tzermiado.* Encore non aménagée, mais accessible à tous, elle porte également le nom de **grotte de Kronio**.

Connue dès l'époque néolithique et utilisée à l'époque minoenne, elle intéressera les spécialistes et les passionnés. Se munir de bonnes chaussures pour ne pas glisser, d'une lampe de poche qui éclaire bien et ne pas se laisser impressionner par les racoleurs que tout tourisme génère.

➤ **Moni Kroustalenia.** *Après Tzermiado, revenir sur ses pas, laisser sur la g. la route d'Agios Nikolaos et contourner le plateau jusqu'à son extrémité S.* Ce monastère, fondé au milieu du XVIe s., fut très actif pendant l'occupation turque pour maintenir la foi orthodoxe. Il ne présente plus aujourd'hui d'intérêt particulier; il reste toutefois habité par un moine.

Agios Georgios

➤ *À 7 km au S de Tzermiado; 51 km à l'O d'Agios Nikolaos. **Hébergement** p. 184.*

Ce petit village rural est surtout intéressant pour ses deux musées.

➤ **Le musée d'Art populaire.** *Indiqué dans le village. Ouv. d'avr. à oct. de 10h à 16h; entrée payante.* Le musée, aménagé dans le cadre d'une vieille maison traditionnelle du XIXe s., présente un intérieur crétois, avec le lit, le métier à tisser, la presse à vin, les ustensiles d'antan, etc. Dans une petite galerie attenante sont exposés des travaux d'aiguille et quelques peintures naïves.

➤ **Le musée Venizelos.** *En haut de la rue du musée précédent, mêmes horaires, entrée libre.* Il est consacré à cet homme politique du début du XXe s., artisan du statut de la Crète *(encadré p. 59)*: photos, articles de journaux, courrier, souvenirs permettent de le découvrir.

Psihro et la grotte de Zeus (Dikteon Andron)

➤ *À 5 km à l'O d'Agios Georgios, 56 km à l'O d'Agios Nikolaos. Ouv. de 10 h 30 à 17 h; entrée payante sf pour les étudiants. Liaisons en bus depuis Agios Nikolaos (1 h 30 de trajet par Neapolis).* ***Bonnes adresses*** *p. 185.*

De Psihro part un sentier pour la **grotte de Zeus**. Haut lieu du tourisme crétois, trop visitée, abîmée par la fumée des bougies, elle est désormais dotée d'un éclairage électrique. Mieux vaut s'y rendre en dehors des heures de grande fréquentation et éviter de se laisser accompagner par des «éclaireurs» trop zélés. Ne donnez d'argent qu'au parking et au guichet d'entrée: de prétendus guides offrent souvent leurs services payants.

Ce fut un lieu de culte à l'époque minoenne et plus tard jusqu'à la période archaïque; on y découvrit de nombreux ex-voto, des statuettes de bronze, des haches doubles et de petits autels pour les sacrifices. Cet antre sacré aurait abrité l'enfance de Zeus *(voir aussi la grotte de l'Ida, p. 201)*. On accède à la grotte en 20 mn environ à pied; mais la montée à dos de mulet fait partie du folklore touristique; le prix se discute avec le guide. Une fois descendu à 50 m de profondeur, on vous montrera de grandes stalactites et peut-être, derrière un lac, dans la roche, ce que les villageois nomment le **manteau de Zeus**. Se munir de bonnes chaussures qui ne glissent pas sur les pierres mouillées, de vêtements qui ne craignent pas la saleté et d'un pull-over.

En contournant le plateau par l'O, on traverse d'agréables villages encore préservés du tourisme de masse. Le **monastère de Vidiani**, désaffecté, mais nouvellement restauré pour accueillir un musée d'Histoire naturelle sur la flore et la faune du Lassithi, offre une belle aire de repos aménagée pour profiter de la perspective. La route croise celle qui vient de Malia. Sur la g., on aperçoit le sommet du col et, sur la crête, les carcasses de moulins à vent, restes de l'époque vénitienne. L'un d'eux fonctionne encore et se visite: le meunier vit du tourisme plus que de sa farine. De là, le regard embrasse l'ensemble du plateau.

Pour revenir sur Agios Nikolaos, réemprunter la même route, mais bifurquer à dr. avant Neapolis; le chemin est indiqué. ■

Ierapetra et ses environs

Ierapetra est reliée à la côte nord par un corridor de 12 km seulement, le plus étroit de toute l'île. Il longe à l'E les imposantes montagnes de Sitia avec le mont Afendis (1 238 m). Et la ville, d'abord si loin du tumulte du Nord et pourtant si proche, profite du développement du tourisme sur toute la côte sud-est. Les plages, les excursions dans les îles et dans l'arrière-pays sont ses atouts.

Ierapetra*

➤ *À 36 km au S d'Agios Nikolaos. Liaisons en bus avec Agios Nikolaos, Sitia par Makrigialos, Heraklion par Malia ou par Mirtos et Ano Vianos.* ***Bonnes adresses*** *p. 186.*

Ierapetra, la plus grande ville de la côte sud et la plus méridionale d'Europe, invite à la nonchalance. Il est vrai qu'on en fait vite le tour et qu'on finit toujours par s'asseoir dans une taverne ou un kafénion du bord de mer à l'ombre des tamaris. De son passé antique il ne reste plus trace ; pourtant, connue à l'époque dorienne sous le nom de **Hierapytna**, elle eut alors une influence conséquente et exerça son pouvoir dans la lutte contre les Étéocrétois. Port important à l'époque des Romains, quand la Crète était rattachée à la Cyrénaïque, elle commerçait avec toute la Méditerranée orientale. Elle perdit ensuite de son importance sous les Vénitiens.

Ierapetra est aujourd'hui un centre touristique ; les promoteurs ont été séduits par sa belle plage de sable.

La vieille ville

La vieille ville conserve quelques empreintes de son histoire : la forteresse vénitienne, appelée Kales,

Ierapetra, la plus méridionale des villes crétoises, connaît un bel essor touristique. Il fait bon y siroter un verre sous les tamaris.

IERAPETRA

une belle fontaine turque, un minaret et une mosquée **A3** bien restaurée dans le quartier au N de la forteresse et du port.

➤ **LA FORTERESSE VÉNITIENNE B3-4.** *Visite de 8h30 à 15h.* L'histoire de ce fort, construit en 1212, est racontée en français. Après avoir connu la splendeur vénitienne, il tombe en 1647 aux mains des Turcs, qui le renforcent. Un tremblement de terre l'endommage au XVIIIe s. Il restera ensuite inutilisé. Dans le vieux quartier, derrière la forteresse **B3**, la maison où **Napoléon** aurait passé la nuit du 26 juin 1798 lors de la campagne d'Égypte reste une curiosité, surtout pour un Français; mais elle ne se visite pas.

➤ **Le Musée archéologique***. *Rue Adrianou Koustoula* **A2**, *qui part de la place centrale. Ouv. t.l.j. sf lun. et j.f. de 8h30 à 15h; entrée payante. Revenir de la vieille ville vers le centre par les petites ruelles ou en longeant la mer par la promenade.* Cette ancienne école turque abrite quelques antiquités, dont un très beau **sarcophage minoen** et une précieuse statue en pied de Déméter drapée, déesse de la fertilité, datant du IIe s. de notre ère. Elle fut trouvée ces dernières années dans un champ par un paysan qui a défrayé la chronique en essayant sans succès de la vendre à des particuliers. Noter les serpents dans ses cheveux; et les deux côtés de son visage, qui n'ont pas le même modelage.

♥ L'île de Krisi

➤ *Des bateaux d'excursion partent chaque jour du port de Ierapetra (départ à 10 h, retour vers 16 h. Durée de la croisière: 1 h).*

L'île de Krisi, appelée aussi **Gaidouronisi**, l'« île aux Ânes », est à découvrir au départ de Ierapetra. Cette petite île inhabitée de 5 km sur 1,5 km est entourée de fonds marins d'une grande clarté et offre encore de superbes plages désertes de sable fin et une plage de coquillages roses, appelée **Golden Beach**, située au N de l'île. De vieux cèdres d'une espèce rare, aux formes tourmentées par le vent, assurent de l'ombre.

Une petite église, à l'O, **Agios Nikolaos**, peut être l'occasion de faire une promenade à pied. Attention, il n'y a là que deux tavernes, l'une à l'embarcadère, l'autre sur la plage Golden Beach, en marchant vers l'E.

Excursions à l'ouest de Ierapetra

La plaine côtière, avec ses cultures maraîchères et ses serres, a peu d'attrait. La piste qui longe la côte sud à partir de Mirtos, l'arrière-pays et Males, avec ses églises byzantines, d'où partent pistes et chemins que les randonneurs affectionnent, ont plus de charme.

Mirtos

➤ *À 15 km à l'O de Ierapetra.*

Mirtos est un petit village avec des tavernes en bord de mer *(chambres à louer)*. De là part une piste, praticable avec un véhicule approprié, qui longe la côte festonnée de belles plages de galets et de sable gris ou de roches érodées. Le climat y est toujours chaud et les bananiers y poussent, sous serre ou non, en grande quantité. Continuer jusqu'à **Psari Forada**, village très isolé, pour profiter de sa belle plage et d'une petite taverne. La piste continue vers Arvi, dans le département d'Heraklion *(p. 127)*.

Males

➤ *À 30 km au N-O de Ierapetra par la route de Kalogeri.*

Gros village blotti au flanc de la montagne, Males compte plusieurs églises byzantines intéressantes.

➤ **La Panagia Mesohoritisa**, en haut du village, est une église à une nef et deux travées; ses fresques (XIVe et XVe s.) sont très abîmées par des coups de piques turques, selon les dires de la population. Noter la couleur pourpre, les tons foncés, l'expression dramatique des visages.

➤ **L'église Agios Nikolaos**, au milieu du village, est intéressante par son architecture, mais elle n'est pas décorée.

➤ **Agios Giorgos****. *À la sortie de Males, 1re route à g. vers Mithi ; à dr., à 600 m, petit chemin bétonné. L'église est à 300 m, au milieu des oliviers.* Très belle église en cours de restauration, à l'architecture harmonieuse. Entourée des ruines d'un village, cette église à une nef et à trois travées est un modèle d'architecture byzantino-vénitienne. Les fresques, bien conservées, datent du XIVe s.

La route continue jusqu'à **Mithi**. De Males, les randonneurs peuvent partir à pied et gravir l'un des trois sommets, le **Lazaros** (2 085 m), le **Dicté** (2 148 m) ou l'**Afendis** (2 141 m).

La côte à l'est de Ierapetra

La route, entre mer et arrière-pays aride, est large et asphaltée. Les paysages présentent peu d'intérêt, mais la côte est festonnée de criques agréables avec des plages. Le développement touristique, qui s'est fait rapidement et sans plan d'occupation des sols, manque d'harmonie. De **Koutsounari**, à 7 km de Ierapetra, un détour dans la montagne jusqu'au village d'**Agios Ioanis**, sur une petite route panoramique d'une dizaine de kilomètres, permet de retrouver une Crète plus authentique *(hébergement à Ferma et Koutsounari* *p. 186 et 187**; tavernes à Koutsouras* *p. 187**)*.

Sur la route côtière, profitez de la plage à **Agia Fotia**, dans une petite baie, ou à **Ahlia**, après Agia Fotia : à la pancarte « Frihahn » (Frinani), un petit chemin descend à la mer : à l'écart des hôtels, une jolie plage se niche dans une crique abritée, où se trouvent des douches et une bonne taverne.

Makrigialos

➤ *À 21 km à l'E de Ierapetra.* **Hébergement** *p. 187.*

À Makrigialos fut mise au jour une **villa minoenne** de 1450 av. J.-C. *(indiquée à l'entrée O du village)* qui fut détruite par le feu. La région a donc été habitée par les Minoens. La cause du sinistre reste à ce jour encore inexpliquée.

C'est aujourd'hui un centre touristique en expansion. Du port part *(t.l.j. à 10 h)* un bateau d'excursion pour l'île de Koufonisi (5 km²), où les plages de sable sont magnifiques et les eaux d'une grande clarté.

➤ **L'île de Koufonisi***. *Aucune taverne. Repas et boissons sont proposés sur le bateau.* Cette petite île fut autrefois rattachée à la Crète et le site était célèbre dans l'Antiquité pour l'**industrie du pourpre**, couleur obtenue à partir de coquillages et exportée dans tout le Bassin méditerranéen. De l'époque romaine, il reste un grand **théâtre** de mille places et des thermes.

➤ **Analipsi**. *À 3 km à l'E de Makrigialos.* C'est le dernier village de la côte sud sur la route principale, qui monte ensuite à Sitia. À la sortie E du village, une petite route descend à la belle plage de **Diakari** *(maison et chambres à louer)*, protégée par les services archéologiques en raison des fouilles.

La route remonte vers Lithines. Après quelques kilomètres dans les terres, emprunter la route qui part à dr., vers l'E : une pancarte indique la direction de Moni Kapsa. Depuis la taverne **Spilia tou Drakou** *(Cave of Dragon)*, le paysage au-dessus de la baie est exceptionnel ; cuisine crétoise variée et de qualité ; certaines soirées sont animées par le son de la *lyra*.

Moni Kapsa**

➤ *À 9 km à l'E de Makrigialos; 6 km à l'E d'Analipsi. Suivre la côte rocheuse en traversant ses petites criques isolées. Se garer en bas de la route d'accès. Ouv. de 8h à 12h30 et de 15h30 à 19h; entrée libre.*

Ce monastère aux allures de forteresse est encastré dans la falaise. Il a été fondé au XVe s. et n'est plus habité que par deux moines. L'église, dont la paroi N est construite dans la falaise, a un porche élégant surélevé d'un arc sculpté de l'époque vénitienne. Elle contient une belle **iconostase** et des icônes du XVe s. Le pavement devant l'entrée est une mosaïque de petits galets, lesquels recouvrent également l'intérieur de l'église; une composition originale (sol, rosace…).

Moni Kapsa est connu pour l'ermite qui y vécut au XIXe s. et qui reste aujourd'hui encore très vénéré. Pour accéder à la grotte toute proche où il méditait, prendre l'escalier à g. de l'église, dos à la mer. On quitte l'aire du monastère et on longe une **gorge** impressionnante (soyez très prudent malgré le grillage). Cette gorge commence au N, près du village de Perivolakia, et se descend en 5h environ.

De Moni Kapsa, la route continue sur **Goudouras** et remonte sur **Ziros** *(p. 170)*. ■

Sitia et l'est de l'île**

À la porte de l'Orient, Sitia et sa région se teintent d'une luminosité qui contraste avec l'Ouest crétois. Écrasée de soleil, la nature y est brûlée, mais elle recèle des richesses insoupçonnées de fleurs et de senteurs. Avec ses petites criques et ses plages, ses vestiges antiques et ses trésors byzantins ou vénitiens, l'est de l'île ne cesse de surprendre.

Sitia**

➤ *À 73 km à l'E d'Agios Nikolaos; 138 km à l'E d'Heraklion. Liaisons en bus depuis Agios Nikolaos (avec prolongement vers Vaï ou Kato Zakros), avec Ierapetra par Makrigialos et avec Heraklion (voir p. 190).* ***Bonnes adresses** p. 188.*

Sitia, avec ses maisons blanches s'étageant de la colline à la mer et son arrière-pays sec, rappelle le Moyen-Orient. De son passé, certainement riche à l'époque minoenne, il ne reste que la forteresse vénitienne, qui fut endommagée puis restaurée à plusieurs reprises entre les XIIIe et XVIe s. La douceur de son climat, les quais ombragés, les cafés et les tavernes le long du port, une plage de sable gris et de cailloux en font un agréable lieu de villégiature.

La forteresse Kazarma

➤ **B1** *Visite de 8h30 à 15h sf lun.; entrée libre.*

La *Casa di Arma* (d'où le nom Kazarma) fut occupée par les Vénitiens, comme son nom l'in-

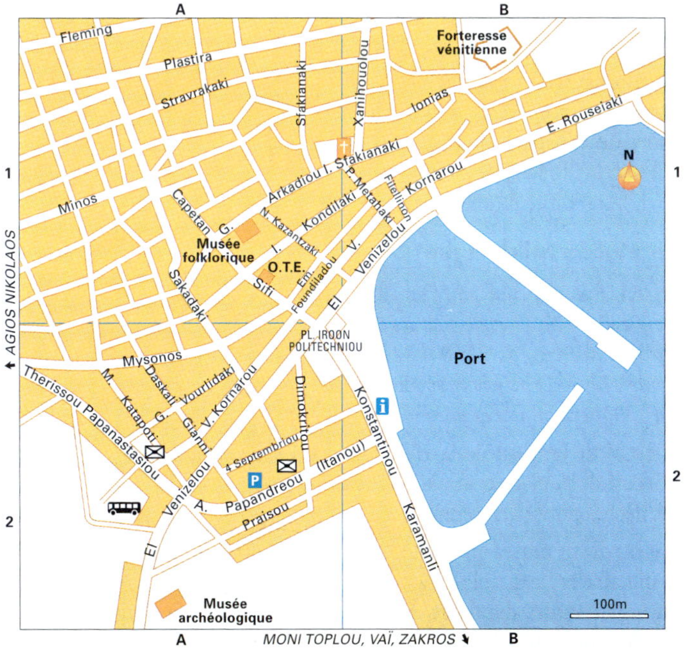

SITIA

Les époques gréco-romaine, byzantine et vénitienne virent l'épanouissement de Sitia, cité florissante dotée d'un port prospère. Malgré sa double enceinte surmontée d'une forteresse dont seules les ruines subsistent, elle subit les assauts ottomans et ne fut reconstruite qu'au XIXe s.

dique, et utilisée comme citadelle, caserne ou bâtiment administratif. Elle fut détruite en 1651 pour ne pas tomber aux mains des Turcs. Bien restaurée, elle domine le port et sa puissance intéressera les amateurs de constructions militaires. Elle accueille l'été de nombreuses manifestations culturelles.

Le Musée folklorique*

➤ **A1** *Rue Capetan Sifi. Ouv. lun. de 9h30 à 13h30 et de 17h à 20h; du mar. au ven. de 9h30 à 14h30 et de 17h à 21h; sam. de 9h30 à 14h30; petit droit d'entrée.*

Il est situé en haut de la ville. En partant de la place centrale, suivre les flèches pour y parvenir.

Ce modeste musée présente l'art populaire crétois: métier à tisser, lit à baldaquin, dentelles, étoffes brodées ou tissées main, une jolie vitrine sur les traditions de Sitia.

Le Musée archéologique*

➤ **A2** *Rue Venizelou. À la sortie S de la ville, à g. Ouv. t.l.j. sf lun. de 8h à 15h; entrée payante sf dim.*

C'est un petit musée bien conçu, où les nombreuses pièces exposées sont mises en valeur et expliquées en français. Les objets proviennent des fouilles réalisées dans toute la région et permettent d'apprécier l'évolution de la Crète orientale du néolithique à la période romaine. Une carte des sites, bien faite, indique le lieu des fouilles: Sitia, Agia Fotia, Mohlos, Psira, Palekastro, Pressos, Itanos, Koufonisi et Zakros constituent l'essentiel.

Dès l'entrée, face à la caisse, est exposée une **statuette***** remarquable, représentant un homme, sans doute une divinité, trouvée lors de fouilles à Roussolakos près de Palekastro. Elle date d'environ 1450 av. J.-C. Elle est taillée dans de l'ivoire d'hippopotame, la tête est en serpentine, les yeux en cristal de roche. Une pièce tout à fait exceptionnelle de l'époque minoenne.

À l'ouest de Sitia

La route de Sitia à Agios Nikolaos, très agréable, chemine dans les collines souvent couvertes de vignes. De petites routes encore peu fréquentées descendent à la mer.

Hamezi

➤ *À 11 km au S-O de Sitia.*

Ce village abrite un petit **musée** *(Cretan Home Museum ; la clé se trouve au kafénion le plus proche)*, une maison crétoise de trois pièces aménagée comme au XIXe s. On y apprend comment se distille le raki.

Traverser ensuite la région de **Mouliana**, connue pour son raisin et son vin rouge. Une piste descend de **Mirsini** à **Mohlos**. Mieux vaut prendre la route asphaltée qui part de **Sfaka**.

♥ Mohlos et ses environs

➤ *À 7 km au N de Sfaka ; 35 km à l'O de Sitia ; 50 km à l'E d'Agios Nikolaos.* ***Bonnes adresses*** *p. 187.*

Le nom de ce petit port se prononce « Morlos ». C'est un coin idéal pour les contemplatifs : dans ce village de pêcheurs, il fait bon flâner à la terrasse des kafénions. C'est aussi un point de rencontre pour les randonneurs. Un guide botaniste de langue française organise de très belles marches *(p. 188)*.

L'îlot qui lui fait face, aujourd'hui dénudé, et autrefois sans doute rattaché à la terre ferme, était habité à l'époque minoenne. Les fouilles se poursuivent aujourd'hui : des vestiges d'un grand

Le petit port de Mohlos, où on pratique la pêche à l'oursin, fait face à un îlot abritant des ruines minoennes.

intérêt archéologique, notamment des vases, y furent mis au jour. Un pêcheur pourra vous y conduire.

Rejoindre la route principale en empruntant la route à la sortie O du village. On longe d'impressionnantes carrières de gypse, composant indispensable à la confection du ciment.

De Kavousi *(9 km au S-O de Mohlos)*, une route descend à la mer et à la plage de **Tholos**, encore peu fréquentée. La **vue**** sur cette petite baie est magnifique.

Au lieu-dit **Platanos** *(à l'O de Sfaka sur la route principale d'Agios Nikolaos)*, le regard plonge sur toute la baie de Mirabello et sur l'île de Psira ; c'est l'un des très beaux **points de vue** de ce bord de mer. La route suit ensuite la baie de Mirabello.

Quelques pas dans la vie minoenne

La mosaïque aux dauphins ornant le mégaron de la reine (1600 av. J.-C., appartements royaux du palais de Knossos).

Les fresques minoennes qui ornent les parois intérieures du palais de Knossos furent exécutées selon la technique de la détrempe sur un enduit de stuc humide. Ces trois femmes de profil sont d'une facture classique quoique stylisée, comme en témoigne la minutie des bijoux et des boucles, contrastan avec la simplicité des traits

La société minoenne n'a pas laissé de traces de conflits. Elle a révélé en revanche une culture qui connut son âge d'or il y a près de trois millénaires et émerveille par son éclat, sa créativité, son harmonie et ses mystères.

La culture minoenne connaît son âge d'or vers 1600 av. J.-C. Elle s'éclaire à la lueur des objets exposés au Musée archéologique d'Heraklion *(p. 87)*. Peu d'armes, les Minoens, à l'évidence, n'étant pas des guerriers, mais des bijoux, des objets cultuels aux orfèvreries savantes et des objets quotidiens d'un grand raffinement.

Une orfèvrerie joyeuse et savante

Les pierres précieuses et semi-précieuses sont travaillées d'une main habile qui maîtrise parfaitement les matériaux utilisés et des techniques d'orfèvrerie très sophistiquées, comme la granulation de l'or. Les bijoux comme les sceaux révèlent un souci du détail, une aspiration à la perfection et une sensibilité où s'exprime la joie. Les vases sont peints, les céramiques s'animent de motifs floraux ou marins qui traduisent la créativité des artistes et leur souci de traduire la nature en mouvement.

Des femmes déesses et séductrices

La femme minoenne cultive une beauté subtile, avec une grande recherche dans l'apparence. Elle affiche un goût délicat : bijoux, miroirs, accessoires de toilette, pinces à épiler, épingles à cheveux en or, brûle-parfum. Son vêtement met en valeur sa silhouette : poitrine découverte, taille serrée et jupes à volants. Elle incarne pourtant la divinité suprême, la déesse-mère, déesse de la fécondité. Les deux déesses aux serpents, statuettes trouvées à Knossos et conservées au Musée archéologique d'Heraklion, en sont des incarnations.

Déesse aux serpent (environ 1600 av. J.-C découverte à Knossos en 1903.

Le premier palais de Knossos, édifié vers 1900 av. J.-C., fut reconstruit vers 1700 av. J.-C. suite à un tremblement de terre. Il profita alors de somptueux remaniements dictés par la prospérité crétoise. Une nouvelle catastrophe survenue entre 1500 et 1450 av. J.-C. sonna le glas de son âge d'or. Le palais tel qu'on peut le voir doit beaucoup aux travaux de restauration menés par l'archéologue Sir Arthur Evans.

Une architecture claire et harmonieuse

Le niveau de vie est étonnant par rapport aux autres cultures de la même époque. Dans les villes aux rues pavées, les maisons respectent des normes. Palais, grands et petits, villas sont construits selon des plans très élaborés; bâtiments à étages où les ailes s'intègrent dans l'ensemble; cour centrale, puits de lumière. Les matériaux précieux sont choisis avec une extrême recherche, comme à Festos par exemple *(p. 118)*. Les couleurs s'harmonisent, les peintures murales décorent les palais avec des formes ni rigides ni statiques. Jardins, plantes, oiseaux et autres animaux perpétuent un monde en mouvement où s'exprime une grande liberté.

Le taureau, animal mythique

La religion, qui joue un rôle prépondérant dans la vie minoenne, est aussi énigmatique que la politique. Beaucoup d'objets à usage cultuel ont révélé certains rites pratiqués dans les sanctuaires de sommets ou les palais. Les doubles haches et les cornes de taureau cultuelles, deux signes symboliques dont le sens nous échappe, sont représentées partout sur les pierres, les murs, les vases. Fréquentes aussi sont les scènes spectaculaires de tauromachie dont le caractère tient sans doute plus du rite que du jeu sportif. L'expression « prendre le taureau par les cornes » vient de là. Mais elle a, en chemin, perdu son sens magique.

Au sud de Sitia

Sitia n'est qu'à 30 km de la côte sud et une très bonne route relie la ville à la mer de Libye. S'enfoncer dans l'arrière-pays de Sitia par des petites routes détournées réserve de très agréables surprises : la région a, en effet, un passé d'une grande richesse. Dans ces paysages pierreux, parfois arides, plantes et fleurs sauvages sont un plaisir pour l'odorat comme pour l'œil. C'est dans les villages de cette région que l'on rencontre les Crétois des montagnes.

Kato Episkopi

➤ *À 3 km au S de Sitia. Quitter Sitia par la route de Ierapetra, au S, et emprunter à g. la petite route en direction de Karidi. Le village est à g.*

À la sortie du village, à dr., au milieu du cimetière, se dresse la petite église byzantine **Agios Apostolos**** (XIe s.), une des plus originales de Crète par son architecture. En forme de croix, elle est composée d'une nef à trois travées et est surmontée d'une coupole à tambour ; la coupole ne repose pas sur des pendentifs, mais est soutenue par des trompes.

Pressos

➤ *À 13 km au S de Kato Episkopi ; 16 km au S de Sitia. De Kato Episkopi, revenir sur la route principale et continuer vers le S jusqu'à Epano Episkopi (4 km). À g., la petite route asphaltée en direction de Ziros qui s'élève rapidement en corniche, offrant de belles vues sur la baie de Sitia, rejoint Nea Pressos.*

Du village de **Nea Pressos** part à g. un mauvais chemin, toutefois carrossable *(pancarte bleue, 1,5 km)*, qui conduit aux ruines de l'antique Pressos, fondée au moment de l'invasion dorienne (XIIe s. av. J.-C.) et qui occupait trois collines. Sur l'une d'elles, au milieu du thym et de la sauge, on devine l'emplacement de l'**acropole** et on repère les énormes blocs de pierre qui formaient le mur d'enceinte de la forteresse. C'est là que les Étéocrétois, ces Crétois qui s'opposèrent aux envahisseurs, se réfugièrent. Son apogée dura jusqu'à la période hellénistique. Elle fut détruite par sa rivale Hierapytna, l'actuelle Ierapetra.

Handras

➤ *À 7 km au S de Pressos ; 27 km au S de Sitia.*

Handras est situé sur un plateau fertile où tournent encore les éoliennes, rappelant le plateau du Lassithi. Indiqué dans Handras, un village médiéval abandonné, **Voila**, est dominé par les ruines d'une forteresse vénitienne *(accès par une piste en partie goudronnée)* dont les habitants se convertirent à l'islam pendant l'occupation turque. De deux très belles fontaines coule de l'eau de source.

Ziros

➤ *À 4 km à l'E de Handras ; 31 km au S-E de Sitia.*

Ce village, à l'extrémité du haut plateau, a une petite église byzantine à deux nefs, **Agia Paraskevi** (1435). Au-dessus de la porte, une fresque représente la Vierge ; à dr., saint Irénée. L'ensemble se trouve dans une zone militaire importante.

De Ziros part vers le S une route qui descend à **Goudouras** *(15 km)* et **Moni Kapsa** *(p. 164)*. Une autre route permet de gagner **Xerokampos** puis **Kato Zakros** *(p. 178)* ; elle est très longue, peu rapide, mais belle.

Etia

➤ *À 3 km à l'O de Handras.*

Revenir sur ses pas pour gagner Armeni, avec ses jardins et ses vergers, en passant par Etia.

Ce petit village abandonné a connu ses heures de splendeur à l'époque vénitienne. Les ruines d'une imposante demeure patricienne témoignent de la beauté des constructions de cette époque. Noter les armes au-dessus de l'entrée. Jolie petite église restaurée, à deux nefs.

Lithines

➤ *À 5 km au S-O d'Etia; 21 km au S-O de Sitia. D'Etia, rejoindre la grande route de Sitia vers le S.*

Dans ce gros bourg aux ruelles agréables, deux églises présentent un intérêt: **Agios Athanasios**, de l'époque vénitienne (XVe-XVIe s.), et la **Panagia**, moderne (XIXe s.) au milieu de sa place, qui contient des icônes de valeur.

♥ Andromili

➤ *À 5 km à l'O de Lithines. Quitter Lithines par la piste de Pefki. À la fourche, garder la dr. et descendre au fond de la vallée. Prendre après le passage du ruisseau le 1er chemin à dr.; il est très mauvais, mieux vaut l'emprunter à pied (400 m).*

Ce village abandonné, dans un site bucolique, cache une délicieuse église aux fresques bien conservées, signées et datées de 1415. L'église **Agii Apostoli** donne sur une place ombragée de caroubiers et de pins.

La piste, pour véhicules tout-terrain *(certains passages sont très mauvais)*, continue avec de superbes paysages de haute montagne. On n'y trouve plus d'ombre, plus d'eau, plus d'essence avant **Pefki** *(9 km)*. La piste continue au flanc de la montagne jusqu'à **Agios Stefanos** *(6 km)* et regagne la côte à **Makrigialos** *(7 km, p. 163)*, dans une très belle **descente sur la mer***. De Lithines ou de Makrigialos, on remonte facilement par la grande route jusqu'à Sitia.

À l'est de Sitia

La route à l'E de Sitia est bonne et asphaltée. Elle longe la baie de Sitia et mène au monastère de Toplou, à la plage mythique de Vaï et aux ruines minoennes de Zakros.

La baie de Sitia*

Petras, hameau à l'habitat traditionnel, est à 1,5 km à l'E de Sitia; au-dessus du village, des fouilles ont mis au jour un bâtiment de l'époque postminoenne et une ville de l'époque minoenne, détruite par un séisme à la fin de cette époque; vases, fresques, belles pierres de grands bâtiments témoignent du niveau de cette civilisation dans cette partie de l'île (voir Musée archéologique de Sitia, *p. 166*).

À **Tripitos** *(3 km au S-E de Petras)* a été dégagée une cité hellénistique.

Roussa Ekklisia

➤ *À 9 km au S-E de Sitia. Quitter la route principale.* ***Taverne*** *p. 188.*

À mesure que la route monte, une vue magnifique s'ouvre sur la baie de Sitia. Au centre du village, à l'ombre d'un platane, coule de l'eau de source d'une très belle fontaine sculptée de 1877. La route mène à un haut plateau aux étonnantes formations rocheuses, curiosité pour les amateurs de géologie.

Agia Fotia

➤ *À 7 km à l'E de Sitia.*

Près du village, en bord de mer, l'archéologue C. Davaras découvrit en 1971 la plus grande nécropole mise au jour en Crète et une des plus importantes de Grèce ; elle contenait plus de 250 tombes datées de 3000-2500 av. J.-C. Les musées de Sitia *(p. 166)* et d'Agios Nikolaos *(p. 145)* regroupent un grand nombre d'objets trouvés dans les sépultures : un riche mobilier funéraire et des offrandes, des vases du style de Pirgos ou à décor incisé.

Moni Toplou***

➤ *À 21 km à l'E de Sitia. Visite de 8h à 18h; entrée payante.*

En suivant la côte, on parvient à Moni Toplou. Ce vieux monastère du XIIIe s. à l'allure de forteresse, perdu dans la lande, souvent endommagé, puis reconstruit, mena une lutte farouche contre les Turcs et fut un centre de résistance au cours de la Seconde Guerre mondiale. Trois moines l'habitent aujourd'hui ; des familles s'y sont aussi installées et animent un kafénion-taverne et une boutique de reproductions d'icônes. Derrière ses grands murs austères se cachent des bâtiments élégants aux formes souvent vénitiennes. Murs de pierre, grosses portes de bois, pièces voûtées, poutres aux plafonds et belles cheminées y réapparaissent grâce à un remarquable travail de restauration. À l'entrée, une sculpture d'un artiste d'Heraklion, **Manolis Tzopanikis**, représentant la rencontre de quatre personnes, symbolise la réconciliation.

La dernière cour intérieure de Moni Toplou comporte un sol couvert d'une mosaïque de petits galets gris et blancs.

Une petite église à deux nefs est intégrée dans l'ensemble, dominée par un clocher octogonal à coupole ; sur son mur extérieur, à g. de la porte d'entrée, une inscription du IIe s. av. J.-C., imprimée dans la pierre, constitue une pièce de valeur : c'est le texte d'un contrat entre les villes antiques d'Itanos et de Hierapytna (Ierapetra).

➤ **L'ÉGLISE.** Elle compte quelques belles **icônes** anciennes, parmi lesquelles un chef-d'œuvre de l'art crétois, une **peinture de Ioanis Kornaros*****, peinte en 1770 et composée de nombreuses scènes miniaturisées de l'histoire biblique depuis la création du monde. Autour des quatre scènes principales s'articulent vingt-sept scènes secondaires, toutes numérotées. Elle est aussi ornée, sur la voûte, de **fresques** de *La Nativité* et de *La Cène*.

➤ **LE MUSÉE DES ICÔNES.** *Accès par l'église ou à l'entrée à dr.* Il présente de remarquables icônes anciennes (XVIIe-XIXe s.) et des vêtements sacerdotaux.

Du sommet du belvédère accessible depuis le parking, la vue sur la pointe nord-est de la Crète et sur la plage de Vaï est imprenable. Les aménagements touristiques fournis n'ont pas porté atteinte à la dense palmeraie formée d'une espèce de palmiers dattiers, Phoenix theophrasti.

➤ **UNE COLLECTION DE LITHOGRAPHIES ET DE GRAVURES ANCIENNES** (XVIIe-XIXe s.). Cette belle collection est exposée, ainsi que des livres, dans les pièces du rez-de-chaussée au coin N-E de la cour. Elle retrace l'histoire du monastère et les armes utilisées pour bouter l'ennemi hors de Crète.

➤ **ÉOLIENNES.** La colline qui domine le site a été choisie pour l'implantation de grandes **éoliennes**** de 30 m de haut à trois hélices. Leurs têtes pèsent 37 tonnes. Ce projet, financé par l'Union européenne, permet de fournir à la Crète une énergie «propre» grâce à un vent souvent de force 8. On peut s'approcher de ces étonnantes réalisations en empruntant le chemin en face de Toplou.

Vaï**

➤ *À 8 km au N-E de Moni Toplou; 29 km à l'E de Sitia. Liaisons en bus avec Sitia (6 départs/j., 1 h de trajet).* ***Bonnes adresses*** *p. 190.*

La route continue sur Vaï et Itanos, accessibles aussi de Palekastro. Vaï, un hameau proche d'une plage de sable fin *(2 km)*, résonnait dans l'esprit des pionniers du tourisme comme une des merveilles de Crète. Ce site exotique, dans l'une des rares palmeraies de Crète, a attiré romantiques et hippies; il est maintenant interdit d'y camper et Vaï a retrouvé en partie son charme d'antan. L'Union européenne lui a décerné, comme à Sitia, le drapeau des plages les plus propres d'Europe. Prenez le temps de lire le *Règlement du fonctionnement de la forêt de Vaï (à la municipalité de Palekastro)*, établi par la Direction des forêts du Lassithi, qui protège cette espèce rare de **palmiers sauvages**, *Phoenix theophrasti.*

Un conseil: venir tôt le matin ou après le départ des cars d'excursions en fin d'après-midi. Une autre plage plus au S, moins fréquentée, est accessible à pied par un chemin qui enjambe la colline.

♥ Itanos

➤ *À 2 km au N de Vaï; 31 km au N-E de Sitia.*

Ce très beau site sauvage au bord de la mer a un riche passé qui remonte à la fin de l'époque minoenne, connaît son apogée pendant la période hellénistique et voit son essor se poursuivre jusqu'à la première époque byzantine, pendant laquelle furent construites de grandes et belles églises. Il n'en reste plus que les ruines d'une acropole, la base d'une statue romaine et les morceaux d'une église paléochrétienne. La côte s'orne de trois plages, plus ou moins fréquentées et plus ou moins propres selon la délicatesse de ceux qui vous ont précédé.

Palekastro

➤ *À 8 km au S de Vaï; 19 km à l'E de Sitia. Liaisons en bus avec Sitia (4 liaisons/j.), Vaï, Kato Zakros, Ierapetra par Makrigialos, Heraklion.* ***Bonnes adresses*** *p. 188.*

Cette bourgade, très animée l'été et appréciée des amateurs de planche à voile, est située à l'intérieur des terres et entourée de plantations d'oliviers. On aime à s'y retrouver le soir, sur la place de l'église ou dans l'une des nombreuses tavernes. Elle profite de la proximité de plages superbes, de baies protégées aux eaux claires et de sites encore sauvages qui sont accessibles du village par des pistes.

En arrière de la plage de sable et de petits galets de **Chiona**, à 2 km, des fouilles ont permis de mettre au jour une ville minoenne au lieu-dit **Roussolakos** *(1 km au S de Palekastro)*, intéressante par son plan d'urbanisme et qui a aussi livré de précieux objets, à voir au Musée archéologique de Sitia *(p. 166)*. Le site est entouré d'un grillage, mais la porte est souvent ouverte. La **plage de Kouremenos** est au N de celle de Chiona, et accessible par la route de Vaï; elle borde une jolie baie protégée, un plan d'eau très apprécié des véliplanchistes. Au N de la plage, un petit port a été aménagé.

De Palekastro à Zakros

De Palekastro, une route tortueuse descend vers le S et traverse des paysages désertiques, sans verdure, d'un caractère insolite.

Les bons marcheurs, bien chaussés et tentés par les plages isolées, s'arrêteront à **Hohlakies** *(7 km au S de Palekastro)*. De là part un chemin qui traverse une gorge et descend jusqu'à la plage de **Karoumes**, accessible seulement à pied, en une bonne heure de marche, de ce village *(également de Palekastro en suivant la mer)*. Suivre le lit de la rivière; parfois, de gros blocs de pierre à franchir. Penser à emporter de l'eau et des vivres.

Zakros et ses environs

➤ *Liaisons en bus avec Sitia.* ***Bonnes adresses*** *p. 190.*

Zakros a deux villages, Ano (le Haut) et Kato (le Bas).

Ano Zakros (Zakros-le-Haut)

➤ *À 17 km au S de Palekastro.*

Dans ce village très verdoyant sur les hauteurs vit toute l'année une petite population autour de son église, sa place ombragée, ses tavernes et ses boutiques de première nécessité. Les sources y sont abondantes. C'est un bon point de départ pour randonner vers la mer ou vers l'arrière-pays: le chemin européen de grande randonnée E4 y passe. Un hôtel offre de bonnes conditions d'hébergement.

♥ Randonnée dans la vallée des Morts*

➤ *Départ d'un chemin à 3 km d'Ano Zakros, sur la route de Kato Zakros, au parking à g. (un autre chemin plus long part d'Ano Zakros). Arrivée à Kato Zakros.*

Le chemin suit en fait une gorge qui doit son nom aux tombeaux de l'époque préminoenne creusés dans les parois rocheuses. La descente de la gorge est l'occasion d'une belle randonnée de 1 h à 1 h 30 de marche, une traversée qui mérite l'effort. Elle est très agréable au printemps, quand les lauriers sauvages sont en fleur, et à l'automne ; plus difficile en juillet et en août, en raison des fortes chaleurs : il n'y a pas toujours d'ombre. Prévoir de partir à la fraîche. L'itinéraire, qui fait partie du sentier européen E4, est fléché avec des aires de repos aménagées et des points d'eau. Il faut être bien chaussé : le lit de la rivière avec ses rochers n'est pas toujours facile à parcourir. ❖

D'Ano Zakros, une belle route descend vers la mer, laissant sur la g. une gorge impressionnante, la ♥ **vallée des Morts*** *(encadré)*.

La route en corniche surplombe la mer avant d'arriver à Kato Zakros.

KATO ZAKROS** (ZAKROS-LE-BAS)

➤ *À 8 km au S-E d'Ano Zakros. Ouv. de 9h à 19h (15h à partir du 1er oct.) ; entrée payante.*

Petite oasis dans une baie tournée vers le levant, avec des bananiers, une plage, des tavernes sympathiques, Kato Zakros *(chambres à louer ; tavernes en bord de mer)* est surtout connu pour ses ruines.

➤ **LES VESTIGES DE KATO ZAKROS.** À l'O du village, dans les terres, des fouilles dirigées par l'archéologue grec Nikolaos Platon permirent de découvrir des vestiges d'un très grand intérêt : il s'agit en effet du quatrième grand palais minoen.

Zakros présente de fortes analogies avec les trois autres palais minoens découverts en Crète. On a retrouvé les traces d'un **premier palais** édifié vers 2000 av. J.-C. selon un plan semblable à ceux des premiers palais de Knossos, Malia et Festos *(p. 98, 114 et 120)*, et anéanti à la fin du XVIIe s. av. J.-C.

Un **second palais** fut aussitôt rebâti sur cet emplacement et selon les caractéristiques des autres palais, mais avec une superficie moindre : une cour O, une cour centrale rectangulaire autour de laquelle s'ordonnaient les appartements royaux (aile E), les pièces d'apparat ou à usage cultuel (aile O), et les magasins. L'édifice comportait deux ou trois étages.

Une catastrophe géologique, sans doute l'éruption du volcan de Santorin, détruisit l'ensemble vers 1450 av. J.-C. Les fouilles de Zakros offrent un intérêt particulier, car c'est l'unique palais minoen ou mycénien non pillé. Tout ce qui en est excavé restitue ou confirme la réalité du monde minoen ; ainsi, le matériel abandonné par les artisans juste avant la catastrophe donne une idée précise des outils utilisés, de la qualité des objets confectionnés et de l'art minoen. Du trésor du sanctuaire, resté inviolé et exposé au Musée archéo-

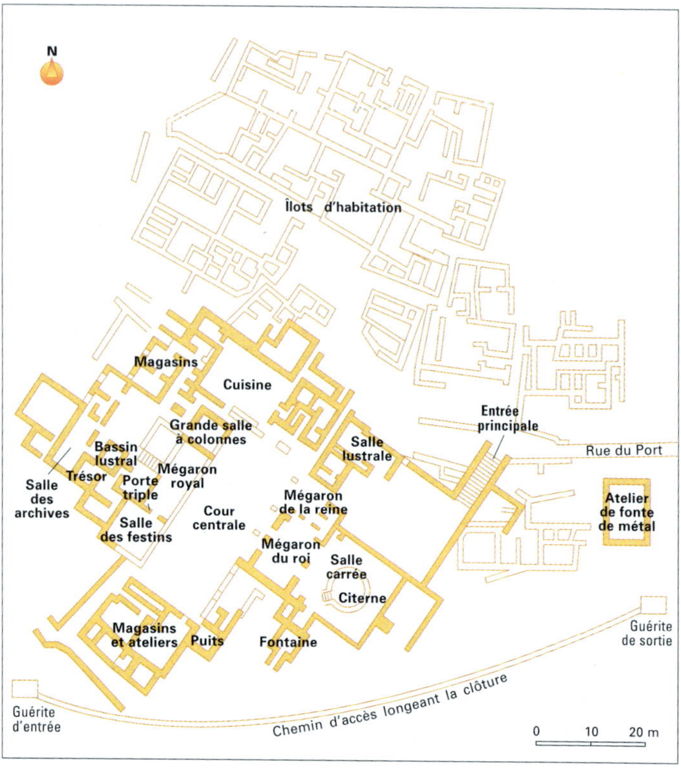

Le palais de Kato Zakros

logique d'Heraklion (salle VIII, *p. 90*), nous sont parvenues des pièces uniques, comme le remarquable **rhyton en cristal de roche*****, étonnamment reconstitué, ainsi que des vases à libations en albâtre, marbre, porphyre ou obsidienne. Ainsi le rhyton ovoïde en pierre, qui n'a subi aucune altération, et sur les parois duquel est gravé un sanctuaire de sommet, caractérisé par le symbole sacré des cornes cultuelles, donne-t-il une représentation parfaite d'un des hauts lieux de la vie spirituelle minoenne. Le résultat des fouilles de Zakros invite à penser que le palais était un centre de la vie religieuse, économique et politique. Une religion de la vie et de la nature jouait un rôle de premier plan à l'époque minoenne, dont l'art était plus libre qu'en Égypte et non hiérarchisé comme en Orient. L'important pour les Minoens était le présent, dans une nature déifiée.

Zakros enfin est l'unique exemple d'une **ville groupée autour d'un palais** (à Malia, les quartiers sont épars). Seule une partie de la ville située au N du palais a été mise au jour ; il reste encore beaucoup à faire pour révéler dans sa totalité la cité minoenne qui s'étendait sur les deux collines. On sait en outre que son port entretenait d'actives relations commerciales avec l'Orient et l'Égypte. On y débarquait cèdres du Liban, ivoire de Syrie, or de Nubie, blé d'Égypte et cuivre de Chypre, et on exportait les produits de l'artisanat crétois.

➤ **Le palais de Kato Zakros****. *Ouv. t.l.j. sf lun. de 8h à 14h30; entrée payante.* La **rue du Port**, d'une longueur de 90 m, menait à l'entrée principale du palais, située au N-E de la cour centrale. L'aile à l'O de cette cour abritait les pièces à usage officiel et le sanctuaire. Trois portes y donnaient accès. Celle qui est la plus au S ouvrait sur une grande salle à colonnes qui communiquait par une porte triple avec une salle, ornée d'une frise à spirales et dite « des festins », car on y a trouvé des *pithoi* à vin et des cruches. Les pièces situées à l'arrière servaient à des fins cultuelles; de nombreux **rhytons**, **vases à libations**, **calices**, souvent sculptés et précieux, le fameux **vase en cristal de roche***** y furent mis au jour, ainsi que des doubles haches et des vases en forme de tête de taureaux.

Dans le bassin lustral, où l'on descendait par des marches, fut découverte une remarquable **amphore** en marbre veiné. Une **salle des archives** recelait des **tablettes** en terre cuite écrites en linéaire A et représentant des idéogrammes avec la double hache, des têtes en forme d'oiseaux, ce qui laisse penser que les archives faisaient partie du sanctuaire. Les charnières de bois qui reliaient les tablettes ont été retrouvées carbonisées, prouvant la présence du feu lors de la destruction du palais. Au N du sanctuaire furent identifiés des magasins où étaient alignés de grands et beaux *pithoi* remplis de vin, et conservées toutes sortes de vaisselles. Furent aussi découverts, tombés d'un premier étage sans doute, six **talents de bronze**, chacun pesant 29 kg et importés de Chypre, et quatre **défenses d'éléphant** provenant de Syrie.

Les demeures identifiées autour du palais de Kato Zakros semblent avoir appartenu à de hauts dignitaires de l'époque néopalatiale.

La **cuisine**, mitoyenne des magasins, était remplie d'ustensiles à usage culinaire (marmites...), ce qui permet de se faire une idée de l'équipement d'alors et de certaines habitudes alimentaires (les Minoens mangeaient de la viande préparée et cuite, par exemple).

Dans l'aile E, très endommagée, surtout par les travaux des champs pratiqués autrefois à cet emplacement, on retrouve comme dans les autres palais les appartements royaux, le **mégaron de la reine**, communiquant au S avec le **mégaron du roi**, tous deux éclairés par des puits de lumière. Ils étaient reliés à une **salle carrée** présentant en son centre une large citerne ou piscine d'eau douce, accessible par huit marches et encore alimentée de nos jours par une source. Cette présence de l'eau dans une salle d'un palais minoen est unique en Crète; son sens n'est pas encore éclairci. L'eau jaillissait aussi d'un

Randonnée vers les grottes

La Crète, et plus particulièrement la région de Sitia, compte nombre de grottes, intéressantes du point de vue géologique et souvent archéologique.

➤ **Pelekita** : située au N de Kato Zakros, c'est l'une des plus grandes grottes crétoises (310 m de long), intéressante pour les spéléologues ; elle présente quatre grandes chambres avec encore des restes d'ossements d'animaux. On y accède à pied en suivant la côte nord depuis Kato Zakros ; l'entrée se trouve près d'un figuier, après avoir dépassé la troisième crique.

➤ **Peristeras et Oxo Latsidi** : la grotte de Peristeras est située à 2,3 km à l'E du village de Karidi, à 540 m d'altitude. Celle d'Oxo Latsidi, à 610 m d'altitude au N-O du village de Sitanos, est une des plus grandes de l'île avec 360 m de long. Pour s'y rendre, prendre à 3 km au N d'Ano Zakros, au village d'Adravasti, une piste carrossable qui traverse les villages de Karidi, Sitanos, Katelionas et rejoint Handras en 20 km environ. C'est l'occasion de découvrir un étonnant arrière-pays rocheux et désertique et des Crétois encore peu touchés par les modes côtières. ❖

autre point, une **fontaine** à laquelle on descendait par un escalier. Serait-ce la « fontaine accessible aux hommes du palais et de la ville » évoquée par Homère ?

Enfin, un **puits** muni d'un treuil en bois se trouvait dans l'angle S-E de la cour ; on y a découvert, dans le fond, des olives vieilles de 3000 ans parfaitement conservées, offrandes votives sans doute. L'aile S abritait des magasins et des ateliers. Une deuxième entrée dans l'angle S-O donnait accès à la cour centrale. Les fouilles se poursuivent actuellement dans le S du palais. Il reste à Zakros une inconnue : aucune nécropole n'a encore été mise au jour.

Excursions à partir de Kato Zakros

De Kato Zakros, remonter à pied à Ano Zakros par la vallée des Morts *(env. 3 h de marche)*. Pour cela, prendre après la palmeraie, à l'O du palais, le chemin balisé et fléché par des signes rouges.

Xerokampos

➤ *À 8 km au S d'Ano Zakros.*

Xerokampos n'est constitué que de quelques maisons *(chambres à louer et motel-bar)*, mais les paysages alentour et les plages constituent l'attrait de cette région, non desservie par les transports en commun et donc peu fréquentée. Une piste poussiéreuse et caillouteuse, mais carrossable, qui part de la sortie d'Ano Zakros sur la route de Kato Zakros, descend vers le S. Elle traverse une gorge sauvage et suit la côte échancrée de criques désertes. La **plage d'Ambelos*****, en contrebas de Xerokampos, est l'une des plus belles de Crète.

La piste remonte ensuite dans la montagne ; elle est longue, laborieuse mais praticable, avec de superbes vues sur la mer. 25 km de piste mènent au village de Ziros *(p. 170)*. De là, on peut revenir sur **Sitia** ou continuer sur **Goudouras**. ■

Agios Nikolaos et le Lassithi, pratique

Agios Nikolaos

Indicatif ☎ *(28410)* – **Plan p. 144.**

ℹ **Office du tourisme**, 21, Akti Koundourou **B2** ☎ 223.57, fax 825.34. *En été, ouv. t.l.j. de 8 h à 21 h 30. F. en hiver mais possibilité d'obtenir des rens. au* ☎ *241.65.* Situé entre le port et le lac face au pont, il est d'une remarquable efficacité. Plan de la ville et de sa circulation, liste et réservation de pensions, cartes de téléphone et toute autre information sur la ville, sa région et ses activités. Plus largement, des informations sur la **Crète de l'Est** et ses principales villes sont disponibles sur le site suivant: www.forthnet.gr/internetcity/chart/home.htm.

Hôtels

▲▲▲▲ **Minos Beach** luxe, à la sortie N d'Agios **hors pl. par A1** ☎ 223.45, fax 225.48. *233 lits. Ouv. avr.-oct.* Formule « bungalows » avec s.d.b. Agréable. Les chambres sont d'un luxe raffiné (air cond.). Jardins fleuris; plage privée, piscine; ski nautique, pédalos, voile, planche à voile; golf miniature. Calme assuré, pas de discothèque. La taverne **Terpsis**, aussi piano-bar, propose des menus à la carte *(midi et soir)*; le restaurant **La Bouillabaisse** *(le soir)* fait partie de la chaîne des Rôtisseurs, joli cadre sur la mer.

▲▲▲▲ **St Nicolas Bay** luxe **hors pl. par A1** ☎ 250.41, fax 245.56. *109 ch. Ouv. mars-nov.* Situé dans un site exceptionnel sur la petite presqu'île qui fait face à l'hôtel Minos Beach, accessible à pied d'Agios Nikolaos, sur la magnifique baie de Mirabello. Chambres en bungalows, avec architecture crétoise traditionnelle et tout le confort moderne, grand balcon donnant sur la mer. Jolis jardins de fleurs crétoises; les plages sont aménagées pour préserver l'intimité de chacun. Qualité de l'accueil et des services et attention particulière à la clientèle francophone. Choix de 5 restaurants proposant les spécialités de l'île; suite et piscine privée sur demande, sports nautiques. Bref, un hôtel raffiné qui soigne les ambiances… et où il fait bon vivre la Crète.

▲▲▲▲ **Candia Park Village** A, Porto di Candia, sur la route d'Elounda **hors pl. par A1** ☎ 268.11, fax 223.67. *186 ch. Ouv. avr.-oct.* Un village-hôtel original aux maisons crétoises conçues avec goût et confort, situé dans des jardins en bord de mer. Formule appartement ou hôtel, avec repas possibles au restaurant ou à la taverne. Multiples activités sportives, parc aquatique, plusieurs piscines, club enfants: un lieu de séjour agréable pour les familles.

▲▲▲▲ **Hermès** A, situé en bord de mer, sur la promenade N (Akti Koundourou) **A1** ☎ 282.53, fax 220.58, www.hermes-hotels.gr. *206 ch. Ouv. avr.-oct.* Les meilleures chambres sont en retrait de la rue, parfois animée et bruyante, avec vue sur la mer. Piscine privée, restaurant.

▲▲▲ **Ariadni Beach** B, au S de la ville, à 500 m du centre **hors pl. par A3** ☎ 227.41, fax 220.05. *76 ch. Ouv. avr.-oct.* Bungalows dans un joli jardin en bord de mer.

▲▲▲ **Coral** B, 10, Akti Koundourou, voisin de l'hôtel Hermès **A1** ☎283.63, fax 287.54. *170 ch. Ouv. avr.-oct.* Piscine. Restaurant, soirées très animées.

▲▲▲ **El Greco** B, Akti Themistokleous **B2** ☎288.94. *49 ch. Ouv. mars-oct.* Bien situé en bord de mer, près du port et de la plage.

▲▲▲ **Miramare** A, au S de la ville, voisin de l'Ariadni Beach **hors pl. par A3** ☎229.62, fax 241.64. *151 ch. Ouv. avr.-oct.* Remis à neuf en 2000. Deux piscines, à proximité de la mer.

▲▲ **Almyros Beach** C, à la sortie de la ville sur la route de Sitia **hors pl. par A2** ☎228.65. *95 lits. Ouv. avr.-oct.* En bord de mer.

▲▲ **Astoria** C ☎251.48, fax 220.98. *26 ch. Ouv. avr.-oct.* Proche de la plage et du centre-ville.

▲▲ **Myrsini** C, 35, Akti Koundourou **hors pl. par A1** ☎285.90, fax 231.71. *60 lits. Ouv. avr.-oct.* Après l'hôtel Coral, sur la route d'Elounda, plage d'Amoudi à la sortie de la ville, accessible à pied.

▲▲ **Panorama** C, rue Sarolidi **B2** ☎288.90, fax 272.68. *29 ch. Ouv. avr.-oct.* Vue magnifique sur le port et la mer.

Pension Pergola, derrière l'hôtel Hermès **A1** ☎281.52. Vue sur la mer, balcons.

De **nombreux petits hôtels** dans les catégories C, D et E se sont ouverts ces dernières années; rens. à l'office du tourisme **B2**.

Location d'appartements, de maisons ou de villas

C'est une formule qui a du succès. Les habitations ont toutes une salle de bains, une petite cuisine et une salle de séjour avec une ou plusieurs chambres et les services hôteliers correspondent à la même catégorie. Les locations assimilées catégorie B ont des pièces plus petites, des douches plutôt que des salles de bains et moins de confort.

Cretan Village A, sur la route de Sitia, à 7 km d'Agios Nikolaos ☎285.76, fax 231.77. *38 appts.* Village de style crétois avec service hôtelier (linge fourni, entretien des chambres assuré); taverne, boutique et piscine.

Manos A, à 400 m du centre et 300 m de la plage d'Ammos **hors pl. par A3** ☎239.13, fax 239.77. *14 bungalows pour 2 à 5 pers. Ouv. avr.-oct.* Piscine.

Mavroforos C ☎et fax 237.14. *14 ch. Ouv. avr.-oct.* À 50 m de la mer et 100 m du centre.

Les agences de location proposent les formules les plus variées à tous les prix. À titre indicatif: agence **Nisos Holidays**, 7, rue Paleologou **A1** ☎224.49, fax 248.22.

Restaurants

La Bouillabaisse, à l'hôtel Minos Beach **hors pl. par A1** ☎223.45. Jouit d'un joli cadre et donne sur la mer. Sa table (chaîne des Rôtisseurs), appréciée des gourmets, attire une clientèle choisie et aisée.

Cretan Stars, 8, Akti Koundourou **A1** ☎255.17. Derrière la sobre façade d'une ancienne maison du port, dans le cadre intime et raffiné d'un jardin intérieur parfumé des senteurs de jasmin, à la fraîcheur des citronniers et d'un grenadier, au gré du mouvement de deux grands palmiers centenaires, une carte variée. Une carte des vins pour palais avisés qui choisiront leur cru selon l'atmosphère du soir. Des prix en conséquence pour un des rares restaurants de luxe de Crète. Bar, terrasse sur le port.

Tavernes

Bokos A1, appelé aussi Pefka ou The Pine Tree. Un restaurant-rôtisserie sur le lac, près de l'agence Creta Travel; agneau à la broche.

Du Lac, sur le lac **A2** ☎224.14. Bonne carte, prix touristiques.

Gargadoros, en bord de mer, près de la plage du même nom, au S de la ville **hors pl. par A3** ☎220.03. Poissons et cuisine crétoise.

Sinandissi (quitter Agios Nikolaos en direction d'Heraklion par la rue du Musée archéologique, au carrefour tourner après le feu à dr. **A1**), taverne style *rakadiko*: on y boit du raki et on pique dans tout un choix de petits plats (mezzés).

Si vous voulez sortir d'Agios Nikolaos, rendez-vous à **Elounda** *(p. 183)* ou à **Plaka** *(p. 184)*, située en face de l'île de Spinalonga : excellent poisson, langoustes.

Plages et activités nautiques

Agios dispose de plusieurs plages, la plupart de sable fin, sur lesquelles flotte le drapeau bleu de l'Union européenne, garant de la qualité des eaux.

De petite taille, nichées dans les criques, mais bien aménagées, elles sont situées au N du port : **Amoudi**, avant le Minos Beach, à 10 mn à pied **hors pl. par A1**. La plage municipale d'**Havania** est plus éloignée, après la presqu'île de l'église Saint-Nicolas (Agios Nikolaos). Au S du port, celle de **Kitroplatia** est proche du centre-ville **B2**; **Ammos** se situe vers la gare routière **A3**. Sur la côte, on trouve ensuite la plage de **Gargadoros** et enfin celle d'**Almiros**, accessible à pied par la promenade en bord de mer **hors pl. par A3** ou en voiture par la route de Sitia (3 km). De nombreux sports nautiques y sont proposés : ski, parachute ascensionnel, promenades sur bouées ou boudins, etc.

Sports et loisirs

➤ **Activités culturelles. Programme culturel Lato**, de juil. à sept. : expositions, danses, représentations théâtrales. Rens. à l'office du tourisme **B2**.

➤ **Aquarium.** 30, Akti Koundourou **A1**, sur la promenade en bord de mer en direction d'Elounda ☎ 280.30, *ouv. t.l.j. de 10h à 21h.*

➤ **Cinéma en plein air.** Une amusante curiosité, le soir, à la fraîche ; les films sont souvent en version originale. Rens. à l'office du tourisme **B2**.

➤ **Minigolf** *(9h-22h30)* et espace de jeux pour les enfants *(9h-18h)* sur la plage municipale, au S de la ville.

➤ **Pêche en mer.** S'adresser au port ou dans les agences.

➤ **Soirées crétoises.** Sur la plage municipale, soirées ponctuelles pour goûter le vin local, grillades (prix modiques).

Excursions

Rens. à l'office du tourisme **B2** ou au bureau KTEL de la gare routière **A3** ☎ 222.34.

➤ **En bus**, avec une agence ; pour les programmes en français, consulter les agences de voyages Nouvelles Frontières et Héliades installées à Heraklion *(p. 136)*.

➤ **En bateau**, du port avec un guide et une dépose sur une belle plage : l'île de **Spinalonga** (1 h de trajet) ; l'île de **Psira** (2 h de trajet).

➤ **Liaisons maritimes.** Avec **Santorin** de 7 h à 22 h, sam. et dim. Avec **Rhodes** (15h de navigation), escales à Sitia, Kassos, Karpathos, Chalki (1 fois/sem., départ de nuit), continue sur Kos. Avec **Le Pirée**, escale à Milos (2 fois/sem.). Bateaux supplémentaires en été. Rens. dans les agences maritimes sur le port.

Sur l'île de Spinalonga, on trouve les vestiges de l'une des plus belles forteresses vénitiennes de Crète.

Vie nocturne

Agios est très touristique et les nuits sont animées. La plus crétoise des distractions, et non la moins agréable, reste encore de flâner le long du port et du lac pour profiter de la fraîcheur du soir, le temps d'une « *volta* ».

➤ **BARS.** Ils sont fréquentés surtout par une jeune clientèle anglaise. Leur renom varie selon les modes: Crazy Horse, Santa Maria... « Night-Cruises and bar » : soirées à bord du vieux bateau ancré dans le port **B2**. **Chez Georges**, 2, rue Kornarou **A1**, très bien situé en étage au-dessus du lac, avec le port en arrière-plan; vue magnifique.

➤ **BOUZOUKI. Kaklis**, à 3 km sur la route d'Elounda **hors pl. par A1**.

Shopping

➤ **ANTIQUITÉS.** Elles ne sont peut-être pas d'époque, mais elles peuvent plaire... Boutiques au bord du port.

➤ **BIJOUTERIES. Nikos Koulendakis**, rue Koundourou, qui monte du port **A2**; **Maris Gold Shop**, sur le port **B2**; **Sonia**, dans la rue Koundourou **A2**.

➤ **BOUTIQUES DE MODE.** Elles sont nombreuses, certaines très modestes, toutes très mode, proposant un grand choix de vêtements ou d'objets en cuir: ceintures, sacs, bottes, chaussures, sandales. Les manteaux de fourrure ont envahi certaines vitrines ces dernières années pour satisfaire une clientèle intéressée par les prix très compétitifs. Boutiques dans la **rue du 28-Octobre** et la **rue Koundourou A2**. **Kounalakis**, sur le port **B2**.

➤ **LIBRAIRIE. Anna Karteri**, rue Koundourou, à côté de la Banque nationale de Grèce **A2**.

➤ **MARCHÉ.** Rue Ethnikis Antistasseos **A1**, au-dessus du lac, dans la rue parallèle à Paleologou (le mer. matin). Très coloré; on peut s'y habiller bon marché.

Adresses utiles

➤ **AGENCE DE VOYAGES. Creta Travel**, 3, Akti Koundourou **A1** ☎ 284.96, fax 238.79. Sur le port.

➤ **AUTORITÉS PORTUAIRES.** 21, Akti Koundourou **A1** ☎ 223.12.

➤ **BANQUES.** La **Banque commerciale** et la **Banque nationale de Grèce** sont situées rue Koundourou **A2**.

➤ **COMPAGNIE AÉRIENNE. Olympic Airways**, 20, rue Plastira **A1-2** ☎ 220.33, fax 289.29.

➤ **COMPAGNIES MARITIMES. Massaros Travel**, 30, rue Koundourou, à côté de la Banque commerciale **A2** ☎ 223.00, fax 253.36. **Nostos Tour**, rue Koundourou **A2** ☎ 228.19.

➤ **GARE ROUTIÈRE.** Sur la place au S de la ville **A3** ☎ 222.34. Liaisons avec **Sitia** (6 départs/j., 1h30 de trajet), **Ierapetra** (9 départs/j. entre 6h30 et 20h, 1h de trajet), **Matala** (départ à 8h15, 3h de trajet; arrêt à Gortis et Festos; retour possible à 17h15), **Elounda** (départs toutes les heures env., 15 mn de trajet, 1 bus sur 2 continue jusqu'à Plaka), **Kritsa** (14 départs/j. entre 6 h et 19h, 15 mn de trajet), **Psihro** et le **plateau du Lassithi** (1h30 de trajet par Neapolis), **Heraklion** (25 départs/j. entre 6h30 et 22h, en moyenne toutes les 30 mn en été, 1h30 de trajet).

➤ **HÔPITAL.** En haut de la rue Paleologou, direction Heraklion **hors pl. par A1** ☎ 252.24, fax 267.75.

➤ **LOCATION DE VOITURES. Avis**, Akti Koundourou, sur la route d'Elounda **A1** ☎ 284.97. **Hertz**, 17, rue Koundourou, sur le port **B2** ☎ 283.11.

➤ **PARKINGS MUNICIPAUX.** Rue Paleologou, après le lac à g. **A1**, et au bout de la marina et de la rue Venizelou, à côté de la gare routière **A3**.

➤ **PHARMACIES.** Elles sont nombreuses rue Koundourou **A2** et rue du 28-Octobre **A2**. En cas de maladie, demander à la réception des grands hôtels ou à l'office du tourisme pour trouver un médecin; certains parlent le français.

➤ **POLICE** ☎ 223.21. **Police touristique**, 47, rue Erythrou Stavrou, à la sortie d'Agios vers Kritsa **A3** ☎ 269.00.

➤ **POSTE.** 9, rue du 28-Octobre **A2** ☎ 222.76. *Ouv. du lun. au ven. de 7h20 à 14h.*

➤ **Taxis.** Place Eleftherios Venizelos **A2** ☎ 240.00.

➤ **Téléphone.** OTE, rue Sfakianaki **A2** (perpendiculaire à la rue Koundourou, en montant à g.). *Ouv. de 8 h à 22 h, horaires réduits en hiver.*

La baie de Mirabello

Indicatif ☎ (28410)

Elounda

Hébergement

▲▲▲▲ **Elounda Bay Palace** luxe ☎ 415.02, fax 415.83. *551 lits. Ouv. mars-nov.* Il s'est déjà constitué une solide réputation grâce à son site remarquable, entre l'Elounda Beach et le village d'Elounda, au fond de la baie de Mirabello. *284 ch.* dans 3 corps de bâtiment et *98 bungalows* avec air cond. et minibar; jardins aménagés, restaurant, taverne, kafénion, 3 bars, 3 séances de cinéma et une soirée folklorique par semaine, pianiste de 19 h à minuit, 2 piscines d'eau de mer, aire de jeux et piscine pour les enfants, sports nautiques.

▲▲▲▲ **Elounda Beach** luxe ☎ 414.12, fax 413.73. *578 lits. Ouv. mars-nov.* Un village crétois reconstitué, bénéficiant d'un site incomparable dans une baie magnifique. C'est un hôtel de séjour qui n'a pas son pareil en Crète. Pour un bungalow au bord de l'eau, sans vis-à-vis, précisez lors de la réservation que vous prenez un bungalow « front de mer ». Les bungalows VIP (supplément) sont dotés d'un salon. Le bâtiment central, avec de grands salons et le restaurant, possède aussi *22 ch.* avec piscines. Plage privée, sports nautiques à la charge des amateurs, piscine; taverne, snack. Hôtel animé, recommandé pour les familles avec enfants, service de qualité.

▲▲▲▲ **Elounda Mare** luxe ☎ 411.02, fax 413.07. *200 lits. Ouv. avr.-oct.* Seul hôtel « Relais & Châteaux » de Crète. Cet établissement grand luxe, où se combinent raffinement et intimité, bénéficie d'un site idyllique. Ses bungalows, à 1 ou 2 chambres ou avec suite, aménagés avec élégance en style crétois et offrant tout confort, s'articulent entre eux comme un village avec de jolis jardins fleuris. Son originalité: le nombre inhabituel de piscines; on peut, moyennant finance, disposer de la sienne, personnelle. Autre atout: son service de qualité et une bonne table.

▲▲▲▲ **Porto Elounda Resort** luxe ☎ 419.03, fax 418.89, res.porto@eloundahotels.com. *350 lits, 15 bungalows et 19 villas. Ouv. toute l'année.* 2 piscines. Parent de l'Elounda Mare, conçu dans le meilleur goût avec beaucoup d'originalité, son prix intéressant ne manquera pas de monter avec son succès.

▲▲▲▲ **Elounda Marmin** A, situé avant l'Elounda Beach et en dehors du village ☎ 410.03, fax 415.35. *295 lits. Ouv. avr.-oct.* Style crétois, très bonne ambiance. Agréable. Vue sur la mer, mais plage éloignée.

▲▲▲▲ **Grecotel Elounda Village** A ☎ 418.02, fax 412.78. *165 lits en ch. et bungalows. Ouv. avr.-oct.* Hôtel et bungalows bien conçus en bord de mer; la côte rocheuse est aménagée avec plage et terrasses. Une animation club pour clientèle française. Bon rapport qualité/prix.

▲▲ **Selena** C, mais qui a les caractéristiques d'un hôtel B ☎ 415.25, fax 415.70. *72 ch. Ouv. mars-oct.* À la sortie d'Elounda sur la route de Plaka, joli petit hôtel tranquille, bien situé, juste séparé de la mer et d'une petite plage par la route. Ses bungalows, au flanc de la colline, ont une terrasse avec une vue magnifique sur l'île d'Elounda et la baie. Piscine. La direction est francophone.

➤ **Location d'appartements et de villas. Elounda Blue Bay** B ☎ 419.24, fax 418.16. Bien situé entre Elounda et Plaka. Calme. **Elounda Gulf Villas** A ☎ 412.79, fax 227.81. Avant l'Elounda Beach, à 4 km du village.

Tavernes

Marilena, après la place du côté de l'église, en retrait par rapport à la mer ; joli jardin. Prix « restaurant », carte internationale, mais spécialités de mezzés, poissons et langoustes. Touristique.

Melissos ☎ 418.88. Sur la route qui longe la mer vers l'île de Spinalonga et Olous à la sortie S d'Elounda ; bien située en bord de mer, cuisine locale.

Adresses utiles

➤ **Banques. Banque commerciale** dans le centre, près de l'hôtel Aristea, avant la place en venant d'Agios Nikolaos, à dr. et **Banque nationale de Grèce** (distributeur automatique).

➤ **Bateau.** Navettes pour **l'île de Spinalonga** toutes les 30 mn, de 9 h à 16 h 30.

➤ **Bus.** Liaisons avec **Agios Nikolaos**, toutes les heures env., de 6 h 30 à 21 h (15 mn de trajet) ; avec **Plaka** toutes les 2 h. Départs de la place centrale.

➤ **Poste.** Sur la place centrale : *ouv. du lun. au ven. de 7 h 30 à 14 h.*

➤ **Téléphone. OTE**, *ouv. du lun. au sam. de 8 h à 23 h, le dim. de 10 h à 15 h et de 17 h à 22 h.*

Le village de Kritsa tire sa renommée de la fabrication de tissus artisanaux, tels ces napperons et tapis exposés et vendus sur les pas-de-porte.

Plaka

➤ **Hébergement.** Petits hôtels et locations d'appartements très satisfaisants. **Spinalonga Village** ☎ 414.95, fax 412.85. *17 bungalows* dans un très beau site en face de la petite île. Plage de cailloux et piscine. Le camping sauvage y est encore toléré. **Matheakis Gorgios** : location d'appartements ☎ 414.89.

➤ **Tavernes.** Plusieurs tavernes en bord de mer, de qualité inégale. Comparer la carte et les prix. **O Giorgos**, ☎ 419.92 ou 421.48, propose une cuisine familiale et du poisson ; prix honnêtes.

L'arrière-pays

Agios Georgios

Indicatif ☎ (28440)

➤ **Pensions.** C'est le seul mode d'hébergement. Elles sont toutes bien tenues. **Dias**, dans la rue principale ☎ 312.07. Pension familiale ; taverne sympathique. **Maria** ☎ 312.09 ; *45 lits*, petites chambres de construction assez récente. **Rea** ☎ 312.09. *13 lits*, au-dessus de la taverne du même nom.

Kritsa

Indicatif ☎ (28410)

➤ **Pension. Argiro**, à l'entrée du village ☎ 511.74. *8 ch.* Sympathique. Chambres confortables et petit déjeuner sous la tonnelle.

➤ **Tavernes. Panorama**, dans le village, le soir. La **boucherie** fait aussi taverne, dans le virage à g., en montant. Bon et pas cher.

➤ **Excursions.** Vers Kroustas, Agios Giorgos o Kaviousiotis, Lato, la gorge de Kritsa, le plateau de Karthero.

➤ **Parkings.** À l'entrée du village en venant d'Agios Nikolaos et à la sortie vers Karthero.

➤ **Shopping.** Bottes de cuir sur mesure, travaux d'aiguille, châles et vestes de laine, tapis tissés.

Kroustas

➤ **Tavernes. Panorama**, vue magnifique sur la baie; spécialités crétoises, lasagnes, pâtes. Les *misitropites*, grosses crêpes fourrées au fromage de brebis et arrosées de miel, sont délicieuses. **Stavrakakis**, en entrant dans le village à g., bénéficie d'une excellente réputation. *Ouv. le soir seulement (réserver).*

Milatos

➤ **Tavernes.** Agréables tavernes sur la place, en bord de mer, dont **Sirines**: poissons et cuisine crétoise.

Neapolis

➤ **Taverne. Geuseis**, sur la grande place de la ville, au coin de la route qui monte à Lassithi ; terrasse ombragée et cuisine mijotée.

Psihro

Indicatif ☎ *(28440)*

➤ **Hôtels. Dikteon Andron** ☎ 315.04. *8 lits.* **Zeus** D ☎ 312.84. *14 lits.*

➤ **Tavernes.** Plusieurs tavernes dans le village, au pied de la grotte et sur la route qui fait le tour du plateau.

Sisi

Indicatif ☎ *(28410)*

Hébergement

▲▲▲▲ **Kalimera Kriti** luxe ☎ 716.03, fax 715.98. *407 ch. Ouv. mars-nov.* Bungalows agréablement situés sur la baie, près du village. 3 piscines et toutes les facilités. Excellente réputation.

▲▲▲▲ **Porto Sisi** A ☎ 713.85, fax 712.32, portosisi@agn.forthnet.gr. *30 lits. Ouv. avr.-oct.* À 300 m de la plage, propose aussi de petits appartements aménagés dans le style crétois. Piscine.

▲▲ **Sisi Bay Villas** C ☎ 712.98 et 713.84, fax 712.84. *Ouv. mars-oct.* Complexe offrant chambres et appartements; piscine à 250 m de la plage.

➤ **Pensions et locations.** Sur toute cette côte, on trouve facilement des appartements à louer, de petites pensions bon marché et des chambres chez l'habitant. **Castello Village** B ☎ 713.67, fax 714.62. Studios et appartements pour 2 à 4 pers., bien équipés, proches de la mer. Piscine.

➤ **Camping. Sisi** C ☎ 712.47, fax 235.56. *107 emplacements.* Très bien situé à 1 km à l'O du village, avec vue sur la mer, ombragé, piscine, taverne.

Tzermiado

Indicatif ☎ *(28440)*

➤ **Pension. Kourites** C ☎ 221.94. *40 lits,* à la sortie du village. *Ouv. l'hiver.*

➤ **Tavernes.** ♥ **Kronia** ☎ 223.75. Sur la rue principale au centre du village; cuisine crétoise traditionnelle de qualité. Accueil sympathique par une Française devenue crétoise. Goûter le *briam* (légumes) et le *galaktobouriko* (gâteau de semoule d'origine orientale). Taverne-bar **Seli**, à Pinakiano (3 km), dans le moulin situé sur une crête en haut de la route de Malia au plateau, juste avant le village: repas typiquement crétois, viande au feu de bois, pain du moulin; boutique.

➤ **Bus.** Ligne **Heraklion/Lassithi.** 2 bus/j., aller-retour possible dans la journée. Ligne **Agios Nikolaos/Lassithi.** Aller: 1 bus/j. (à 14 h), pas de retour possible dans la journée. Retour: 1 bus/j. (à 6 h 15).

➤ **Shopping.** Boutiques, vente d'objets artisanaux.

➤ **Adresses utiles.** Banque de Crète, poste, OTE *(ouv. du lun. au ven. de 7h30 à 15h)* et bureau de police dans le village.

Ierapetra et ses environs

Indicatif ☎ *(28420)*

Anatoli

➤ *À 15 km à l'O de Ierapetra.*

➤ **Taverne. Thries**, bonne taverne crétoise dans un village de montagne, loin du tumulte touristique.

Ferma

➤ *À 12 km à l'E de Ierapetra.*

➤ **Hôtel. Thalassa Kappa Club** ☎ 613.52, fax 614.16. *314 lits.* Hôtel-club aménagé avec goût sur un bel emplacement qui surplombe la mer; plage privée, 2 piscines, canoë, pédalo, planche à voile, ski nautique, tennis; restaurant, taverne, coiffeur.

Ierapetra

Plan p. 161.

🛈 On peut obtenir des informations auprès de la **municipalité** de Ierapetra, place Kanoupaki **B2** ☎ 259.22 ou contacter l'entreprise municipale pour le développement du tourisme de Ierapetra ☎ et fax 900.27, kyrva@ier.forthnet.gr.

Hébergement

▲▲▲▲ **Petra Mare** A, sur la plage à la sortie E de la ville **A4** ☎ 233.41, fax 233.50. *419 lits. Ouv. avr.-oct.* Établissement moderne sans recherche architecturale; les chambres avec vue sur la mer sont bien aménagées dans le style crétois. Avec tout le confort de cette catégorie: air cond., plage particulière, piscine, sports nautiques, tennis.

▲▲ **El Greco** C, 40, rue Kothri, en bord de mer **B2** ☎ 284.71, fax 265.47. *33 ch. Ouv. mars-déc.* Petit hôtel sans prétention, mais bien tenu.

▲ **Cretan Villa** D, 16, rue Lakerda **A1** ☎ et fax 285.22, www.cretan-villa.com. *Ouv. avr.-oct.* Vieille maison crétoise (Kritiki Villa), *9 ch.* aménagées dans un joli style local. Atmosphère chaleureuse et très bon rapport qualité-prix; à 2 mn à pied de la plage, du centre et de la station de bus vers l'intérieur.

➤ **Location de chambres et de maisons.** En ville et sur toute la côte sud, à l'E de la ville. Grand choix à **Makrigialos**, souvent en bord de mer, sur la plage.

Tavernes et ouzeri

Kiraleni, près de la mosquée **A3**, simple et à l'écart des touristes.

Napoléon, sur la promenade, près de la jetée **B3**. Une bonne réputation qui attire les touristes.

Rivage, sur la promenade près de la police **B2**. Mezzés et cuisine crétoise.

To Babi, sur la promenade, en direction de la forteresse **B3**. Plats de poissons.

➤ **Bar-ouzeri. Anna Bei**, dans la petite rue près de la poste **B2**. Installé dans une vieille maison restaurée avec cour intérieure. Joli décor.

Adresses utiles

➤ **Agence de voyages. Ierapetra Express**, place Eleftherias **B2** ☎ 224.11, fax 283.30. Pour les billets d'avion ou de bateaux et les excursions sur l'île de Krisi, notamment.

➤ **Banques. Banque commerciale**, 12, rue Adrianou, en face du marché aux fruits **A2**. **Banque nationale de Grèce**, place Eleftherias **B2**: distributeur automatique.

➤ **Dépannage automobile.** ELPA, secours sur route ☎ 228.90.

➤ **Gare routière.** En venant d'Agios Nikolaos, à l'entrée de Ierapetra **B1** ☎ 282.37. Suivre la rue Lasthenous pour rejoindre le centre qui se trouve à 10 mn à pied au S-E. Liaisons en bus avec **Agios Nikolaos** (9 départs/j. entre 6 h 30 et 20 h, 1 h de trajet); avec **Sitia** par **Makrigialos** (6 départs/j., 1 h 30 de trajet); avec **Heraklion** par **Malia** (8 départs/j., 2 h 30 de trajet); avec **Heraklion** par **Mirtos** et **Vianos** (1 départ/j., 3 h de trajet). Horaires réduits le dim.

➤ **Librairies. Markou Frangouli**, 5, rue Koundouriotou, rue qui part de la place centrale vers l'E, à g. **B2**. On y trouve des journaux français. Également en continuant plus loin à dr., 11, rue Theotokopoulo.

➤ **Marché.** Marché couvert aux **fruits** et **légumes** : de la place Kanoupaki, prendre la rue Adrianou Koustoula **A2**.

➤ **Pharmacie.** Place centrale **B2**.

➤ **Police.** Sur la promenade le long de la mer **B2** ☎ 225.60, *ouv. le matin.* La **police touristique** est à Agios Nikolaos ☎ 269.00.

➤ **Poste.** Dans la rue donnant sur la place Kanoupaki **B2**, proche du Musée archéologique. *Ouv. du lun. au sam. de 7 h 30 à 14 h.*

➤ **Supermarché. Marinopoulos**, à la sortie O de la ville sur la route de Mirtos. *Ouv. du lun. au ven. de 7 h 30 à 21 h (f. à 18 h le sam.).*

➤ **Taxis.** Place Kanoupaki **B2** ☎ 266.00 et 273.50.

➤ **Téléphone.** OTE, rue Koraka, entre la place Kanoupaki et la gare routière **B2**. *Ouv. du lun. au ven. de 7 h 30 à 22 h.* Téléphones à carte.

Koutsounari

➤ **Hôtel.** ▲▲▲▲ **Lyktos Beach** A ☎ 612.80, fax 613.18. *400 ch.* Situé en bord de mer. 8 tennis, 2 piscines. Prix raisonnables.

➤ **Location de chambres et de maisons. Koutsounari Traditional Cottages** A ☎ 612.91, fax 612.92. À 2 km avant Koutsounari, en venant de Ierapetra ; pancarte côté montagnes, indiquant Agios Ioanis, réception dans la montée à dr. Ce village dans la montagne était abandonné, rayé des cartes ; mais à l'initiative d'une architecte artiste, Mme Nakou, les maisons en ruine ont été reconstruites dans le respect de la tradition crétoise. Les cottages en pierre du pays, fleuris de bougainvillées et faisant face à la mer, sont meublés avec raffinement dans le style rustique. D'autres propriétaires, peu scrupuleux et profitant du succès de cette réalisation, ont été autorisés à bâtir dans le même périmètre, faisant tort au projet initial. Village et taverne tenus par M. et Mme Mandalas, qui parlent le français ; excellente cuisine *(le soir seulement).* **Nakou Village** B ☎ 612.91, fax 612.92. Maisonnettes aménagées avec un goût raffiné au flanc de la montagne, kitchenettes, douches. Très belle vue sur la mer, piscine.

➤ **Camping. Koutsounari** C, sur la plage de Rousa Skala ☎ 612.13, fax 611.86. *8 381 m², 86 tentes.* Espace ombragé ; taverne-bar. Arrêts de bus qui desservent la côte et Sitia.

➤ **Taverne. Koutsounari Traditional Cottages** ☎ 612.91. Cuisine mijotée maison, excellent rapport qualité/prix. *Ouv. le soir seulement.*

Koutsouras

➤ **Tavernes.** Deux bonnes adresses en bord de mer : **Robinson**, cuisine traditionnelle sur feu de bois (grande pancarte au-dessus de la maison), terrasse sur la mer, douche sur la petite plage. **Omonia**, avant Robinson, au coin ; terrasse ombragée sous les tamaris.

Makrigialos

➤ **Hôtel.** ▲▲▲▲ **Sunwing** A ☎ (08430) 516.21, fax (08430) 516.26. *329 lits. Ouv. avr.-oct.* Bel hôtel d'une chaîne suédoise, bien tenu, en bord de mer, tout confort ; clientèle à majorité scandinave, plage, piscine, sports nautiques, 2 tennis. Activités pour enfants et adolescents.

Sitia et ses environs

Indicatif ☎ (28430)

Mohlos

Hôtels

▲▲▲ **Club Aldiana** B ☎ 942.11/12. *34 ch. et 104 bungalows. Ouv. avr.-oct.* À l'E du village, en bord de mer ; un bel hôtel-club avec plage de sable, piscine et un bon confort. La clientèle est en majorité de langue allemande.

Sophia D ☎ 945.54, fax 942.38. *5 ch. Ouv. mars-oct.* Dans le village, donnant sur le petit port. Vue sur la mer. Bon accueil et taverne.

Mohlos Hotel E, à proximité du village ☎ 942.40, fax 946.55. *9 ch. Ouv. toute l'année.* Petit hôtel, plutôt pension.

Tavernes

Plusieurs agréables tavernes en bord de mer, sur le port: **Ta Kokilia, Maria Galanaki, Sofia.** Langouste fraîche les bons jours et salade d'oursins.

Randonnées

Elles sont organisées par un guide botaniste, Anne Lebrun, qui parle le français. C'est l'occasion de découvrir de magnifiques paysages, la flore et les coutumes de la région, en randonnées de 1 h à 4 h. Possibilité aussi de randonnées en moto ou véhicule tout-terrain. Rens. et inscriptions à **La Chlorophylle**, Yannis Petrakis et Anne Lebrun ☎ et fax 947.25, motoff@otenet.gr.

Palekastro

Office du tourisme et **OTE** dans la rue principale ☎ 612.25, fax 615.47. *Ouv. t.l.j. de 9h à 22h et en hiver de 9h30 à 13h et de 18h à 21h.* Personnel accueillant. Brochure et suggestions de randonnées dans la région proche.

➤ **HÔTELS.** ▲▲ **Hellas** C ☎ 612.40, fax 613.40. *13 ch. Ouv. toute l'année.* Petit hôtel au centre du village, bon confort et vue sur la mer. ▲▲ **Marina Village** C, à la sortie N du village, sur la route de Vaï ☎ 612.84, fax 612.85. *33 ch. Ouv. avr.-oct.* Moderne, tranquille, isolé, agréable, balcons sur la mer, jardins fleuris, petite piscine, à 10 mn de la plage. **Thalia** D ☎ 614.48, fax 615.88. *10 ch. Ouv. avr.-oct.* Petit hôtel familial près du centre du village.

➤ **LOCATION D'APPARTEMENTS ET DE STUDIOS. Castri Village** C ☎ 611.00, fax 612.49. *32 appts.* Construit dans le style du pays, cet ensemble légèrement isolé qui domine la belle plage de Kouremenos offre des services hôteliers, une piscine et un restaurant; pour des vacances loin des foules et des véliplanchistes.

➤ **TAVERNES.** Sur la place du village et la rue principale. Au N de la plage de Chiona, taverne en bord de mer sur un promontoire. Vue sur la baie et bonne cuisine familiale.

➤ **EXCURSIONS.** À pied: chemin pour les randonneurs vers le S par Roussolakos, Petsofas, le long de la côte puis en remontant jusqu'à Hohlakies.

➤ **PLANCHE À VOILE.** La plage de Kouremenos est recherchée par les véliplanchistes.

Roussa Ekklisia

➤ **TAVERNE. Platanos**, superbe vue sur Sitia et la baie. La taverne, très crétoise, est au centre du village sur une place à l'ombre d'un platane. Spécialité: le lapin. *Ouv. à partir de 17h.*

Sitia

Plan p. 165.

Office du tourisme. Un kiosque d'information ouvre sur le port **B2** et on y parle le français ☎ 283.00 *(ouv. t.l.j. en été, de 9h à 14h30 et de 17h à 20h30; de 10h à 14h et f. sam. et dim. le reste de l'année).*
Sitia Development Organization, office de tourisme rural de Sitia, 5, rue Antheon, petite rue donnant sur la rue principale à l'entrée O de Sitia **A2** ☎ 259.67, fax 253.41, oas@sit.forthnet.gr. Le bureau informe et tient lieu d'agence de voyages; belles brochures illustrées en français, programme de randonnées, d'excursions souvent originales dans le respect des traditions crétoises et de l'environnement.

Hôtels

▲▲▲▲ **Helio Club Sitia Beach** A, av. Karamanli, à la sortie E de Sitia, face à la mer **B2** ☎ 288.21, fax 288.26. *310 lits. Ouv. avr.-oct.* Hôtel moderne (air cond.), jardins fleuris, accès direct à une plage, étroite mais de sable. Restaurant (cuisine de qualité, vin de table crétois servi gracieusement), piscine, sports nautiques organisés, tennis, tir à l'arc, discothèque : une formule club tout compris, séduisante pour les familles.

▲▲ **El Greco** C, 13, rue G. Arkadiou **A1** ☎231.33, fax 263.91. *15 ch. Ouv. avr.-oct.* Joli petit hôtel dans une rue qui mène à la forteresse. Certaines des chambres ont vue sur la mer et le port.

▲▲ **Itanos** C **A2** ☎229.00, fax 229.15. *138 lits. Ouv. toute l'année.* Bien situé face à la mer près de la place centrale. Restauré, il assure un confort satisfaisant.

▲ **Arhontiko** D, 16, rue Kondilaki, au-dessus du port **AB1** ☎281.72. *10 ch. Ouv. mars-oct.* Bon accueil dans une vieille villa restaurée de style néoclassique ; joli jardin, mais pas de s.d.b. particulière.

Petras Beach E ☎248.92, fax 284.28. *9 ch. Ouv. avr.-oct.* Établissement simple, au bord de la plage, à la sortie E de la ville **B2**. Chambres avec s.d.b. et balcon sur la mer.

Locations de villas, d'appartements ou de studios

Dionysos, village créé de toutes pièces, au bout de la baie de Sitia, à 10 km à l'E de la ville. 400 maisons de style crétois dans un décor à la Walt Disney. Tout confort, piscine, côte rocheuse ; on aime ou on déteste. Pour louer ou pour acheter. Rens. ☎(0810) 36.20.01.

Phoenix Appartments, au village d'Analuka, à 10 km à l'E de Sitia sur la route de Vaï ☎262.84. Pour 2, 3 ou 4 pers., aménagé avec goût en style crétois ; piscine.

Chambres à louer **chez l'habitant**.

Auberge de jeunesse

À l'entrée O de Sitia, rue Therissou, sur la route d'Agios Nikolaos **hors pl. par A2** ☎226.93. *50 lits.* Elle n'est pas aux normes européennes et n'a plus droit à cette appellation. L'établissement est toutefois ouvert. Bon accueil, et prix intéressants. Loin de la plage. La responsable parle le français.

Tavernes

Sur le port. Goûtez le fameux *tzatziki*, yaourt aux herbes ; poissons (*skaros* en été si vous avez de la chance), langoustes.

Climataria, à 3 km au S de Sitia, sur la route de Piskokefalo. Spécialité : le lapin. Musique crétoise en fin de semaine.

Kritiko Spiti, « maison crétoise », rue Karamanli, en direction de la plage **B2**. Cuisine locale et vue sur le port.

Mihos, 117, rue Kornarou **B1**. Bonne cuisine et bon accueil. Traditionnel et bon petit vin local.

Ouzeris

Electra, en haut de la ville, à côté de la rue Plastira **A1**. **Kalikardia** (« bon cœur »), rue Foundiladou, parallèle à celle de Minos **A1**. Une authenticité populaire. *Ouv. à partir de 20 h.*

Shopping

Petite boutique de **tissus brodés** crétois, motifs de Sitia (jolis coussins, sacs, pochettes, etc.), rue Kazantzaki **A1**. La **rue Kornarou A2-B1**, parallèle au port, est commerçante. **Supermarchés** : à côté de la gare routière, sortie S de la ville **A2**, et à la sortir N de la ville **A1**, direction Heraklion, après le stade (supermarché tenu par la coopérative agricole).

Adresses utiles

➤ **Aéroport**. À 2 km au N de la ville ☎244.24. La municipalité tente de faire de la ville le centre touristique de la Crète de l'Est et se bat pour implanter un grand aéroport qui pourrait recevoir de gros avions (projet en cours).

➤ **Banques**. **Banque commerciale** ☎ 283.85. En face de la Banque nationale **A1**. **Banque nationale de Grèce** ☎222.50. Au coin de la rue Capetan Sifi qui monte de la place centrale **A1**. *Ouv. du lun. au jeu. de 8 h à 14 h, f. à 13 h 30 le ven.* Distributeur automatique.

➤ **Compagnie aérienne**. **Olympic Airways**, rue du 4-Septembre **A2** ☎246.66. De la place centrale, se diriger vers la sortie E de Sitia, 1re rue à dr.

➤ **Compagnies maritimes. Tzortzakis**, 150, rue Kornarou, sur le port **B1** ☎ 226.31, fax 227.31. *Ouv. t.l.j.* Départs pour Rhodes, avec escale aux îles de Kassos, Karpathos; pour Le Pirée, avec escale à Santorin, Milos. **Lane**, compagnie maritime de la Crète du Sud-Est ☎ 255.55, en face de la précédente, mêmes trajets.

➤ **Gare routière.** En face du Musée archéologique, à la sortie S de Sitia **A2** ☎ 222.72. *Ouv. t.l.j. de 6 h à 20 h 30.* Liaisons avec **Agios Nikolaos** (6 départs/j., 1 h 30 de trajet); avec **Vaï** (6 départs/j., 1 h de trajet) ou **Kato Zakros** (2 départs/j., 1 h de trajet); avec **Ierapetra** par Makrigialos (5 départs/j., 1 h 30 de trajet); avec **Heraklion** (5 départs/j., 2 h 30 de trajet).

➤ **Manifestations culturelles. Festival Kornaria**, du nom du poète Vitzentzos Kornaros (fin du XVe s.), originaire de Sitia et auteur d'une épopée en 10 000 vers, *Erotokritos.* Pendant l'été, vers le 10 juil. et jusqu'au 20 août, représentations théâtrales ou musicales sur la place centrale ou dans la forteresse. Le **carnaval** a lieu 40 jours avant Pâques, le dernier dimanche précédant le début du Carême.

➤ **Pharmacies.** Dans la rue Venizelou **A2-B1**, sur la place centrale **A2**, à côté de la Banque commerciale **A1**; on y parle le français.

➤ **Plongée sous-marine. PADI**, rue Papandreou **B2** ☎ et fax 260.70, pavlos-simos@hotmail.com.

➤ **Police touristique.** ☎ 222.66. Rue Therissou Papanastasiou, à l'entrée de la ville en venant d'Agios Nikolaos **A1**.

➤ **Poste.** Derrière l'hôtel Vaï, au coin des rues Papandreou et Dimokritou **A2**. *Ouv. du lun. au ven. de 7 h 30 à 14 h. Horaires sujets à changement, donnés à titre indicatif.*

➤ **Téléphone.** OTE, rue Capetan Sifi, qui monte de la place centrale **A1**. *Ouv. de 7 h 30 à 13 h 30; f. dim. et j.f.*

■ Vaï

Parking payant. Pas d'hébergement. Bars et tavernes sur la plage, très sollicités et plutôt chers. **Bureau d'information** dans un bus aménagé sur le parking *(en saison).*

➤ **Sports. Plongée sous-marine**: rens. sur la plage ou au ☎ 715.43, fax 715.48. **Sports nautiques, parachute ascensionnel**: rens. sur la plage ou au ☎ 613.32.

■ Zakros

➤ **Hôtel.** ▲▲ **Zakros** C, Ano Zakros ☎ et fax 933.79. *24 ch. Ouv. toute l'année.* Situé au centre du village, bon accueil; bien situé pour les randonneurs. L'hôtel assure le transfert de Sitia, ou de Kato Zakros (gratuit, sur demande) ou sur tout autre site de la région. Cimatisation, TV, minibar…

➤ **Bus.** 3 liaisons/j. **Ano Zakros/Sitia.** 2 liaisons/j. **Kato Zakros/Sitia** (1 h de trajet). ■

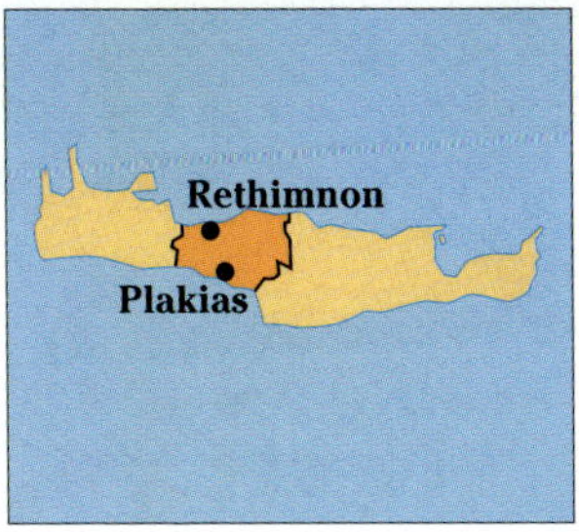

RETHIMNON ET SON DÉPARTEMENT

Rethimnon et ses environs

Rethimnon désigne à la fois la ville et le *nomos*, ou département, qui s'y rattache. Ce département est dominé à l'est par le mont Ida, qui culmine au Psiloritis (2456 m), et à l'ouest par les contreforts des Montagnes blanches (2453 m).

Rethimnon est la troisième grande ville de Crète (environ 25000 hab.). À mi-chemin entre les villes d'Heraklion et de La Canée, elle fut longtemps éclipsée par elles ; on traversait Rethimnon sans s'y arrêter. Pourtant, la ville, prospère sous l'occupation vénitienne, était devenue un centre littéraire, artistique et commercial. La vieille ville, riche de constructions vénitiennes, de maisons turques bien conservées ou restaurées, de mosquées ottomanes, évoque tous les grands moments que la Crète a vécus.

À partir de Rethimnon, excursions possibles à l'O pour découvrir, tout au long de l'*Old Road*, de superbes paysages, ou à l'E sur la côte, pour faire une halte dans de charmants petits ports entre les plages envahies par le tourisme de masse.

Rethimnon**

➤ *Bonnes adresses p. 212.*

Établie sur les ruines de l'antique **Rithymna**, fondée dès avant la fin de l'époque minoenne, la ville de Rethimnon acquiert une solide réputation sous la domination vénitienne. Grand port de l'île, ville marchande, centre administratif, elle s'éveille aux arts et devient une petite capitale intellectuelle où fleurit une littérature crétoise encore renommée. Elle continue à jouer ce rôle sous l'occupation turque et le très beau roman de **Pandelis Prevelakis**, *Chronique d'une cité*, la campe fort bien, mettant en valeur tout son caractère.

Terriblement touchée par les bombardements de la Seconde Guerre mondiale, Rethimnon, intelligemment restaurée, a retrouvé son charme et sa vitalité. Sa plage, son port plein de charme, ses tavernes, les nombreuses possibilités d'excursions en font un lieu de villégiature apprécié, mais aussi très touristique.

Promenade dans la vieille ville

La vieille ville se situe au N de l'axe routier Heraklion-La Canée, sur un isthme dont la pointe est dominée par une forteresse **A1**. Suivre la rue côtière à l'E ou longer la plage côté O. On retrouve facilement les traces de l'époque vénitienne : la forteresse, le port, quelques belles façades et des fontaines, une loggia. Mais c'est l'empreinte turque qui domine l'ensemble avec les minarets et les maisons aux avancées de bois. Une grande partie de la vieille ville devient **zone piétonnière**, de 23 h à 6 h du matin en moyenne.

RETHIMNON

La place des Quatre-Martyrs

➤ **B2** *Place des Quatre-Martyrs (4 Martiron). Au S de la vieille ville.*

La place est fermée au S par la grande rue commerçante, Kountouriotou, et le parc Rodini, agréable jardin public ombragé. À l'E s'élève l'**église moderne des Quatre-Martyrs**, à l'emplacement d'une plus ancienne, édifiée à la mémoire de quatre chrétiens qui périrent sous l'occupation turque pour être restés fidèles à leur foi. Au N-O de la place, une porte, **Porta Guora**, belle arche de

l'époque vénitienne, dominée à l'E par un élégant **minaret**, donne accès à la vieille ville. De là part une rue étroite, **Ethnikis Antistasseos**, très commerçante. Parfums, odeurs, couleurs, sur l'attrayant **marché** du début de la rue où s'entassent légumes, fruits et poissons. Une impasse, sur la g., mène à l'**église San Francesco B2**, beau bâtiment vénitien, où apparaissent toutefois quelques empreintes et dessins turcs. Elle abrite parfois des expositions. Du fond de l'impasse, au-delà de la cour de l'école, beau point de vue sur la mosquée Nerandza et son minaret.

Continuer sur la rue Ethnikis Antistasseos. À dr., la petite rue piétonnière **Souliou B2**, toujours animée, est très agréable pour faire du lèche-vitrines. Plus loin, une petite place ombragée *(platia Titou Petichaki)* **B2**, très fréquentée avec ses tavernes et ses boutiques.

LA MOSQUÉE NERANDZA

B2 Au coin S-O de cette place part une ruelle qui conduit à la mosquée Nerandza, ancienne église vénitienne que les Turcs transformèrent, aménageant deux belles coupoles. Elle est flanquée d'un minaret avec 133 marches pour

Flanqué de façades colorées au pied desquelles viennent s'amarrer les caïques, le port vénitien borde le quartier le plus ancien de Rethimnon. La forteresse et ses remparts, construits au XVIe s. en prévision des attaques ottomanes, dominent un phare datant du XIIIe s. On aperçoit au loin le minaret de l'ancienne mosquée Nerandza, convertie en salle de concerts.

accéder au balcon circulaire d'où le muezzin invitait à la prière cinq fois par jour. De là, le coup d'œil sur la ville est unique, mais l'accès est fermé pour des raisons de sécurité. On admire au rez-de-chaussée les coupoles de la salle aménagée pour des spectacles. La mosquée abrite l'école de musique.

Vers la Loggia

Le quartier au-delà de la mosquée recèle des merveilles d'architecture vénitienne, maisons aux porches de pierre sculptés et marteaux de porte en cuivre ou maisons au cachet turc. Sur la g., dans la rue Vernardou, une belle maison vénitienne du XVIIe s. avec patio abrite le **musée d'Histoire et d'Art populaire*** **B2** *(p. 198)*. Au bout de cette rue, à dr., la rue Nikiforou Foka conduit jusqu'à une place où une église moderne se dresse au milieu de l'architecture d'antan. À g., la rue Koroneou mène à un quartier plus tranquille.

Revenir sur la place et emprunter, à dr., la ruelle ♥ **Arabatzoglou**, une des plus pittoresques de la vieille ville. Sur la dr., le **musée de la Mer*** *(p. 198)* montre les voûtes d'une remarquable maison de l'époque vénitienne fort bien restaurée.

Gagner ensuite le N de la place Titou Petichaki. Sur la g., au N, s'élève la **fontaine Rimondi**** **B2**, un joyau vénitien de la ville; elle est datée de 1629. L'eau jaillit entre quatre colonnes corinthiennes par des têtes de lions. Au S-E de la place, la rue Paleologou **B2** descend à la mer. À l'angle dr. de la deuxième intersection se trouve la **Loggia****, construite autour des années 1600, un des plus beaux bâtiments vénitiens de la ville. À l'intérieur, exposition et vente de reproductions d'œuvres d'art antiques.

Le port vénitien

B1-2 Tout proche, le port vénitien, modeste mais joliment restauré, abrite des bateaux de plaisance ; les nombreuses tavernes et restaurants qui proposent poissons et fruits de mer y sont toujours animés. Au S s'allonge la grande plage de sable, bien protégée et bordée par une large promenade ombragée de palmiers.

La forteresse

➤ **A1** *À l'O du port. Ouv. t.l.j. sf lun. de 8h à 19h ; entrée payante ☎ (28310) 281.01.*

Contourner la forteresse en suivant la mer pour en apprécier la construction. Cet imposant ouvrage vénitien fut construit sur l'isthme rocheux à la fin du XVIe s. pour protéger la ville des Turcs ; ils s'en emparèrent malgré tout en 1646. C'est une très belle promenade au coucher du soleil. Il ne reste de ce passé que les remparts et, sur la colline, la grande coupole d'une mosquée désaffectée, ancienne église de l'époque vénitienne. On appréciera l'ampleur de l'espace intérieur et l'imposant dôme.

En face de l'entrée de la forteresse se trouve le **Musée archéologique***. En revenant au port par la rue Salaminos, on passe devant l'**église catholique**, beau bâtiment de l'époque vénitienne, aujourd'hui restauré.

Le Musée archéologique*

➤ **A1** *Ouv. du mar. au dim. de 8 h 30 à 15 h ; entrée payante ☎ (28310) 236.53.*

Ce musée permet de comprendre, à l'aide de cartes explicatives, la richesse des découvertes archéologiques dans la région : les sites préhistoriques (6000-1100 av. J.-C.) puis les villes, sites cultuels, cimetières et grottes (1100 av. J.-C.-325 apr. J.-C.). La collection comprend des sarcophages minoens, des pierres et des ossements de l'époque néolithique trouvés dans la **grotte de Gerani**, ainsi que des poteries, des bijoux et des sceaux découverts dans les **tombes de la nécropole d'Armeni** *(p. 207)*, et des statues d'**Eleftherna**.

La fontaine Rimondi relève de styles différents : quatre colonnes corinthiennes rehaussent la façade tout en isolant les trois gargouilles à têtes de lions. Elle s'adosse contre un mur construit durant l'occupation ottomane.

LE DÉPARTEMENT DE RETHIMNON

Panormos
Skepasti
Bali
E 75
Geropotamos
Grotte de Melidoni
Melidoni
Skaletta
90
Perama
Agia
Garazo
Margarites
Omala
Amnatos
Keramota
Axos
Moni Arkadi
Grotte de Sfedoni
Zoniana
Anogia
HERAKLION
Klisidi
Thronos
Kalogeros
ostoli
ronas
Gena
Assomatos
Elenes
Amari
Monastiraki
Mont Psiloritis
2456
Grotte de l'Ida
akari
Fourfouras
Vrises
Plateau de Nida
1370
Ano Meros
Grotte de Kamares
Nithavris
Mont Kedros
1777
Agios Paraskevi
Kamares
77
Zaros
Melambes
Majiros
DÉPARTEMENT D'HERAKLION
Agia Galini
GORTYNE
Geropotamos
Festos (Phaistos)

Le musée d'Histoire et d'Art populaire*

➤ **B2** *28-30, rue Vernardou. Ouv. t.l.j. sf dim. de 10 h à 14 h; entrée payante* ☎ *(28310) 233.98.*

Le musée expose costumes, pièces d'artisanat, travaux d'aiguille, poteries, bijoux, vannerie, métiers à tisser, trésors de la vie crétoise.

Le musée de la Mer*

➤ **B2** *Rue Arabatzoglou, presque au coin de la rue Epimenidous. Ouv. t.l.j. sf dim. et lun. de 8 h à 14 h et de 18 h à 21 h; entrée libre.*

Dans la grande pièce voûtée d'une très belle maison restaurée, les merveilles de la mer sont mises en valeur par la parfaite harmonie de couleurs et de coquillages. À voir également, de superbes coraux et des poissons naturalisés.

À l'ouest de Rethimnon

La vieille route *(Old Road)* à l'O de Rethimnon conduit dans l'arrière-pays, vers Valsamonero et son église byzantine, puis Episkopi.

Kato Valsamonero

➤ *À 15 km au S-O de Rethimnon. Sortir de Rethimnon par l'O et prendre à g. la vieille route de La Canée. Après Agios Andreas, tourner à dr. en direction de Kato Valsamonero.*

Son église, dédiée à **Agios Ioanis**, contient des fresques bien conservées du XIVe s. relatant les scènes de la vie du Christ.

D'Episkopi à ♥ Miriokefala

➤ *Du village de Kato Valsamonero part une piste de 3 km qui rejoint la route principale.*

À **Episkopi**, belle percée sur la mer. Continuer sur **Kournas**, rejoindre la côte et **Georgioupoli**, et revenir à **Rethimnon** par la voie express *(excursion d'une demi-journée)*. Au S d'Episkopi, la route monte à **Argiroupoli** *(restaurant p. 216)*, une ville importante du nom de **Lappa** à l'époque minoenne, et dont le port était Georgioupoli. À voir: le moulin en fonctionnement, la presse à huile, la roue pour le grain et, en contrebas, une église construite sur un temple dédié à Poséidon, ainsi que le muret qui limite le champ, fait des colonnes du temple et des chapiteaux. Sur la hauteur se tenait l'acropole. On y a découvert une belle mosaïque aux dessins géométriques de l'époque romaine *(en haut du village)*.

Cette région riche et verdoyante, connue pour ses sources, avait ses moulins. On venait de Sfakia ou de Plakias faire moudre le grain et presser les olives. Une industrie locale y florissait; on y fabriquait l'épaisse cape en laine de mouton des bergers. La Seconde Guerre mondiale a tué son dynamisme.

La route d'Argiroupoli monte jusqu'à ♥ **Miriokefala** (*8 km*), joli village de montagne avec sa place et ses kafénions. Dans le monastère, au centre du bourg, l'église byzantine contient des fresques restaurées (fête le 8 sept.).

La côte à l'est de Rethimnon

La route côtière à l'E de Rethimnon révèle, dans les premiers kilomètres, les effets dévastateurs d'un tourisme de masse séduit par le soleil et les plages de Crète. Hôtels, pensions, discothèques se succèdent dans un dédale anarchique de constructions souvent sans goût ni architecture. Cependant, à l'abri de cet environnement décevant, cachés derrière leurs fleurs et leur verdure, de très beaux hôtels se sont implantés, profitant de la longue plage de sable et de graviers. La **voie express** qui relie Rethimnon à Heraklion *(78 km)* est préférable. Cette belle route panoramique, qui longe en partie la côte, passe par Panormos et Bali.

Panormos

➤ *À 22 km à l'E de Rethimnon; 55 km à l'O d'Heraklion.* ***Bonnes adresses*** *p. 216.*

Ce petit port assurait à la fin du XIXe s. et au début du XXe s. les échanges commerciaux de Rethimnon. Les **ruines** d'une des plus importantes basiliques répertoriées en Crète, datant du Ve s. et dont le sol était en mosaïque, témoignent d'une longue histoire *(à 500 m au N-O du village)*. Dans ce lieu de villégiature encore modeste, la plage est protégée par une digue. De vieilles maisons de caractère se cachent au cœur du village ; certaines datent de l'époque vénitienne.

Bali

➤ *À 31 km à l'E de Rethimnon; 9 km à l'E de Panormos.*

Charmant village de pêcheurs tapi au fond d'une crique, apprécié pour ses petites plages protégées et son caractère encore traditionnel. Il s'anime le dimanche et les jours de fête avec les autochtones *(circulation souvent difficile)*. ■

Vers la grotte de l'Ida

La vieille route d'Heraklion, à l'E de Rethimnon, s'enfonce dans l'arrière-pays au bout d'une quinzaine de kilomètres. Longue et sinueuse, elle permet de découvrir de beaux paysages de montagne, d'accéder à des villages aux traditions ancestrales, Margarites, Axos et Anogia, ou à des grottes dont celle, fameuse et mythologique, de l'Ida.

Margarites

➤ *À 28 km au S-E de Rethimnon. 3 km avant Perama, quitter la vieille route pour un détour de 4 km.*

Margarites est un village de **potiers**, dont les traditions remontent à la plus haute Antiquité. On y voit de grandes jarres *(pithoi)*, comme au temps des Minoens. De Margarites, une route superbe et sinueuse, parsemée de chapelles et de villages, offre de beaux panoramas et peut conduire à Moni Arkadi *(p. 203)*.

La grotte de Melidoni

➤ *À 38 km à l'E de Rethimnon; 4 km à l'E de Perama. Revenir sur la vieille route et prendre la direction de Perama, d'où part la route pour la grotte de Melidoni. Un chemin fléché conduit à la grotte depuis le village, en 30 mn à pied env. (accès possible en voiture). Ouv. de 9h à 19h.*

Le feu de Talos

La vaste grotte de Melidoni est liée à la mythologie et à l'histoire grecque : **Talos** le géant, fils d'**Héphaïstos**, dieu du feu, dieu forgeron, s'y serait installé, surveillant et protégeant ainsi les côtes de Crète.

Lieu de culte à l'époque minoenne, la grotte fut en 1823 le théâtre d'une tragédie encore présente à la mémoire de tous les Crétois : pour réprimer une insurrection, l'armée turque alluma des feux devant l'entrée de la grotte où s'étaient réfugiés les Crétois. Quelque 370 personnes, des femmes et des enfants surtout, périrent asphyxiés. ❖

La grotte *(encadré)* est d'une taille impressionnante : 140 m de long ; elle contient six chambres avec un nombre considérable de stalactites et de stalagmites.

♥ Axos

➤ *À 18 km au S-E de Melidoni. De Melidoni, continuer sur Agia et rejoindre la vieille route d'Heraklion sur 2 km, puis prendre la direction de Garazo.*

La ville, importante à l'époque dorienne, n'est plus qu'un village avec, sur la g. à l'entrée, deux petites églises byzantines : **Agia Irini**, d'une très belle architecture, et **Agios Ioanis**, en haut du village, qui contient de fort belles fresques. L'artisanat y est devenu une activité importante. La **boutique** d'Evangelos Patelaros *(avant la place à g.)*, propose de beaux tapis fabriqués devant vous, en laine d'excellente qualité.

Zoniana

➤ *À 5 km au S-O d'Axos.*

Les amateurs de spéléologie ne manqueront pas de faire un détour par Zoniana ; à 1 km du village s'ouvre la **grotte de Sfedoni**, appelée aussi **Sentoni** *(ouv. l'été de 9 h à 19 h ; entrée payante)*, la plus grande et la plus impressionnante de Crète, avec 140 m de long, 3 300 m^2 de superficie et 14 chambres. Un parcours de 270 m est aménagé et éclairé, permettant de voir comment, depuis des milliers d'années, se sont formées cavités, stalactites et stalagmites, aux formes et aux couleurs surprenantes. Dans ce vaste espace sombre et humide, une vie animale étonnante et microscopique intéressera les amateurs de nature.

Anogia*

➤ *À 8 km au S-E d'Axos ; 30 km au S-O d'Heraklion (6 liaisons en bus/j.).* ***Bonnes adresses*** *p. 216.*

Nid de résistance pendant la Seconde Guerre mondiale, le village d'Anogia fut rasé, en représailles, par l'occupant. Aujourd'hui reconstruit, il s'étale au flanc de la montagne, à 800 m d'altitude, et reste un point d'attraction original, réputé pour son **artisanat** : travaux d'aiguille, tissages aux couleurs vives, que les femmes sont heureuses d'exposer et soucieuses de vendre.

Sur la place en bas du village est ouvert un local où sont exposées les peintures et sculptures de **Skoulas**, un berger décédé dans les années 1990 à l'âge de 92 ans, dont la vocation artistique s'était révélée sur le tard. Sa représentation naïve de la vie crétoise est intéressante.

Zeus

Dieu de l'Olympe, Zeus domine le ciel, la terre et la mer, tenant le sceptre d'une main, le foudre de l'autre. Serait-il né dans la grotte sacrée de l'Ida ?

Cronos savait qu'il serait évincé par l'un de ses enfants, aussi les avalait-il dès leur naissance, ce qui ne plaisait pas à sa femme **Rhéa**. Au sixième enfant, elle en eut assez et décida d'aller en Crète pour accoucher dans le calme et la sérénité d'une grotte. Elle appela l'enfant Zeus. Encore fallait-il nourrir le bébé, et surtout couvrir les hurlements que Cronos aurait pu entendre, un rôle dont s'acquittaient à merveille les **Courètes**, menant grand vacarme, dansant et entrechoquant lances et boucliers, tandis que la chèvre **Amalthée** lui donnait son lait et les abeilles leur miel... Et c'est ainsi que Zeus, confié aux soins de la nymphe **Andrastée**, put grandir en âge et en sagesse pour devenir le dieu de tous les dieux et de tous les hommes. ❖

Élevé au sommet du panthéon hellénique, Zeus domine le ciel comme la terre. Il est toujours représenté en homme d'âge mûr, et barbu. Ses deux attributs sont le sceptre, qui l'impose comme roi des dieux, et le foudre, qui affirme sa vocation guerrière. Il apparaît ici luttant contre un monstre marin ailé et tentaculaire.

Le plateau de Nida et la grotte de l'Ida**

➤ ***En voiture** par une belle et large route panoramique qui part du haut du village d'Anogia (pancarte « Ideon Antron, 22 km »), et qui rejoint le haut plateau de Nida. **À pied** d'Anogia en 4 ou 5 h de marche.*

La grotte de l'Ida (1 540 m) s'ouvre sur le plateau de Nida (1 370 m). Ce serait dans cette grotte que Zeus aurait grandi *(encadré)* – une concurrence directe avec la grotte du mont Dicté ! De là, les amateurs de montagne peuvent envisager une excursion à pied au Psiloritis (2 456 m) ou à la grotte de Kamares *(p. 129)*, également accessible par le sud.

Avec ses aplombs sur la vallée, la route panoramique grimpe vite et le regard embrasse les hautes montagnes crétoises sur une vaste étendue. À mi-chemin, sur la dr., **Zomintos** est un champ de fouilles minoennes. La route redescend enfin sur le haut plateau de Nida.

À l'angle N-O du plateau part une piste *(2 km)* qui s'achève en cul-de-sac, à la « station de sports d'hiver » dont Anogia s'enorgueillit. Il est vrai qu'en hiver la neige est au rendez-vous, mais les installations y sont toutefois modestes et rudimentaires.

La route du plateau s'arrête à l'unique kafénion, où l'on peut vous improviser un repas simple *(possibilité d'hébergement, voir Anogia p. 216)*. Elle devrait un jour se prolonger vers le S et permettre de redescendre sur Vorizia. Juste au-dessus de la taverne *(1 km par la piste de dr.)*, s'ouvre la **grotte de l'Ida****. Plusieurs fois explorée depuis un siècle par des archéologues, elle est encore soumise à une fouille systématique.

L'entrée est protégée, mais il est possible qu'un gardien, l'été, vous permette d'en découvrir une partie *(ouv. de 9h à 15h)*. Faites attention: ça glisse et il y fait froid.

Les objets trouvés (trépieds, statues de bronze et d'argile, sceaux, ossements) ont révélé que cette grotte était le principal sanctuaire de la Crète centrale utilisé dans l'Antiquité, dès l'époque néolithique. Elle fut particulièrement visitée aux époques hellénistique et romaine: des milliers de lampes à huile de l'époque romaine l'attestent. Elle perdit son caractère sacré au IVe s. apr. J.-C., à l'époque chrétienne.

Les couches supérieures de terre actuellement étudiées livrent les secrets de son histoire la plus proche. Il faut encore beaucoup creuser pour savoir ce que révélera la strate des Minoens! Sur un petit morceau d'argile, on a déchiffré cette inscription (IIIe s. av. J.-C.): « À Zeus de l'Ida, Astir fils d'Alexandre. » Si cette grotte est celle du **culte de Zeus**, dieu crétois de la fertilité, des quatre saisons, qui mourait et renaissait chaque année, il y a fort à parier que la naissance de Zeus, les danses rituelles des Courètes, le vacarme de leurs boucliers, tels que les décrivent les récits mythologiques *(encadré p. 201)*, auront laissé une trace matérielle dans cette terre enfouie au fond de l'antre sacrée depuis des millénaires...

À l'entrée de la grotte, on peut voir un très gros rocher dont la partie supérieure était une **table à offrandes**. En quittant la grotte, prendre le petit chemin qui va vers le N-E; vue splendide sur le plateau. On voit aussi deux énormes pierres plates: sur l'une d'elles subsistent des empreintes de pieds creusées dans la roche, les bases d'une statue; l'autre pierre était utilisée comme autel à l'époque hellénistique. ■

L'arrière-pays

Dans le proche arrière-pays de Rethimnon se trouve Moni Arkadi, qui à lui seul évoque la résistance acharnée que les Crétois opposèrent aux Turcs. Les amateurs d'églises byzantines et les randonneurs trouveront plaisir à découvrir Khromonastiri et la vallée des Moulins et, s'ils ont un véhicule et un peu plus de temps, la vallée d'Amari. Ces trois excursions indépendantes peuvent aussi se combiner.

Moni Arkadi***

➤ *À 25 km au S-E de Rethimnon. Quitter Rethimnon en direction d'Heraklion ; après env. 5 km, à Platanias, tourner à dr. Ouv. de 8 h à 20 h ; entrée payante. Restauration possible à la taverne, devant le monastère.*

La route traverse une région d'oliviers et monte jusqu'au plateau où se dresse le **monastère d'Arkadi*****. Sa glorieuse histoire en a fait le haut lieu du patriotisme crétois célébré chaque année le 9 novembre. Arkadi n'évoque pas seulement une époque, mais un esprit, marqué par le refus de toute ingérence étrangère. En 1866, lors d'une violente insurrection, un millier de personnes, en majorité des femmes et des enfants, s'étaient retranchées dans le monastère pour échapper à l'armée turque. Après deux jours d'un combat inégal, la cause étant perdue, l'higoumène Gabriel mit le feu aux poudrières, choisissant volontairement la mort pour tous plutôt que la reddition. L'extérieur du monastère est impressionnant et froid, mais l'église à deux nefs, au milieu de la grande cour intérieure, surprend par l'élégance de sa **façade Renaissance**. Sur la dr., un escalier conduit au petit **musée** qui com-

Le monastère d'Arkadi est un ouvrage vénitien datant de 1538. Son église à deux nefs a très peu souffert des destructions turques. La façade occidentale est emblématique de la « Renaissance crétoise », qui marie des éléments romans et baroques. Pilastres et arcs en tiers-point surplombent les doubles colonnes corinthiennes et les arcs en plein cintre.

Randonnée dans la vallée des Moulins

➤ *Accès en bus de Rethimnon direction Khromonastiri : descendre au pied du village de Mili ; quelques mètres plus bas, à g., à la pancarte « Watermills Valley. Myli », prendre le chemin caillouteux qui mène, de l'autre côté de la vallée, à un village abandonné, où se trouve une petite taverne sympathique. Compter 2 à 3 h de marche.*

À seulement quelques kilomètres de Rethimnon, la **rivière de Mili**, alimentée par de nombreuses sources, dévalait autrefois la montagne, se faufilant dans une étroite vallée verdoyante connue pour ses **moulins** établis dès le Moyen Âge, aujourd'hui témoins des activités d'antan. La promenade sur le chemin qui longe la rivière se parcourt dans un calme royal ; la végétation y est luxuriante : arbres magnifiques, fruits sauvages, flore colorée et nombreux oiseaux. On suit le lit de la rivière. À voir : les ruines des moulins, mais aussi celles de deux villages, **Mili-le-Haut** et **Mili-le-Bas**, et celles de la maison vénitienne du collecteur d'impôts sur la farine produite et le pain. On peut descendre ainsi jusqu'à la mer *(à Perivolia, bus pour Rethimnon)*. ❖

mémore l'histoire d'Arkadi. Le monastère est habité l'été par des moines qui vaquent aux travaux des champs ; ils vous montreront peut-être encore, dans l'aile N, le réfectoire, le four et l'emplacement des poudrières. Les bâtiments sont en grande partie restaurés.

♥ La vallée des Moulins

À peine sorti de Rethimnon, on se trouve en pleine nature. À l'E de l'av. Kountouriotou, prendre la rue Theotokopoulou *(pancarte « Agia Irini Nunnery »)* ; passer sous la voie rapide, longer une petite forêt puis passer le village de Mikra Anogia. Le vieux **monastère d'Agia Irini**, comme une forteresse sur un piton rocheux, fut souvent détruit, mais toujours rebâti. Il est habité par quelques sœurs ; belle vue sur les environs. Après Rousospiti, prendre à dr. la direction de Mili. À quelques pas, la **taverne** de la vallée des Moulins offre une pause agréable.

➤ **Khromonastiri.** *À 11 km au S-E de Rethimnon.* Dans ce joli village à deux pas de Mili se trouvent encore les ruines d'une imposante maison seigneuriale vénitienne et deux des plus vieilles églises byzantines de l'île, à la fois représentatives de l'époque et originales.

La **Panagia Kera**, au-dessus du village, à 20 mn de marche, est d'une architecture complexe, construite en plusieurs étapes ; on peut voir des restes fragmentaires de fresques du XIe s. (dans le chœur) et du XIVe s. (dans la coupole).

L'autre église, **Agios Eftymios**, est à 30 mn de marche : en regardant l'entrée du village, prendre à g. le chemin et, au premier embranchement, rester à g. L'église est remarquable par son architecture, avec sa jolie coupole à tambour perdue dans une végétation dense. Construite sur le plan d'une basilique à trois nefs, en forme de croix, elle daterait de la fin du Xe s.

La province d'Amari**

La province d'Amari, enclavée entre le mont Ida et le mont Kedros (1777 m), offre de bonnes possibilités de randonnées dans des paysages attrayants avec de nombreuses petites églises et chapelles byzantines, pour la plupart ornées de fresques.

Vers Apostoli

➤ *À 30 km au S-E de Rethimnon. Quitter Rethimnon par la sortie E et prendre, à env. 3 km à dr., la direction d'Apostoli.*

La route suit une gorge étroite, sauvage et déserte. À Apostoli s'ouvre une large et verdoyante vallée aux jolis villages blancs suspendus aux flancs des montagnes. À la sortie du village, une route à dr. mène à **Gena**; la petite chapelle byzantine, dédiée à Agios Fanourios, située en dehors de l'agglomération, contient des fresques du XIVe s.

Revenir sur la route d'Apostoli.

Thronos et Kalogeros

➤ *À 3 km après Apostoli, une route part sur la g. et monte à Thronos (2 km), situé sur l'antique Syvritos.*

Au milieu de ce village paisible, à dr., s'élève la **Panagia**, une chapelle construite sur une partie des fondations d'une basilique paléochrétienne à trois nefs, dont on distingue les absides en demi-cercle et des restes du pavement en mosaïque. L'église *(clé au kafénion)*, est entièrement recouverte de fresques du XIVe s. Bien qu'elles soient sombres, on en apprécie la qualité d'exécution; les plus anciennes sont dans le chœur.

Du village suivant, **Kalogeros**, on peut marcher une bonne demi-heure *(demander la clé et le chemin au village)* jusqu'à la petite chapelle d'**Agios Ioanis**. Elle contient quelques belles fresques, avec en particulier les visages très expressifs du Pantocrator dans le chœur, des quatre évangélistes et de saint Jean (fête le 29 août).

Randonnée dans la gorge de Patsos

➤ *Avant Apostoli en arrivant de Rethimnon, prendre à dr. la direction de Voleones. Passer devant la jolie petite église byzantine de Pandanasa, où l'on prend à g. vers Patsos. Patsos est un village sympathique avec ses kafénions et ses sources. À 1 km à la sortie du village, à dr. (pancarte « Pros Agios Andonios »), une piste carrossable conduit en haut de la gorge (suivre la flèche bleue). Passer la grille (penser à la refermer derrière soi) et continuer jusqu'à un parking, point de départ de la randonnée.*

Un chemin mène à la grotte d'**Agios Andonios**, où une église a été aménagée dans la roche. C'est un lieu de pèlerinage (fête de saint Antoine le 17 janv.). On entre ensuite dans la gorge; le chemin est fléché, souvent aménagé de marches de bois. La nature est magnifique. Attention toutefois quand le chemin connaît un fort dénivelé et plonge vers le fond de la gorge (pas de parapets); seuls les marcheurs avisés et très sportifs peuvent continuer la descente et rejoindre la route d'Apostoli *(3 h de marche env.)*. Les autres seront prudents et rebrousseront chemin. ❖

Randonnées autour de Thronos

Les randonneurs peuvent entreprendre de belles marches. Celle de Thronos au monastère d'Arkadi, en passant par Klisidi, se fait en 2 ou 3 h. On peut aussi envisager, au départ de Thronos, l'ascension du Psiloritis (2 456 m) par l'O et continuer sur Anogia ou Kamares *(p. 129)*. Départ possible aussi de Fourfouras. Pour plus d'informations, rens. auprès du Club alpin EOS de Rethimnon *(p. 216)*. ❖

De Kalogeros à Amari

➤ *De Kalogeros, poursuivre jusqu'à Assomatos (2 km). Là, plusieurs itinéraires possibles: si l'on a beaucoup de temps, faire la grande boucle par Fourfouras et Nithavris et remonter sur Apostoli par Ano Meros, Gerakari et Meronas. Cette route permet aussi de gagner Platanos (52 km), Kamares (60 km) ou de retrouver la côte sud à Agia Galini (70 km).*

➤ **MONASTIRAKI**. *À 3 km au S d'Assomatos.* En haut du village de Monastiraki se trouve la chapelle d'**Agios Giorgos**; laisser son véhicule sur la place à g., avant la sortie du village et prendre la ruelle qui descend vers le S, puis la première à dr. qui monte à cette petite église. La fresque du mur O est abîmée, mais le haut est lisible et original: couleurs claires et nombreux personnages. Dans le chœur, la Vierge et Jésus sont en parfait état.

➤ **AMARI**. *À 2 km à l'O de Monastiraki.* Ce gros bourg est le chef-lieu de la région, où s'achève la route asphaltée. Pour voir la petite **église Agia Anna**, prendre, avant la pancarte indiquant l'entrée du village, le chemin à dr. *(15 mn de marche)*. Elle apparaît juste après un grand virage: jolis détails d'architecture (arcades de la façade N) et fragments de fresques, datées de 1225, originales dans leur conception. Du haut du village part une piste praticable qui permet de rejoindre Apostoli sans revenir sur ses pas. À la première fourche, la piste de g. va vers **Vrises**, celle de dr. à **Meronas**.

Meronas

➤ *À 3 km au N-O d'Amari; 34 km au S-E de Rethimnon.*

L'**église de la Panagia**, au cœur du village de Meronas, à dr., mérite une visite *(clé chez le pope)*. Elle est construite sur le plan presque carré d'une basilique à trois nefs. La nef centrale et la nef N sont les parties les plus anciennes (vers 1300). La nef S, avec son élégant portail, date de l'époque vénitienne; noter à l'extérieur les détails d'architecture du chœur et les ouvertures sculptées dans la pierre. Cette église est ornée de très belles fresques restaurées, difficiles à dater, et contient quelques icônes anciennes.

Gerakari

➤ *À 4 km au S-O de Meronas; 38 km au S-E de Rethimnon.*

Gerakari est réputé pour ses cerises. L'église dédiée à saint Jean, **Agios Ioanis**, contient des fresques intéressantes. C'est aussi un bon départ d'excursions pour grimper au **Kedros** ou rattraper à pied la vallée parallèle de Spili. À **Elenes**, en contrebas de la route, s'élève une chapelle à deux nefs, **Agios Nikolaos** (belles fresques du XIIIe s.).

De Gerakari, une magnifique route panoramique avec de belles vues sur toute la région rejoint Spili. ■

De Rethimnon à Agia Galini

Une belle route asphaltée qui descend vers le S-E permet de se rendre, en 2 h environ, dans la plaine de la Messara et sur les sites archéologiques de Gortis *(p. 116)* et de Festos *(p. 118)*. En route, le village de Spili, dans la montagne, offre des possibilités de randonnées. Agia Galini, petit port de la côte sud qui s'ouvre sur la baie de la Messara, connaît un beau succès touristique ; il est agréable d'y passer pour lézarder sur la plage, manger en bord de mer ou dans ses ruelles animées, ou d'y rester une nuit.

La nécropole d'Armeni*

➤ *À 10 km au S de Rethimnon. Au S de Rethimnon, à 1 km avant le village d'Armeni, une pancarte signale, à dr. de la route « Late Minoan Cemetery of Armenou ». Ouv. t.l.j. sf lun. de 8 h 30 à 15 h ; entrée libre.*

Quelque 200 tombes creusées dans la roche et datées de 1300 à 1150 av. J.-C. ont déjà été mises au jour dans la forêt de petits chênes avoisinante. Beaucoup avaient été pillées ; les archéologues ont toutefois retrouvé des sarcophages, des poteries, des sceaux et des bijoux ; certaines pièces sont exposées au Musée archélogique de Rethimnon *(p. 195)*.

Spili* et ses environs

➤ *À 21 km au S-E d'Armeni ; 30 km au S-E de Rethimnon.* ***Bonnes adresses** p. 217.*

Spili est un gros bourg construit autour de sa fontaine datant de l'époque vénitienne ; une excellente eau de source jaillit en 24 points dont 19 représentent une tête de lion. C'est un bon point d'attache pour les amateurs de marche, de flore et les spéléologues attirés par

La fontaine vénitienne de Spili compte vingt-quatre bouches, d'où jaillit une excellente eau de source. Parmi elles, dix-neuf arborent le lion de Saint-Marc, emblème de la république de Venise.

Randonnée à partir de Spili

Un chemin, qui part à g. de la fontaine située au centre du village, traverse une gorge et débouche sur un plateau. Compter 1 h de marche, le temps d'observer fleurs et plantes aromatiques et peut-être d'approcher des oiseaux. Penser à prendre ses jumelles. ❖

les nombreuses grottes des alentours. À la résidence du métropolite, on vous confiera les clés des églises byzantines que vous pouvez visiter. Tout le monde dans le village vous indiquera le chemin de la résidence.

De jolis villages, peu fréquentés et proches de Spili, sont aussi à découvrir: **Lambrini**, au N-O, et son église dédiée à la Vierge et décorée de fresques, **Karines**, puis **Patsos**, avec le départ d'une belle randonnée dans la gorge du même nom *(encadré p. 205)*. Il est enfin facile de rejoindre par Gerakari la province d'Amari.

À quelques kilomètres à l'O de Spili, la route qui descend à Plakias *(p. 211)* suit la gorge de Kourtaliotiko, appréciée des randonneurs *(encadré)*.

Kisos

➤ *À 6 km au S-E de Spili; 36 km au S-E de Rethimnon.*

À 6 km de Spili, en quittant la route principale, le petit détour par Kisos permet de sortir des sentiers battus. Ce village paisible et sans prétention compte plusieurs églises byzantines: la **Panagia**, en haut du village, avec un campanile vénitien et des fresques de moindre beauté, **Agios Pnevma** (Saint-Esprit), en dehors du village, et, vers l'O, **Agios Ioanis**, Saint-Jean-le-Théologue (fête le 26 sept.).

Agia Galini*

➤ *À 20 km au S-E de Kisos; 62 km au S-E de Rethimnon.* ***Bonnes adresses*** *p. 217.*

Agia Galini est un petit port devenu très touristique. Hôtels et pensions se succèdent au flanc de la colline parcourue d'escaliers qui dévalent jusqu'à la mer. La place et les ruelles qui donnent sur le port s'animent le soir: les tavernes prennent possession de l'espace public. Agia Galini a perdu de son charme naturel, mais reste encore séduisant. ■

Randonnée dans la gorge de Kourtaliotiko

La descente de la gorge de Kourtaliotiko est une agréable promenade de 4 h env., souvent dans le lit de la rivière, jusqu'à la plage de Preveli dite Palm Beach *(p. 210)*. À la pancarte « Kurtaliotiko Ravine », où s'arrêtent bon nombre de touristes, un escalier d'environ 200 marches descend au fond de la gorge (suivre l'escalier de g.). Un torrent, dans lequel des sources se jettent en cascade, s'engage dans un petit canyon : joli coin de fraîcheur quand la Crète est accablée de chaleur. C'est aussi un lieu de pèlerinage ; les Crétois viennent se recueillir dans la petite église dédiée à saint Nicolas. ❖

La côte sud

Du port d'Agia Galini à la baie de Plakias la côte est festonnée de plages, souvent peu fréquentées en raison des difficultés d'accès, une occasion de s'offrir de belles promenades en bord de mer. Moni Preveli bénéficie d'une magnifique situation sur la mer de Libye ; ce monastère est l'un des sites les plus visités de Crète.

Agios Pavlos

➤ *À 25 km à l'O d'Agia Galini ; 27 km au S-E de Spili.*

D'Agia Galini, emprunter en direction de **Melambes** une belle route asphaltée qui offre de superbes percées sur la mer avant d'entrer dans l'arrière-pays. À 3 km après le village de Melambes, prendre la route à g. *(pancarte « Agios Pavlos 12 km »).* La descente sur la mer est spectaculaire. La route se termine à Agios Pavlos, bien situé dans une petite baie protégée, encore très modeste et habité seulement l'été. Plage, quelques sympathiques tavernes. Au-dessus du village part vers l'O un chemin qui s'arrête sur une grande esplanade ; de là, on descend à pied jusqu'à une longue et belle plage de sable.

Les plages d'Akoumia, de Triopetra et de Ligres

➤ *D'Akoumia, à 10 km au S-E de Spili, une route mène à* ***Akoumia Beach*** *(10 km) et à* ***Triopetra Beach*** *(12 km).*

Les plages qui suivent sont encore isolées, accessibles par la côte ou par la route. La route de Kerames part de Kisou Kampos à 5 km au S-E de Spili, avec de beaux paysages en corniche ; au programme, mer et nature loin de la civilisation. Une longue route *(5 km)* descend de ce village jusqu'à la mer. La plage de galets, parfois de sable, **Ligres Beach**, est déserte car difficile d'accès et loin des agglomérations *(prévoir eau, vivres et essence).*

Une piste praticable partant de **Drimiskos** permet de rejoindre la piste qui descend jusqu'à la mer d'où des bateaux desservent Palm Beach *(p. 210)* ou la route de Moni Preveli *(8 km).*

Moni Preveli***

➤ *À 37 km au S de Rethimnon ; 14 km au S-E de Plakias par Lefkogia. Du 25 mars au 31 mai, visite t.l.j. de 8 h à 19 h ; du 1er juin au 31 octobre, t.l.j. de 8 h à 13 h 30 et de 15 h 30 à 19 h, dim. et j.f. de 8 h à 19 h. Tenue décente exigée ; jupes et châles sont tendus aux dames qui ont jambes et épaules dénudées ; les hommes ne sont pas acceptés en shorts. Fête très importante au monastère le* ***14 sept.*** *; fête des Quatre Évangélistes le* ***8 mai****.*

Le site de Moni Preveli *(encadré p. 210)* en fait l'un des plus beaux monastères de l'île. La terrasse s'ouvre au S sur la mer de Libye ; elle est fermée sur les autres côtés par les bâtiments monastiques, dont l'architecture du XVIIe s. est fortement marquée d'influence vénitienne. En 1700, des moines s'y étaient retirés. Le monastère qui était, il y a encore peu de temps, désaffecté, a été restauré et est redevenu un lieu de prières pour les moines qui l'habitent.

L'**église**, au milieu de la cour intérieure, fut reconstruite sur l'emplacement de la précédente en

Moni Preveli dans la résistance

Dédié à saint Jean le Théologue, Moni Preveli fut un haut lieu de résistance contre les Turcs, puis contre les Allemands pendant la Seconde Guerre mondiale : une plaque commémorative rappelle l'héroïsme des moines qui prirent le risque de cacher les soldats des troupes alliées et permirent particulièrement aux soldats australiens et néo-zélandais de regagner la zone libre. Une fontaine, située après l'entrée à dr., leur a été offerte en remerciement. ❖

1836. Le lustre d'argent, apporté d'Istanbul et placé ici en 1845, pèse 30 kg. La croix en or et en argent sur une base de cristal (face à l'entrée) contiendrait un **morceau de la Croix du Christ** ; elle est réputée pour son pouvoir de guérir les aveugles. L'iconostase, installée en 1836, est composée de quelques icônes anciennes provenant de la première église du monastère ; sa porte date de 1750.

Un petit **musée**, dans le sous-sol, contient des icônes du XIXe s. et des objets liturgiques.

Au S-O de la terrasse pousse un arbre magnifique : ceux qui lancent en son cœur une pièce de monnaie verront peut-être leur vœu exaucé…

Palm Beach, la plage des palmiers***

C'est une magnifique plage de sable fin à l'arrivée de la gorge parcourue par une rivière, dont le lit est bordé de palmiers avant de se jeter dans la mer. Elle n'est accessible qu'à pied (*15 mn*) ou en bateau d'Agia Galini *(p. 208)* ou de Plakias *(p. 211)*. Elle se situe à l'E de Moni Preveli et il y a plusieurs moyens de s'y rendre.

La plage a beaucoup de charme : elle s'étire au fond d'une baie bien protégée ; les eaux y sont claires et fraîches, alimentées par l'eau douce de la rivière qui s'y jette. Les palmiers lui donnent un caractère exotique. La plage est aménagée : fauteuils, parasols. Quelques modestes points de vente de boissons et de nourri-

Randonnées à Palm Beach

De la route du monastère, Moni Preveli, à 1 km avant le parking sur la g., part une piste qui se prolonge par un chemin raide et caillouteux ; il descend la falaise et débouche sur la plage : compter 30 mn de marche à pied, bien chaussé. Depuis le pont (*pancarte*), situé à g. quelques kilomètres avant le monastère, on peut suivre à pied la gorge jusqu'à la plage.

En voiture, suivre la piste vers l'E en direction de Drimiskos ; la prochaine piste à dr. mène à la mer et à une plage. De là, un bateau-taxi fait la navette jusqu'à Palm Beach – que l'on peut aussi rejoindre à pied par un chemin abrupt qui franchit la falaise. ❖

Balades depuis Plakias

➤ **À PIED**. **Mirthios** se trouve à 1 h à pied par un chemin qui part du village. **Selia**, à 1 h30 à pied en suivant la piste qui part à l'O de Plakias ; jolies plages de galets, petites criques isolées, ainsi que deux tavernes en bout de piste.

➤ **EN VOITURE**. Plakias étant en cul-de-sac, il faut suivre la côte sud, mais en remontant d'abord sur Mirthios qui domine toute la baie. Après Mirthios, laisser la route qui s'engage à dr. dans l'étroite **gorge de Kotsifou** et remonte sur Rethimnon. Une belle route panoramique passe à Selia, puis à **Rodakino**, un village d'où une route descend à la mer et à une plage de sable et de graviers gris très isolée, loin des grandes installations touristiques. La route suit la côte jusqu'à **Frangokastello** *(p. 241)* et **Hora Sfakion** *(p. 240)*. ❖

ture. La rivière se remonte en barque, le rivage, à pied. Un très agréable dépaysement.

Amoudi et Damnoni

➤ *De Moni Preveli, prendre la route du S en direction de Plakias jusqu'à Lefkogia (6 km).*

La route descend à une superbe petite crique isolée, protégée par des falaises mais sans ombre ; la **plage de gravier fin d'Amoudi** et l'eau claire y sont agréables. La route suivante s'ouvre sur la belle **baie de Damnoni** avec aussi sa longue plage de sable et ses tavernes à l'ombre des tamaris *(douches sur la plage, tous sports nautiques dont planche à voile ; beaucoup de vent)*. La baie est dominée à l'O par un grand complexe hôtelier.

Plakias

➤ *À 3 km au N-O de Damnoni ; 44 km au S-O de Rethimnon. Liaisons en bus avec Rethimnon, Agia Galini, Moni Preveli, Frangokastello et Hora Sfakion.* ***Bonnes adresses** p. 217.*

Continuer vers l'O jusqu'à Plakias. Ce petit village venteux, dominé par les montagnes, à l'ombre des tamaris, est situé au bord d'une large baie avec une très belle plage. Les touristes l'apprécient pour la beauté du site, cadre qui invite à la détente. ■

Rethimnon

Indicatif ☎ *(28310)* – **Plan p. 192.**

Office du tourisme, rue Venizelou **C2**, sur la promenade en bord de mer ☎ 291.48 ou 563.50. *En été, ouv. du lun. au ven. de 8h à 16h, le sam. de 10h à 15h; f. dim. En hiver, ouv. du lun. au ven. de 8h à 14h30; f. sam. et dim.* On peut aussi contacter le **comité de promotion touristique** de Rethimnon et son département ☎ 557.65, fax 521.60, www.rethymnon.gr.

Hôtels

▲▲▲▲ **Palazzo Rimonti** A, 16, Har. Trikoupi ou 21, rue Xanthoudidou **B2** ☎ 512.89, fax 510.13. *21 appts. Ouv. avr.-oct.* Dans une ruelle de la vieille ville, entre la mosquée Nerandza et la fontaine Rimondi; jolies chambres et appartements aménagés dans un palais vénitien restauré.

▲▲▲▲ **Theartemis** A, 32, rue Portaliou **hors pl. par C3** ☎ 539.91, fax 237.85. *175 ch. Ouv. mars-nov.* Climatisé; tennis, piscine. Bruyant, table moyenne.

▲▲▲ **Fortezza** B, 16, rue Melissinou **B2** ☎ 555.51, fax 540.73. *54 ch. Ouv. mars-nov.* Au cœur de la vieille ville, à 150 m de la plage, aménagé avec goût. Piscine.

▲▲▲ **Liberty** B, à l'angle des rues Moatsou et Prevelaki, à 200 m de la plage **B3** ☎ 558.51, fax 558.50. *Ouv. toute l'année.* Très bel hôtel moderne. *50 ch.* raffinées; petit déjeuner seulement.

▲▲▲ **Olympic** B, à l'angle des rues Moatsou et Dimokratias **B3** ☎ 247.61, fax 249.00. *123 lits. Ouv. toute l'année.* Agréable. Taverne sur le toit; snack-bar.

▲▲▲ **Pearl Beach** B **hors pl. par C3** ☎ 515.13, fax 548.91. *140 ch. Ouv. avr.-nov.* Joli petit hôtel moderne au bout de la nouvelle plage à l'E de la ville, face à la mer, à 2 km du centre.

Aux portes est de la ville

▲▲▲▲ **Grecotel Creta Palace** luxe, à Missiria, à 3,5 km de Rethimnon ☎ 551.81, fax 540.85, www.grecotel.gr. *366 ch. Ouv. mars-nov.* En bord de mer. Piscine et tennis et toutes facilités.

▲▲▲▲ **Grecotel Rithymna Beach** luxe, à Adele, à 6,5 km de Rethimnon ☎ 294.91, fax 716.68, www.grecotel.gr. *Ouv. mars-nov. 520 ch. et bungalows.* Des bus locaux assurent les liaisons avec Rethimnon. C'est sans doute le meilleur hôtel de Crète dans cette catégorie. Il présente tous les avantages des hôtels de luxe: grand choix d'activités sportives (sports nautiques, tennis), club pour enfants avec garderie; grande piscine d'eau de mer et deux autres piscines plus petites. Le buffet du petit déjeuner est un régal pour les yeux: étonnante variété de plats, spécialités locales ; restaurant primé (fourchette d'or); taverne, kafénion, snack, self. Discothèque.

▲▲▲▲ **Rethymno Palace** luxe, à Adelianos Kampos ☎ 724.18, fax 724.23. *170 ch. Ouv. avr.-oct.* Ensemble très fonctionnel en bord de mer. Service adapté à la clientèle, essentiellement allemande. Piscine. Restaurant moyen.

▲▲▲▲ **Creta Star** A, à Skaletta, à 10 km de Rethimnon, sur la plage ☎ 718.12, fax 719.71, www.ghotels.com. *324 ch. Ouv. avr.-oct.* Moderne, air cond. Piscines, tennis; animation.

▲▲▲▲ **El Greco** A, à Kambos Pigis, à 8 km de Rethimnon ☎ 711.02, fax 712.15, grecotel@hol-gr. *Ouv. avr.-oct. 520 lits en ch. et bungalows.* L'arrêt des bus se trouve devant l'hôtel. Hôtel moderne et fonctionnel, animé: on y propose sports, gymnastique, soirées organisées, club pour les enfants.

Plage, tennis, sports nautiques. Bon restaurant.

▲▲▲ **Adele Beach** B, à Adele, à 6 km de de Rethimnon ☎ 710.47, fax 717.37. *180 lits. Ouv. mars-nov.* Plage, piscine, tennis.

▲▲▲ **Scaleta Beach** B, à Skaletta, au-dessus de la route, en face du Creta Star ☎ 717.02, fax 717.68. *108 ch. Ouv. avr.-oct.* Face à la mer, agréable, piscine.

▲▲ **Golden Beach** C, à Adele, à 5,5 km de Rethimnon ☎ 710.12. *300 lits. Ouv. avr.-oct.* Situé à 300 m de la plage. Moderne dans un style rustique, piscine.

Pensions

Elles sont nombreuses en ville, le long de la plage, vers le Xenia, dans la **rue Kountouriotou B2-3**.

Auberge de jeunesse

Dans la vieille ville, à 100 m de la plage, 45, rue Tombazi **B2** ☎ 228.48. *46 lits.* Elle n'est pas aux normes européennes.

Camping

Elisabeth C, sur la plage de Missiria, à 5 km à l'E de Rethimnon ☎ 286.94. *2 500 m², 492 pers., 164 tentes.* Bien situé, bien aménagé et avec beaucoup d'espace.

Locations de maisons ou d'appartements

On trouve de nombreuses maisons à louer dans les faubourgs est de Rethimnon, à Adele, à Platanes, des quartiers proches de la mer. Rens. à l'office du tourisme.

Villa Armonia A ☎ 715.29. À Stavromenos, 10 km à l'E de Rethimnon. *Appts. de 1, 2 ou 3 ch.* bien aménagées ; proche de la mer.

Julia Apartments B, à Platanias ☎ 293.96. *Studios pour 2, 3 ou 4 pers.* Donne sur le jardin d'une excellente taverne, bon accueil, ambiance familiale ; le patron est très drôle. Bus pour Rethimnon (7 km).

Se restaurer

Tavernes

Le choix ne manque pas. Poisson frais dans les tavernes du port vénitien, cadre enchanteur. Attention à la fraîcheur et… aux patrons hâbleurs.

Alana, 11, rue Salaminos **B2** ☎ 277.37. Dans la vieille ville, à côté de l'église catholique ; plus restaurant que taverne. Cadre agréable, menu plutôt international de qualité, cher. *Ouv. le soir seulement.*

Avli, rue Xanthoudidou **B2**, proche de la fontaine Rimondi, dans la vieille ville : villa italienne transformée en restaurant (cuisine grecque et internationale) ; ambiance « vénitienne » ; cher mais le mérite ; piano-bar. *Ouv. le soir.*

Erofili, rue Messologiou, en face de l'église catholique **B2** ☎ 241.77 : assez calme, bonne cuisine et prix corrects (plutôt rare à Rethimnon).

Famagousta, après le vieux port (vers le N), à côté de l'hôtel Ideon. Spécialités chypriotes **B1**.

Aux portes de la ville

Birais, sur la nouvelle plage à l'E de Rethimnon, à côté de l'hôtel Steris. Très bons mezzés.

Kombos, à la sortie O de Rethimnon, prendre la direction d'Atsipoulo, 1re taverne à g. Spécialité : le mouton. *Ouv. le soir seulement.*

À l'est de Rethimnon

Sur la vieille route (vous trouverez des indications en venant de la ville) :

Fotis, à Perivolia, à g., taverne modeste mais très crétoise. Jardin à l'arrière avec jasmin et tonnelle de vigne. Excellents *kalsounia*, feuilletés au fromage avec des épices, salés ou sucrés.

Garden, à Platanias (au carrefour route bord de mer/route d'Arkadi) : joli cadre dans un jardin, cuisine familiale mijotée ; goûtez les escargots et demandez le vin de la maison.

Gavalas, à Missiria, à dr. : une seule spécialité, les *biftekia*, boulettes de viandes ; c'est une taverne appréciée par les Crétois; touristes non initiés à la vie locale, s'abstenir.

♥ **Tou Zissi**, à Missiria, à dr.: dîner sous de grands platanes, agréable et excellente cuisine traditionnelle; les Crétois aiment s'y rendre avec famille et amis.

Loisirs

Fêtes

➤ **Fête du Vin** dans le parc municipal **B2-3**. Elle dure une semaine et a lieu à la fin juil. On achète à l'entrée du parc son verre et sa carafe et... le vin est offert gracieusement; spectacles folkloriques.

➤ **Festival de la Renaissance**. Il se tient de juil. à sept.: concerts, danses et représentations théâtrales se déroulent dans la forteresse ou dans d'autres lieux de spectacles.

Soirées

Bouzouki Sigos, prendre la direction d'Armeni, à 3 km env. *À partir de 22h30*; public crétois.

Gounakis, rue Koroneou **A2**: lieu agréable, musique crétoise et *lyra* le soir, très apprécié des touristes.

Kaklis, route de La Canée, à 22 km; musique crétoise pour public crétois, surtout le week-end.

À Pelagos, route nationale en direction de La Canée **hors pl. par A3**, à 2 km à dr.

À Faros, 1 km plus loin que Pelagos.

Sports

Tennis et **piscines** dans tous les hôtels de catégorie A.

➤ **Plongée sous-marine. Atlantis Diving Center**, à l'hôtel Rithymna Beach à Adele ☎ 710.02, fax 716.68. Initiation ou excursions pour plongeurs confirmés. Les fonds marins sont magnifiques et les grottes sont nombreuses.

➤ **Randonnées. The Happy Walker**, 5, rue Tombazi **B2** ☎ et fax 529.20. Un bon programme de marche est proposé: les gorges d'Imbros, le mont Kedros, la péninsule de l'Akrotiri. *Bureau ouv. t.l.j. sf sam. de 17h à 20h30.* **EOS**, Club alpin héllenique, organise également des randonnées *(p. 216)*.

➤ **Sports nautiques**. Surf, voile, ski nautique, banane, pédalo, canoë. Rens. à l'hôtel Rithymna Beach, Watersports Center. **Centre nautique Alpha**: programme pour débutants et bons pratiquants, le « Pink Project ». Rens. auprès de la réception des hôtels Rithymna Beach, El Greco, Creta Star et Golden Beach.

Excursions

➤ **En bateau**. Le long de la côte jusqu'aux **grottes de Stavromenos** et le village de **Bali**. Rens. ☎ 516.43. *Départ du port vénitien* **B1-2** *à 9h30, retour prévu à 17h30.* Une journée à **Santorin**: *départs les mar. et jeu. à 7h.*

➤ **Les gorges de Samaria**. Excursion possible dans la journée avec les bus locaux *(voir Gares routières)*.

➤ **Train touristique**. Il fait le tour de la ville et contourne la forteresse. *Départs toutes les 30mn de 10h à 23h sur la place située sur la promenade à l'E de l'office du tourisme* **C2**.

Shopping

Rethimnon a beaucoup d'atouts et concurrence même La Canée pour le cuir et les produits locaux. La petite rue commerçante **Souliou B2** se trouve dans la vieille ville. Nombreuses boutiques aussi dans les **rues Ethnikis Antistasseos et Arkadiou B2**.

➤ **Bijouterie. Era**, 201, rue Arkadiou **B2** ☎ 537.00, fax 537.04. Au coin S de la promenade, avant le port vénitien: bijoux de qualité; les « griffes » des grands joailliers y sont moins chères qu'en France.

➤ **Cuir**. Dans les rues commerçantes et sur la place de la fontaine Rimondi **B2**.

➤ **Librairies et journaux français. Presse internationale**, rue Petichaki **B2**; dans la rue allant de la Loggia à la mer; sur la promenade le long de la plage; rue Kountouriotou **B2**, en face de l'OTE.

Sur les quais, au bord du port vénitien de Rethimnon, des demeures aux tons pastel abritent restaurants et tavernes.

➤ **Marchés.** Tout de suite après la porte de la ville, **rue Ethnikis Antistasseos B2**, petit marché de produits frais *(t.l.j. de 7h30 à 22h30; le sam. de 7h30 à 20h30)*. **Marché des Russes et des Albanais** *(le jeu. matin de 7h à 12h)*, derrière le jardin public, à côté des bureaux de la compagnie Olympic Airways **B3**: une curiosité et des produits bon marché.

➤ **Produits du terroir.** Chez **Kondogianis**, rue Souliou **B2**: herbes aromatiques et médicinales de l'île, dictame, sauge, origan, mais aussi miel, vins et autres produits du terroir.

➤ **Supermarchés.** **Mamalakis**, sur la place des Quatre-Martyrs **B2**. Magasin en face du bureau d'Olympic Airways. **Kreta Market**, suivre la rue Kountouriotou vers l'E **C3**.

Adresses utiles

➤ **Agences de voyages.** Elles affichent le programme habituel d'excursions. Ramassage des clients devant les hôtels. **Creta Travel**, 3, rue Venizelou **C2** ☎ 519.10, fax 249.83, sur la plage côté E. **Crétoise**, 137, rue Arkadiou **B2** ☎ 242.95. Excursions, trekking, location de villas, etc.

➤ **Banques.** **Banque commerciale**, rue Giamboudaki **C2**, proche de l'office du tourisme. **Banque nationale de Grèce B2**, dans la vieille ville, entre la porte et la Loggia, ou en face de la mairie dans la rue Kountouriotou **B2**, *ouv. du lun. au ven. de 7h30 à 14h30.* **Credit Bank**, 29-31, rue Kountouriotou, en face de l'OTE **B2** ☎ 555.46 (distributeur automatique). **Distributeur** en bord de mer, rue Venizelou **B2**, près du camion-poste.

➤ **Compagnie aérienne.** **Olympic Airways**, rue Koumoundourou **B3**, au coin S-E du parc municipal Rodini ☎ 222.57, fax 273.53. *Ouv. de 7h à 19h.*

➤ **Dépannage automobile.** **ELPA**, rue Igoumenou Gavril **A2** ☎ 299.50 et 225.33.

➤ **Gare routière.** **KTEL**, rue Periferiakos, au S-O de la vieille ville, en bord de mer **A2** ☎ 222.12. Liaisons pour La **Canée** (Hania) et **Heraklion**: départs toutes les 30mn l'été, toutes les heures l'hiver, de 5h30 à 20h. Pour **Arkadi**: 3 ou 4 bus/j.; retour dans la journée. Pour la **côte sud** (Agia Galini, Plakias): 4 ou 5 bus/j.; retour dans la journée. Pour les **gorges de Samaria**: départ t.l.j. à 6h15 et 17h. Retour possible de Hora Sfakion dans la journée.

➤ **Liaisons aériennes.** Il n'y a pas d'aéroport. Pour ceux qui voyagent avec cette compagnie, un **bus Olym-**

pic Airways (il faut le prendre à l'arrêt qui se trouve 5, rue Koumoundourou **A3**) dessert l'aéroport de La Canée (Sternes) 2 h avant le départ de l'avion *(vers 17 h)*. Pour les autres ou pour rejoindre l'aéroport d'Heraklion, de nombreux bus locaux (KTEL) desservent La Canée (Hania) ou Heraklion au départ de la gare routière **A2**.

➤ **Liaisons maritimes**. Bateau t.l.j. pour **Le Pirée** *(départ en général le soir vers 19 h 30)*. Le ven. et le dim., le bateau passe par **Sifnos**.

➤ **Location de voitures**. **Avis**, 1, rue Arivelioukoti ☎ 264.80. **Hertz**, 1, rue Hortatzi ☎ 262.86. À l'hôtel El Greco ☎ 712.81. À l'hôtel Rithymna Beach ☎ 294.90.

➤ **Parkings**. Au pied de la forteresse, longer la mer par le côté ouest de la pointe terrestre, prendre à dr. la rue Melissinou, après la préfecture, suivre la pancarte « Hôtel Fortezza » **A2**. Sur la promenade, rue Venizelou **BC2**. Sur le côté ouest du parc Rodini **B3**.

➤ **Police**. Place Iroon Politechniou, au pied de la forteresse **A2** ☎ 281.56. **Police touristique**, sur la promenade en bord de mer, à côté de l'office du tourisme **C2** ☎ 281.56.

➤ **Poste**. **Poste principale**, 19, rue Moatsou **B3**. *Ouv. du lun. au ven. de 7 h 30 à 20 h, sam. de 7 h 30 à 14 h.* **Camion poste** installé en été sur nouvelle plage après l'office du tourisme, à l'E de la vieille ville **C2**.

➤ **Randonnées**. EOS, Club alpin hellénique, 12, rue Dimokratias **B3**, dans l'ancienne gare routière ☎ 226.55. Rens. sur les randonnées et les refuges.

➤ **Santé**. **Clinique privée Asklipio**, 11, rue Daskalaki **B3** ☎ 245.24, fax 528.28. **Hôpital public**, 17, rue Trandalidou, au S du parc **hors pl. par A3** ☎ 225.50 et 278.14.

➤ **Taxis**. Vous trouverez des stations de taxi sur la place des Quatre-Martyrs, en face du parc municipal **B2**, ainsi que sur la place du Soldat-Inconnu (platia Agnostou).

➤ **Téléphone**. OTE, 28, rue Kountouriotou **B2**; *ouv. t.l.j. de 8 h à 15 h.*

Les environs de Rethimnon

Indicatif ☎ (28340)

Argiroupoli

Vous trouverez plusieurs pensions et tavernes dans le village.

➤ **Restaurant**. **Le Vieux Moulin** (Paleos Milos), sur la route à dr. avant Argiroupoli, suivre les pancartes. Dans un site authentique, un lieu de gastronomie crétoise. Le propriétaire parle le français. Feuilles de vigne, délicieux feuilletés au fromage (*tiropita*), agneau grillé.

Panormos

➤ **Hôtel**. ▲▲ **Villa Kynthia** B ☎ 511.02, fax 511.48. *Ouv. mars-oct.* Hôtel de charme (fin du XIXe s.), près de la poste : *3 suites et 2 ch.* aménagées dans le respect de la tradition : meubles anciens, lits à baldaquin, peintures au mur. Accueil chaleureux ; petite piscine dans le jardin intérieur. Prix élevé pour cette catégorie, mais justifié par le cadre. Bar ouvert à tous, le soir, donnant sur la place du village.

➤ **Tavernes**. Dans le village et sur le port. **Parasiraki**, sur le port : goûter les beignets au fromage, sucrés et parfumés à la cannelle (*kiropitaki*).

Vers la grotte de l'Ida

Indicatif ☎ (28340)

Anogia

➤ **Chambres d'hôtes**. **Kriti** B ☎ 310.48. *4 ch.* **Psiloritis** B ☎ 311.94. *5 ch.*

➤ **Tavernes**. **Psistaria**, à dr. en bas du village, avant la dernière place : joli cadre. Sur le plateau de Nida : **Nida**, taverne avec *2 ch.* et s.d.b. commune.

➤ **Kaféníons**. Sur la dernière place du village, pour goûter de la chèvre ou du mouton, de la tête d'agneau et du *splinogardoumo* (abats grillés).

De Rethimnon à Agia Galini

Indicatif ☎ *(28320)*

Spili

➤ **HÔTEL.** ▲▲ **Green** C ☎ 222.25 et 220.56 (en hiver). *14 ch. Ouv. avr.-oct.* Confortable, chambres avec s.d.b. particulières; balcons fleuris, donnant sur les montagnes.

➤ **TAVERNE. Chez Iannis**, au centre du village, après la fontaine à g. Cuisine mijotée, viandes grillées, bon petit rosé de la maison.

La côte sud

Indicatif ☎ *(08320)*

Agia Galini

Hébergement

▲▲ **Adonis** C, en haut du bourg ☎ 913.33, fax 913.34. *54 ch. Ouv. avr.-oct.* Style crétois, agréable. Piscine. Loin du bruit.

▲▲ **El Greco** C, en haut du bourg ☎ 911.87, fax 914.91. *44 lits. Ouv. avr.-oct.* Petit hôtel bénéficiant d'une vue sur la mer. Air cond. dans certaines chambres.

▲▲ **Rea** C, au bas du village ☎ 913.90, fax 911.96. *18 ch. Ouv. avr.-oct.* Moderne et confortable.

Bon choix de chambres en pensions ou petits hôtels catégories D et E.

➤ **CAMPING.** Près de la plage, à 1 km à l'E du port ☎ 913.86, fax 912.39. *9866 m², 135 pers., 45 tentes.* Prendre sur la route Melambes/Timbaki le chemin à l'E de l'intersection d'Agia Galini (pancarte).

Tavernes

Nombreuses tavernes touristiques sur la place et dans les ruelles. **Alikes**, sur la promenade entre le port et la plage ☎ 913.43, un peu à l'écart, belle vue sur la mer. Cuisine crétoise.

Loisirs

➤ **PÊCHE.** En bateau à l'**île de Paximadia**; belles plages de sable.

➤ **PLAGES.** À l'E du port, plage aménagée (chemin piétonnier). Pédalos, tavernes sur la plage. Longue plage de galets peu fréquentée en continuant vers l'E par une mauvaise piste sans issue.

Adresses utiles

Dans la rue principale du village, qui descend au port : un bureau de poste, des agences de voyages et des agences de location de motos.

➤ **EXCURSIONS EN BATEAU.** *De mai à fin oct.* **Agia Galini-Preveli Beach** (excursion à la plage de Preveli) *t.l.j., départ à 10h30, retour à 20h*; de 45 mn à 1 h 30 de mer le long de la côte à Agia. Arrêt possible à la plage d'Agios Pavlos. Possibilité de « chartériser » le bateau pour se rendre à Plakias ou ailleurs; s'adresser aux capitaines des bateaux.

➤ **GARE ROUTIÈRE.** En descendant au port, première place à dr. devant l'église. Prendre son billet dans le café. Bus sur la place du port en saison, de 8 h à 14 h. 7 liaisons/j. avec **Heraklion**, échelonnées sur toute la journée; toutes les 3 h avec **Rethimnon**; liaison avec **Plakias**. Pour **Matala**, prendre le bus d'Heraklion et changer à Festos. 1 liaison/j. avec **Lendas**.

➤ **POSTE.** Dans la rue principale, à g. en descendant vers le port.

➤ **SHOPPING.** Boutiques de mode; belle échoppe d'**objets en bois d'olivier,** dans la rue qui descend au port, à g. en face de l'hôtel Rea.

➤ **TÉLÉPHONE.** Cabines téléphoniques à cartes dans le bourg.

Plakias

Hébergement

▲▲▲ **Neos Alianthos Garden** B, à l'entrée du village ☎ 312.80, fax 312.82. *98 ch. Ouv. avr.-oct.* Face à la mer, séparé de la plage par la rue, aménagé dans le style crétois. Très agréable, confortable; piscine, restaurant, bar, supermarché et location de voitures.

▲▲ **Livykon** C ☎ 314.20, fax 312.16. *27 lits. Ouv. avr.-oct.* Dans le village, face à la mer.

▲▲ **Plakias Bay** C, à l'E de la baie de Plakias (village à 10 mn de marche) ☎ 312.15, fax 319.51. *28 ch. Ouv. avr.-oct.* Bel hôtel calme situé en hauteur, chambres en bungalows superposés.

➤ **PENSIONS.** Plusieurs pensions dans le village ; bon accueil, en particulier à **Skinari**.

➤ **AUBERGE DE JEUNESSE.** ☎ 321.18. *6 bungalows, pour 8 pers.* Elle n'est pas aux normes européennes. Rens. : www.yhplakias.com.

➤ **LOCATION DE CHAMBRES.** Chambres à louer sur la route qui longe la plage.

Sports et loisirs

➤ **EXCURSIONS EN MER.** Bateaux pour **Preveli**, départs dans la matinée.

➤ **PETIT TRAIN.** Excursions vers Moni Preveli, Damnoni, Mirthios.

➤ **PLANCHE À VOILE.** La baie ventée s'y prête bien.

➤ **PLONGÉE SOUS-MARINE.** Rens. à **Phoenix Dive Club**, dans le village ☎ et fax 312.06.

➤ **VIE NOCTURNE. Meltemi Club**, un disco-bar sur la plage.

Adresses utiles

➤ **AGENCE DE VOYAGES. Candia Tours**, le long de la plage ☎ 314.33 ou 912.78. Excursions, informations.

➤ **LOCATION DE VOITURES.** Sur la route qui longe la plage.

➤ **POSTE ET TÉLÉPHONE. OTE**, camion poste *de 8 h à 14 h* sur la place en bord de mer. Aussi à **Mirthios**, le village au-dessus de Plakias. ■

LA CANÉE
ET SON DÉPARTEMENT

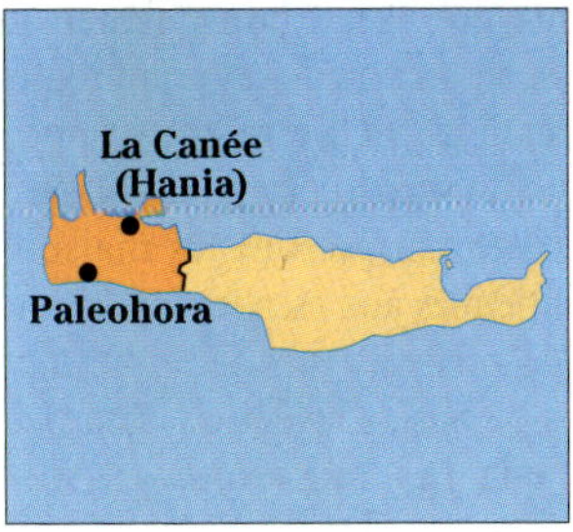

La Canée a beaucoup de cachet, un charme très vénitien et de légers traits orientaux. Son département, en grande partie encore inexploré, recèle des merveilles naturelles ou d'intérêt historique, mais l'imposant massif des Montagnes blanches en rend l'accès souvent difficile. Le voyageur pressé restera le temps de visiter la ville et de descendre les incontournables gorges de Samaria. Le peintre et les amoureux de nature et d'aventures chercheront avec passion dans l'O de l'île couleurs, senteurs et autres trésors, qu'ils se cachent dans les villages, l'arrière-pays ou les bords de mer.

♥ La Canée (Hania)***

➤ *À 58 km à l'O de Rethimnon. Liaisons en bus avec Omalos, Paleohora, Hora Sfakion, Kasteli (Kissamos), Falassarna, Khrissoskalitissas (voir p. 257).* ***Bonnes adresses*** *p. 252.*

La Canée (ou Hania, ne pas prononcer *Chania*, malgré l'orthographe germanisante adoptée sur certaines cartes), ville de 60 000 hab., a perdu son titre de capitale de l'île en 1971 au profit d'Heraklion, mais elle reste un des joyaux de l'O de la Crète.

De l'antique **Kydonia**, sur laquelle est construite la ville, on ne voit plus rien. Mais des fouilles ont révélé qu'à l'époque minoenne le site était déjà occupé, et donc l'O de l'île civilisé.

Depuis un siècle environ, la ville s'est étendue au-delà des remparts vénitiens *(encadré p. 223)*. Bien desservie par un port, un aéroport et un bon réseau d'autocars, elle est à juste titre et pour un nombre croissant de touristes, la première étape d'un voyage en Crète. On peut parcourir la ville en calèche *(p. 255)*.

Le port vénitien***

AB1 Sous l'effet d'une heureuse restauration, le port a gardé son charme d'antan. Il n'accueille que des bateaux de plaisance et ses quais sont fermés à la circulation automobile toute la journée pendant l'été. Il fait bon y flâner ou s'asseoir à l'une de ses nombreuses tavernes. On s'y retrouve pour boire un verre d'ouzo. Les connaisseurs remarqueront les maisons vénitiennes aux escaliers extérieurs et les maisons turques aux avancées de bois, souvent en encorbellement. Les « antiquités » y sont encore en place, musée vivant d'une époque révolue : restes d'une très belle fontaine turque, marteaux de porte vénitiens en cuivre, etc. Les intérieurs même des maisons, qui semblaient ne cacher que misère, révèlent des trésors depuis longtemps oubliés ; les caves sont rouvertes et aménagées, faisant réapparaître de nobles voûtes et des poutres cirées.

La Canée

Si La Canée s'ouvre largement sur la mer, son port dut faire les frais des invasions vénitienne et ottomane dont témoigne une architecture aux influences mêlées.

Au centre du port, se trouve la **mosquée des Janissaires A1**, avec sa coupole d'origine, construite en 1645 et aujourd'hui restaurée. Elle accueille des expositions temporaires, en général très intéressantes. En suivant les quais vers l'E, on gagne le port de pêche. Vers l'O, à l'extrémité des quais, s'ouvre le **musée de la Marine** *(p. 224)*. Derrière le porche d'entrée, un petit **théâtre** de plein air est fermé par la fortification vénitienne construite au XVIe s.

Topanas**

➤ **A1-2** *Du musée de la Marine, une ruelle (rue Angelou) plonge dans le quartier Topanas.*

Ce quartier est encore empreint de couleurs vénitiennes. La **rue Theotokopoulou A1** est la grande rue de Topanas. Beaux porches ou portes en bois avec leurs marteaux, balcons, four à bois du boulanger, impasses animées et fleuries, arches, inscriptions sur des maisons créent toute une atmosphère.

Descendre cette rue vers la mer pour visiter le ♥ **Musée byzantin et postbyzantin*** (*ouv. t.l.j. sf lun. de 8h30 à 15h; entrée libre*), logé dans une ancienne église (XVe-XVIIe s.). On peut y admirer un *Saint Georges terrassant le dragon* (XVIIe s.).

Remonter la rue Theotokopoulou. L'**hôtel El Greco** a installé sur son toit un café-jardin *(roof-garden)* d'où la vue est fort sympathique. Au bout de la rue, prendre à g. On peut aller tout droit, et tomber sur un escalier qui permet de rejoindre le quartier Evraiki. Ou tourner à g., dans une ruelle pleine de charme, la **rue Teofanus**, qui descend vers le port au quai Kountouriotou, un peu avant le musée de la Marine, là où une maison turque avec son avancée en bois occupe un angle, en face de l'hôtel Amphora.

À g. en descendant la ruelle, on découvre une des plus belles maisons vénitiennes de la ville, dont la cour est pavée de mosaïques, **Casa**

Delphino. En face part une ruelle avec des arches qui aboutit à une très belle porte de pierre, l'entrée d'un palais, sur l'extérieur de laquelle sont gravées 1608 et les armoiries des Renieri, une grande famille d'alors (passer la porte et se retourner).

Evraiki**

➤ **A1-2** *Dans le prolongement E de Topanas, c'est l'ancien quartier juif.*

La **rue Halidon A1-2**, reliant la nouvelle ville au port, est aujourd'hui l'axe le plus fréquenté de la vieille ville avec une forte concentration d'échoppes touristiques.

Dans la **rue Zambeliou A1**, parallèle au port, se sont ouverts d'élégants magasins, de petits cafés et des tavernes sympathiques. Au n° 43, une **loggia** vénitienne affiche ses armoiries et une inscription en latin. Par la voie perpendiculaire à cette rue et descendant vers le S, on arrive à l'un des quatre bastions que comportaient les remparts. Du bastion, emprunter la ruelle vers l'E pour regagner la rue Halidon, qui descend vers le port. Face à la place de la **cathédrale orthodoxe A2**, moderne mais imposante, s'ouvre l'entrée d'une cour avec, à g., l'escalier qui monte à la ♥ **Maison crétoise*** *(p. 225)* et, au fond, l'église catholique. À g., en redescendant vers le port, la **basilique San Francesco** date du XIVe s. Avec ses trois nefs voûtées et ses fenêtres gothiques, c'est un des plus beaux bâtiments vénitiens de Crète et la plus grande des 23 églises qui existaient à l'époque à La Canée. Sous les Turcs, elle fut transformée en mosquée. Très bien restaurée, elle dégage un sentiment de paix et abrite aujourd'hui le **Musée archéologique***** *(p. 224)*.

Dans la rue Zambeliou, les échoppes et les tavernes côtoient les vestiges de l'architecture vénitienne. Ici, une loggia, au numéro 43.

Kastelli**

➤ **AB1** *Sur la colline qui domine le port.*

Ce quartier était déjà habité à l'époque néolithique. Les Minoens y construisirent une ville, **Kydonia**. Les Vénitiens l'entourèrent d'une première muraille et y bâtirent les édifices les plus notables. Ce quartier est en cours de restauration pour mettre en valeur les traces archéologiques des différentes époques.

Du port vénitien, emprunter, entre l'extrémité de la rue Halidon et la mosquée, la **rue Kanevaro A1**. La première rue adjacente sur la g., **Lithinon**, conduit aux anciennes **Archives vénitiennes**, dont il reste l'élégant portail orné de chapiteaux corinthiens, daté de 1624. Le contourner par la dr.

La vieille ville de La Canée

La vieille ville, qui constitue une partie intéressante à visiter, s'ordonne autour du petit port. Les Vénitiens en dessinèrent le profil à partir de 1252 et l'appelèrent Canea. Elle s'articule en demi-cercle, en cinq quartiers distincts. **Kastelli** en forme le centre ; sur cette colline stratégiquement bien située se trouvent les plus vieux vestiges de la ville et les restes d'une première muraille défensive, construite par les Vénitiens au début du XIVe s. **Chiones**, **Splanzia**, **Evraiki** et **Topanas** l'enserrent d'E en O, dans l'enceinte des remparts édifiés par les Vénitiens deux siècles plus tard. De l'occupation turque, il reste des minarets et la mosquée du port. ❖

pour entrer dans une charmante cour fermée où poussent des citronniers ; un autre portail avec doubles chapiteaux et colonnade mérite un coup d'œil.

En reprenant la rue Kanevaro, aux trois coins de l'intersection suivante, les ruines de **maisons minoennes AB1** sont protégées par des grillages ; le fruit des fouilles se trouve au Musée archéologique *(p. 224)*.

On atteint ensuite la rue Agios Marcou, que l'on prend sur la g. De l'importante **église vénitienne Saint-Marc** (XIIIe s.) **B1**, à dr., il reste six arches romanes en plein cintre, qui, curieusement, constituent les fondations gauches d'une maison moderne, une pension. En continuant la rue Agios Marcou, on domine, à dr., avec le port de pêche en arrière-fond, un bâtiment (centre d'exposition) intégrant avec goût les restes d'une **loggia vénitienne** donnant sur le port : deux baies en ogive surplombées d'un arc en plein cintre. Sur la g., une grille donne accès à l'ancien **palais du recteur AB1**, le plus vieux site aménagé de La Canée ; il abrite le secrétariat de l'université *(visite possible)*. Au bout de la rue Kanevaro, à g., on descend au port de pêche où l'on voit ce qui reste des **Arsenaux vénitiens B1**.

Splanzia

B1 Traverser la rue Sifaka pour gagner la **place 1821**. À g., faisant le coin, se trouve la petite **église vénitienne** *(fermée)*, datant de 1630 et dédiée à saint Roch, saint invoqué contre la peste et les épidémies. Au milieu de la place ombragée de platanes, une plaque commémorative rappelle que le 12 mai 1821, les Turcs y ont pendu un évêque orthodoxe accusé de soulever l'agitation populaire. De l'**église Saint-Nicolas** *(Agios Nikolaos)* qui ferme la place et dont l'intérieur moderne est décevant, retenons le campanile, voisinant avec un très beau minaret. En longeant l'église par la g., on découvre une première voûte en arête, puis une galerie couverte de voûtes d'arête également, ainsi que les restes d'un monastère dominicain.

Pour visiter l'**église Agia Anargiri** (XVIe s.), petite et difficile à trouver, et pour admirer ses belles icônes, prendre vers le S la ruelle qui passe devant Saint-Nicolas jusqu'à la rue Episkopou ; tourner à g. et, dans la première ruelle à g., traverser la cour. Parmi quelques icônes anciennes, noter celle du *Jugement dernier* avec, en haut, les apôtres, les juges et le Christ et, au-dessous, les damnés, sur fond rouge, et les bons, sur fond vert. Très belles portes de bois sculptées sur la deuxième issue.

Plus loin se dresse le **minaret** de la rue Hatzimikhali. Sur la g., le ♥ **marché municipal*** **B2** (1913) occupe un bâtiment en forme de croix qui imite le marché de Marseille. De là, suivre la rue Tzanakaki jusqu'au **parc municipal**, créé en 1870, beau jardin ombragé avec un petit zoo où on peut voir la fameuse chèvre sauvage, l'agrimi, dite « kri-kri ». Deux musées se trouvent à proximité: les Archives historiques de Crète *(voir plus bas)* et le musée de la Guerre *(p. 225)*.

Halepa*

➤ **Hors pl. par B1** *Longer la mer vers l'E ou prendre la direction de la presqu'île d'Akrotiri.*

Halepa est un élégant faubourg de La Canée. Dans ce quartier résidentiel aux belles maisons bourgeoises de la fin du XIXe s. étaient rassemblés tous les consulats de La Canée, alors capitale de la Crète autonome, le palais royal du prince Georges, le haut commissaire de l'île, et la maison d'Eleftherios Venizelos.

L'église dédiée à sainte Madeleine, **Agia Magdaleni**, de style byzantin russe, fut commandée par le prince Georges en 1903. De beaux immeubles, souvent de style néo-classique, entourés de jardins fleuris, ont été restaurés, voire transformés en hôtels *(p. 252)*. Ce quartier connaît un renouveau et de nouvelles enseignes apparaissent.

Les musées de La Canée

Le Musée archéologique***

➤ **A1** *Rue Halidon. Ouv. t.l.j. sf lun. et j.f. de 8h30 à 15h; entrée payante ☎ (28210) 903.34.*

Abrité par la basilique San Francesco, ce musée expose de très beaux sarcophages de la fin de l'époque minoenne provenant de Pigi, Apodoulou et Armeni *(p. 207)*, trois superbes **mosaïques*** ** de l'époque romaine, découvertes à La Canée, ainsi que des céramiques et des terres cuites de plusieurs époques. Dans le jardin contigu, splendide **fontaine** hexagonale turque, portail vénitien de marbre et belle série d'inscriptions turques. La **collection Mitsotakis****, intégrée en 2000, contient des objets usuels en terre ou en métal (poteries, bijoux...) allant du IVe au IIe millénaire avant notre ère.

Les Archives historiques de Crète

➤ **B2** *20, rue Sfakianaki, derrière le parc municipal. Ouv. du lun. au ven. de 9h à 14h, f. sam. et dim.; entrée libre ☎ (28210) 526.06.*

Ce musée conserve photos, tableaux et documents sur **Eleftherios Venizelos** *(encadré p. 59)*, qui mena à Therisso la révolution de 1905, et conduisit l'île au rattachement au royaume de Grèce en 1913, ainsi que des documents sur la lutte contre les Turcs et la résistance pendant la Seconde Guerre mondiale.

Le musée de la Marine

➤ **A1** *Quai Kountouriotou, à l'O du port. Ouv. t.l.j. de 9h à 16h; entrée payante ☎ (28210) 918.75.*

Dans ce musée sans prétention sont exposés des instruments de navigation, des maquettes de bateaux, des portraits d'amiraux célèbres et des coquillages.

♥ La Maison crétoise*

➤ **A2** *Kritiko Spiti; aussi nommée musée de la Tradition populaire crétoise. 46 B, rue Halidon, entrée par la cour de l'église catholique. Ouv. du lun. au sam. de 9h à 15h et de 18h à 21h, dim. de 11h à 15h; f. les j.f. ☎ (28210) 908.16.*

C'est la reconstitution de l'intérieur d'une maison crétoise avec de superbes tissus brodés d'époque, le lit nuptial, des couvertures tissées aux couleurs chatoyantes, les ustensiles ou objets d'artisanat traditionnel qu'on trouvait dans tout habitat rural. Une femme crée des tableaux brodés représentant des scènes traditionnelles de la vie crétoise; on peut acheter ou commander.

Le musée de la Guerre

➤ **Hors pl. par B2** *Au coin des rues Tzanakaki et Sfakianaki, au S du parc municipal, dans un bâtiment de l'armée. Ouv t.l.j. sf dim. et lun. de 9h à 13h; entrée libre ☎ (28210) 441.56.*

Ce musée évoque, à travers des photographies, des écrits et des objets authentiques, des mouvements de libération crétois contre les Turcs, pendant les guerres balkaniques (1912-1913), pour l'union de l'île à la Grèce (1913), ou encore contre l'occupation allemande (1941-1945). Un retour dans le passé passionnant, même si les légendes ne sont encore qu'en grec. ■

Les environs de La Canée

La presqu'île d'Akrotiri*

➤ *Sortir de La Canée par Halepa, en prenant la direction de l'aéroport de Sternes (14 km).* ***Bonnes adresses*** *p. 257.*

La presqu'île d'Akrotiri a une topographie intéressante: cette avancée dans la mer s'ouvre comme un champignon. Plate à l'intérieur, elle s'élève à son extrémité pour tomber dans la mer en falaises creusées de grottes, longtemps refuges des ermites, puis des pirates. Plusieurs monastères s'y sont implantés. Leurs visites se combinent bien avec des étapes à la plage.

La colline du Prophète-Élie

➤ *Profitis Ilias. À 6 km au N-E de La Canée; en montant, prendre sur la g. (ne manquez pas la pancarte indiquant « Venizelos Tomb »).*

Ce site est très visité par les Crétois eux-mêmes: Eleftherios Venizelos, l'homme de l'autonomie et du rattachement de la Crète à la Grèce en 1913 *(encadré p. 59)*, y repose. La **vue*** sur la mer, sur La Canée et sur les Montagnes blanches *(Lefka Ori)* y est remarquable: on l'apprécie particulièrement depuis le **café Koy Koy Vagia** *(p. 258).*

Stavros

➤ *À 16 km au N-E de La Canée.*

Pour accéder à la belle plage de sable de Stavros, suivre la direction de **Kalathas**, petite baie bien protégée avec une plage aménagée. Stavros, à l'extrémité N-O de la presqu'île, est un modeste village avec quelques tavernes. Le **bord de mer** est doté d'une digue naturelle de roches façonnées par le vent

➤ *suite p. 230*

Ce vin chanté par Homère

Sitia,
l'un des quatre vignobles crétois qui jouit de l'appellation d'origine.

Longtemps, les vins crétois furent réservés à la consommation locale. Aujourd'hui, on soigne les cépages et la vinification, et on exporte.

Depuis l'époque minoenne

Toute la partie sud de la Crète, protégée des vents trop chauds, est propice à la culture de la vigne. Et cela ne date pas d'aujourd'hui, puisqu'elle peut se targuer de posséder le plus ancien vignoble de la Méditerranée. Dans l'Antiquité, Knossos, Gortis et Festos entretenaient déjà un florissant commerce vinicole. On a retrouvé dans le département d'Heraklion, à Vathipetro, les vestiges d'une vaste exploitation agricole ainsi qu'un pressoir à vin datant de l'époque minoenne, près de 1 500 ans av. J.-C. *(p. 108)*. Homère a d'ailleurs été le premier à chanter les vins crétois puisque l'on peut lire dans l'*Odyssée*, à propos de la Crète : « Il y avait là des *pithoi* d'un vieux vin suave à boire. »

50 000 hectares de vignoble

Quelques vieux cépages crétois remontent ainsi à la nuit des temps. Actuellement, une cinquantaine de milliers d'hectares environ sont plantés en vigne (y compris la production des raisins de table). Ils produisent des vins blancs et rouges, des raisins secs *(soultanita)* et le délicieux raisin de table *rasaki.*

Les vins rouges, puissants, issus de vieux cépages tels que le roméïko de La Canée, le kotsifali et le mandilari d'Heraklion, le liatiko de Lassithi, sont les plus réputés. Les cépages blancs à raisins de cuve (vilana, athiri, ladiniko) permettent l'élaboration de vins plus doux, fruités et floraux.

Les tavernes
proposent en général un vin tiré du tonneau, et servi dans des carafes, mais d'excellents vins sont mis en bouteille.

L'abus d'alcool est dangereux pour la santé. À consommer avec modération.

Quatre appellations d'origine

Quatre vignobles ont droit à l'appellation d'origine: **Sitia, Dafnes, Arhanes** et **Peza**. Les vignobles de Sitia et de Dafnes donnent des rouges secs et des rouges doux.

Le vignoble de Sitia grimpe jusqu'à 600 m. Son rendement est faible. De son cépage, le liatiko, à petites baies, on tire des vins robustes et francs et un vin de liqueur généreux, au bouquet fruité quand il est jeune. En vieillissant, il prend une saveur spéciale qui en fait un bon vin d'apéritif, très apprécié localement. Plus à l'ouest, dans le département d'Heraklion, on retrouve le même cépage liatiko, cultivé dans la région de Dafnes. Il donne lui aussi un vin de liqueur très proche de celui de Sitia. De ces deux vins délicieux, on dit qu'ils sont fils du *malvassia*, ce nectar des dieux qui, d'après la tradition, était produit dans les jarres géantes du palais de Minos à Knossos selon un secret confié au monarque crétois par l'oracle de Delphes et symbolisait, qui l'eût cru, la sagesse.

Les appellations contrôlées Arhanes et Peza viennent, quant à elles, de régions du département d'Heraklion où la vigne est cultivée depuis l'époque minoenne. Elles proviennent du cépage rouge mandilari qui donne un vin plein de bouquet et de saveur, à la belle robe rubis. On trouve aussi à Peza un blanc frais et fruité issu du vilana, très vieux cépage crétois.

Pour se procurer ces vins, demander la liste des points de vente à leur importateur: Jarrousse, 62, av. du Président-Kennedy, 94190 Villeneuve-Saint-Georges.

Le village de Peza, un centre vinicole reconnu, permet de découvrir, avec ses coopératives, les secrets du vin crétois.

Dans le corridor des magasins du palais de Knossos ont été mis au jour plus de cent *pithoi*. Ces grandes jarres à vin, typiquement crétoises, étaient confectionnées par des potiers itinérants qui s'installaient aux abords des villages.

LE DÉPARTEMENT DE LA CANÉE

N
MER DE CRÈTE
la Canée
Stavros
Grotte de Katoliko
Moni Gouverneto
Koumares
Moni Agia Triada
Horafakia
Baie de Kalathas
Kalathas
Hordaki
Maravi
Kalorrouma
Presqu'île d'Akrotiri
Colline du Prophète-Élie
La Canée (Hania)
Kounoupidiana
Aéroport de Sternes
Pithari
Marina
Sternes
Marathi
Vamvapoulos
Souda
Baie de Souda
Plage de Marathi
Mournies
Nerokouros
Kalami
Varipetro
Megali Horafia
Aptera
Kalives
Plaka
Kokkino Horio
Aletrouvari
Kondopoula
Almirida
Kambia
Fournes
Katohori
Stilos
Armeni
Drapanos
Samonas
Plativolia
Kambi
Neo Horio
Gavalohori
Meskla
Kiriakoselia
Maheri
Vamos
Drakona
Thima
Therisso
Tsakistra
Ramni
90
Agioi Pantes
Zourva
Kares
Pemonia
Nipos
Vrises
Fres
90
Tzitzifes
Filipos
Georgioupoli
RETHIMNON, HERAKLION
Mont Mavri
2 069
Vafes
Maza
Embrosneros
Alikampos
E 75
Mont Melindas
2 135
Mont Korda
1 612
Panagia
Mathes
Lac de Kournas
Mont Agriokefala
1 478
Kournas
Montagnes blanches
Samaria
Mont Pachnes
2 453
Askifos
Plateau d'Askifos
Gorges de Samaria
Asigonia
Imbros
Gorge d'Imbros
PLAKIAS, AGIA GALINI, Plaine de la Messara
Agios Pavlos
Agios Ioanis
Aradena
Agia Roumeli
Anopoli
Province de Skiafa
Ano Rodakino
Patsianos
Kapsodassos
Livaniana
Komitades
Fenix
Loutro
Hora Sfakion
Skaloti
Argoules
Kato Rodakino
Frangokastello
MÉDITERRANÉE

qui enserre la petite baie et retient l'eau de la mer, et constitue un espace de sable idéal pour les enfants. La baie est adossée aux contreforts de l'Akrotiri ; une scène du film *Zorba le Grec* y fut tournée. **Blue Beach**, plus à l'O, est une petite plage de sable fin.

Le monastère d'Agia Triada*

➤ *À 10 km au S-E de Stavros ; 16 km au N-E de La Canée (suivre la route de l'aéroport jusqu'à l'embranchement à g., signalé par une pancarte). Ouv. t.l.j. de 7h30 à 14h et de 17h à 19h ☎ (08210) 633.10.*

De Stavros, revenir à Horafakia par la route de Kalathas *(4 km au S)* et bifurquer sur la g. (pancarte). Fondé au XVIIe s., l'élégant monastère d'Agia Triada, souvent indiqué **Moni Tzagaraliou**, resta l'un des plus importants de l'île jusqu'au XIXe s. Il abrite actuellement une école de théologie. Le portail monumental de style classique (1632) et le campanile (1650) sont d'influence vénitienne. Son **trésor** est présenté dans un petit musée : icônes de la période postbyzantine et objets sacerdotaux.

Moni Gouverneto*

➤ *À 3 km au N d'Agia Triada. Ouv. t.l.j. de 8h à 12h et de 15h à 19h ☎ (08210) 633.19. Fête le* **7 oct.**

Du monastère d'Agia Triada part une route asphaltée, qui traverse une gorge étroite et aboutit à Moni Gouverneto, un autre monastère à l'allure de forteresse, mais très accueillant dès le porche franchi. Fondé en 1520 et marqué d'influences vénitiennes, il s'imposa très vite dans la vie monacale de l'Akrotiri. Il est dédié à **saint Jean l'Ermite**, un saint local très vénéré aujourd'hui, qui s'était retiré vers le IXe s. dans une grotte de la presqu'île, vivait d'herbes sauvages et fut abattu par un chasseur qui le prit pour un animal. La pièce maîtresse du monastère, cachée derrière l'iconostase – donc inaccessible pour les femmes selon la religion orthodoxe –, est une **icône** du XVe s. représentant la Vierge et l'Enfant.

La grotte de Katoliko

➤ *De Moni Gouverneto, un chemin au N y descend.*

La grotte de Katoliko servit de refuge aux ermites, qui y fondèrent, au XIIe s., le **premier monastère de Crète** pour célébrer en commun la liturgie catholique, d'où son nom. Harcelés par les pirates, ils durent l'abandonner au début du XVIIe s. et trouvèrent alors abri à Gouverneto. Il faut compter 30 mn de marche ; ne traversez pas le ravin. Au bout de 15 mn, une première grotte abrite une très belle stalagmite ; après un virage, on voit les ruines des bâtiments monastiques. La grotte de saint Jean l'Ermite se trouve sur la g., cachée dans la paroi rocheuse.

On peut descendre la gorge dans le lit d'une petite rivière qui se jette dans une crique *(marche d'env. 15 mn)*. À la sortie de la gorge, l'eau est exceptionnellement claire.

Le sud de l'Akrotiri

➤ *Reprendre la direction de l'aéroport de Sternes, vers le S.*

Plusieurs zones militaires sont interdites d'accès, mais de jolies plages sont accessibles du village de Sternes *(pancartes « Beach » ou « Paralia »)*. Celle de **Marathi***, très protégée au fond de la baie de Souda, a des eaux claires et agréables ; des excursions en bateau d'une journée au départ du port de Souda *(p. 236)* y sont organisées.

Gorge de Therisso* et églises byzantines

Cette petite excursion au départ de La Canée permet d'entrer au cœur des Montagnes blanches par une gorge étroite. Elle est particulièrement conseillée à ceux qui ne peuvent pas descendre les gorges de Samaria. Therisso est le point de départ de belles randonnées à pied dans les environs où se dissimulent des petits trésors de l'architecture byzantine.

Therisso

➤ *À 17 km au S de La Canée (2 liaisons/j. en bus).*

La route s'enfonce entre les hautes parois abruptes de la **gorge***, appelée aussi **Venizelos**, et chemine le long de la rivière bordée de beaux platanes. C'est dans ce véritable coupe-gorge que se déroulèrent les violents combats menés par les Turcs contre les résistants crétois. Mais si le nom de Therisso est associé à la lutte contre les Turcs, il l'est surtout à la révolution fomentée en 1905 par le grand homme politique reconnu de tous les Crétois, **Eleftherios Venizelos** (1864-1936), qui installa, dans le village, son quartier général pour renverser le prince Georges de la Crète autonome et gagner le rattachement de l'île à la Grèce *(encadré p. 59)*.

De **Therisso**, une piste part vers le S. Au premier embranchement, la piste de g. conduit à Drakona, puis Plativolia, Thima et Kambi, une très belle randonnée à pied avec de beaux paysages de montagnes ; retour possible à La Canée en bus. Une autre piste permet de gagner le paisible village de **Zourva** *(1 h 30 à pied)*; la route continue sur Meskla, à l'O de Therisso.

Programme

L'ouest de la Crète plaît à ceux qui aiment séjourner hors des sentiers trop encombrés. Les randonneurs descendent bien sûr les célèbres gorges de Samaria, mais parcourent surtout les chemins côtiers, de Hora Sfakion à Paleohora ou Elafonissi.

Ceux qui préfèrent lézarder s'installent dans les petits ports du S, Paleohora, Sougia ou Loutro, et profitent des bateaux qui longent la côte, jouissant sans effort de la beauté des paysages et de la lumière.

Les alpinistes choisissent le refuge de Kallergi comme départ de randonnées. Les amateurs d'art byzantin ont beaucoup de routes à suivre : Kiriakoselia, Alikampos (fresques), Episkopi ou la région de Kandanos. La petite île d'Elafonissi reste, par la magie de sa plage de sable, un paradis à retrouver.

Meskla

➤ *À 5 km au N de Zourva; 20 km au S de La Canée par la route d'Omalos en passant par Fournes (liaisons en bus).*

Ce joli village abrite, sur la dr. en descendant, la **chapelle Sotiros Christou**. On distingue très bien la partie la plus ancienne, à l'E, de sa prolongation à l'O. Les fresques sont signées et datées de 1303. Noter ***La Transfiguration**** (niche S, face à la porte N) : le Christ apparaît dans un ovale de lumière. À sa dr., Moïse et à sa g., Élie; au-dessous, les trois apôtres ; dans l'arche, les ermites. Sur le mur N de la première nef se trouvent, à g., *La Crucifixion*, à dr., *La Mise au tombeau.* À proximité du village furent retrouvées des traces de l'antique **Rizinia**.

Alikianos

➤ *À 14 km au S-O de La Canée. De Meskla, rejoindre la route d'Omalos à Fournes (7 km au N). 4 km plus loin, à l'embranchement de la route pour Sougia, faire un détour à l'O par Alikianos. Là, prendre la direction de Koufos.*

À 1,5 km du village s'élève au milieu des orangers l'**église byzantine Agios Kir Ioanis**** *(à 30 m de la route, accès par un chemin à dr.)*, remarquable par son architecture. À cette basilique à trois nefs inscrite dans le plan d'une croix grecque fut ajouté plus tard, à l'ouest, le narthex surmonté en son centre d'une coupole.

À l'extérieur, noter les arcs en plein cintre. Trois colonnes à chapiteaux sculptés et un pilier soutenaient une coupole centrale à tambour, la seule partie disparue. L'église était décorée de plusieurs couches de fresques dont subsistent quelques fragments représentant des personnages en pied (XIVe-XVe s.). ■

Les gorges de Samaria***

Cette remarquable excursion se rythme en trois temps : la route jusqu'au plateau d'Omalos, la marche à travers les 18 km de gorges, la côte sud en bateau d'Agia Roumeli jusqu'à un des villages de la côte desservis par une route.

De La Canée à l'entrée des gorges

➤ *De La Canée, prendre la direction de l'O et, à 2 km, tourner sur la g. vers le S et Omalos (liaisons en bus).*

La route asphaltée, mais cahoteuse, serpente à travers une région d'orangers, puis d'oliviers, pour devenir vraiment tortueuse en prenant de l'altitude. Mais les paysages des **Montagnes blanches** et les points de vue sur toute la région que surplombe la route sont splendides.

Le plateau d'Omalos

Le col une fois franchi, on arrive sur le plateau d'Omalos (1 050 m), d'une surface importante pour la Crète. On y cultive céréales et pommes de terre. Recouvert de neige en hiver, il n'est habité qu'en été. Le village d'Omalos a une bonne capacité d'accueil *(p. 258)*.

➤ *Avec un véhicule tout-terrain seulement, plusieurs pistes peu fréquentées au départ d'Omalos offrent de superbes paysages montagneux.*

D'Omalos, une route part vers l'O ; elle est rejointe par la piste, bonne et large, qui fait face à celle de Kallergi et contourne le plateau d'Omalos par le S. Au bout de 14 km, on retrouve la route de Sougia (29 km) et de La Canée (38 km). À 4 km au N de l'embranchement, deux pistes, sur la g., rejoignent la route qui relie

Comment se rendre dans les gorges de Samaria

➤ **En voiture**. Partir en voiture n'est pas sans inconvénient, car il n'existe aucun moyen de transport direct (en dehors des taxis) entre Hora Sfakion *(p. 240)*, Sougia *(p. 250)* et Paleohora *(p. 248)* où le bateau vous dépose, et le haut des gorges où se trouve votre véhicule. À vous donc de résoudre ce problème, soit en remontant les gorges à pied (18 km sans profiter de la promenade en mer), soit en trouvant quelqu'un pour ramener votre voiture à l'endroit où le ferry vous a déposé, le plus souvent Hora Sfakion.

➤ **En autocar**. L'excursion se fait très bien avec les autocars locaux. Il suffit de partir tôt de La Canée (horaires de bus à l'office du tourisme ou à la gare routière où l'on peut laisser ses bagages en consigne). Le départ se fait de la gare routière au panneau « Omalos ». Pour rentrer le jour même à La Canée ou à Rethimnon, prendre le ferry d'Agia Roumeli à Hora Sfakion, où vous trouverez un bus de retour.

➤ **Avec une agence de voyages**. La meilleure solution reste, en fait, l'excursion organisée au départ de La Canée ou de Rethimnon (1 jour), d'Heraklion ou d'Agios Nikolaos (1 ou 2 jours). Consulter les agences *(p. 256)*. ❖

la côte nord à Paleohora; l'une passe par Mihaliana et Palia Roumata; l'autre, par Kafouros, Neo Horio et débouche sur Voukolies. Une autre possibilité s'offre à Nea Roumata, à 8 km au N de l'embranchement précédent permettant de prendre une route à g., pour couper sur Maleme (p. 243), à l'O de La Canée.

À l'extrémité du plateau d'Omalos, avant l'entrée des gorges, part sur la g. une piste *(carrossable uniquement pour les véhicules tout-terrain)*, au dénivelé impressionnant, qui monte au **refuge de Kallergi** *(1h15 de marche)*, le mieux équipé de Grèce *(p. 258)*. De là le regard embrasse les **Montagnes blanches** et plonge dans les gorges: la **vue***** est grandiose! Du refuge partent chaque jour randonneurs ou alpinistes. Les excursions, guidées sur demande, offrent des difficultés variées jusqu'au 3e degré: **Melindas** (2135 m), **Pachnes** (2453 m), **Gingilos** (2080 m), pour alpinistes chevronnés (niveau 6).

Les parois des gorges de Samaria s'élèvent à plus de 300 m et se resserrent jusqu'à ne laisser qu'un passage de 3 m à l'endroit qu'on nomme les « Portes de Fer », ou sidéroportes. Par endroits, le sentier disparaît et il faut alors sauter d'une pierre à l'autre dans le lit du torrent. À la sortie de ces trois portes s'ouvre une belle vallée ombragée.

Xiloskalo

➤ *À 31 km au S de La Canée, à l'extrémité S-E du plateau d'Omalos.*

La route s'arrête au départ des gorges de Samaria, à Xiloskalo. Au parking d'arrivée, boutiques et cafétéria; du refuge au-dessus *(pas d'hébergement, mais restaurant et cafétéria)*, la vue plonge sur la gorge au dénivelé impressionnant, dominée par des sommets de plus de 2000 m. La végétation est remarquable: cyprès, pins, platanes sans âge, arbres aux formes étonnantes, parfois suspendus dans le vide, herbes aromatiques. Oiseaux et rapaces se plaisent dans cet espace où se cachent encore les agrimis, ou «kri-kri», ces bouquetins spécifiques à la Crète.

La descente dans les gorges***

➤ *Parc national, ouv. de 6h à 15h du 1er mai au 31 oct.; droit d'entrée. Rens. auprès de la Direction des forêts ☎ (28210) 922.87. Il est interdit d'y camper, d'y faire du feu et de porter atteinte à la nature environnante.*

C'est une merveilleuse aventure qui attend tous ceux qui sont capables de marcher 18 km *(5 ou 6h en prenant son temps)* sur un chemin muletier caillouteux, dans ce parc naturel et protégé surveillé par des *rangers* vigilants.

Cette marche n'est certainement pas à la portée de tous; il faut prendre des précautions et être équipé de bonnes chaussures fermées; des vêtements légers suffisent. Le parcours est ombragé, sauf vers la fin, pendant les dernières heures de marche. Prévoir une protection contre le soleil. La descente jusqu'à la rivière, que l'on suit, est d'abord rapide et difficile, avec 4 km de pierrailles.

On passe devant la petite église Agios Nikolaos; des sources d'eau parfaitement potable ponctuent la marche. Les ruines d'un village abandonné, Samaria, sur la g., marquent la moitié du chemin. À l'arrivée, les buissons de lauriers-roses, en fleur jusque dans l'été, se détachent sur fond de mer de Libye.

➤ **Agia Roumeli**. *À l'extrémité S des gorges.* C'est un tout petit village, au pied des gorges, sans route d'accès, mais avec pensions *(p. 258)* et tavernes pour se restaurer. Sa plage de petits galets et l'eau de la mer sont d'un luxe royal après la randonnée.

Toute l'électricité y est fournie par l'énergie solaire, comme sur l'île de Gavdos. Une **forteresse turque** domine le site. Montée à pied en 1 h 30 environ.

♥ La côte sud en bateau***

Des ferries assurent tous les jours la liaison avec **Sougia** *(p. 250)* et **Paleohora** *(p. 248)*, à l'O, d'où l'on peut remonter sur La Canée. La promenade en mer est très agréable. Un ferry dessert l'île de Gavdos une fois par semaine, le mardi.

Cependant, le retour des gorges de Samaria se fait plus généralement par **Hora Sfakion** *(p. 240)*. Plusieurs ferries, dont la fréquence et les horaires varient selon les saisons, en assurent la liaison *(dernier ferry à 18 h en haute saison)*. Le voyage dure environ 1 h 30.

En suivant la côte à pied d'Agia Roumeli *(1 h de marche)*, on accède à la petite chapelle en bord de mer **Agios Pavlos***** *(p. 241)*. Escale possible à ♥ **Loutro**, un des charmants villages de la côte *(p. 241)*.

➤ **Les routes au départ de Hora Sfakion**. De Hora Sfakion *(14 km à l'E de Loutro)*, une bonne route asphaltée de montagne, pittoresque mais tortueuse, remonte vers le N et retrouve, après Vrises, l'axe La Canée/Rethimnon.

Une autre route suit la côte sud vers l'E et permet de rejoindre Plakias *(p. 211)*, Agia Galini *(p. 208)* et la plaine de la Messara *(p. 116)*. Un service d'**autocars** très efficace est mis en place pour qu'à l'arrivée de chaque ferry les passagers puissent rejoindre La Canée, Rethimnon ou Plakias. ■

À l'est de La Canée

De la baie de Souda à Kiriakoselia

En quittant La Canée vers l'E, on traverse une plaine fertile et fruitière, la région des oranges (l'orange fut importée du Portugal, d'où son nom: *to portocali*) et des avocats. La voie express, d'E en O, permet d'éviter la ville.

La baie de Souda

Laisser sur la g. Souda *(5 km à l'E de La Canée, taverne p. 260)*, le port de La Canée *(bateaux pour Le Pirée)* mais aussi de la marine de guerre grecque. Longer la baie de Souda, un des plus grands ports naturels de toute la Méditerranée et un point stratégique capital pour l'OTAN.

Aptera

➤ *À 15 km à l'E de La Canée. De la baie de Souda, à env. 10 km de La Canée, prendre à dr. une petite route asphaltée (pancarte). À l'embranchement, garder la g. Site ouv. t.l.j. sf lun. de 8h30 à 15h.*

En quelques minutes, on arrive sur un plateau qui domine toute la baie de Souda, au milieu des **ruines d'Aptera**, une des villes les plus importantes de la Crète occidentale du Ve s. av. J.-C. jusqu'à l'époque chrétienne. On peut voir les restes d'un petit temple (IIe s. av. J.-C.), les vestiges des murs de la ville, d'un théâtre grec, ainsi que des citernes romaines. Les Vénitiens y avaient construit un monastère, les Turcs un château fort. Le site continue à être fouillé.

Stilos*

➤ *À 18 km au S-E de La Canée. Revenir d'Aptera sur la petite route et prendre à g. la direction de Stilos à la hauteur de Megali Horafia.*

Au début de la descente vers Stilos, on aperçoit à g. la très belle église byzantine de la **Panagia Serviotissa*** (XIe-XIIe s.), à l'architecture harmonieuse, cachée au milieu des

L'église byzantine d'Agios Nikolaos, à Kiriakoselia.

oliviers et des orangers. Pour s'y rendre, prendre en bas de la descente à g. une route goudronnée, en face de la route indiquant Faragi *(pancarte « Gorge Dictamoy »)*. Tourner à g., c'est indiqué. À 400 m, un panneau indique le site. L'église, à 100 m à pied à dr., est en parfait état ; seul le portail O est abîmé. Dans Stilos fut mise au jour une tombe minoenne d'influence mycénienne, hélas déjà pillée.

♥ Kiriakoselia***

➤ *À 8 km au S-O de Stilos. À la sortie du bourg de Stilos, prendre à dr. la direction de Samonas (5 km au S-O). Prévoir une lampe de poche pour regarder les fresques.*

La route qui monte à **Samonas** offre une belle percée sur la mer. En haut du village, le ♥ **kafénion** a gardé son charme d'antan. Demandez-y la clé de l'**église Agios Nikolaos** de Kiriakoselia ou, l'été, les horaires du gardien *(plutôt entre 8h et 14h)*. Une piste descend au fond d'une vallée boisée, où niche une des plus belles églises byzantines de Crète. Composée d'une nef, qui fut plus tard prolongée par une seconde église, elle est surélevée d'une coupole montée sur un haut tambour ajouré de six fenêtres en plein cintre, et entièrement décorée de fresques exceptionnelles. Noter le Pantocrator dans la coupole très éclairée, les motifs décoratifs autour du chœur et la large fresque évoquant l'ascension en avant du chœur.

La route qui remonte au N *(10 km)* passe à **Ramni** et **Maheri**. Elle longe une gorge étroite et surprend au détour de chaque virage. De **Neo Horio**, on passe au N de la voie express pour gagner **Kalives** *(5 km au N-E de Stilos)*. Taverne à **Armeni**, sur la route *(p. 258)*.

La presqu'île de Drapanos

De Kalives à Georgioupoli, on profite d'abord de la mer, puis des villages aux traditions millénaires avec leur artisanat. Suivre la baie de Souda.

Almirida

➤ *À 4 km à l'E de Kalives; 24 km au S-E de La Canée.* ***Bonnes adresses*** *p. 258; voir aussi Kalives p. 259.*

Dans ce petit port de pêcheurs, bien situé au fond d'une crique, une mosaïque aujourd'hui à ciel ouvert, à l'entrée du village, sur la g., tout juste protégée par une clôture, a révélé la présence d'une église du Ve s. apr. J.-C.

Avec une plage de sable et une plage de galets, ses tavernes en bord de mer, Almirida connaît un essor touristique encore modeste. La baie se prête à tous les **sports nautiques** : un centre UCPA propose matériel et activités *(p. 258)*. Voiles, bateaux animent le plan d'eau. Mais, nageurs, faites attention aux courants dans la baie de Souda !

Suivre la côte pour gagner **Plaka** *(2 km à l'E)* et ses grottes marines, puis à 3 km, dans l'arrière-pays, Kokkino Horio.

Kokkino Horio

➤ *À 3 km à l'E de Plaka.*

Dans ce minuscule village d'artisans peu fréquenté furent tournées, en 1964, des scènes du film *Zorba le Grec.*

On y souffle le verre : vente de pièces originales à l'**atelier de verrerie**. Dans le joli village de **Kambia**, tout proche *(3 km au S)*, un artiste célèbre, **Santorinakis**, expose ses peintures sur verre.

Gavalohori**

➤ *À 5 km au S d'Almirida.*

Maisons vénitiennes restaurées *(location possible, s'informer au musée)* et remarquable **musée** *(ouv. de 9h30 à 19h en été; en hiver sur rendez-vous ☎ (08250) 232.22; entrée payante)* qui fait revivre la Crète dans ses traditions: la maison aux arcades est un parfait exemple de l'architecture locale. On y apprend ce qu'est le *kopaneli*, art de travailler les fils pour mieux décorer les vêtements ou la maison. Les femmes ont créé une coopérative pour faire revivre leur village. Produits locaux vendus sur place.

Vamos

➤ *À 6 km au S de Gavalohori.* ***Bonnes adresses*** *p. 260.*

Vamos est un village du XVIe s., capitale de la province d'Apokoronas. Ses 650 hab. restaurent leurs maisons dans le respect des traditions: boutiques, tavernes, tout fleure bon les produits d'antan, une bonne occasion de goûter et d'emporter huile, herbes, miel, vin ou la *tsikoudia*, nom donné localement au raki.

Georgioupoli

➤ *À 13 km au S-E de Vamos; 35 km au S-E de La Canée; 7 km à l'O de Rethimnon.* ***Bonnes adresses*** *p. 258.*

Georgioupoli, à l'extrémité S-E de la presqu'île de Drapanos, était un petit port tranquille dans une baie abritée, Almiros, au bout d'une longue et belle plage de sable, qui a attiré de nombreux promoteurs d'hôtels (lieu-dit Kavros, commune de Kournas).

Ce site autrefois marécageux, connu pour ses pistachiers, s'est asséché avec la construction de la nouvelle route et est devenu un lieu de villégiature, bien situé pour visiter l'O de la Crète. La plage au centre du village est souvent fréquentée par la population locale. Une rivière d'eau claire et fraîche se jette au N de la baie; la mer y offre une sensation inhabituelle et la plage de sable fin aménagée, située après le pont, à dr., est agréable.

À 5 km au S-E de Georgioupoli se trouve le **lac de Kournas***, le seul lac d'eau douce de Crète, riche en poissons et anguilles. Il est possible de s'y baigner; le cadre est agréable. Un chemin de randonnée le contourne aux trois quarts.

La descente sur Georgioupoli peut se faire à pied en 1h30 en passant par ♥ **Mathes**, un village autrefois abandonné, mais dont certaines maisons restaurées retrouvent leurs occupants *(hébergement p. 260)*; les chemins ne sont pas toujours balisés et on peut se perdre dans la montagne; ne pas partir sans carte de randonnée et sans informations prises auprès de gens avisés.

Kournas

➤ *À 2 km au S-E du lac.*

Kournas est un gros bourg blotti au flanc de la montagne, qui domine la mer *(taverne p. 259)*. Le village, construit à l'époque vénitienne, a une architecture intéressante. L'église dédiée à saint Georges, **Agios Giorgos**, a un joli campanile vénitien à trois cloches. Elle contient des **fresques**, dont certaines, notamment celles du chœur, sont parfaitement conservées et restaurées. On distingue deux époques: les premières datent du début du XIIIe s., les secondes de la fin du XIIIe s.

De Vrises à Hora Sfakion

Cet itinéraire mène vers le pays sfakiote, haut lieu de la résistance à l'occupation ottomane menée par Daskaloianis *(voir p. 57)*. Un détour par deux églises byzantines ou une randonnée dans la gorge d'Imbros constituent de belles balades dans cette région montagneuse.

Autour de Vrises

➤ *À 33 km au S-E de La Canée; 8 km à l'O de Georgioupoli.*

Vrises, un village réputé pour son yaourt, à déguster avec du miel sous ses grands platanes, est un point de passage important entre la voie express La Canée/Rethimnon et la côte sud. Plusieurs villages proches de ce bourg sont à signaler pour leur architecture d'influence vénitienne: Gavalohori au N *(p. 238)*, Nipos *(3 km à l'O)* et Vafes *(4 km au S-O)*. À **Embrosneros** *(7 km au S)*, il reste de grandes constructions de la fin de la période vénitienne et du début de la période turque; la tour rappelant le cruel janissaire Alidakis, exécuté en 1774 par les patriotes sfakiotes, a été restaurée.

Maza et Alikampos***

➤ *À 4 km et 7 km au S de Vrises. Quitter l'axe principal et prendre à g. la petite route de Filipos; à env. 3 km, sur la g., se trouve le village de Maza.*

Sur la place de Maza s'élève la **chapelle Agios Nikolaos** en pierre taillée; ses fresques sont signées de l'artiste crétois Pagomenos et datées de 1325. Beau Pantocrator dans le chœur.

À 5 km au S de Vrises, une route à g. monte à **Alikampos**, un village traditionnel, caractéristique de l'architecture locale. En amorçant la montée vers le village, prendre le chemin à g. dans le virage qui aboutit à une fontaine vénitienne. L'**église de la Panagia***** *(« Church of Koïmesis » sur les pancartes)* est cachée en dessous, à l'ombre d'un chêne et des citronniers *(demander les clés au kafénion du village et prévenir le pope)*. Ses murs sont décorés de remarquables fresques très bien conservées, signées Pagomenos et datées de 1315-1316.

Sur le mur N (en entrant à g.), en bas à g.: *Saint Georges* avec le cheval, *Sainte Kiriaki* et un personnage non identifié. Au-dessus, *La Présentation de Marie au Temple* et, encore au dessus, *La Crucifixion*. En bas à dr.: *Marie* (très belle), qui trône avec *Jésus* et, au-dessus, *Le Baptême* (remarquable). Sur le mur S à dr., de bas en haut: l'*Archange Michel*, *Hélène* et *Constantin*, puis *La Descente aux enfers*, et enfin *Le Baiser de Judas*. À g., de bas en haut: le *Christ*, *La Résurrection de Lazare*, *La Naissance du Christ*; au-dessus de la porte, *La Dormition*. La technique utilisée rappelle les mosaïques italiennes, celles de Ravenne par exemple.

Le pays sfakiote

La route principale monte. On aperçoit au loin, derrière soi, l'Akrotiri, puis on perd de vue la côte nord. On entre dans la province sfakiote, réputée pour son esprit combatif et patriotique. C'est de là qu'est originaire Daskaloianis, le chef emblématique de la rébellion contre les Turcs.

On traverse le fertile **plateau d'Askifos**. La vie sur ces hauts plateaux est particulièrement dure l'hiver. Du village d'**Imbros**, desservi par les bus des lignes Hora Sfakion/La Canée ou Rethimnon, part le

Randonnée dans la gorge d'Imbros**

La descente de cette gorge est une randonnée de 8 km, avec un fort dénivelé mais sans difficultés particulières : la marche, en partie à l'ombre, dure environ 3 h. Suivre le lit de la rivière. Flore remarquable. Les parois peuvent se resserrer en portes étroites. Arrivée au village de **Komitades**, à 5 km à l'E de Hora Sfakion.

Prévoir de bonnes chaussures de marche pour un chemin très caillouteux. Cette excursion est au programme de plusieurs agences, ce qui résout le problème des transports, mais augmente le nombre des marcheurs. ❖

chemin de la gorge du même nom *(encadré)*.

La route plonge ensuite sur la côte sud et la mer de Libye ; le dénivelé est impressionnant. Très belle vue panoramique. En contrebas, en bord de mer, on voit la **forteresse de Frangokastello**** *(p. 242)*.

Hora Sfakion (Sfakia)*

➤ *À 73 km au S de La Canée (liaisons en bus).* ***Bonnes adresses*** *p. 259.*

Ce joli port de la côte sud joua un rôle primordial sous les Vénitiens, puis dans la résistance contre les Turcs. Il ne vit quasiment plus que du tourisme. Beaucoup de randonneurs n'y font que passer, après avoir descendu les gorges de Samaria *(p. 233)* ; mais les petites tavernes le long du port, les nombreuses chambres à louer, le cadre et les alentours permettent d'y envisager un séjour.

Les randonneurs ne s'y sont pas trompés : ils sont nombreux à parcourir la côte sud et l'arrière-pays proche. De très belles excursions à pied, vers l'O, permettent de combiner la mer, les plaisirs de la marche et la découverte d'œuvres d'art byzantines ; emporter avec soi une bonne réserve d'eau.

La côte sud

De Hora Sfakion, à l'O, la route panoramique s'élève rapidement au-dessus de la mer avec de superbes aplombs jusqu'à **Anopoli** *(12 km à l'O)*, un joli village isolé où il fait bon boire l'ouzo au kafénion.

D'Anopoli à Agia Roumeli par ♥ Aradena

➤ *Un chemin à l'O du village d'Anopoli conduit aux gorges d'Aradena ; il est très caillouteux, ponctué de balises rouges et jaunes.*

On peut descendre au fond des **gorges d'Aradena** ; l'à-pic est impressionnant et il faut s'encorder pendant 10 m sur le flanc O des gorges ; escalier et cordes sont installés pour les randonneurs.

Si la descente dans les gorges vous rebute, une piste et un pont permettent de franchir le passage difficile. Au village abandonné ♥ d'**Aradena** *(1 h de marche)*, les ruelles fraient un passage entre les maisons en ruine et les murs de grosses pierres effondrés jusqu'à la remarquable **église byzantine***** dédiée à l'archange Michel (XIVe s.) ; elle a une très belle architecture.

Construite sur les fondations d'une basilique paléochrétienne, elle s'inscrit dans le plan d'une croix; on devine les huit pans du tambour de la coupole. Elle contient de belles fresques; mais l'église est en général fermée et la clé est à Anopoli.

D'Aradena, une piste carrossable continue vers l'O en direction d'**Agios Ioanis****; deux églises, **Agios Ioanis** et la **Panagia****, contiennent des fresques du XIVe s. Un chemin muletier descend à la mer *(3h de marche)* et conduit à la merveilleuse petite **chapelle d'Agios Pavlos*****, modeste et isolée, qui brave les intempéries depuis près de neuf siècles. En forme de croix quasi grecque, elle est surmontée d'une coupole à tambour et contient des fresques (date incertaine). Longer la plage jusqu'à Agia Roumeli *(1h30 de marche, retour en ferry d'Agia Roumeli à Hora Sfakion)*.

Cette excursion peut se faire en voiture jusqu'à Aradena et même Agios Ioanis, une route ayant été ouverte, au grand regret des écologistes.

D'Anopoli à Agia Roumeli par Loutro

➤ *Un chemin au S du village d'Anopoli passe près de l'église Agia Ekaterini qui surplombe la mer, descend au petit port de Loutro (1h de marche).*

➤ ♥ **LOUTRO** *(5 liaisons en ferry/j. en été avec Hora Sfakion et Agia Roumeli; hébergement p. 260)*. Cet endroit charmant et isolé a séduit les voyageurs solitaires. Dans ce village, sans routes ni voitures, vous trouverez d'agréables chambres à louer et de nombreuses tavernes.

L'église byzantine d'Aradena, construite au XIVe s., est dédiée à l'archange Michel, vainqueur de Lucifer.

De Loutro, le chemin continue jusqu'à **Fenix** *(30mn de marche)*, reste d'un port antique. Regagner Anopoli par **Livaniana** *(6 à 8h de marche)* ou suivre la côte et les belles plages jusqu'à la **chapelle d'Agios Pavlos***** *(3h de marche et deux tavernes sur le trajet)* et de là, rejoindre Agia Roumeli *(p. 234)* en une bonne heure de marche. Le chemin classé E4 est marqué avec des repères jaunes et noirs.

Frangokastello**

➤ *À 12 km à l'E de Hora Sfakion. Une bonne route asphaltée longe la côte sud vers l'E.* ***Bonnes adresses*** *p. 258.*

Frangokastello, qui s'élève dans la plaine côtière, en bord de mer, est une des plus belles forteresses vénitiennes de Crète *(encadré p. 242)*. La plage de sable fin confère à ce site beaucoup de charme.

Les ombres de la forteresse

La forteresse vénitienne de Frangokastello fut construite en 1371 contre les attaques des pirates et des insurgés crétois. Elle ne conserve aujourd'hui que ses murailles extérieures et ses quatre tours qui délimitent un plan carré. Le portail de la face sud est surmonté du lion de Saint-Marc.

Une légende, aussi étrange que mystérieuse, entoure la forteresse de Frangokastello. Des ombres humaines, les *droussoulites*, apparaîtraient avec la rosée matinale au mois de mai ou de septembre, esprits des morts chassés du château fort qui reviendraient par la mer et sous forme de gouttes de rosée... Les fantômes hantent encore les lieux où des massacres furent perpétrés à l'époque des Turcs. Un phénomène à observer à la mi-mai et qui fascine les Crétois. ❖

On se prend à regretter qu'un périmètre historique n'ait pas été établi pour protéger l'environnement des constructions trop proches qui le défigurent.

La petite église, au N-E de la forteresse, est construite sur les fondations d'une basilique paléochrétienne dont on voit encore une partie du pavement de mosaïque. La route continue vers **Plakias**, à environ 30 km à l'E *(p. 211)*; la côte est belle et découpée, festonnée de criques à découvrir *(emprunter la piste de Rodakino)*. ■

À l'ouest de La Canée

De La Canée à Gramvoussa

La voie express (elle n'est pas encore terminée et de très beaux tronçons alternent avec des passages moins rapides), qui passe au S de La Canée, permet d'éviter la route côtière, très fréquentée et très touristique : **Agia Marina** *(6 km à l'O)* et **Platanias** *(8 km à l'O)* comptent un grand nombre d'hôtels, de pensions et d'appartements, de snacks, de boutiques, certes pratiques pour ceux qui aiment la mer et la plage, mais sans aucun caractère crétois *(adresses p. 260 et 262)*.

Sur cette côte se déroula, le 20 mai 1941, la sanglante bataille de Crète *(voir p. 59)*. À **Maleme** *(15 km à l'O)*, une route à g. monte sur la colline à un cimetière militaire allemand où 4 465 tombes s'alignent. On aperçoit la première des deux longues presqu'îles de l'O, Rodopos, qui plonge vers le N.

La presqu'île de Rodopos et le monastère de Gonia**

➤ *À 23 km à l'O de Maleme.* ***Bonnes adresses** p. 262.*

La presqu'île offre des paysages sauvages qui se découvrent à pied ou en empruntant de mauvaises pistes. Du village de Rodopos *(14 km au N-O de Maleme)*, une boucle de 15 km conduit à l'**église Agios Ioanis**, en passant d'abord par l'O *(6,5 km; 2h de marche)* et en revenant par la piste intérieure *(8,5 km; 3h de marche)*. Une grande fête religieuse a lieu, le 29 août, autour de cette petite église.

Au pied de la presqu'île, côté E, après le village de Kolimbari, se trouve le **monastère de Gonia****, souvent indiqué **Moni Odigitrias** *(ouv. t.l.j. sf sam. de 7h à 16h; entrée libre)*, qui ressemble étrangement à une forteresse. Fondé en 1618, brûlé par les Turcs en 1645, reconstruit en 1662, puis restauré en 1798 et remanié vers 1880, il lui reste des airs vénitiens mêlés de style baroque, surtout les portes du réfectoire. Il recèle un trésor et une **collection d'icônes de valeur**** des XVe-XVIe s., dont les plus belles, la *Mise en Croix* et *Saint Nicolas*, datent de 1638. L'**Académie orthodoxe de Crète** est un centre œcuménique très actif, situé à proximité du monastère, mais dont il est indépendant. Animé par l'évêque de Kissamos aux idées réformistes, il fut financé à l'origine par l'église protestante de Stuttgart (Allemagne). Des séminaires y sont organisés, ouverts à tous les visiteurs, une initiative à remarquer dans un monde orthodoxe souvent replié sur lui-même.

De Kolimbari, un détour par Episkopi s'impose pour les amateurs d'art byzantin.

Vers Episkopi

➤ *À 8 km au S de Kolimbari. Prendre au S la route de Spilia, Drakona, Episkopi (en face de la route de Moni Odigitrias).*

Vers la sortie de **Spilia** *(3 km au S de Kolimbari)*, la charmante **église de la Panagia** *(indiquée à dr. « Panayia in Spilia »)* contient des fresques, abîmées certes, mais caractéristiques de l'école crétoise, avec un fond très sombre. Une rue à dr. qui part du centre du village mène à une place ombragée de

Tout comme l'église byzantine d'Aradena, l'église d'Episkopi est dédiée à l'archange Michel, représenté sur ses fresques.

platanes, où se trouve une belle fontaine vénitienne; demander la clé de l'église à la maison qui la précède à dr. Spilia a aussi un petit musée avec quelques belles icônes anciennes *(clé chez le pope)*. Après le village de **Drakona**, un chemin à dr. *(pancarte)* mène à la chapelle dédiée à **Agios Stefanos** (Xe s.). Ses fresques sont bien conservées, par exemple dans la voûte, côté S : *La Descente du Saint Esprit* et *La Naissance*; côté N : *La Dormition* et *La Présentation au Temple*.

Avant le village d'**Episkopi**, une route à dr. indique l'**église dédiée à l'archange Michel****. Son architecture est unique en Crète. Construite sur les fondations d'une église paléochrétienne, dont il reste des fragments de mosaïque, elle est constituée d'une rotonde du VIIe ou VIIIe s. ; sa coupole n'est pas ronde mais, du sommet, elle s'évase en quatre paliers successifs, dessinant comme quatre marches d'escalier. Le narthex et les nefs en berceau, rajoutées plus tardivement, complètent l'ensemble. Il reste quelques fragments de fresques byzantines (XIIe s.) : noter le beau visage de l'archange Michel (mur S de la rotonde) et, au coin S-O du narthex, les fonts baptismaux (bassin à deux places). Des fouilles ont dégagé une nécropole.

Kasteli (Kissamos)

➤ *À 40 km à l'O de La Canée. Liaisons en bus avec La Canée et Falassarna.* ***Bonnes adresses*** *p. 261.*

Kasteli est au fond du dernier golfe de la côte nord, entre les deux presqu'îles, celle de Rodopos à l'E, et celle de Gramvoussa à l'O. Cette petite bourgade de 15 000 hab., construite sur l'antique **Kissamos**, qui était le port de Polirinia, fortifiée par les Vénitiens au XVIe s., s'est développée avec l'arrivée de la voie express. Sa plage de sable et de galets et surtout ses alentours en sont l'attrait. La ville présente peu d'intérêt en elle-même, mais les fouilles archéologiques, au S de la place centrale (bus), ont révélé des mosaïques de la ville romaine (clôture) et au N-E de cette même place, dans la petite rue, se trouve une belle fontaine vénitienne datée de 1520.

À 6 km au S de Kasteli, monter du village de **Polirinia** sur une colline qui surplombe le golfe, d'où la vue est magnifique. On retrouve là les vestiges de la ville antique, fondée par les Doriens au VIIIe s. av. J.-C. Une acropole et des citernes ont été mises au jour.

La presqu'île de Gramvoussa

➤ *Une piste pour véhicules tout-terrain de 8 km longe à partir de Kaliviani la baie de Kissamos par l'E de*

Le lagon de Balos offre des paysages encore sauvages, préservés des installations touristiques. Les sentiers de randonnées surplombent la plage de sable fin.

la presqu'île. Les randonneurs doivent prévoir eau et protection contre le soleil car il n'y a pas d'arbres.

Paysages dénudés, dépaysement total font le charme de cette route au-dessus de la mer. Du bout de la piste, pour traverser la presqu'île, compter une bonne heure de marche sur des chemins à chèvres. La descente sur l'avancée de **Tigani**, côte ouest, se fait par un long escalier de pierres tout neuf, surprenant dans cet environnement: il a été financé par les fonds européens.

Bordé d'une plage de sable fin, le magnifique ♥ **lagon de Balos*****, aux eaux turquoise, a encore la grandeur d'une nature préservée, animée par la mer, le soleil et le vent et peuplée d'oiseaux. Dans la quiétude de ce cadre, la menace des hommes est parfois présente sous la forme de petites plaques de goudron sur la plage. Une petite taverne y est ravitaillée par mer.

Sur la **petite île de Gramvoussa**, au N-O de la presqu'île, se trouvent les restes d'une des très belles forteresses créto-vénitiennes, construite en 1584, qui tomba aux mains des Turcs en 1715. Les bateaux d'excursions au départ de Kasteli s'y arrêtent.

La route intérieure vers Elafonissi

Quelques kilomètres avant Kasteli, une route descend vers le S-O de l'île et permet de gagner Elafonissi *(p. 247)* plus rapidement que par la côte ouest. Elle traverse de belles gorges et des forêts de châtaigniers.

➤ **Topolia**. *À 13 km au S de Kasteli.* À Topolia, située à 280 m d'altitude, accès à une gorge *(encadré p. 246)*.

➤ ♥ **Milia**. *À 19 km au S de Kasteli. Au S de Koutsomatados, tourner à dr. vers Vlatos. Suivre les pancartes « Milia » (de la route principale, à 6,5 km après l'embranchement). Accès par 4 km de route puis 2,5 km de piste.* Milia est un village d'inspiration écolo-

Randonnées autour de Topolia

De Topolia, la descente à pied de la gorge jusqu'à **Koutsomatados** *(4 km ; 1 h 15 de marche)* est impressionnante. À Koutsomatados, possibilité de faire une pause à la taverne *Panorama (chambres ☎ (08220) 511.63)*. On peut envisager d'autres marches : Koutsomatados/Sasalos *(4 km ; 1 h 20 de marche)* ; Koutsomatados/Mouri *(8 km ; 3 h de marche)* ; Mouri/Voulgaro *(3,5 km ; 1 h de marche)*. Voulgaro est à 4 km au N de Topolia.

Après le tunnel, on monte à pied en 20 mn environ à une des plus vastes grottes de Crète, **Agia Sofia Cave**. La vue sur la montagne est magnifique. ❖

gique, perdu au fond d'une vallée d'altitude à la végétation luxuriante et couverte de châtaigniers. Le village, qui était il y a peu de temps encore une ruine abandonnée, a été reconstruit tel qu'il était, dans le respect des matériaux et de l'environnement. Les maisons sont meublées à l'ancienne, éclairées aux bougies ; l'eau est chauffée au bois ou à l'énergie solaire ; la taverne sert des produits frais du terroir. Ce village est ouvert aux vacanciers en quête de repos et de solitude. *Hébergement (12 ch.) et taverne ☎ (08210) 467.74, fax (28220) 515.69.*

De la route principale, après **Mili** (un autre village à ne pas confondre avec Milia), une belle route asphaltée descend à Voutas *(19 km au S, p. 249)* ; une autre permet de rejoindre Kandanos *(15 km au S-E, p. 247)* et Paleohora *(p. 248)*.

Mais continuons sur **Elos** *(5 km au S-O de Mili)*, à 560 m d'altitude, le pays des châtaignes ; la ville en exporte des tonnes chaque année. La **fête de la Châtaigne** (3e dim. d'oct.) illustre l'importance de cette culture. On retrouve l'itinéraire de la côte ouest avant **Vathi**.

La côte ouest

Le coucher de soleil sur cette côte éclaire d'une lumière incomparable le site archéologique de Falassarna ou ce monastère retiré au S et cette petite île d'Elafonissi au cadre enchanteur.

Falassarna*

➤ *À 16 km à l'O de Kasteli. Bus : 2 liaisons/j. avec La Canée, matin et soir.*

C'est un site antique à l'extrême O de l'île dans un décor naturel imposant. De Kasteli, on rejoint **Platanos** *(11 km au S-O)*, d'où une route en corniche descend sur une mer aux fonds clairs, verts et bleus. La route s'achève au bord de la baie *(pensions, hôtel, chambres, tavernes)*. Une piste remonte le long de la côte vers le N jusqu'au **site archéologique** de Falassarna, qui se trouve à g. *(pancarte en grec et en anglais)*.

Ce port antique construit avec d'énormes blocs de pierre, est aujourd'hui à 500 m dans les terres et 8 m au-dessus du niveau de la mer. Il a en effet subi un phénomène géologique intéressant : la crête a basculé, s'élevant à l'O et tombant à l'E. Les fouilles se poursuivent. La baie est superbe et l'eau magnifique.

Détour le long de la côte

➤ *Après Platanos, une route en corniche, avec des aplombs impressionnants, suit la côte ouest.*

Le voyage, long pour parcourir environ 50 km, séduira les amoureux de nature. Prévoir essence, eau et vivres : la région est encore très isolée. On passe par **Sfinari** *(10 km au S de Platanos)*, petit village d'où l'on peut descendre à la mer *(plage de galets, tavernes en bord de mer et dans le village, chambres)*. Après **Amigdalokefali** *(18 km au S de Sfinari)*, on peut regagner Kasteli par Elos et Topolia ; la boucle représente 80 km. La piste qui part sur la dr. après Elos et rejoint Kandanos est praticable. En fait, on ne quitte pas vraiment la côte ouest car, si la piste s'en éloigne un peu, elle y revient par Vathi pour conduire à l'île d'Elafonissi.

Moni Khrissoskalitissas*

➤ *À 19 km au S d'Amigdalokefali par Kefali. Accès en bus de La Canée (1 liaison/j.). La route descend le long de la gorge ; en arrivant sur la mer, prendre la piste de g.*

Ce monastère n'héberge plus qu'un moine et une religieuse. Construit à l'époque vénitienne sur un îlot rocheux, il a gardé son caractère défensif malgré les transformations successives. Il vaut surtout pour le site, remarquable au coucher du soleil *(quelques maisons avec des chambres à louer et de modestes tavernes)*.

Elafonissi***

➤ *À 6 km au S de Moni Khrissoskalitissas. Accès en bus de La Canée et en bateau de Paleohora.*

De Moni Khrissoskalitissas, une route continue vers le S, dans une région déserte, caillouteuse, aux tons ocre, avec des buissons épineux pour toute végétation. Elle aboutit après 5 km à une longue plage de sable fin ; la mer, comme une lagune, s'y étire sans profondeur et ourle de fin sable rose la petite île d'Elafonissi. Pattes de mouettes qui courent dans des dunes plissées au gré des vents, fleurs des sables, plaisir des yeux : douceur d'un site qu'il faut savoir partager.

D'une côte à l'autre

De la côte nord, de **Tavronitis** *(3 km à l'O de Maleme)*, une route traverse l'île jusqu'à Paleohora sur la côte sud *(60 km)*. Elle est sinueuse et peu rapide, mais les paysages de montagnes, avec des arbres magnifiques et les villages, avec des églises à visiter ou des kafénions à fréquenter pour goûter la vie locale, lui confèrent beaucoup d'attraits.

Pour commencer, à **Voukolies** *(8 km au S de Tavronitis)*, le marché, un bazar, reste une tradition depuis l'occupation turque.

La région de Kandanos

➤ *À 44 km au S de Tavronitis.*

Entre la côte nord et la côte sud, sur le versant S des Montagnes blanches, Kandanos est le chef-lieu du district de **Selinos**. Toute la région de Kandanos fut durement touchée par les représailles allemandes pendant la Seconde Guerre mondiale : des villages furent rasés, des maisons brûlées et les Crétois résistants fusillés ; les monuments aux morts rappellent ces moments tragiques. La région est riche en églises, chapelles et fresques byzantines. On y accède au départ du bourg de Kandanos: Anisaraki, au N-E, avec quatre églises de valeur; Kakodiki, au S-O; Trachiniakos et Plemeniana, à l'O.

Kakodiki *(7 km au S-O de Kandanos)* compte deux églises byzantines. À la sortie du village, prendre sur la g. le chemin caillouteux mais carrossable, qui monte à l'école *(pancarte bleue « Pros Skolion », demander Skolio)*. Juste après l'école (identifiable par sa cour de récréation entourée d'un mur et le mât surmonté d'une croix) se cache à g., en contrebas, dans les oliviers, l'**église Panagia**, datée de 1420; les fresques y sont très abîmées.

Environ 2 km plus loin, à dr. de ce chemin et dominant toute la vallée boisée, l'église **Agios Isodoros** renferme de très belles fresques bien conservées (quoique détériorées par les Turcs: on peut voir des petits trous et des traits de lance). Demander la clé aux habitants alentour. Dans le chœur, sur fond sombre, caractéristique de l'école crétoise, un *Christ Pantocrator* et les *Quatre Évangélistes*. En entrant, à g., *Saint Georges* et, au-dessus, *La Crucifixion* (noter le réalisme dans les regards et les expressions); à dr., *Saint Dimitri* et, au-dessus, des scènes de la vie du Christ (*Le Baptême*, en bas à g.; *La Présentation au Temple*, au-dessus; *La Mise au tombeau*, à côté à dr.); *Saint Jean-Baptiste* en prison, puis décapité, au-dessous.

♥ Paleohora**

➤ *À 75 km au S-O de La Canée (liaisons en bus).* ***Bonnes adresses*** *p. 261.*

Paleohora, avec son port et ses deux baies, est un des plus jolis coins de l'île. Il ne reste plus grand-chose de la forteresse que les Vénitiens construisirent en 1279. Mais sa très longue plage de sable, à l'O, suivie de petites criques de sable ou de galets, ses possibilités d'excursions en mer le long de la côte ou dans une nature luxuriante ont fait de cet endroit un lieu de villégiature recherché, apprécié aussi des randonneurs et des voyageurs qui ne cherchent

Lieu de prédilection des hippies dans les années 1960, Paleohora est aujourd'hui appréciée pour ses plages bordées de tamaris, les randonnées dans les alentours et les nombreuses églises byzantines de la région.

pas les hôtels de catégorie supérieure. Une autre plage, à l'E, est faite de galets.

Les chemins classés E4, balisés avec des repères aux couleurs noire et jaune, offrent de **belles randonnées** le long de la côte : Paleohora/Elafonissi, à l'O *(5 h ; pas de point d'eau)*. Paleohora/Sougia, à l'E *(5 h ; point d'eau à Lissos)*. Les trajets peuvent aussi se faire en bateau.

Sur les routes et les pistes autour de Paleohora, les églises cachent des trésors d'art byzantin. Prévoir une lampe : les intérieurs des églises sont souvent sombres ; il faut parfois de la persévérance pour trouver les clés.

À l'ouest de Paleohora

De Paleohora, suivre la côte vers l'O par une route asphaltée pour les besoins de l'économie : la plaine côtière se prête bien aux cultures maraîchères sous serres, hélas en plastique, qui défigurent le paysage. À Koundouras *(8 km à l'O)*, la route quitte la côte.

Sklavopoula

Cette bourgade s'enorgueillit de compter sept églises byzantines. Elles sont fermées ou difficiles à trouver. En arrivant au village, s'adresser au kafénion (qui se trouve à la croisée de plusieurs chemins dans un site venté, mais où le regard embrasse largement la mer vers l'O ; très beau coucher de soleil). On vous indiquera la maison du *papas* (le pope), qui détient les clés. **Agios Giorgos**, située à côté de l'école, est l'église la plus ancienne ; elle date de la fin du XIIIe s. La **Panagia** est perdue dans les oliviers, au bout d'un chemin qui part du kafénion vers l'E. Elle daterait de 1300 environ et renferme de belles fresques : *Les Supplices de l'enfer*, *Le Baiser de Judas*.

En contrebas de la Panagia s'élève l'**église Christos**, sans doute de la même époque, avec un arc d'ogive. Elle contient aussi quelques fresques, apparemment restées inachevées, qui ont gardé leurs belles couleurs, surtout l'ocre et le pourpre.

Voutas

➤ *À 16 km au N-O de Paleohora. À la sortie O de la ville, prendre la direction de Voutas.*

À l'entrée de ce village, à dr., se trouve l'église **Agia Panagia**, couverte de fresques très abîmées. On peut toutefois admirer quelques beaux visages. À la sortie de Voutas, vers Sklavopoula, à 2 km à g., dans un virage et en hauteur *(15 marches, indication en grec)*, se trouve **Agia Paraskevi****. Cette petite église blanche renferme de belles fresques en meilleur état que les précédentes, avec des tons chatoyants, rouge, ocre et pourpre. À g. de la porte, en entrant, sont peintes d'étonnantes scènes érotiques inspirées par Satan.

À l'est de Paleohora

➤ *De Paleohora, une route partant vers l'E puis une piste permettent d'atteindre Sougia (env. 2 h de voiture) ; au 1er embranchement juste après le camping de Paleohora, prendre à g. (le chemin de dr. suit encore la côte pendant quelques kilomètres), la route s'engage dans une gorge.*

➤ **Anidri.** *À 5 km à l'E de Paleohora.* Anidri domine la mer ; en contrebas de la route, une **église byzantine**, originale par son architecture, avec un élégant clocheton, contient dans sa nef N quelques belles fresques bien conservées.

➤ **PODROMI.** Sur la commune de Podromi *(au N-E d'Anidri)*, trois églises sont à voir : **Agios Pandeleimon** (fresques abîmées) ; **Agios Pavlos**, accessible seulement à pied du village ; et, la plus belle par son architecture, la **Panagia**.

➤ **TEMENIA.** *De Podromi, remonter au N vers Temenia.* Ici se trouve l'église **Sotiros Cristou***** *(à la sortie du village, en direction de Sougia, après l'église neuve qu'on laisse en haut à sa g., prendre le premier chemin à dr. Indiqué « Ancient Hyrtakina » ; à 100 m, prendre le sentier à dr. d'une maison).* L'église est sur la colline, sous l'ombre des chênes. Remarquable avec ses grosses pierres de taille, originale par son architecture, elle présente une seule nef dont la partie la plus ancienne daterait du XIIIe s. Très belles fresques des XVIe et XVIIe s.

Revenir par **Platanes**, au S-O (église Agios Dimitrios), puis **Asfendiles** (église Agios Ioanis). La route cahote au flanc de la montagne dans de belles forêts et rejoint la route du N à 3 km de Paleohora.

➤ **DE PALEOHORA À SOUGIA EN BATEAU.** Si vous trouvez un caïque et « son » pêcheur, vous pouvez suivre la côte à l'E de Paleohora ; les archéologues ont découvert dans cette région des traces de villes antiques. Dans la baie d'Agios Kirkos apparaît le port de Hyrtakina, **Lissos**, qui était célèbre pour sa source et ses thermes. 15 mn plus tard, vous accostez à Sougia, située à proximité de l'antique Syia, le port d'Eliros.

Sougia*

➤ *À 42 km à l'E de Paleohora par Kandanos (route asphaltée) ; 25 km par Anidri, Podromi (15 km de pistes) ; 70 km de La Canée (2 liaisons/j. en bus avec La Canée ; 2 h 30 de trajet). En saison : liaisons en bus t.l.j. avec les gorges de Samaria (départ à 7 h, retour bateau) ; liaisons t.l.j. en bateau avec Paleohora à l'O et Agia Roumeli, Loutro et Hora Sfakion à l'E ; un bateau pour Gavdos 1 fois/sem. le mar.* ***Hébergement** p. 262.*

Sougia possède une longue plage dans une superbe baie protégée ; avec ses tavernes en bord de mer, quelques pensions, ce village charme encore le cœur des amateurs de tourisme non organisé.

L'église du village a été reconstruite sur les restes d'une **basilique paléochrétienne** ; il subsiste

Randonnée à Lissos

Un chemin E4, balisé de repères de couleur noire et jaune, conduit en 1 h 30 de marche à l'antique port de Lissos, qui fut habité à l'époque hellénistique et jusqu'à la période romaine (prévoir de l'eau). Il est marqué aussi par trois pierres disposées à intervalles le long du trajet. Il faut traverser une petite gorge, un plateau et une vallée avant d'arriver à la plage de Lissos où se trouvent les ruines ; le temple est entouré de fils de fer barbelés *(clé chez la famille qui habite là l'été)*. Le sentier continue jusqu'à Paleohora *(3 h 30 de marche ; pas de point d'eau en route ; joli parcours, mais fatigant en raison du soleil)*. ❖

♥ La gorge d'Agia Irini

Ayeriniotiko, la gorge d'Agia Irini, est longue de 7 km. Un chemin indiqué, qui part au S du village d'Agia Irini *(27 km au N de Sougia ; 42 km au S-O de La Canée)* mène à la rivière dont le lit se dessèche l'été ; la végétation est remarquable, avec une flore riche, le fameux dictame, des platanes, pins, cyprès, parfois suspendus aux parois rocheuses. Dans la gorge vivent chèvres sauvages, les agrimis, et oiseaux, certains rares, aigles dorés ou rapaces. Après 3 bonnes heures de marche, arrivée à la plage de Sougia. ❖

le pavement de mosaïque, avec de belles représentations naturalistes de paons, de biches, en partie dans l'église, en partie à l'extérieur.

À **Moni** *(12 km au N de Sougia)*, l'église Agios Nikolaos, en contrebas de la route, abrite des fresques endommagées, signées (fin du XIVe s.) face à l'entrée ; noter le visage de saint Paul sur son bateau.

L'île de Gavdos*

➤ *Accès en bateau au départ de Paleohora, via Sougia et Agia Roumeli, 1 fois/sem. ; au départ de Hora Sfakion les sam. et dim., retour possible dans la journée (informations à vérifier sur place selon la saison). Acheter des vivres et de l'eau au petit supermarché au cas où le bateau de retour se ferait attendre.*

Cette petite île de 37 km² est à environ 50 km au S-E de Paleohora et ne compte que 4 villages et moins de 100 hab. Toute son énergie vient du soleil. **Vatsiana** est le village le plus méridional de toute l'Europe, très proche de l'Afrique. Le bateau vous dépose à **Karave** *(quelques maisons, avec chambres à louer, deux modestes tavernes)*. Un bus, deux voitures ou trois tracteurs assurent le transport des quelques touristes jusqu'à Kastri ou la plage de Sarakiniko ; les autres doivent marcher *(Kastri est à 1 h 30 ; la plage, à 30 mn)*. Ils sont récompensés par la solitude et de belles plages. **Sarakiniko**, au N de l'île, est une superbe plage de sable *(eau, camping sauvage, plusieurs tavernes)*. **Kastri**, au centre, a la seule boutique d'alimentation de l'île, pour le strict minimum. Sur la plage de galets de **Korfos**, sur la côte est de l'île, accessible du port en 45 mn de marche par une jolie piste, on peut camper *(eau)*.

Les bateaux peuvent rester à quai si le vent ou la tempête se lève. Prévoir donc temps et vivres au cas où les intempéries l'exigeraient. ■

Situé au bas des gorges d'Agia Irini, le village de Sougia est apprécié pour sa longue plage.

La Canée et son département, pratique

La Canée (Hania)

Indicatif ☎ (28210) – **Plan p. 220.**

ℹ Pas d'office du tourisme. Mais vous pouvez essayer de vous renseigner au 40, rue Kriari (le siège administratif du tourisme) **A2** ☎ 929.43, fax 926.24. La rue Kriari donne sur la place 1866. Le bureau, modeste, est au rez-de-chaussée, à g. On y parle le français. *Ouv. de 7h30 à 14h30; f. sam. et dim.*

La Canée est reliée au continent par le port naturel de Souda (5 km E); liaison avec Le Pirée tous les soirs, bus réguliers pour Souda de la place du marché **B2**.

Hébergement

La ville et le département de La Canée ne comptent aucun hôtel de luxe.

▲▲▲▲ **Amfora** A, 20, rue Theotokopoulou, dans la vieille ville **A1** ☎ 932.24, fax 932.26. *20 ch. Ouv. mai-oct.* Maison du XIIIe s. aux influences turque et vénitienne, restaurée et aménagée avec goût.

▲▲▲▲ **Kydon** A, sur la place du marché **B2** ☎ 522.80, fax 517.90. *114 ch. Ouv toute l'année.* Vieil hôtel du centre-ville restauré. Parking.

▲▲▲▲ **Minoa** A, 23, rue Tzanakaki **B2** ☎ 279.70, fax 279.73, minoa@cha.forthnet.gr. *20 ch. Ouv. toute l'année.* Une façade donne sur le parc municipal. Joli petit hôtel élégant, dans un hôtel particulier de 1864, restauré. Tout confort, air cond., piscine et garage, **restaurant** à la carte.

▲▲▲▲ **Pandora** A, 29, rue Lithinon, dans la vieille ville **A1** ☎ 435.88, fax 273.75. *11 ch. Ouv. toute l'année.* Immeuble de style néoclassique, restauré et aménagé avec goût. Adresse à retenir; les chambres avec coin cuisine et vue sur le port sont réservées de longs mois à l'avance.

▲▲▲▲ **Villa Andromeda** B, 150, rue El. Venizelou, Halepa **hors pl. par B2** ☎ 283.00, fax 283.03. *Ouv. toute l'année.* Siège du consulat allemand entre 1897 et 1912, cet hôtel particulier remarquablement restauré, aux plafonds peints, compte 8 suites au luxe raffiné. Excellent accueil, remarquable vue sur la mer et la vieille ville.

▲▲▲ **Arcadi** B, place 1866 **A2** ☎ 901.81, fax 940.34. *64 ch. Ouv. toute l'année.* Moderne et confortable, proche du port, parking souterrain, un atout à La Canée.

▲▲▲ **Casa Delfino** B, 9, rue Teofanus, dans la vieille ville **A1** ☎ 930.98, fax 965.00. *12 appts-studio. Ouv. toute l'année.* Palais vénitien de la fin du XVIIe s. Tout confort. Raffinement et intimité. Bar ouvert à tous.

▲▲▲ **Doma** B, 124, rue El. Venizelou **hors pl. par B2** ☎ 517.72, fax 415.78. *29 ch. Ouv. avr.-oct.* Maison patricienne reconstruite dans un style crétois de très bon goût. Vue sur la mer. Chambres et petit déjeuner seulement.

▲▲▲ **Halepa** B, 164, rue El. Venizelou, Halepa **hors pl. par B2** ☎ 284.40, fax 284.39. *49 ch. Ouv. toute l'année.* Cette maison construite en 1885 en style néoclassique, ancien consulat britannique, a retrouvé sa façade d'antan, ses jardins et sa fontaine. Belle entrée, salons avec hauts plafonds. Deux suites sont aménagées en style d'époque. Les chambres sont modernes et calmes. Prix raisonnables.

▲▲▲ **Porto Veneziano** B, à l'extrémité E du port **B1** ☎ 271.00, fax 271.05. *57 ch. Ouv. toute l'année.* Joli cadre, mais proche des bars et des discothèques.

▲▲▲ **Samaria** B, près de la gare routière **A2** ☎ 712.71, fax 712.70. *59 ch. Ouv. toute l'année.* Aménagé avec goût, bon service. Chambres et petit déjeuner seulement. Parking.

▲▲ **Kriti** C, à l'angle des rues Nikiforou Foka et Kiprou **B2** ☎ 518.81, fax 410.00. *98 ch. Ouv. toute l'année.* Hôtel confortable à 500 m du port vénitien et à 150 m d'une petite plage. Piscine.

▲▲ **Omalos** C, 71, av Kidonias **A2** ☎ 952.15, fax 985.10. *35 ch. Ouv toute l'année.* Pratique, près de la gare routière, bien isolé par un double vitrage.

➤ **PENSION ET CHAMBRES.** Beaucoup de chambres à louer dans la **rue Theotokopoulou A1** et dans le quartier Topanas. **Alexandros**, 17, rue Kountouriotou **A1** ☎ 942.84. Pension joliment aménagée, donne sur le port, bon accueil. **Rental Accomodations Union**, 20, rue Episkopou **B2** ☎ 436.01, fax 462.77. Propose une liste des habitants qui louent des chambres dans la ville et le département (propres et bon marché).

➤ **LOCATION DE VILLAS OU D'APPARTEMENTS. Casa Veneta** B, 55-57, rue Theotokopoulou **A1** ☎ 900.07. *14 appts et studios* dans la vieille ville. Rens. auprès de l'agence **Domenico**, 10, rue Kanevaro, près du port **B1** ☎ 532.62.

➤ **CAMPING. Hania** C, à Daratso, à 3 km à l'O de La Canée ☎ 311.38. *9 569 m²*. Ombragé, sur la plage, taverne, desservi par les bus locaux.

Tavernes

SUR LE PORT

La circulation automobile est coupée une bonne partie de la journée et le cadre est enchanteur. Goûter à la cuisine crétoise est toutefois devenu un véritable défi pour le touriste non avisé! Les tavernes s'alignent et vous n'avez que l'embarras du choix, mais restez vigilant sur ce qui vous est proposé!

L'influence vénitienne est marquée à l'hôtel Casa Delfino, ancien palais de la fin du XVIIe s. En témoignent les décors de pierre qui soulignent portes et fenêtres.

Dino, avant l'hôtel **Porto Veneziano B1**. Poissons. **Fortezza**, sur la digue extérieure du port **A1**, n'est accessible qu'en bateau; une barque vous y conduit du quai. Jolie vue sur le port. **Monastiri**, après la mosquée, quand on longe les quais vers l'E **A1**. Plats cuisinés, prix modérés; joli cadre dans de belles salles voûtées. **O Anemos**, Akti Tombazi, sur le port, après la mosquée en venant de la rue Halidon **A1** ☎ 583.30. Très bien située avec vue sur tout le port et la pleine mer, intérieur voûté. Cuisine de qualité: poissons, langoustes. Le patron parle le français.

DANS LE QUARTIER EVRAIKI

Alana, rue Zambeliou **A1**; joli cadre et *bouzouki*. **Mirovolos**, 19, rue Zambeliou **A1**. Vieille maison avec jardin et tonnelle de vigne; spécialités crétoises; soirée *bouzouki*. ♥ **Tamam**, 49, rue Zambeliou **A1**. Dans un ancien petit hamam dont le décor a été préservé; une adresse à ne pas manquer: cuisine crétoise raffinée, clientèle variée, cadre original, addition très raisonnable.

En bord de mer

Quitter le port et longer la mer vers l'O; sur le quai **hors pl. par A1**, plusieurs tavernes sympathiques proposent du poisson: **Akrogiali**, 19, Akti Papanikoli; très appréciée et très fréquentée; **Giannis** 2, Akti Papanikoli; **Katofli**, 13, Akti Papanikoli.

Dans le quartier Halepa

En bord de mer ou dans les anciennes tanneries s'ouvrent des tavernes qui profitent du succès récent de ce quartier. **Thalassino Agieri**, 35, rue Vivilaki, spécialités de poissons. *Ouv. le soir seulement.*

Les « coins » encore crétois

Le marché couvert B2, ses petites tavernes ou échoppes avec une table et une chaise sur le pas-de-porte. Au coin S-O de la place du marché, place Sophokles Venizelou **B2**, le **Café** est, comme son nom l'indique, une curiosité française très appréciée des Crétois. Autres kafénions et petites tavernes qui conservent les habitudes locales: le kafénion **Platanos**, place 1821 **B1**. On joue au *tavli* sous les platanes, les hommes discutent; goûtez l'atmosphère avec un ouzo et des mezzés à partir de 18h; **Kafe Kriti** dans la rue Kallergon **B1**, parallèle au port, le soir. **Lyra**, sur le port près de la douane, derrière le Veneziano **B1**.

À Mournies

Kipros, à 3 km au S de la ville, vers la montagne. Le boucher a sa taverne sur la place du village, près de l'école.

Pâtisseries

Iordanis, 26, rue Apokoronou **B2**, une modeste boutique créée en 1924, près du marché. Sur place ou à emporter, les *bougatsa*, excellents feuilletés saupoudrés de cannelle et fourrés à la crème. *Ouv. le matin seulement.* **Kronos**, 23, rue Mousourou **A2**, salon de thé situé entre le marché et le port: grand choix de « douceurs crétoises ».

Loisirs

➤ **Espace enfants. Atlantis Water Park**, à 10 km et 15 mn au N-E de La Canée, près de Stavros: tobbogans, minigolf, jeux électroniques, etc. **Limnopolis**, à la sortie de La Canée sur la route d'Omalos **hors pl. par A2**. Parc d'attractions nautiques, avec piscines, toboggans et de nombreuses activités sportives et aquatiques. **Paramythoupolis**, 117, rue de l'Akrotiri **hors pl. par B1**, sur la route de l'aéroport. Un café conçu pour les enfants, avec jeux et activités; cafétéria pour les parents.

➤ **Fêtes.** Célébration de la **Bataille de Crète** et **Venizelia** (rencontres sportives), pendant 10 jours autour du 20 mai. **Fête de Notre-Dame**, jour férié et services d'église le 21 nov.; on fête les jeunes filles non mariées.

➤ **Parc municipal B2.** Il est très animé: café, pâtisserie, cinéma, petite réserve d'animaux, espace de jeux pour les enfants.

➤ **Théâtre de plein air.** Rue Nikiforou Foka, au pied de la muraille vénitienne, en face de l'hôtel Kriti **B1** : événements culturels et représentations théâtrales, danses. Programme à l'office du tourisme.

Plages

Les plages, d'accès facile, sont à l'O de la ville: **Neahora**, à 20mn à pied du centre en suivant la mer à l'O de la vieille ville. **Galatas** (4 km), **Kalamaki** et **Platanias** (11 km). Une petite plage est aménagée dans La Canée: **Koumkapi**, à l'E de la vieille ville, après l'hôtel Kriti.

Sports et loisirs

➤ **Plongée sous-marine. Blue Adventures Diving**, 69, rue Daskaloianis **B2** ☎ 286.78, fax 406.08. **Creta's Diving Center**, 6, Akti Papanikoli **hors pl. par A1** ☎ 725.12, fax 936.16. **Hania Paradise Dive Center**, Christina Hotel, 114, rue Selinou ☎ 977.30, ☎ portable 6932.52.61.10.

➤ **Randonnées en montagne.** Les amateurs de marche et d'excursions en

Pour arpenter les ruelles de La Canée et jouir de sa richesse architecturale, rien ne vaut une promenade en calèche.

montagne peuvent partir avec le Club alpin hellénique **EOS**, 90, rue Tzanakaki **B2** ☎ 446.47, fax 549.03. Juste à côté des bureaux d'Olympic Airways. On y parle le français; accueil sympathique.

➤ **SPORTS EXTRÊMES. Alpin Travel,** 11-19, rue Boniali, dans le centre commercial Hermès **B2** ☎ 533.09. Escalade, sorties en jeep, etc.

Excursions

➤ **EN BUS.** La compagnie de bus **KTEL** organise la descente des gorges de Samaria (rens. à la gare routière **A2**). Toutes les agences de voyages affichent leurs programmes *(p. 256)*.

➤ **MINICROISIÈRES EN MER.** Du port partent plusieurs bateaux pour de petites croisières de 3h à une journée. On peut se rendre sur l'île de Theodorou, au N-O de La Canée; baignades possibles sur les plages de la côte ouest. Bateaux ***Evangelos I*** et ***II***, avec fond de verre ☎ portable 6945.87.42.83. Le bateau ***Poseidon*** ☎ 558.38, est un petit sous-marin, pourvu d'une cabine de verre pour admirer les fonds.

➤ **PROMENADES EN CALÈCHE.** Depuis le port, pour un petit ou un grand tour de ville (1h env.; prix fixe).

Shopping

Les **magasins**, sauf ceux de souvenirs, sont *ouv. t.l.j. de 8h30 à 14h et les mar. et ven. de 18h à 21h.* Le **marché** *(ouv. de 8h à 14h)* est aussi soumis à une réglementation. En dehors de la ville, les magasins peuvent ouvrir en semaine jusqu'à 21h ou 22h.

➤ **ARTISANAT.** Dans le quartier **Topanas A1**, de nombreuses boutiques d'artisanat proposent de jolis objets: céramiques, poteries, bijoux, etc. **Entre le marché et le port** se succèdent les boutiques d'artisanat les plus diverses; les prix sont plus intéressants que dans les autres grandes villes. Le **Kerekinthos Craft Village**, situé à l'E de La Canée, sur la route de Rethimnon ☎ 812.61, œuvre au développement de l'artisanat traditionnel (bijoux, cuir, verrerie, argent, poterie, etc.).

➤ **CUIRS.** À noter la petite rue **Skridlof A2**, qui sent bon le cuir, entre le marché et la rue Halidon. Cordonniers et bourreliers s'y sont donné rendez-vous: bottes crétoises dites *stivania* (sur mesure possible), sandales, chaussures, sacs, ceintures, on n'a que l'embarras du choix, à des prix très compétitifs.

Le quartier Topanas garde une ambiance particulière avec ses balcons fleuris et ses maisons aux beaux porches, dont les portes de bois conservent toujours leur marteau de l'époque vénitienne.

➤ **Journaux français.** Dans le marché couvert **B2**; autre librairie au coin N de la place 1866 **A2** et dans la rue Halidon **A2**.

➤ **Marchés.** Le **marché couvert B2** pétille d'animation et de couleurs. On peut y acheter couronnes de mariage, herbes, miel, raki... Le **marché en plein air** *(les jeu. et sam. matin)* se tient au bout de la rue Minaos **B1**.

➤ **Supermarchés.** Il en existe plusieurs dans la ville et en périphérie: enseignes IN.KA, Marinopoulos ou Nea Agora (les plus grands).

➤ **Tapis. Vieux tapis d'époque** très jolis: dans la ruelle Teofanus en face du **Contessa A1. Tapis faits main** rue Zambeliou **A1**, à la hauteur des premières marches.

➤ **Tissus. Pateromihelakis**, 56, rue Andrea Papandreou, en face de l'agence Hertz **B2**. La boutique, en léger contrebas de la rue, n'est pas touristique. *Ouv. du lun. au ven. de 8h à 13h30 et de 17h à 20h.* Tissus au mètre et nappes tissées avec des motifs crétois. Également jolies poteries artisanales.

Adresses utiles

➤ **Aéroport. Aéroport de Sternes**, à 14 km de La Canée, dans la presqu'île d'Akrotiri ☎ 838.00. Pour rejoindre La Canée, prendre un taxi.

➤ **Agences de voyages.** Elles organisent les tours traditionnels, et surtout la descente des gorges de Samaria. **Domenico Travel**, rue Kanevaro **A1** ☎ 532.62. Excursions en mer. **Kydonia Travel**, 11-19, rue Boniali (autre entrée rue Apokoronou) **B2** ☎ 516.60. Cette agence représente des voyagistes français.

➤ **Banques. Banque nationale de Grèce**, en face du marché **B2**, *ouv. du lun. au ven. de 8h à 13h30:* distributeurs automatiques. D'autres banques sur cette même place, avec distributeurs automatiques.

➤ **Circulation et stationnement.** Il est difficile de circuler et de stationner à La Canée. Éviter le centre historique qui se parcourt très bien à pied. Parking public et payant rue El. Venizelou (face au stade) **B2**. Parking gratuit à l'O du port, à l'extérieur de la forteresse **A1**. Hôtels avec parking: **Kydon, Minoa, Samaria** *(p. 252 et 253)*. Parcmètres à pièces en ville; durée maximum de stationnement: 2h.

➤ **Compagnies aériennes. Aegean Cronus Airlines**, 12, rue Venizelou **B2** ☎ 511.00; réservations aéroport ☎ 209.28/29. **Olympic Airways**, 88, rue

Tzanakaki, en face du jardin public **B2** ☎577.01 ; rés. ☎660.88.

➤ **COMPAGNIES MARITIMES. Anek Lines**, place Venizelou **B2** ☎275.00 et 536.36. Près de l'hôtel Kydon, à côté de la Banque nationale de Grèce. Liaison Souda/Le Pirée, *départs t.l.j. vers 20h30 (rens. sur place)*. **Minoan Lines**, rue El. Venizelou **B2** ☎459.11. Proche de Anek Lines, liaison avec Le Pirée, uniquement au départ d'Heraklion.

➤ **CONSULAT FRANÇAIS**. 32, rue Manousogiannakon **A2** ☎911.91.

➤ **DÉPANNAGE AUTOMOBILE. ELPA**, rue Agelaki, sur la route de Souda ☎104. Assistance sur route. **Express Service**, 160, boulevard Souda ☎154.

➤ **GARE ROUTIÈRE**. 7, rue Kidonias **A2** ☎933.06 et 930.52. Consigne à bagages. Les bus bleus ne circulent qu'en ville, tandis que les bus verts sont réservés aux longs trajets. Horaires des bus disponibles sur place ou à l'office du tourisme. Liaisons en bus avec **Omalos** : 4 liaisons/j. (1h30 de trajet), retour possible par les mêmes bus *(6h15 ; 7h30 ; 8h30 ; 16h)* ; avec **Paleohora** : 5 liaisons/j. (2h de trajet) ; avec **Hora Sfakion** : 3 liaisons/j. (2h de trajet) ; avec **Kasteli (Kissamos)** : 14 liaisons/j. ; avec **Falassarna** : 3 liaisons/j. ; avec **Khrissoskalitissas** : 1 liaison/j. Les bus qui desservent les **plages** à l'ouest de La Canée partent du S-O de la place 1866 **A2**, face à la station de taxis. Direction **Kalamaki** ou **Galatas**, départs toutes les 30mn. Bus fréquents pour le port de Souda, devant le marché.

➤ **HÔPITAL**. À **Mournies**, à 3 km au S de La Canée ☎229.99.

➤ **LOCATION DE BICYCLETTES ET DE VTT. Kourmoulis**, 12, rue Marcou Botsari.

➤ **LOCATION DE MOTOS**. De nombreuses agences dans la rue Halidon. Le mieux est d'aller voir sur place pour choisir. À titre indicatif, **Galaxie**, 86-88, rue Halidon **A2** ☎956.66.

➤ **LOCATION DE VOITURES. Avis**, 58, rue Tzanakaki **B2** ☎505.10. À l'aéroport ☎630.80. **Hertz**, rue Andrea Papandreou **B2** et 21, rue Michelidaki **B2** ☎403.66. À l'aéroport ☎633.85. **Kydon Rent-a-Car**, 2, rue Anapafseos, au S du marché couvert **B2** ☎937.76, fax 734.33, ☎portable 6944.32.76.40. Comptoir à l'aéroport ☎638.80.

➤ **POLICE TOURISTIQUE**. 23, av. Heraklion (Iraklion) **hors pl. par B2** ☎533.33.

➤ **POSTE**. Rue Tzanakaki **B2**, en face du marché ☎284.45. *Ouv. du lun. au ven. de 8h à 20h, le sam. de 7h30 à 16h ; f. dim.* Autres bureaux de poste : 10, rue Anapafseos **B2** ☎284.45 et 75, rue Kissamou **A2**.

➤ **PRESSING. Laundry Self Service**, 18, rue Agii Deka **A1**, une rue parallèle à Halidon, du port vers l'E ☎576.02.

➤ **RANDONNÉES. EOS**, Club alpin hellénique, 90, rue Tzanakaki **B2** ☎446.47 et 745.60. Rens. sur les randonnées et les refuges.

➤ **TAXIS**. En face du marché **B2** et place 1866 **A2** ☎943.00 et 987.00.

➤ **TÉLÉPHONE. OTE**, rue Tzanakaki, à côté de la poste **B2** ☎444.99. *Ouv. t.l.j. jusqu'en soirée.*

➤ **URGENCES MÉDICALES**. ☎166.

Les environs de La Canée

Indicatif ☎ (28210)

Presqu'île d'Akrotiri

➤ **HÔTEL**. ▲▲▲ **Blue Beach**, à 15mn à pied à l'O du village de Stavros ☎394.04, fax 394.06. Bel ensemble hôtelier style village en bord de mer, avec aussi bungalows et appartements à louer, meublés en style crétois. Jolie plage de sable fin. Vue magnifique.

➤ **TAVERNE. Nykterida** (« chauve-souris »), à Korakies, sur l'Akrotiri, en montant sur la route de l'aéroport ☎642.15. Agréable cadre ombragé au-dessus de la baie de Souda ; cuisine traditionnelle (*kalitsouni*, *anamikta*) et bon petit vin local. Une soirée crétoise, ouverte à tous les clients, est organisée le mer. soir: un spectacle authentique, mais pour les touristes. Très animé le week-end. *À partir de 19h.*

➤ **Bars. Koy Koy Vagia**, sur la colline du Prophète-Élie; du parking devant le jardin où repose Venizelos, descendre la rue à dr., garder la g. jusqu'à la place. La maison domine la baie de La Canée: de la terrasse, vue magnifique, surtout au coucher du soleil. **Nimfes**, aussi sur la colline, à g. de l'espace réservé à la tombe de Venizelos; kafénion plus petit, plus intime que le précédent, mais qui jouit aussi d'une belle vue.

Les gorges de Samaria

Agia Roumeli

Indicatif ☎ (28250)

➤ **Pensions et chambres. Agia Roumeli** C ☎ 912.41. *13 lits.* **Tara-Calypso** D ☎ 912.31, fax 914.31. *31 ch. Ouv. avr.-oct.* Jolie pension en bord de mer, balcon et s.d.b. privée; taverne.

Omalos

Indicatif ☎ (28210)

➤ **Hôtels.** ▲▲ **To Elliniko** ☎ 671.69. *11 ch.* Avec taverne. Bon service; l'hôtel assure, sur demande, les transferts au départ ou à l'arrivée des gorges (Samaria, Agia Irini ou autres).

▲▲ **To Exari** C ☎ 671.80, fax 671.24. *24 ch. Ouv. toute l'année.* Avec taverne.

➤ **Refuge de Kallergi.** Situé sur le plateau d'Omalos ☎ 246.47. *50 lits.* C'est le refuge le mieux équipé de Grèce. Pas de restaurant mais possibilité d'hébergement en demi-pension.

➤ **Restauration. Restaurant** ☎ 672.37 et **cafétéria** ☎ 671.76 de Xiloskalo, au refuge situé au-dessus de l'entrée des gorges de Samaria. Vue remarquable de la terrasse.

➤ **Bus.** 4 liaisons/j. en bus avec **La Canée** (1h30 de trajet).

À l'est de La Canée

Indicatif ☎ (28250)

Almirida

➤ **Hôtels.** ▲▲▲▲ **Dimitra** A, situé à 150 m de la plage ☎ 319.56, fax 319.95. *6 ch. Ouv. avr.-oct.* Moderne et confortable. Piscine. ▲▲▲ **Almirida Bay** B, à 400 m de la plage ☎ et fax 317.51. *49 ch. Ouv. avr.-oct.* Ensemble moderne, piscine, restaurant.

➤ **Tavernes.** En bord de mer. **O Psaros**, la dernière à l'E de la plage: atmosphère très crétoise, surtout le dim.

➤ **Sports. Centre UCPA**, rue de la plage ☎ 319.56, fax 320.62. Stages de catamaran, de planche à voile, de kayak, de bicyclette, de VTT. Location de matériel.

Armeni

➤ *À 6 km au S-O d'Almirida.*

➤ **Taverne. O Platanos** ☎ 416.55. Très beau jardin frais et ombragé où coulent des sources.

Frangokastello

➤ **Hôtel. Stavris** ☎ 922.50. Simple. Chambres et appartements très bien situés en bord de mer avec vue sur le large.

➤ **Tavernes.** Situées en bord de mer. Elles proposent du bon poisson. La plupart ont des chambres à louer.

Georgioupoli

Hôtels

▲▲▲▲ **Eliros Beach** A ☎ 611.81, fax 612.13. *50 ch. Ouv. avr.-oct.* À l'O du village. Bungalows dans des jardins fleuris. Un hôtel de séjour agréable, avec confort et aménagement de bon goût. Plage, sports nautiques, piscine.

▲▲▲▲ **Mare Monte** A ☎ 613.90, fax 612.74. *195 ch. Ouv. avr.-oct.* À 1,5 km du village. Bel hôtel animé de bord de mer; nombreuses activités sportives.

▲▲ **Corissia Beach** C ☎ 614.56, fax 613.89. *70 ch. Ouv. avr.-oct.* Confortable; grande piscine ouverte à tous avec bar et restaurant, l'Edem Park, entre l'hôtel et la mer.

▲ **Gorgona** C ☎ 613.41, fax 613.52. *41 ch. Ouv. mai-oct.* Dans le village, sur la plage.

▲ **Happy Days** C ☎ 612.01, fax 612.03. *85 ch. et bungalows. Ouv. mars-oct.* Sur la plage, à 3 km à l'E de Georgiopouli, en allant vers Rethimnon; restaurant, tennis, sports nautiques.

Tavernes

O Fanis, à la sortie N du village, près de la mer. Poissons, langoustes. **Poseidon**, joli jardin dans le village. Viandes et poissons grillés, langoustes.

Adresses utiles

➤ **SHOPPING. Cretan Cottage Industries** (dans le village, vers le N, suivre les pancartes) ☎ et fax 615.66. Travaux d'aiguille faits main, nappes, couvertures. De jolies pièces originales.

➤ **SPORT. Promenades à cheval**: club Zoraida, rue des Eucalyptus ☎ 617.78. *Ouv. de 16h30 à 21h30.*

Hora Sfakion

Hébergement

▲▲▲ **Vitromartis** B, à 1 km à l'E du port ☎ 911.12, fax 912.22. *200 ch. Ouv. mars-oct.* Ce complexe hôtel et bungalows, tout confort, avec une belle piscine, domine la mer. La plage est à 20 mn à pied ou parcours en bus assuré par l'hôtel. Sa particularité: il est réservé aux naturistes.

▲▲ **Xenia** C ☎ 912.02, fax 914.90. *23 lits. Ouv. mars-oct.* Bien situé sur le port; cadre agréable.

Stavris C ☎ 912.20. *34 ch. Ouv. avr.-oct.* Dans le village, dans la rue parallèle au débarcadère; petit déjeuner seulement.

➤ **APPARTEMENTS À LOUER.** Rens. à la boutique de souvenirs sur le port, Sofia Souvenir Shop ☎ 912.59. Nombreuses chambres à louer dans la ville.

Tavernes

Elles se succèdent sur le port. **To Limani** propose du bon poisson.

Adresses utiles

➤ **AGENCE DE VOYAGES. Travellers Service Center,** sur la place ☎ 910.44. *Ouv. de 8h à 19h.* Boutique, informations.

➤ **POSTE.** Sur la place à l'arrivée de la route. *Ouv. du lun. au ven. de 7h à 14h.*

➤ **TRANSPORTS. BATEAUX**: plusieurs ferries desservent les villages de la côte sud, **Loutro** (20 mn) ou **Agia Roumeli** (1 h 10). *Départs à 10h30, 12h30, 15h45, 18h (horaires donnés à titre indicatif).* **Hora Sfakion/île de Gavdos** (2h20), *départs sam. et dim. à 10h30, retour possible le soir.* Prendre son billet au guichet devant l'hôtel **Xenia.** Les bateaux, vu leur taille, partent de la nouvelle jetée, au bout du parking. **BATEAU-TAXI**: Captain Giannis ☎ 912.61. **BUS**: liaisons quotidiennes avec **La Canée** (3 liaisons/j., 2h de trajet), **Rethimnon** (changement éventuel à Vrises) et **Plakias.** Service de cars très efficace mis en place l'après-midi à l'arrivée de chaque ferry en provenance d'**Agia Roumeli**, pour les randonneurs des gorges de Samaria. Vers ces trois destinations, le bus part quand il est plein. Prendre son billet à la cabine sur la place ou dans le bus.

Kalives

➤ *À 4 km à l'O d'Almirida.*

➤ **HÔTEL.** ▲▲▲ **Kalives Beach** B ☎ 312.85, fax 311.34. *150 ch. Ouv. avr.-oct.* Hôtel très agréable en bord de mer, plage de sable.

Kournas

➤ **TAVERNE. Kali Kardia** (« bon cœur »). Le propriétaire, qui fut boucher, sert d'excellentes viandes, du « foie d'agneau avec les intestins » *(kokoretsi)*, des saucisses maison grillées. Il propose « son » dessert et sert « son » raki.

Pour le plaisir du palais

Pour accompagner les vins crétois, rien de mieux que les mezzés, ces délicieux amuse-gueule. Choisissez les olives noires et juteuses, les soucoupes de poulpes marinés au vinaigre, les *picarels* (petits poissons frits relevés d'un trait de citron), les *kolokithakia* (courgettes frites assez aillées), etc. N'oubliez pas non plus que l'on trouve en Crète une excellente huile d'olive *(agouro lado)* produite à Apokorono, dans la région de La Canée, à partir d'olives pas encore tout à fait mûres. À goûter aussi : d'excellents fromages de vache d'Ambelouzos, le *kefalotiri* de Yerakari (brebis et chèvre), à pâte dure un peu piquante et qui s'utilise râpé, et le *mizithra*, au lait de brebis non salé dont on frit de délicieux palets. ❖

Loutro

➤ **HÔTEL. ▲▲▲ Porto Loutro** B ☎914.33, fax 910.91. *23 ch. Ouv. avr.-oct.* Tout confort, donne sur la mer. Tenu par un couple anglo-crétois.

Mathes

➤ **PENSION. ♥ Villa Kapasa** ☎610.50. (rens. en anglais) ou (0821) 411.54 à La Canée. *10 ch. Ouv. avr.-oct.* Piste de montagne. Charmante maison de famille restaurée, située dans un village de bergers longtemps abandonné ; vue magnifique sur toute la baie. Toutes les richesses de l'arrière-pays crétois : senteurs, chants des grillons, du coq ou des oiseaux. Chambres agréablement meublées à la crétoise (s.d.b. avec douches). Cuisine familiale. Accueil chaleureux et prix raisonnables de bonne pension.

Souda

➤ **TAVERNE. Meltemaki Beach** : de Souda, longer la baie vers l'O. Cadre très crétois en bord de mer. Poisson et résiné de La Canée *(retsina)*.

Vamos

➤ **HÉBERGEMENT. ▲▲ The Old Girl's School** B ☎229.31, fax 222.66. *8 ch.* Dans une ancienne école de filles du XIXe s. Original. **Chambres** dans les vieilles maisons restaurées : rens. à l'**Association écotourisme de Vamos** ☎231.00.

➤ **TAVERNE. I Sterna tou Bloumosifi** (« la citerne de Bloumosifi » construite en 1905) : cuisine traditionnelle mijotée ou cuite au feu de bois, arrosée de bons vins.

➤ **SHOPPING. Myrovolon**, des produits crétois authentiques sont vendus dans cette coopérative.

À l'ouest de La Canée

Agia Marina

Indicatif ☎ *(28210)*

➤ **HÔTEL. ▲▲▲ Santa Marina** B ☎683.50, fax 685.71. *188 ch. Ouv. mars-oct.* Sur la plage, à 7 km de la ville. Aménagé en style crétois, bien tenu ; piscine en bord de mer.

Kasteli (Kissamos)

Indicatif ☎ (28220)

Hébergement

▲▲▲ **Helena Beach** B ☎ 233.00, fax 233.04. *40 ch. Ouv. avr.-oct.* Chambres confortables; balcon et vue sur la mer.

▲▲ **Dimitris Chryssani** C ☎ 233.90. *24 ch. Ouv. avr.-oct.* À l'O de la ville, appartements meublés, confortables, belle vue sur la baie. Séparé de la mer par la route.

▲▲ **Peli** C ☎ 232.23, fax 223.43. *29 ch. Ouv. avr.-oct.* Sympathique, situé entre le centre-ville et la plage.

➤ **Pensions. Argo** ☎ 235.63. Vue sur la mer. **Galini Beach** ☎ 232.88, fax 233.88. À l'E de la plage, près du terrain de sport, bien située, très confortable avec vue sur la mer, sur la plage. Excellent accueil.

➤ **Campings. Mithimna** C ☎ 314.44. *13086 m²; 96 tentes.* À 6 km à l'E de Kasteli. Ombragé, proche d'une plage de sable, desservi par les bus; taverne. Agréable et bien tenu. **Nopigia** ☎ 311.11. *50 tentes.* À 7 km à l'E de Kasteli. Environnement soigné et site ombragé en bord de mer. Piscine, taverne.

Tavernes

Psarotaverna Papadakis, en bord de mer, à l'O de la plage. Poissons. **Taverne du port**, à l'O de la ville (pancarte «Limani»).

Adresses utiles

➤ **Agences de voyages. Horeftakis Tours**, 41, rue Skalidi ☎ 232.50. **Xirouhakis Travel**, place Kastelios ☎ 226.55. Réservation de bateaux (Minoan Lines).

➤ **Bus.** ☎ 220.35. 16 liaisons/j. avec **La Canée**, en moyenne toutes les heures; 3 liaisons/j. avec **Falassarna** (2 le matin, 1 l'après-midi).

➤ **Croisières. Kasteli Gramvoussa Shipping Co** ☎ et fax 243.44. gramvousa@in.gr Propose une croisière en bateau jusqu'à l'île de Gramvoussa et le lagon de Balos, *départ du port t.l.j. à 9h, 1h de trajet, retour à 18h.*

➤ **Liaisons maritimes.** Avec l'île de **Kithira** et avec **Gythio**, dans le S du Péloponnèse (6h de traversée). Le port est à 2 km à l'O de la ville.

➤ **Poste.** *Ouv. du lun. au ven. de 7h30 à 14h.*

Paleohora

Indicatif ☎ (28230)

ℹ **Office du tourisme**, à la mairie, dans la rue centrale derrière la statue de Kriaris (1825-1859), un des chefs crétois dans la lutte contre les Turcs. ☎ 415.07. *Ouv. t.l.j. sf mar. de 10h à 13h et de 18h à 21h.* Plan de la ville et propositions de randonnées.

Hébergement

▲▲▲ **Elman** B ☎ et fax 414.12. *23 ch. Ouv. toute l'année.* Sur la plage, bien situé, formule appartements.

▲▲ **Aghas** C ☎ 411.55, fax 415.03. *13 ch. Ouv. toute l'année.* Au bout d'une ruelle au S-O de la ville, à 80 m de la plage Pahia Ammos. Calme, confortable, ambiance familiale.

▲▲ **Pal Beach** C ☎ 415.12, fax 415.78. *58 ch. Ouv. avr.-oct.* Un hôtel agréable, bien aménagé, très bien situé face à la mer et à la plage de sable et proche du centre. Chambres avec balcon, air cond.

➤ **Pensions et chambres.** Pensions, chambres chez l'habitant et location d'appartements, notamment **Nikri**, sympathique. **Poseidon** ☎ 413.74. *16 ch.* **Zygos**, en face de l'hôtel Elman, ☎ 713.85. *30 lits*, propre et sympathique.

➤ **Camping. Paleohora** C, à l'E de la ville ☎ 411.20, fax 417.44. *9500 m².* Ombragé, près d'une plage de galets, à 15 mn à pied du village; taverne et discothèque. Quelques tentes discrètes sur la plage à l'O (camping sauvage!).

Tavernes

Tavernes touristiques mais sympathiques sur la rue principale, fermée à la circulation le soir. **Akrogiali**, chez Stavros ☎ 413.12. Sur la promenade le long du port. Bonne cuisine. Bar. **Grameno**, à 3 km à l'O de la ville en direction de Koundouras, sur la dr., vraie taverne crétoise avec jardin en tonnelle ; cuisine traditionnelle que l'on choisit dans les casseroles en désignant les plats : escargots, salade de fèves et artichauts, un régal. **Zigos**, sur la plage O : apéritifs et glaces.

Excursions

➤ **En bateau.** Bateau-croisière pour **Elafonissi** : départ tous les matins ; retour dans l'après-midi. Bateaux de ligne pour **Sougia**, **Agia Roumeli**, **Loutro** et **Hora Sfakion**. Aller-retour possible dans la journée. Surveiller les horaires. Bateau pour **Gavdos** 3 fois/sem. (3-4 h de traversée selon les escales à Sougia) ; le retour peut se faire le même jour, mais vous avez peu de temps sur place.

➤ **Randonnées.** Bus public *à 6 h 30* pour les **gorges de Samaria** et les **gorges d'Agia Irini.** Des excursions sont aussi organisées par les agences de voyages.

Adresses utiles

➤ **Agences de voyages. Econoline** ☎ 415.29. Près de la jetée où accostent les bateaux. Programme d'excursions, location de chambres. **Selina Travel** ☎ et fax 423.00.

➤ **Banques.** Il en existe trois dans la rue principale, près de la mairie. *Ouv. du lun. au ven. de 8 h à 14 h.* Distributeurs automatiques.

➤ **Bus.** 5 liaisons/j. avec **La Canée** par **Tavronitis** (2 h de trajet).

➤ **Liaisons maritimes.** T.l.j. avec **Sougia, Agia Roumeli, Loutro** et **Hora Sfakion**. Du port part 1 fois/sem. un bateau de croisière pour **Gavdos** et 2 fois/sem. le bateau-poste (3 h de traversée). Un bateau dessert t.l.j. **Elafonissi** : *départ à 10 h, retour l'après-midi* (1 h de traversée). En hiver, liaisons assurées par le **Post Boat**.

➤ **Location de voitures.** Sur la rue principale. Pour exemple, **Notos** ☎ 421.10 et **Sabine Travel** ☎ 421.05.

➤ **Plages.** De galets à l'est ; de sable fin à l'ouest ; douches d'eau douce sur la plage.

➤ **Poste.** Sortie O de la ville. *Ouv. du lun. au ven. de 7 h 30 à 14 h.*

➤ **Supermarché.** Sortie O de la ville.

➤ **Téléphone. OTE**, dans la rue Venizelou, sur la place. *Ouv. du lun. au ven. de 7 h 30 à 15 h 30.*

■ Platanias

Indicatif ☎ *(28210)*

➤ **Hôtel.** ▲▲▲▲ **Creta Paradise Beach** A, à Gerani, à 12 km à l'O de La Canée, 2 km après Platanias ☎ 613.15, fax 611.34. *Ouv. toute l'année.* Un hôtel agréable de bord de mer, de conception moderne, plage de sable et de graviers, sports nautiques.

➤ **Taverne. O Milos**, à Keratas, à env. 10 km à l'O de La Canée, à la sortie de Platanias, sur la g. *Ouv. le soir seulement.* Vieux moulin restauré ; jardin aménagé où courent des canards, des paons… Très sympathique.

■ Presqu'île de Rodopos

Indicatif ☎ *(08240)*

➤ **Hôtel.** ▲▲ **Arion** B ☎ 224.40. Petit hôtel proche de la plage à 2 km du village de Rodopos ; piscine.

➤ **Tavernes.** Sur le port ; spécialités de poissons.

■ Sougia

Indicatif ☎ *(28230)*

➤ **Pensions.** ▲▲ **Santa Irene Hotel** C ☎ 513.42, fax 511.82. *17 appts. Ouv. mars-oct.* Bien situé en face de la mer. **Pikilassos** C ☎ 513.52, fax 511.85. *19 lits.* Taverne sous la tonnelle ; bonne cuisine. ■

L'ÎLE DE RHODES

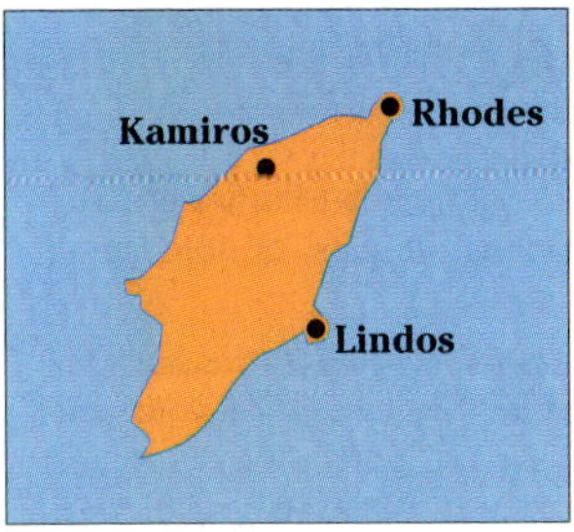

Si l'île est totalement vouée au tourisme, elle conserve pourtant ses valeurs premières, dans les paysages, dans les vestiges des temps passés et dans l'arrière-pays. La vraie Rhodes se découvre dans ses odorants bosquets de jasmin, son étonnant quartier turc au cœur de la vieille ville médiévale et ses petits villages loin de la grande route.

La ville de Rhodes***

➤ *Voir carte de l'île en dernier rabat de couverture.*

➤ *Plans de la ville.* **I** : ***plan d'ensemble*** *p. 266;* **II** : *la* ***vieille ville*** *et le* ***Collachium*** *p. 268.*

➤ ***Bonnes adresses*** *p. 291.*

La vieille ville***

➤ *De nombreuses rues sont encore pavées de « langues de chat » : prévoir talons plats et chaussures confortables pour éviter la fatigue.*

Le **port Mandraki I-C2**, dont les pittoresques moulins côtoient les bateaux d'excursion et les ferries, fut aménagé dès l'Antiquité. À l'extrémité du môle, où se dressent les moulins, s'élève le **fort Saint-Nicolas** *(ouv. t.l.j. sf lun. de 10h à 13h; entrée libre)*, ouvrage qui constituait la clé des défenses nord de la Cité des chevaliers; c'est aujourd'hui le phare de la ville. À dr. au bout de cette digue se trouve la **porte de la Liberté** par laquelle on entre dans la **vieille ville**.

Rhodes, mode d'emploi

Toutes les informations contenues dans nos chapitres « Partir » *(p. 21)* et « Quotidien » *(p. 29)* concernent également Rhodes, et notamment la rubrique « Comment partir » *(p. 21)*.

Vous verrez l'essentiel de l'île en visitant la **vieille ville de Rhodes**, **Lindos** *(p. 281)*, **Kamiros** *(p. 285)*, et le **sud de l'île** *(p. 287)* si vous voulez échapper aux grands chemins touristiques pour rencontrer une Rhodes plus authentique. Nous vous proposons ici des itinéraires à pied dans la ville et des excursions dans le reste de l'île, que vous pourrez faire en voiture, en bus, en scooter ou en voyage organisé *(Bonnes adresses, p. 291)*. ❖

Le Collachium***, quartier des chevaliers

L'ensemble architectural du Collachium est unique, très harmonieux avec ses rues et ses façades bien dessinées. Palais, auberges, hôpital et églises abritent musées et expositions.

➤ **L'ENTRÉE DANS LE COLLACHIUM II-BC1**. Percée dans l'enceinte médiévale par les Italiens, en 1924, la porte de la Liberté donne accès au Collachium, qui était le quartier habité par les chevaliers *(voir p. 276)*, et à la **place de Symi**. Passé cette première porte, on atteint, à g. de la place, la **porte de l'Arsenal**, qui conduit au port de commerce. Face à la porte de la Liberté, une grille protège les ruines du **temple d'Aphrodite** (IIIe s. av. J.-C.) **II-BC1** et des tas de boulets qui avaient été préparés pour défendre la ville contre les Turcs en 1522. Au-delà de ces vestiges apparaît un bâtiment médiéval, l'ancienne **auberge d'Auvergne II-BC1**, avec sa galerie couverte, un joli escalier extérieur et, au-dessus de la porte, une inscription de **Guy de Blanchefort**, grand maître de 1512 à 1513.

Dans le long bâtiment à dr. des vestiges se trouve, au 1er étage, au-dessus d'une banque, la **galerie municipale de Peinture** *(p. 279)*.

➤ **LA PLACE ARGIROKASTROU II-BC1**. Tout de suite après, en avancée, le **palais de l'Armeria** est l'arsenal construit par les chevaliers. La petite place Argirokastrou s'orne d'une fontaine, un ancien baptistère chrétien provenant d'un village de l'île. Au fond de la place, sur son côté O, une construction du XIVe s., portant sur sa façade les armes de **Roger de Pins**, grand maître de 1355 à 1365, abrita le **premier hôpital des chevaliers** *(p. 265)*, puis l'infirmerie après l'édification du grand hôpital.

➤ **LA PLACE ALEXANDRE-LE-GRAND.** Dans le long bâtiment qui relie l'infirmerie à l'auberge d'Auvergne est installé le **musée des Arts décoratifs II-B1** *(p. 279)*. Un passage voûté sous ce bâtiment mène à la place Alexandre-le-Grand *(platia Alexandrou)*. En passant devant la célèbre bijouterie **Lalaounis**, longer l'auberge d'Auvergne, qui présente de ce côté une très belle porte et une inscription de 1407. Une sortie

Carte d'identité de Rhodes

➤ **Situation** : l'île grecque la plus importante du Dodécanèse, au S-E de la mer Égée, à 20 km des côtes turques.

➤ **Distance** : 490 km d'Athènes.

➤ **Superficie** : 1 398 km^2.

➤ **Population** : 174 000 hab. (estimation 2000).

➤ **Capitale** : la ville de Rhodes (55 000 hab.).

➤ **Point culminant** : mont Ataviros, 1 215 m.

➤ **Religion** : orthodoxe.

➤ **Monnaie** : drachme (DR) jusqu'en mars 2002, euro au-delà. La parité de l'euro est fixée à 340,75 drachmes

➤ **Statut** : rattachée au royaume de Grèce en 1947, Rhodes fait partie de la République grecque, proclamée en 1973. Le gouvernement est à Athènes.

➤ **Principale ressource** : le tourisme. Importante fréquentation de touristes anglais, allemands, hollandais, scandinaves et italiens. ❖

donne à l'E sur une jolie cour intérieure ombragée.

➤ ♥ **L'Église Sainte-Marie-du-Château*** II-C1**. Au pied de la rue des Chevaliers s'élève cette église byzantine *(Panaghia tou Kastrou)*, qui résume à elle seule l'histoire de Rhodes. Construite au XIe s. en forme de croix grecque, elle devint en 1309 la cathédrale des chevaliers de Saint-Jean avec un culte catholique romain. À l'arrivée des Turcs, elle fut transformée en mosquée et baptisée « la mosquée Rouge », en commémoration du massacre de chrétiens perpétré par les Turcs. Elle abrite le **musée d'Art byzantin**** *(p. 279)*.

➤ **L'Auberge d'Angleterre II-C1**. Un peu plus loin, un vieux platane ombrage une petite fontaine. C'est à cet arbre que les Turcs pendaient les chrétiens récalcitrants de la ville. L'auberge d'Angleterre, avec les armes de ce pays gravées sur la façade, se trouve au S de la place de l'Hôpital, en face de la Banque de Grèce *(à dr. en regardant la mer)*. Derrière l'auberge, une ruelle conduit à la porte de la Marine et à la place Hippocrate *(platia Hippokratous)*.

➤ **L'Hôpital des chevaliers de Saint-Jean** II-B1**. La place Moussiou est fermée au N par un bel édifice imposant, l'ancien hôpital des chevaliers de Saint-Jean. Sa construction fut menée de 1440 à 1489. Endommagé au XIXe s., il fut restauré en 1913 par les Italiens, qui le transformèrent en musée. On peut encore voir la grande salle de l'hôpital, au 1er étage, qui pouvait contenir une centaine de lits, le réfectoire et la salle de la cuisine. Il abrite aujourd'hui le **Musée archéologique**** *(p. 279)*.

La rue des Chevaliers***

II-B1 *Odos Ipoton*. En sortant du Musée archéologique, à g., en face de l'église Sainte-Marie, commence la rue des Chevaliers. Cette

RHODES I : PLAN D'ENSEMBLE

rue importante du XVe s. constitue l'une des principales curiosités de Rhodes.

À dr., l'**auberge d'Italie** fut restaurée par les Italiens en 1915. Plus loin, ♥ l'**auberge de France** est la plus vaste et la plus belle de ces auberges où étaient logés les chevaliers de la nation qui les avaient fait construire. L'histoire raconte que le grand maître **Dieudonné de Coujon** tua un crocodile échappé d'un bateau (probablement égyptien) qui terrifiait les habitants de l'île. Des gargouilles représentant cet animal ornent les bords du toit

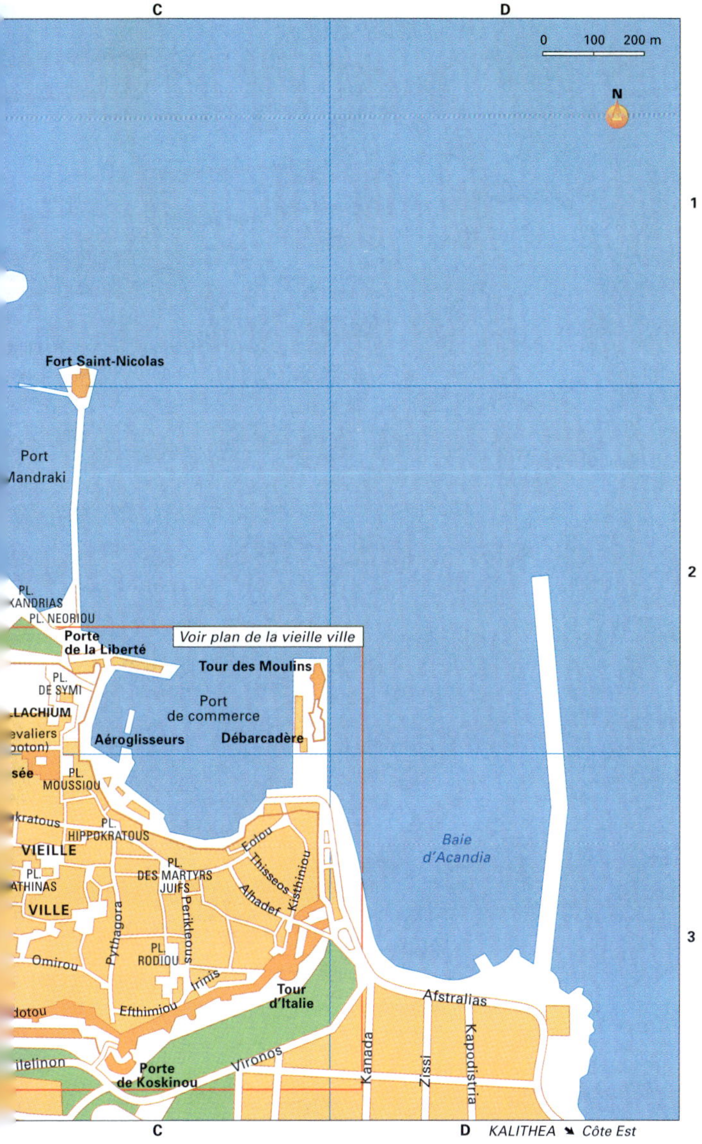

pour rappeler cet événement. Au-dessus de la porte, le blason du grand maître **Pierre d'Aubusson** (1476-1503) côtoie les armoiries de la maison royale de France. Écussons et blasons de marbre fixés dans la pierre décorent la façade (25 m de long). Si la porte de l'auberge est ouverte, n'hésitez pas à entrer: plafonds voûtés et grandes portes en plein cintre confèrent au lieu beaucoup de majesté. Un large escalier monte à l'étage où flotte le drapeau français: c'est ici que se tient l'agence consulaire de France *(ouv. du lun. au ven. de 9h à 12h).*

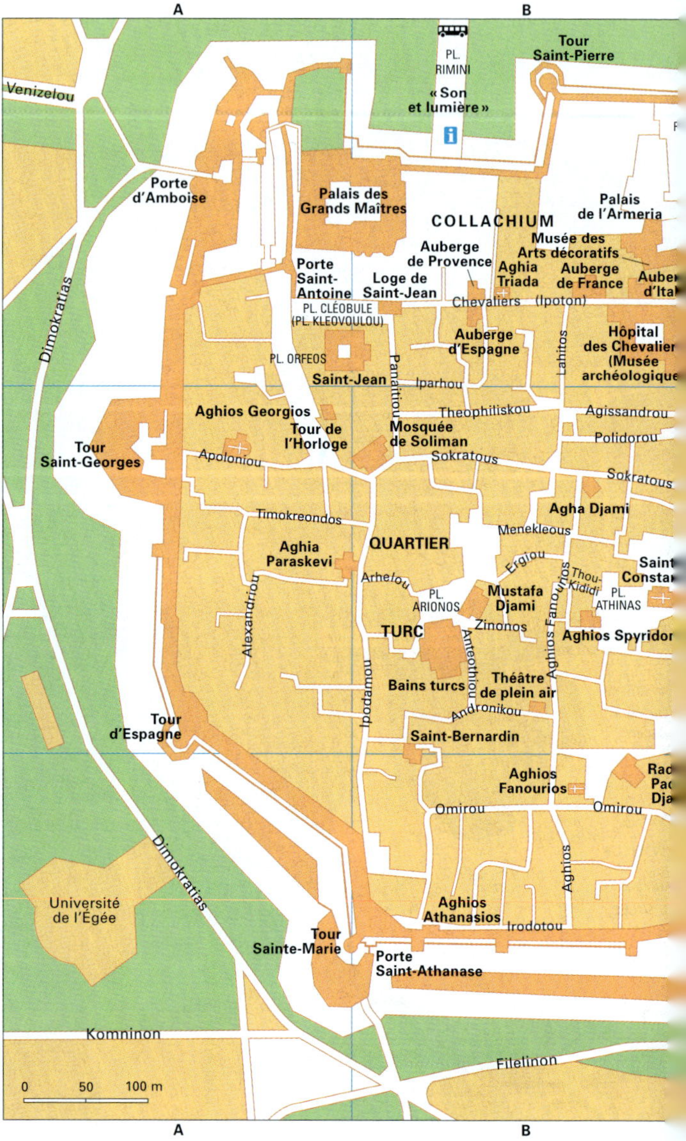

RHODES II : LA VIEILLE VILLE ET LE COLLACHIUM

À côté de l'auberge se trouve la **chapelle de France**, une petite église byzantine du XVe s. dédiée à la Sainte Trinité (**Aghia Triada**) ; elle est ornée d'une niche abritant une Vierge à l'Enfant. Vient ensuite la maison du chapelain de la Langue de France, restaurée en 1918, qui abrite aujourd'hui le conservatoire de musique de la ville ainsi que le consulat d'Italie. Toujours sur le côté droit, s'élève l'**auberge de Provence**, qui est reliée par un arc à l'**auberge d'Espagne**, de l'autre côté de la rue. D'autres bâtiments de moindre

importance bordent la rue des Chevaliers jusqu'à son extrémité. La **loge de Saint-Jean**, située sur la petite place Cléobule ou place du Palais *(platia Kleovoulou)*, servait en quelque sorte d'entrée monumentale au palais des Grands Maîtres.

Le palais des Grands Maîtres**

➤ **II-AB1** *Ouv. le lun. de 14h30 à 21h, du mar. au ven. de 8h30 à 21h, f. sam. et dim.; entrée payante. Horaires d'été variables et réduits hors saison. Le billet d'entrée permet de parcourir le 1er étage*

S'orienter dans la vieille ville

Les plans de la vieille ville, quelle que soit leur origine, ne sont que d'une aide très relative : il n'en existe, en effet, aucun d'exact. Leur imprécision est, paraît-il, volontaire, pour tromper l'ennemi éventuel… et il n'est pas si loin ! En fait, la plupart sont inspirés de documents datant de l'époque italienne et les rues bien dessinées ne traduisent pas la réalité de quartiers où les ruelles s'entremêlent dans un dédale sans logique géométrique. En plusieurs points de la vieille ville, des panneaux avec un plan « Medieval City » permettent cependant de s'orienter même si l'on ne parle pas l'anglais. ❖

du château mais aussi de visiter les expositions. Toilettes et salon de thé dans la cour.

Le palais des Grands Maîtres est un véritable château fort, et mérite bien son appellation de **Castello**. Construit sur un site dominant toute la ville, il est entouré d'un fossé et de remparts avec tours et donjons.

S'installant dès leur arrivée dans la citadelle, édifiée à la fin du VIIe s. et utilisée pendant toute la période byzantine, les **chevaliers de Saint-Jean** (1309-1522) la réparèrent, puis en firent la demeure du grand maître ; en temps de guerre, elle devenait forteresse, abritant alors la population et pouvant soutenir un long siège grâce à ses magasins remplis de vivres et de munitions. Sous l'occupation turque, le palais fut transformé en prison, probablement fort remplie. Au XIXe s., le château subit coup sur coup deux catastrophes : en 1851, un tremblement de terre et, en 1856, l'explosion d'une poudrière le détruisirent presque totalement.

Il fut reconstruit par les Italiens avant la Seconde Guerre mondiale d'après des plans originaux miraculeusement conservés pour servir de résidence au roi Victor-Emmanuel et à Mussolini. Une majestueuse entrée flanquée de deux tours crénelées ouvre sur un grand hall, puis sur une cour à arcades dallée de marbre, sous laquelle dix silos permettaient d'approvisionner en céréales les défenseurs pendant les sièges. Sous le palais se trouvaient, en outre, trois étages de magasins où l'on entreposait des vivres et des munitions.

LA VISITE DU PALAIS

Du grand hall, un escalier mène à l'étage où se visite une série de grandes salles aux sols décorés de mosaïques romaines ou byzantines, provenant en majeure partie de l'île de Kos. On traverse la salle où se tenait le Grand Conseil, puis les appartements du grand maître.

➤ **EXPOSITION SUR LA CITÉ MÉDIÉVALE****. *Entrée à dr. de l'escalier qui part du grand hall. Beau diaporama (pour les horaires, rens. à l'entrée du palais ou à l'office du tourisme).* Elle porte essentiellement sur la cité médiévale de Rhodes, mais couvre en fait une période allant du IVe s. environ jusqu'à l'arrivée des Turcs en 1522, présente des plans, des photos, des fragments de fresques et des icônes byzantines et franco-byzantines qui illustrent la vie de la ville à l'époque des chevaliers.

➤ **EXPOSITION SUR LA RHODES ANTIQUE****. L'exposition, présentée à l'occasion du 24e centenaire de la création de Rhodes, couvre une période allant de 408-407 av. J.-C. à l'époque romaine. Elle occupe une partie du rez-de-chaussée et quelques sous-sols. Bijoux, poteries de la période hellénistique à la période romaine, verres, sculptures offrent un panorama passionnant de l'époque ancienne de Rhodes. Cette visite complète bien celle du Musée archéologique *(p. 279)*.

En sortant du château par la dr., on arrive presque immédiatement à la longue **place Soliman** *(platia Orfeos)* **II-A1-2**. On peut quitter la vieille ville en passant, à dr., par la porte Saint-Antoine et en traversant les remparts par la porte d'Amboise **II-A1**.

L'imposante porte de la Marine, flanquée de deux tours crénelées, marque l'une des entrées de la vieille ville.

De la porte Saint-Antoine à la porte Sainte-Catherine

Passé la porte Saint-Antoine, suivre la place Orfeos jusqu'au sommet de la rue Socrate *(odos Sokratous)* **II-B2**, la plus fréquentée de la vieille ville.

➤ **LA MOSQUÉE DE SOLIMAN**** **II-B2**. La **tour de l'Horloge**, à trois étages, don d'un pacha aux Turcs en 1851, s'élève à g. de la place Orfeos; elle sonnait les heures auxquelles les Grecs étaient autorisés à entrer dans la ville. À l'extrémité de la place et à l'angle de la rue Socrate se dresse la mosquée de Soliman, fondée peu après le siège de 1522 sur le site de l'église des Saints-Apôtres et reconstruite au XIXe s., mais aujourd'hui très abîmée. Le minaret, ébranlé par un tremblement de terre, menaçait de s'effondrer et fut décapité; seule reste la base. En face se trouve, dans une jolie cour fermée, la ♥ **Bibliothèque musulmane**, datée de 1793 *(ouv. du lun. au sam. de 9h30 à 16h)*. Elle contient de précieux livres anciens écrits en persan, en arabe et en turc. Quelques-uns sont exposés; les autres se devinent derrière une cloison de bois ajourée.

➤ **LA RUE SOCRATE**** **II-BC2**. *Odos Sokratous.* C'est la principale artère commerçante de la vieille ville. À mi-chemin à dr., l'**Agha Djami**, la mosquée de l'agha (commandement de garnison), rompt l'alignement des boutiques des marchands de souvenirs. La petite rue Aghios Fanourios à l'angle de cette mosquée, pénètre en plein quartier turc *(p. 274)*.

➤ **LA PLACE HIPPOCRATE II-C2**. *Platia Hippokratous.* À l'extrémité de la rue Socrate, cette place s'embellit d'un édifice du XVIe s., le **tribunal de Commerce**, avec en son centre

Le cerf et la biche

Ces deux animaux, dont les statues sont placées sur des colonnes à l'entrée du port Mandraki, sont l'emblème de la ville de Rhodes. En effet, selon une légende, un oracle aurait conseillé aux Rhodiens, inquiets de voir leur ville envahie par les serpents, d'y introduire des cerfs, dont la seule présence ferait fuir les reptiles.

On vit d'ailleurs longtemps des cerfs et des biches paître dans les fossés qui entourent la vieille ville. ❖

une fontaine turque. Il fait bon y boire l'ouzo pour l'ambiance, en fin d'après-midi. On aperçoit le croissant de la **mosquée du Jet-d'Eau** *(Chardevan Djami)*. La muraille byzantine dont on voit des vestiges passait juste devant. On regagne à g. le port de commerce par la **porte de la Marine**.

➤ **LA PLACE DES MARTYRS-JUIFS II-C2**. *Platia Martiron Evreon*. De la place Hippocrate part la rue Aristote *(odos Aristotelous)*, très animée et bordée d'échoppes de chaudronniers, qui débouche sur la place des Martyrs-Juifs. La communauté juive – qui résidait dans le quartier Evraiki – vit deux mille des siens partir en camps de concentration pendant la Seconde Guerre mondiale. À g. de la place s'élève une belle demeure du XVe s., dite **l'Amirauté**, mais où logeait sans doute autrefois le métropolite. Au centre de la place, trois hippocampes de bronze forment des faisceaux sur une petite **fontaine** aux décorations héraldiques. La **synagogue II-CD2**, située au S-E de la place *(prendre la ruelle Dosiadou qui se prolonge en rue Simiou)*, édifiée il y a 300 ans et l'une des mieux conservées de Méditerranée, donne sur un jardinet. Le sol, en mosaïque de petits galets, est remarquable. Des plaques commémoratives, souvent en français, rappellent la mémoire des victimes de l'holocauste. La communauté juive ne compte plus aujourd'hui que quelques familles.

Au S de la place se dressent deux remarquables églises, Aghia Triada et Aghia Ekaterini, ouvertes au public l'été *(horaires variables)*.

➤ **L'ÉGLISE AGHIA TRIADA** II-C3**. La ruelle Dimosthenous mène à la place Rodiou, où un curieux édifice mêle les architectures byzantine et islamique. L'imposante église byzantine de la Sainte-Trinité (XVe s.) fut transformée en mosquée, **Dolapli Mesdjidi**, flanquée d'un très haut minaret, qui fut « décapité » lors d'un tremblement de terre. La coupole centrale est montée sur un tambour à huit pans ; la branche N de la croix que dessine l'église, rajoutée plus tardivement à l'ensemble initial, est aussi surmontée d'une coupole octogonale. Subsistent quelques restes de fresques franco-byzantines.

➤ **L'ÉGLISE AGHIA EKATERINI** II-C3**. Sur la même place, dans l'angle S-E, encastrée entre deux maisons, cette petite église à trois nefs dédiée à sainte Catherine contient de très belles fresques du XIVe s., restaurées. On raconte que le sultan Soliman y prononça, en 1522, sa première prière après sa victoire sur les chevaliers ; elle devint alors la mosquée **Ilk Mihrap** (« la première prière »).

➤ ♥ **L'HOSPICE SAINTE-CATHERINE* II-D2**. De la place des Martyrs-Juifs, suivre la rue Pindare *(odos Pindarou)* ; sur la dr., on voit l'abside de l'**église Sainte-Marie-du-Bourg**, construite au début du XIVe s. Plus loin, les ruines de ♥ l'**hospice Sainte-Catherine*** *(ouv. du mar. au sam. de 8 h 30 à 15 h ; entrée libre)*, qui fut fondé vers la fin du XIVe s. sous le grand maître Hérédia par l'Italien Domenico d'Allemagna, amiral de l'Ordre. Les visiteurs de marque de l'Ordre y logeaient pendant leur séjour.

Détruit pendant le siège de 1480 et le tremblement de terre de 1481, il fut reconstruit en 1516, comme en témoigne le très beau blason daté sur la façade O. Très endommagé pendant la Seconde Guerre mondiale, il a été remarquablement restauré. À l'intérieur, une chambre médiévale datant d'environ 1500 est reconstituée, ainsi qu'une pièce de réception avec un sol en mosaïque. Dans ce beau bâtiment, une salle est réservée pour accueillir les enfants : un centre *(Heritage Educational Center)* s'offre à faire connaître aux plus jeunes les trésors du riche patrimoine local.

Traverser la place Pisidorou, qui longe les remparts ; à dr., des vestiges de la **muraille antique**, impressionnante par la taille, ont été mis au jour par d'importantes fouilles archéologiques. En face, à côté de la porte Sainte-Catherine, se dresse l'église byzantine **Aghios Panteleïmon**.

➤ **EN LONGEANT LA MER II-C1-2**. Passer sur le quai du **port de commerce**, juste en face du môle des moulins qui repose sur des fondations médiévales et antiques. Tous les moulins, sauf un, ont disparu. De là, en longeant le port et les remparts, revenir jusqu'à la **porte de la Marine II-C2**, flanquée de deux belles tours crénelées à mâchicoulis. En retournant au port Mandraki, on passe sous la **porte Saint-Paul II-C1**, flanquée de la tour du même nom, ancienne tour du Trébuc qui changea de nom vers 1477 lorsqu'elle fut remaniée par le grand maître Pierre d'Aubusson.

Le quartier turc***

II-AB2 Les minarets dominent le dédale de ruelles où habitent les descendants des « occupants » turcs, presque tous naturalisés grecs. Rhodes compte encore une petite communauté turque. Ce quartier plein de charme, autrefois pauvre, attire, sous l'effet de belles restaurations, de nouveaux investisseurs qui font grimper le prix des terrains et des maisons. Les traits d'architecture byzantine sont repérables en passant sous les voûtes en ogive des maisons qui enjambent les ruelles, devant les fenêtres décorées d'arches en accolade et de cordes tournées, les élégants marteaux de certaines portes. Presque toutes les mosquées sont en fait d'anciennes églises byzantines qui, restaurées, retrouvent un peu de leur cachet d'origine.

De la place Orfeos, entre la tour de l'Horloge et la mosquée de Soliman, la rue Apoloniou conduit à la **tour Saint-Georges** (exposition de photos sur les fouilles archéologiques).

Les églises Aghios Georgios et Aghia Paraskevi

II-A2 Ces deux églises byzantines reflètent parfaitement l'histoire du quartier. La très belle **Aghios Georgios**, construite vers les XIVe-XVe s., faisait partie d'un monastère tenu, à partir du milieu du XVe s., par des franciscains. Convertie en mosquée en 1522, rattachée à l'école coranique, elle prit le nom de **Hurmali Medressesi Djami**. Fouilles et restaurations s'y poursuivent.

Du bout de la rue Apoloniou, suivre les ruelles pour gagner la rue Ipodamou ou revenir à la mosquée de Soliman, d'où part cette rue. On passe devant l'église byzantine **Aghia Paraskevi** (XVe s.), en forme de croix latine surmontée d'une coupole à tambour formé de douze pans, transformée en mosquée, **Tekkedji Djami.**

Mustafa Djami et les Bains turcs*

II-B2 À g., la ruelle Arhelou descend à l'agréable **place Arionos**, ombragée de platanes. En venant de la rue Socrate, prendre la rue Menekleous. Au fond de la place, à g., s'élève la mosquée du sultan Mustapha, **Mustafa Djami** (fin du XVIIIe s.). En face, à dr. *(au S-E de la place)*, les **Bains turcs*** datent de la même époque *(f. au public; travaux de restauration en cours. Réouverture annoncée pour 2002)*. Aller au bain turc est une expérience, sans nul doute, mais aussi le moyen d'apprécier l'architecture intérieure de ce très bel édifice. Les hommes profiteront de la coupole, les femmes, des salles contiguës, tout aussi belles à visiter. Mais aucun n'aura le coup d'œil d'ensemble que l'on brûle d'envie d'avoir.

Le théâtre de la vieille ville

II-B2 Suivre, à g. de l'entrée des bains turcs, la ruelle Anteothiou puis, à g., la rue Andronikou ; celle-ci longe le **théâtre de plein air** où se produit le soir une troupe de danseurs folkloriques *(de mai à oct., lun., mer. et ven. à 21h20;* *p. 293**)*.

La place Athinas

➤ **II-B2** *La rue Andronikou débouche sur la rue Aghios Fanourios, qui mène, à dr., à la place Athinas. Depuis la rue Socrate, prendre la rue Platonos, en la descendant à dr.*

L'**église Aghios Spyridon**, située au bout d'une ruelle à dr., au coin S-O de la vaste place Athinas, est une église byzantine en croix grecque du XIIIe s., surmontée d'une coupole. Elle fut transformée en mosquée en 1522, sous le nom de **Kavakli Mesdjidi**, et flanquée d'un minaret. Les fouilles ont permis de retrouver sous l'église à trois nefs les fondations d'une église plus ancienne, des squelettes de 1400 environ et une tombe souterraine avec une fresque datée de 1510, parfaitement conservée. Sur cette même place, où les fouilles se poursuivent, on voit les restes de la **basilique Saint-Constantin**, entourée de jolies maisons restaurées.

La mosquée Radjep Pacha et l'église Aghios Fanourios

II-B3 Revenir rue Aghios Fanourios. La dernière ruelle à g. avant la rue Homère *(odos Omirou)* conduit à la place Dorieos, où se trouvent la mosquée **Radjep Pacha Djami** (fin du XVIe s.), un des plus vieux monuments turcs de la ville, et une jolie fontaine où venaient se purifier les fidèles.

De la rue Aghios Fanourios, juste avant d'arriver rue Homère, à g., au fond d'une cour, se cache la petite église byzantine **Aghios Fanourios** (XIIIe s.). Elle est couverte de fresques; celles de la coupole sont encore belles. À l'entrée, à dr., on reconnaît le donateur offrant la maquette de l'église à Dieu.

L'église Aghia Kiriaki et la mosquée Ibrahim Pacha

II-C3-2 En tournant à g. dans la rue Homère, dans un renfoncement à dr., on aperçoit l'église byzantine **Aghia Kiriaki** (XIVe-XVe s.), transformée en mosquée, Borouzan Mesdjidi, et flanquée d'un minaret. En remontant par la rue Pythagore *(odos Pythagora)* vers la place Hippocrate, on longe quelques champs de fouilles, les remparts de l'époque byzantine.

À g., donnant sur une place, la mosquée **Ibrahim Pacha** est un des très vieux monuments authentiquement turcs (1531). Elle est ouverte; retirer ses chaussures à l'entrée, avant de s'asseoir sur les coussins: la coupole est belle, l'espace paisible. Les fouilles proches de la mosquée, rue Platonos, ont permis de retrouver les traces des fortifications classiques, hellénistiques et byzantines.

Suivre la rue Pythagore pour revenir à la place Hippocrate et à la rue Socrate.

♥ Le tour des remparts***

➤ *Visite les mar. et sam. à 14h45 précises; accès payant. Prendre son billet à l'entrée du* ***palais des Grands Maîtres****, d'où part la visite. Un gardien ouvre le passage. Pas de guide, ni de protection particulière le long des remparts. Les enfants doivent être surveillés. Prévoir une protection contre le soleil.*

La remarquable promenade sur le chemin de ronde offre une vue très complète sur la merveilleuse architecture des fortifications de la cité des chevaliers de Saint-Jean et sur l'exubérance presque tropicale de la végétation des fossés. Elle permet aussi de surplomber toute la vieille ville.

La promenade commence par la **porte Saint-Antoine II-A1**, à côté du château. C'était l'une des portes qui permettaient de sortir côté campagne. La suivante, la **porte d'Amboise**, située sur un

Les chevaliers de l'ordre de Saint-Jean

Fondé vers 1070 à Jérusalem par des marchands d'Amalfi, au sud de Naples, l'ordre des chevaliers de Saint-Jean a tout d'abord une vocation hospitalière: son siège, voisin du Saint-Sépulcre, se compose à l'origine de deux monastères et d'un hospice pour abriter les pèlerins.

Au service des croisés

Dès la fin de la première croisade, la Papauté reconnaît les chevaliers de Saint-Jean comme un ordre indépendant (1113); le glissement d'une vocation charitable à une vocation militaire se manifeste alors peu à peu. L'Ordre ne se contente plus de soigner et de protéger les pèlerins; il s'organise pour défendre la Terre sainte contre les infidèles et conforter les conquêtes de croisés et devient officiellement militaire en 1179.

Un ordre, une organisation

Huit groupes nationaux ou «langues» composent l'Ordre: Provence, Auvergne, France, Italie, Angleterre, Allemagne et Espagne (qui sera scindée plus tard en Aragon et Castille). Chaque langue possède une auberge où résident ses membres. Les frères de Saint-Jean se répartissent en trois catégories: les chevaliers, issus de nobles familles catholiques, forment le corps militaire; les frères servants, d'origine roturière, sont enrôlés comme aides-soignants; enfin, les clercs restent attachés aux églises et aux hôpitaux de l'Ordre.

Le chevalier, lors de son engagement, doit vendre ses biens, faire vœu de chasteté et jurer d'obéir aux lois de l'Ordre.

Le grand maître, élu à vie par les chevaliers, préside l'Ordre avec l'aide des baillis.

Le fort Saint-Nicolas, clé des défenses des chevaliers de Saint-Jea[n] surplombe le port Mandrak[i]. Il a résisté au premier sièg[e] des Turcs, en 1480, mais celui de 1522 lui fut fatal.

De Jérusalem au siège de Rhodes

Jusqu'à la reconquête de Jérusalem par le sultan Saladin en 1187, l'Ordre acquiert une fortune rapide en organisant, notamment, de nombreux transports de pèlerins moyennant finances. Tandis que des hospices de l'Ordre s'ouvrent dans nombre de ports occidentaux, l'Ordre agrandit considérablement son domaine dans les États francs de la Terre sainte. Contraint après la prise de Jérusalem de se

Le palais des Grands Maîtres, construit dès le XIVe s. par les chevaliers, est une véritable forteresse : résidence du chef de l'Ordre, il abritait également la population en temps de guerre.

réfugier à Saint-Jean-d'Acre, en Palestine, en 1191, l'Ordre survit à la disparition des États francs en Terre sainte et s'installe à Chypre, en 1291, puis à Rhodes dont il s'empare en 1309 *(voir p. 69)*.

Après quelque deux siècles de prospérité, durant lesquels les chevaliers, grands navigateurs et habiles bâtisseurs, construisent une trentaine de forteresses, l'Ordre subit les assauts des Ottomans. Dès le mois de juin 1521, Soliman s'attaque au fief de l'Ordre dont les chevaliers ont fait un bastion réputé inexpugnable. Après des mois de résistance acharnée, le 20 décembre 1522, le grand maître Philippe Villiers de L'Isle-Adam et ses hommes évacuent l'île de Rhodes, laissant Soliman et les Turcs totalement maîtres de la Méditerranée orientale.

L'arrivée à Malte

Sur le chemin de l'exil, ils font escale en Italie jusqu'en 1530, où l'empereur Charles Quint leur concède l'île de Malte. Le nouvel ordre hospitalier et militaire, qui prend désormais le nom d'ordre de Malte, reprend ses expéditions contre les infidèles (sa puissante flotte participe à la bataille de Lépante) mais se livre aussi à des actions de piraterie rémunératrices. En 1798, Bonaparte s'empare de Malte qui, au traité de Paris (1814), est finalement attribuée à l'Angleterre. Les chevaliers finiront par se replier sur Rome vingt ans plus tard.

L'ordre des chevaliers de Saint-Jean aujourd'hui

Actuellement, le siège du gouvernement de l'ordre de Malte, considéré comme un État souverain, se tient à Rome. Toujours dirigé par un grand maître qui a autorité sur plus de 10 000 chevaliers (et des milliers de membres associés), il exerce désormais son action dans le domaine caritatif. ■

Les remparts, témoins de l'histoire de Rhodes

L'enceinte forme un carré irrégulier d'un périmètre de 4 km. Les chevaliers, à leur arrivée en 1306, complétèrent les fortifications byzantines existantes. Les premiers remparts, hauts, minces (2 m d'épaisseur avec un parapet de 45 cm), percés de portes protégées par des tours rectangulaires, n'étaient en effet plus suffisants pour résister aux guerriers de l'Empire ottoman.

Après un premier siège des Turcs en 1480, et un petit séisme en 1481, les dégâts occasionnés obligèrent les chevaliers à consolider une fois de plus leurs murs de défense. L'épaisseur des remparts atteignit alors 5,30 m. Puis le fossé extérieur fut élargi jusqu'à 20 m et creusé sur une profondeur allant par endroits jusqu'à 23 m.

L'entrepreneur qui organisa ces travaux, Villiers de L'Isle-Adam, devait devenir le dernier grand maître de la cité. En 1522, à la prise de Rhodes par Soliman, le rempart avait 12 m de large et son parapet, 4 m ; il était divisé en plusieurs zones appelées boulevards et chaque « langue » devait assurer la défense de plusieurs centaines de mètres. Les Turcs, à leur tour, modifièrent les fortifications en y ajoutant de grosses tours rondes appelées *koule*, mais l'ensemble garde tout de même son caractère médiéval. ❖

petit terre-plein et flanquée de deux tours appuyées sur le mur d'escarpe, est la plus impressionnante. Le poste de combat de la langue d'Allemagne s'étendait de cette porte à la **tour Saint-Georges II-A2**, renforcée par un bastion en éperon dans lequel on avait aménagé des magasins à munitions. Un bas-relief représente saint Georges terrassant le dragon et, au-dessous, les armes du grand maître Antoine Fluvian (1421-1437) encadrant celles du pape Martin V et celles de l'Ordre. Suivre le boulevard de la Langue-d'Auvergne jusqu'à la **tour d'Espagne**. Le boulevard de la Langue-d'Aragon, qui commençait à cette tour, allait jusqu'à la **tour Sainte-Marie II-AB3**. Entre la tour Sainte-Marie et la **porte de Koskinou II-C3** s'étendait le boulevard de la Langue-d'Angleterre. La porte de Koskinou, appelée aussi porte Saint-Jean, est ornée d'un relief représentant ce saint. La promenade des remparts s'achève ici ; on descend alors dans la vieille ville par un escalier de pierre, sous lequel se trouve l'**église Saint-Jean** (Aghios Ioanis), datant du XIVe-XVe s. Descendre la rue et prendre à dr. la rue Efthimiou. Deux rues plus loin à g., sur la place Rodiou, se dressent les deux très belles églises **Aghia Triada**** et **Aghia Ekaterini**** *(p. 273)*. Plus loin se trouve la place des Martyrs-Juifs *(p. 272)*.

Les musées

La galerie municipale de Peinture

➤ **II-BC1** *Municipal Art Gallery, place de Symi (déménagement prévu, en été 2002, à l'angle de la place Pavlou et de la rue Kastelorizou* **I-B1** *). Ouv. du mar. au ven. de*

8h à 14h et de 17h à 20h, sam. de 8h à 14h, dim. de 8h à 13h; petit droit d'entrée.

Elle expose des peintures d'artistes grecs de la fin du XIXe s. à l'époque moderne. Les œuvres de **Teofilos** (1873-1934), peintre naïf, avaient été remarquées par Picasso. La galerie compte également quelques sculptures.

Le musée des Arts décoratifs

➤ **II-B1** *Place Argirokastrou. Ouv. t.l.j. sf lun. de 8h30 à 15h; entrée payante.*

Il rassemble de belles collections de meubles, de costumes et de céramiques rhodiennes, provenant pour la plupart de Lindos *(p. 281)*.

Le musée d'Art byzantin**

➤ **II-C1** *Au pied de la rue des Chevaliers. Ouv. t.l.j. sf lun. de 8h30 à 15h; entrée payante.*

Installé dans l'église Sainte-Marie-du-Château *(voir p. 265)*, un des plus beaux bâtiments de l'époque médiévale, il présente, dans ce cadre remarquable, des peintures de l'époque byzantine et postbyzantine, des icônes, des fresques provenant des églises de Thari *(p. 290)* et de Halki et, dans la cour attenante, des mosaïques du temps des premiers chrétiens, des chapiteaux et des pierres gravées et sculptées.

Le Musée archéologique**

➤ **II-B1** *Place Hippocrate, dans l'ancien hôpital des chevaliers de Saint-Jean (p. 265). Ouv. t.l.j. sf lun., du mar. au ven. de 8h30 à 19h, sam. et dim. de 8h30 à 15h; entrée payante. Horaires réduits en basse saison touristique.*

Un cadre exceptionnel abrite la collection de sculptures et d'objets trouvés lors des fouilles archéologiques à Ialyssos *(p. 285)* et dans d'autres sites du Dodécanèse. De la cour, entourée d'un portique surmonté d'une galerie voûtée d'ogives, un escalier monte à la **grande salle** de l'hôpital divisée en deux nefs par une rangée de sept piliers octogonaux. Ils sont ornés de l'écusson du grand maître Pierre d'Aubusson (1476-1503). Des pierres tombales de chevaliers et un sarcophage de marbre de l'époque romaine qui servit de tombeau au grand maître Pierre de Corneillan (1354-1355) y ont été placés.

Les collections les plus intéressantes du musée sont réparties dans les autres salles de l'étage: le réfectoire, au S, la salle de la cuisine, puis celle (donnant sur cour) de l'**Aphrodite à la mer****, du nom de la belle statue qui en est l'ornement principal. Découverte au fond de la mer par un pêcheur, elle date du IIIe s. av. J.-C. La salle suivante abrite le chef-d'œuvre du musée: l'**Aphrodite de Rhodes***** (repère 4685). Cette petite statue du Ier s. av. J.-C. représente la déesse nue, sortant du bain, un genou à terre, relevant gracieusement de ses deux mains sa longue chevelure.

Il est agréable de se promener dans le jardin attenant au musée, entre les restes de statues et une belle mosaïque. Dans les autres salles de la galerie se trouvent des vases attiques à figures noires et rouges, des vases rhodiens et des vases de la période minoenne récente.

La ville antique et le mont Smith**

➤ **I-A3** *Promenade de 4 km, aller et retour. Pour abréger un peu la marche, on peut prendre à l'aller le bus n° 5 au port Mandraki. En fin d'après-midi, le coucher du soleil est admirable. Le site est toujours ouvert.*

En vérité, il ne reste presque rien de la ville antique, mais la vue depuis le mont Smith sur la ville moderne, la mer et les côtes turques est fort belle. Ce mont reçut son nom d'après un amiral anglais qui établit son quartier général sur cette colline en 1802, pendant que la flotte anglaise surveillait les approches de la mer de Marmara. Les vestiges, le théâtre, le stade et le temple, sont un infime témoignage de ce que fut Rhodes au Ve s. av. J.-C.

De l'**acropole** (mont Smith), la ville antique s'étendait jusqu'à la pointe N de l'île et vers l'E jusqu'à la future cité des chevaliers. Le **théâtre** a été entièrement reconstruit par les Italiens avant la Seconde Guerre mondiale; seul le gradin du bas est authentique! Il pouvait contenir jusqu'à huit cents personnes. Le **stade**, contigu au théâtre, construit au IIe s. av. J.-C., fut lui aussi restauré par les Italiens. Quelques représentations y sont données en saison estivale. Un peu plus loin, un large escalier mène au **temple d'Apollon**, de style dorique. ■

L'est de l'île

Lindos***

➤ *À 55 km au S-E de Rhodes. Parking aménagé en haut de la route d'accès au village. Accès à pied depuis le parking. Autre aire de stationnement après le « square », la place du village, en descendant à la mer. Parking possible aussi au S du village, au-dessus de la baie de Saint-Paul, en suivant la route en direction de Pefka. Ce chemin, beaucoup moins fréquenté, est très agréable.* ***Bonnes adresses*** *p. 298.*

Ce petit village de caractère, aux jolies maisons, est situé à environ 50 km de Rhodes sur la côte est; c'est le plus « grec » de l'île. Une voie rapide y conduit. Si vous êtes plus attiré par les petites maisons blanchies à la chaux que par les night-clubs, choisissez ce village pour votre séjour. L'hébergement se fait généralement en pension ou chez l'habitant. Le confort n'est pas toujours de premier ordre, mais l'atmosphère amicale qui règne à Lindos fait oublier cet inconvénient. La plage et les petites criques des alentours ont aussi leurs attraits.

Sur la place ombragée du village, appelée « le square », les âniers proposent des rendez-vous pour une balade, et les pêcheurs leur bateau pour une promenade le long de la côte. Les ruelles du village, souvent en escalier, sont bordées de maisons des XVIIe et XVIIIe s. construites par de riches marchands; les courettes sont pavées de petits galets gris, blanc et or qui s'ordonnent en jolies mosaïques aux motifs souvent originaux.

➤ **La maison du Capitaine**** (début du XVIIe s.), au 202 de la rue Akropolis *(ouv. au public)*, en montant à dr., a de superbes plafonds d'origine en bois peint; les murs sont décorés de ces fameuses assiettes en faïence de Lindos des XVIe et XVIIe s. qui étaient réputées dans toute l'Europe.

➤ **Le Captain's House Bar***, au 243, en redescendant de l'acropole à dr., est installé dans la **maison de Lefteris Stathiadis**, datée de 1642, qui fut construite par un Grec. Très belle façade de pierre; noter la croix de Saint-Jean, le cordage et le médaillon médiéval, où l'on retrouve des formes ottomanes. Magnifiques plafonds peints à l'intérieur. Demandez à les voir; on vous répondra en français.

➤ **L'église de la Panaghia****. *Dans la rue principale qui part de la place, sur la g., au fond d'une cour.* Lindos compte plusieurs églises. Celle-ci porte les dates 1484-1490, mais elle est en fait plus ancienne (XIVe s.) et a subi plusieurs modifications; ses

Le tour de l'île de Rhodes

La voiture est le meilleur moyen de transport, mais il ne faut surtout pas chercher à faire une « moyenne ». Le tour de l'île, long de 220 km environ, se fait en une journée. Partir assez tôt le matin pour pouvoir s'attarder sur une plage ou faire la sieste sous les pins. Si la conduite sur pistes ne vous tente pas, les agences de voyages locales organisent des tours d'une journée en car climatisé *(p. 294)*. ❖

fresques sont en partie du XVIIe s. Celles de la coupole, signées Georges de Symi, datent de 1779.

➤ **L'ÉGLISE AGHIOS GEORGIOS.** Cette église en croix, proche de la Panaghia, contient des fragments de fresques de plusieurs époques dont une très ancienne, datant du VIIIe-IXe s.

➤ **LE CHÂTEAU ET L'ACROPOLE***.** *Visites de 8 h à 19 h, le lun. de 12 h 30 à 19 h; entrée payante. Prévoir une protection contre le soleil.* Principal intérêt touristique de Lindos, le rocher s'élève à 116 m au-dessus de la mer *(encadré ci-contre).* Son accès est très difficile; seuls des escaliers, côté N, permettent d'atteindre le bas des remparts du **château**, construit par les chevaliers, et l'**acropole*****. Les deux civilisations, hellénique et médiévale, s'y côtoient harmonieusement.

Lindos fut le grand centre religieux de l'île bien longtemps encore après la fondation de Rhodes. À l'époque byzantine, un château fut construit pour défendre le village. Par la suite, les chevaliers l'ont restauré et fortifié.

Les restes de ces monuments méritent une visite attentive, qu'il est préférable d'entreprendre le matin avant 10 h ou en fin d'après-midi pour éviter la foule et la chaleur.

Par une première porte et quelques marches, on arrive sur un petit plateau. Un ♥ **bateau sculpté dans le roc**, long de presque 5 m, reproduit dans ses moindres détails une *trimolia*, embarcation communément utilisée au IIe s. av. J.-C., date de ce bas-relief (180). Un monumental escalier donne accès au plus haut plateau de l'acropole où, tout de suite à dr., apparaissent les **ruines du palais du Commandeur** du château des Chevaliers, et, contigu à son mur S, les restes de l'**église byzantine Saint-Jean**. Le **temple d'Athéna**, construit au point le plus haut du rocher, ferme la perspective en escalier donnée par les propylées (porches monumentaux en avant du temple), qui épousent le mouvement ascendant du terrain.

Au pied du rocher *(au S-O, côté baie de Saint-Paul)*, on distingue un petit théâtre antique creusé dans la pierre.

Le rocher de Lindos, en s'avançant dans la mer, laisse sur ses côtés deux très belles criques: au S, celle de Saint-Paul, petit port naturel ainsi nommé car saint Paul y accosta pour christianiser l'île; au N, celle de Lindos, bordée de sable fin. La plage est aménagée et l'on peut faire du ski nautique sur ce plan d'eau toujours très calme.

De Lindos à Rhodes

Haraki*

➤ *À 42 km au S-E de Rhodes; 15 km au N de Lindos.*

Ce petit port au fond d'une baie bien protégée, qui se découvre un profil touristique *(chambres)* avec sa plage, vit encore au rythme des traditions rhodiennes. Assis à la terrasse du plus vieux kafénion du village, le **café-bar Feraclos**, en bord de mer, on retrouve une Rhodes sereine, modeste, à l'ancienne. Les ruines du **château de Feraclos**, construit par les chevaliers de Saint-Jean, dominent la baie.

Archangelos

➤ *À 33 km au S-E de Rhodes; 20 km au N de Lindos; 7 km au N de Haraki.*

Ce village aux maisons cubiques est lui aussi dominé par un château, œuvre des chevaliers de

Le rocher de Lindos

L'histoire de Lindos, c'est l'histoire de son rocher, et il suffit de connaître ses vestiges pour la retracer. Lindos fut probablement habité dès l'âge néolithique, vers 2500 av. J.-C. ; dix siècles plus tard, les Achéens s'installèrent, mais ce n'est pas avant le Xe s. av. J.-C., avec l'arrivée des Doriens, que Lindos rivalisa, puis dépassa les cités de Kamiros et de Ialyssos *(p. 285)*. Ce sont ses habitants qui, très bons marins, fondèrent des colonies en Asie Mineure et en Sicile. Ils commercèrent avec Chypre et l'Égypte dès le VIIe s. av. J.-C.

Dans la première partie du VIe s. av. J.-C., **Cléobule**, connu comme l'un des Sept Sages, gouverna très démocratiquement sa cité pendant quarante ans. Il améliora le sanctuaire de la déesse Athéna, renommée dans toute la Grèce pour ses miracles. Ce sanctuaire remonte à la période pré-hellénistique ; **Pindare**, dans son ode, parle en effet d'une déesse qu'on adorait déjà bien avant l'arrivée des Doriens. Selon la légende, le premier sanctuaire fut érigé par **Danaos** qui s'arrêta dans l'île avec ses filles en revenant d'Égypte. Il est intéressant, par ailleurs, de noter que les Grecs parlent toujours d'**Athéna de Lindos** et non d'Athéna tout court. Cléobule, pour améliorer le sanctuaire, construisit un temple plus grand et offrit une couronne d'or à la statue en bois déjà existante. En 342 av. J.-C., le temple de Cléobule fut ravagé par un incendie ; les Lindiens le rebâtirent dans un style dorique et érigèrent une nouvelle statue de la déesse. Ses nombreux miracles firent l'objet d'offrandes, mais seuls les piédestaux des statues offertes ont été conservés. On cite parmi les donateurs Alexandre le Grand et Hélène de Troie. Beaucoup plus tard, à l'époque byzantine, un château fut construit pour défendre le village. ❖

Outre leurs vertus curatives, la beauté des eaux de la baie de Kalithea, bordée de criques rocailleuses qui ont fait la joie des cinéastes, ravira les amateurs de plongée sous-marine.

Rhodes. Perché sur le flanc d'une colline, dos à la mer, le village est caché des éventuels envahisseurs.

De Tsambikas à Afandou

Une mauvaise route sur la dr. conduit à la crique de Tsambikas *(à 6,5 km à l'E d'Archangelos)*, agréable avec sa plage de sable et une taverne. Le **monastère de Tsambikas** est situé sur un petit piton. Quant à la vieille église, au sommet, la légende dit qu'une femme stérile devint féconde après y avoir effectué un pèlerinage.

À **Afandou** *(à 12 km au N d'Archangelos)*, à l'entrée S du village, une fabrique de tapis orientaux vaut la visite. Club de golf à la sortie N du village *(p. 293)*.

Faliraki

➤ *À 12 km au S-E de Rhodes.* ***Bonnes adresses*** *p. 298.*

Cette station estivale doit son succès à sa belle plage de sable. Un grand nombre d'hôtels, dont la capacité est souvent impressionnante, se sont implantés sur toute la côte de cette commune. En fait, le village lui-même est modeste.

De Faliraki, la route derrière les grands hôtels de la plage conduit à Rhodes par Kalithea.

Les thermes de Kalithea**

➤ *À 6 km au S-E de Rhodes.* ***Hébergement****, voir Reni p. 299, et Faliraki p. 298.*

Construits par les Italiens en 1929, ces thermes font l'objet d'importantes restaurations *(travaux en cours)*. Leurs eaux, dont Hippocrate mentionnait déjà les bienfaits, soignent le foie. Des dômes, colonnes et petites arches ornaient les bains et les cabines des curistes. Le sol est pavé d'une mosaïque de couleur noire et blanche faite, selon la tradition de l'île, de petits galets. La baie est idéale pour un dernier bain avant le retour à Rhodes.

À **Koskinou,** vous dégusterez de bons mezzés à la taverne Tsivaeri *(p. 293)*. ■

L'ouest de l'île

Kamiros**

➤ *À 34 km au S-O de Rhodes. En sortant de Rhodes, prendre la route de l'aéroport et passer par Kremasti (12 km). Continuer tout droit pendant 22 km. En face de deux petites tavernes au bord de la mer, une route sur la g. conduit aux ruines de Kamiros (pancarte « Ancient Kamiros »). Site ouv. du mar. au dim. de 8h à 19h, f. le lun. ; entrée payante.*

Kamiros est l'une des trois villes antiques de l'île, avec Lindos *(p. 281)* et Ialyssos *(voir plus bas)*. La région était très fertile, entourée de champs de figuiers et d'oliviers. On y a d'ailleurs retrouvé des pièces ornées d'une feuille de figuier, frappées à Kamiros au VIe s. av. J.-C.

L'emplacement fut découvert en 1859 par les archéologues Salzman et Biliotti. Plus tard, les fouilles exécutées par les Italiens ne mirent au jour qu'une partie de la ville, celle que l'on peut voir aujourd'hui. Les quartiers résidentiels s'étendent sur les pentes du vallon et les bâtiments publics et religieux se situent tout en haut, sur un petit plateau triangulaire, face à la mer. Les collines autour de Kamiros sont creusées de tombes et il se pourrait que ce soit l'un des plus grands cimetières découverts dans le monde grec.

Au nord de Kamiros

La vallée des Papillons**

➤ *À 25 km au S-O de Rhodes. De Kamiros, reprendre la route en sens inverse, comme pour retourner à Rhodes, mais obliquer à dr. Quelques kilomètres avant le village de Paradissi, un poteau indicateur porte l'inscription « Petaloudes » (« Papillons »). Après 4 km, on arrive au bas de la célèbre vallée. Ouv. de 8h30 au coucher du soleil. Visite payante. Il est interdit d'emporter un papillon ou de fumer sous peine d'amende.*

« Vallée » est un bien grand mot pour cette petite gorge verdoyante et ombragée ; le terme a trompé des générations de touristes s'attendant à voir surgir des myriades de papillons. Tous les lépidoptères sont de la même espèce et de la même couleur. Ils n'en demeurent pas moins une des curiosités les plus connues de Rhodes et le spectacle est étonnant. Après l'éclosion, les papillons *Callimorpha quatripunctata* viennent vivre dans la gorge, attirés par l'odeur des feuilles de ses arbres, une sorte d'érable. Ils s'y rassemblent fidèlement chaque année de la mi-juin à la mi-sept., pendant les fortes chaleurs.

Le mont Philerimos**

➤ *À 15 km au S de Rhodes. De la vallée des Papillons, rejoindre la grande route et continuer vers le N. À Trianda (à 8 km au S de Rhodes), prendre à dr. vers Philerimos (Filerimos). Accès au sommet du mont après plusieurs kilomètres d'une belle route asphaltée. Site ouv. du mar. au dim. de 8h à 19h, f. le lun. ; entrée payante.*

Le mont Philerimos portait autrefois l'acropole de l'antique **Ialyssos**, l'une des trois cités doriennes, qui se donnait pour fondateur mythique le personnage dont la ville prit le nom. Mais la région

Des Phéniciens à Soliman

D'après la légende, les premiers habitants du mont Philerimos furent les Phéniciens. Le site fut ensuite choisi par les Achéens. Après l'invasion dorienne au Xe s. av. J.-C., la ville de Ialyssos fut déplacée en direction de la côte, vers le village de Kremasti. Elle déclina considérablement après la fondation de Rhodes, à qui elle donna le plus grand nombre d'habitants. L'endroit, cependant, conserva son intérêt stratégique : c'est en effet ici que les Génois assiégèrent les Byzantins en 1248. Le mont fut aussi habité par les chevaliers, en 1306, avant qu'ils ne s'installent à Rhodes, et leur pire ennemi, Soliman, y établit son quartier général lors du siège de 1522. ❖

fut habitée depuis la plus haute Antiquité *(encadré)*.

Au bout de la route, après le parking, un escalier monte au site antique et aux autres constructions, édifiées à des époques ultérieures mais intéressantes à visiter.

En haut de l'escalier, un **baptistère** de l'époque paléochrétienne. À g. gisent les fondations du **temple d'Athéna et de Zeus Polleus**, érigé au IVe s. av. J.-C. en style dorique. En arrière de ces ruines s'élève l'**église Notre-Dame de Philerimos**, bâtie sur un lieu consacré au culte depuis le IIe millénaire av. J.-C. Cette église fait partie d'un monastère fondé par les chevaliers; il en subsiste le cloître. En contrebas de l'église se cache une chapelle souterraine, **Aghios Georgios**, ornée de fresques des XIVe et XVe s., restaurées avant la Seconde Guerre mondiale.

En arrière du cloître, une allée mène à des bâtiments en partie construits par les Byzantins et achevés par les chevaliers. Du toit *(escalier)*, il est facile de comprendre l'importance stratégique du mont Philerimos en contemplant la vaste plaine qui s'étend jusqu'à la mer. En repassant la grille d'entrée, un chemin de croix aboutit à un **belvédère**, où est édifiée une grande croix; un escalier en colimaçon permet d'y monter et de profiter de la vue sur tous les alentours. Un petit kiosque propose la **liqueur aux sept herbes** de Philerimos (origan, thym, sauge, absinthe et… trois autres herbes gardées secrètes); les moines italiens ont transmis le secret de sa fabrication à Pantelis Sikofilos, qui continue la tradition; cette liqueur serait bonne pour le foie.

Au sud de Kamiros

Kamiros Skala

➤ *Laisser la ville antique de Kamiros sur la g. et continuer jusqu'à Kamiros Skala (à 50 km au S-O de Rhodes).*

L'**ancien port de Kritinia**, fondé par des marins crétois durant l'époque minoenne, est aujourd'hui un simple hameau de pêcheurs et le point de départ en bateau pour **Halki** *(1 départ/j. vers 14h30. Rens. à l'office du tourisme)*, « l'île de l'amitié et de la paix » *(pensions)*.

Le château de Kamiros*

➤ *À 2 km au S de Kamiros Skala.*

Un peu plus loin, ce château, reconstruit par les chevaliers de

Saint-Jean au début du XVIe s., domine la mer du haut d'un éperon rocheux. En ruine, il arbore encore les écussons des grands maîtres Aimery d'Amboise et Fabrizio del Caretto. La route grimpe et s'enfonce dans les forêts de pins.

De Kritinia à Monolithos

14 km après Kritinia, une route sur la g. mène à **Embonas**** *(p. 290)*. Continuer tout droit jusqu'à Monolithos *(25 km)*, en traversant **Siana** *(à 4 km au N de Monolithos)*, petit village réputé pour son miel et son ouzo. De Monolithos, une petite route conduit au **château de Monolithos*** *(2 km)*, véritable nid d'aigle qu'avaient construit les chevaliers pour surveiller l'horizon. Une piste descend à la mer; *ne pas s'y engager en voiture.*

Le monastère de Skiadi**

➤ *Prendre la route côtière vers Katavia. Après 7 km, obliquer à g. pour Moni Skiadi (8 km aller et retour).*

Aujourd'hui désaffecté, Moni Skiadi a été fondé à l'époque byzantine et restauré au XVIIIe s. L'église renferme quelques fresques et de nombreux ex-voto. Un vieux couple garde le monastère; il pourra vous accorder l'hospitalité pour la nuit si vous avez votre matériel de couchage *(laisser une obole en partant).* ■

Le sud de l'île

Katavia

➤ *À 108 km au S de Rhodes par la route de la côte ouest.*

Ce village était réputé pour ses **tissages**, mais la dernière femme qui continuait la tradition s'est éteinte, avec son art. La chaîne de ce tissu très épais était de fils de coton, mais la trame, et c'est son originalité, était faite de bandes de tissu.

L'**église Kimissis Theotokou**, au milieu de son cimetière, est intéressante par son histoire et son architecture; à cet emplacement furent d'abord édifiés un temple antique dédié à Apollon, puis une basilique paléochrétienne. L'église actuelle daterait du XIVe s.

Le cap Prassonissi**

➤ *À 115 km au S de Rhodes. De Katavia, accès au cap (7 km, garder la dr. à la fourche) par une mauvaise piste. Camping sauvage, un point d'eau, une taverne.*

Les plages de sable sont superbes; une large langue de sable, assez dure pour être traversée en voiture tout-terrain, permet de monter par un très mauvais chemin rocailleux sur l'îlot rocheux le plus méridional de l'île.

Rouler prudemment: risques de rester enlisé ou d'endommager la voiture sur les pierres. La baie créée par le cap est toujours largement ventée, pour le plus grand plaisir des surfeurs chevronnés.

De Katavia à Arnitha

De Katavia, une route très sinueuse et étroite remonte vers le N jusqu'à **Messanagros**.

De Messanagros, la route continue vers Laerma par **Arnitha**: ne manquez pas l'église byzantine **Aghios Georgios Vardas**, qui est décorée de fresques de la fin du XIIIe s.; à voir aussi, les restes d'une **basilique** paléochrétienne. La route passe ensuite par **Istrios** et **Profilia**.

La **route côtière de l'E**, quant à elle, a l'avantage d'être droite et goudronnée. En partant de Katavia, prendre la route à dr. entre Aghios Pavlos et Lahania.

Les villages côtiers

➤ **Plimiri.** *Au N-E du cap Prassonissi. Belle plage avec douche, taverne, quelques bateaux de pêcheurs.* On appréciera la quiétude de ce site isolé, à 1,5 km de la route, en bord de mer.

➤ ♥ **Lahania.** *À 79 km au S de Rhodes.* En amont de la route côtière, c'est l'un des derniers villages rhodiens où cohabitent des maisons en ruine, témoins de l'abandon des zones rurales par la population jeune, et de très belles maisons restaurées dans la tradition, soignées, fleuries, où se sont installés insulaires ou touristes en quête d'une Rhodes authentique. Dans le village, la vie s'écoule à l'ancienne. Sur la place de l'église, ombragée par un grand platane, coulent des sources. La taverne **Platanos** est agréable pour un repas frugal, de poisson peut-être, sur une grande table au milieu de la place.

À la sortie du village, l'église à trois nefs **Aghia Irini** est construite sur les restes d'une basilique paléochrétienne; témoin de cette époque, le beau **baptistère**, en forme de croix, du VIe s. ■

Les routes intérieures

La meilleure façon de quitter un peu la Rhodes touristique pour retrouver une île authentique reste de sillonner l'intérieur des terres.

Asgourou

➤ *À 6 km au S de Rhodes. De Rhodes, prendre la route de Lindos; le village (dont les habitants sont d'origine turque) est à dr.*

La très belle **église Aghios Ioannis****, dédiée à saint Jean-Baptiste, byzantine d'abord, turque ensuite et flanquée d'un minaret, illustre bien l'histoire de Rhodes.

Psinthos

➤ *À 32 km au S de Rhodes. Accessible de la route de Lindos par Kalithies, Psinthos est aussi très proche de la vallée des Papillons (p. 285), mais la piste est très mauvaise.*

Ce village paisible, loin des turbulences de la ville, est dominé par le mont du même nom (480 m). La place du village est pourvue d'agréables tavernes et kafénions. La taverne **Pigi Fasouli**, à l'écart de la place, propose une bonne cuisine traditionnelle à des prix raisonnables; goûter le *mizithra*, un fromage réputé.

Le pope, qui parle le français, détient les clés de deux églises byzantines décorées de fresques.

➤ **L'Église Aghia Triada***. Sur la route d'Ahripoli *(à 9 km au S de Psinthos)*, prendre, à 2 km à la sortie du village, à g., un chemin caillouteux qui monte sur une terrasse au-dessus de champs d'oliviers. Cette modeste petite église byzantine date des XIVe et XVe s. Les fresques sont noircies par la suie des bougies.

➤ **L'Église Parmeniotissa***. Sur la même route d'Ahripoli, 2 km après notre première bifurcation, prendre à g., avant un grand village, un chemin qui, après quelques mètres, fait une fourche; l'église (XIVe-XVe s.) est à 200 m vers la g.

Les Sept Sources (Epta Piges)*

➤ *À 30 km au S de Rhodes.*

Sur la route d'Ahripoli à Kolymbia, où l'on rejoint la route de la côte est Rhodes/Lindos, plusieurs chemins mènent à un site où jaillissent des sources dans un paysage boisé de pins. Végétation luxuriante avec de petites orchidées sauvages.

Eleoussa

➤ *À 36 km au S de Rhodes; 4 km à l'O d'Ahripoli.*

À l'entrée du village, en venant d'Ahripoli, on traverse une grande place. À la sortie O du village, en direction de Fountoukli, à dr. en contrebas de la route se trouve la petite église à une nef dédiée à la **Panaghia Eleoussa** (XVe s.), avec des fresques de la fin du XVe et du XVIIIe s.

D'Eleoussa, une route asphaltée passant par **Platania**, joli village tout blanc, puis Malona, permet de rejoindre la côte est.

♥ Fountoukli**

➤ *À 2 km à l'O d'Eleoussa en direction du mont du Prophète-Élie (Profitis Ilias).*

Panorama superbe avec de belles percées sur la mer. La remarquable église de Fountoukli, dédiée à **Aghios Nikolaos**, est à g. de la piste en face d'une fontaine. Elle est entièrement couverte de fresques datant des XIVe et XVe s., qui ont été restaurées.

Le mont du Prophète-Élie (Profitias Ilias)

➤ *À 50 km au S-O de Rhodes; 5,5 km à l'O de Fountoukli.*

De Fountoukli, la route continue jusqu'à une petite station estivale (798 m) fréquentée par les habitants de Rhodes, construite par les Italiens dans le style de leurs chalets de montagne. Les paysages sont variés; la flore de cette partie de l'île est particulièrement intéressante pour les botanistes. Si

Ultime étape avant le mont du Prophète-Élie, le village de Fountoukli abrite une ravissante église byzantine dédiée à saint Nicolas.

l'après-midi est trop avancé, on peut retourner à Rhodes en moins d'une heure en faisant demi-tour pour rejoindre **Kalavarda** et la bonne route de la côte ouest.

Embonas**

➤ *À 52 km au S-O de Rhodes.*

C'est l'un des plus pittoresques villages de l'île de Rhodes. À l'intérieur des maisons, les murs sont recouverts d'assiettes, anciennes et modernes. Quelques rares vieilles femmes portent encore le costume typique de la région (notamment les bottes de cuir les protégeant des serpents quand elles travaillent dans les champs). La fabrique de vins **Emery** est ouverte au public; une dégustation est proposée *(p. 296)*.

Avec un guide recruté au village, on peut faire l'ascension du **mont Ataviros**, le plus haut de l'île (1 215 m); ruines d'un temple antique du Ve s. av. J.-C. Il faut compter au moins 6 h aller et retour.

Le monastère de Thari**

➤ *D'Embonas, une route de montagne passe à Aghios Isidoros (à 14 km au S d'Embonas) et continue vers l'E sur Laerma, le cœur de l'île. De Laerma, prendre la direction de Profilia; à 2 km à g., emprunter une piste assez médiocre de 2 km environ.*

Ce monastère date du IXe s. L'église à coupole est très intéressante avec ses peintures murales du début du XIVe s., dans la nef, l'abside et la coupole.

De Laerma, rejoindre **Lardos** et la côte est. De Lardos, une route repart vers l'intérieur et conduit au **monastère Ipseni**, étincelant de blancheur, situé au creux d'un vallon. ■

L'île de Rhodes, pratique

Le mobilier actuel et les peintures extérieures marient le bleu du ciel et la blancheur des maisons passées à la chaux. Le pittoresque est toujours de mise.

La ville de Rhodes

Indicatif ☎ *(22410)* – **Plan I p. 266, plan II p. 268.**

ℹ **Office du tourisme hellénique** (EOT), au coin des rues Makaridou et Papagou **I-B2** ☎ 232.55 et 236.55. www.ando.gr/eot. *Ouv. t.l.j. de 8h30 à 14h30; f. les sam., dim. et j.f.* Excellent accueil et rens. en français. Bonne documentation, cartes, plans, horaires des bateaux et des bus, etc. ℹ **Office du tourisme de la ville de Rhodes,** place Rimini (Son et Lumière) **I-B2** ☎ 359.45. *Ouv. en saison seulement du lun. au sam. de 8h à 21h et le dim. de 8h à 15h.*

Circuler

La circulation est interdite dans la vieille ville. Quant au stationnement, il faut différencier les marquages bleus (payant) et blancs (gratuit).

Hébergement

La vieille ville a du charme et on trouve quelques hôtels sympathiques, mais la plupart des hôtels et des pensions se trouvent dans la ville nouvelle et dans ses faubourgs en bord de mer. *Voir aussi hébergement aux environs, Ialyssos-Trianda p. 297, Ixia p. 297, Faliraki p. 298, Reni p. 299, Theologos p. 298.*

▲▲▲▲ **Grand Hôtel Summer Palace** luxe, 1, Akti Miaouli **I-A1** ☎ 262.84, fax 355.89. *406 ch. Ouv. toute l'année.* Air cond., 2 piscines, night-club. Face à la mer, très calme. Service excellent.

▲▲▲▲ **Rodos Park Suites** luxe, 12, rue Riga Fereou **I-B2-3** ☎ 246.12, fax 246.13, www.rodospark.gr. *30 ch. et 30 suites. Ouv. toute l'année.* Cet hôtel, « aux dimensions humaines » et situé au cœur de la ville, offre toutes les garanties pour un luxueux séjour.

▲▲▲▲ **Ibiscus** A, 17, rue Nisirou **I-B1** ☎ 244.21, fax 272.83, www.rhotel.gr/ibiscus. *206 ch. Ouv. toute l'année.* Souterrain reliant le sous-sol à la plage. Bon restaurant, bon hôtel.

▲▲▲▲ **Mediterranean** A, 35, rue Kos **I-B1** ☎ 246.61, fax 228.28, www.mediterranean.gr. *230 ch. Ouv. toute l'année.* Souterrain reliant le sous-sol à la plage. Piscine et bon restaurant.

▲▲▲▲ **Plaza** A, 7, rue Ierou Lohou, à côté des bureaux d'Olympic Airways **I-B2** ☎ 225.01, fax 225.44, www.rhodes-plaza.com. *128 ch. dont 4 suites. Ouv. toute l'année.* Un très bon hôtel dans le centre-ville, qui appartient à la chaîne Best Western. Pratique et possédant toutes les facilités attendues dans cette catégorie.

▲▲▲ **Acandia** B, 6, rue Iroon Politechniou **I-B1-2** ☎ 222.51, fax 222.54. *82 ch. Ouv. toute l'année.* Jardin sur le toit.

▲▲▲ **Continental** B, 8, rue Aghiou Ioanou **I-B3** ☎ 308.73, fax 284.33. *132 ch. Ouv. avr.-oct.* En centre-ville, moderne, piscine.

➤ **Pensions.** On trouve de nombreuses pensions à Rhodes, dans la vieille ville comme dans la nouvelle ville, mais surtout dans les villages de l'île, et particulièrement à Lindos (*p. 298*), où elles forment l'unique type d'hébergement. **Hotel Andreas** D, dans la vieille ville, 28, rue Omirou **II-B3** ☎ 341.56, fax 742.85, www.hotelandreas.com. Dans une maison restaurée, *12 ch., dont 8 avec douche et toilettes privées. Ouv. mars-nov.* Petit-déjeuner seulement ; l'accueil par Andreas et sa famille, qui parle le français, est excellent et l'ambiance sympathique. De la terrasse, on domine la ville et le port et l'on voit le château des Chevaliers. Service de laverie et location de motos ou de voitures sur place.

➤ **Location d'appartements et de villas.** Une formule qui a du succès : des agences de location, telles que **Golden Sun Holiday**, 20, rue M. Petridis ☎ 245.92, fax 304.67, proposent toutes formes de logement en ville ou dans le reste de l'île. Certains appartements et studios bénéficient du même service hôtelier qu'un hôtel de catégorie équivalente, comme **Eva** A, 22, rue Iroon Politechniou **I-B1-2** ☎ 295.08, fax 367.20, www.rodosnet.gr/eva.index.htm. *15 appts.*

Restaurants

Dans la vieille ville

Cleo's, 17, rue Aghios Fanourios **II-B2** ☎ 284.15. Cadre raffiné et intime, cuisine italienne. Prix élevés. *F. le dim.*

Dans la nouvelle ville

Kon-Tiki, sur le port Mandraki **I-C2** ☎ 224.77. C'est un bateau amarré à la digue des Moulins. Très belle vue sur le château, le port et l'incessant va-et-vient de bateaux. Prix à la hauteur du cadre. Petit déjeuner sous forme de buffet grec.

♥ **Princess**, 26, rue Mandilara **AB-1** ☎ 200.68. Restaurant « méditerranéen » qui propose, dans un cadre intimiste agréable (patio fleuri) une cuisine délicate. Accueil charmant.

Certains restaurants ont un cadre et des menus peu rhodiens, mais sont cependant agréables :

Dania, 3, rue Iroon Politechniou **I-B1** ☎ 205.10. Tenu par une Danoise, il offre bien sûr des spécialités de son pays. Le dim. soir, grand buffet à prix unique. Agréable et surprenant !

Piccolo, 15, rue Kos **I-B1** ☎ 203.74. Un trio de musiciens joue la sérénade pendant le dîner. Cuisine grecque et internationale. Spécialités : steak au poivre, filet de sole, crevettes à la Piccolo. Cher.

Tavernes

Les tavernes, principalement dans la vieille ville, offrent surtout du poisson et des fruits de mer. Les tables sont simplement posées sur le trottoir quand la salle est trop petite. Pas de confort, pas de décor : c'est ce qu'on trouve dans son assiette qui importe !

Dans la vieille ville

Alexis, 18, rue Sokratous **II-B2** ☎ et fax 293.47. *F. le dim.* Endroit idéal si l'on aime l'animation de cette rue commerçante. Bons poissons, moules, langoustes (prix au kilo). Prix conformes au cadre et aux plats choisis. Cher.

Fotis, 8, rue Menekleous **II-B2** ☎ 273.59. Derrière la rue Sokratous, sur le chemin du théâtre en plein air. Joli cadre sur une place. Hors-d'œuvre, langoustes, poissons (prix indiqué au kilo). Bon et cher.

Mikes, dans la ruelle parallèle à la rue Sokratous, en bas, en descendant à dr., à la hauteur de la taverne Alexis **II-B2** ☎ 238.55. Une vraie taverne à l'ancienne, qui ne paie pas de mine, mais où on mange très bien ; poissons, salade avec un petit vin sur quelques petites tables installées dans la ruelle. Bon rapport qualité/prix. Mais l'attente entre les plats est souvent interminable.

Pythagoras/Chez Tonton, 22, rue Pythagora, près de la place Hippocrate **II-C2** ☎ 237.11. Langoustes fraîches, crustacés et poissons selon arrivage. Nombre de tables limité ; réserver. Ambiance assurée.

Dans la nouvelle ville

Roumeli, dans le nouveau marché (Nea Agora) **I-B2** ☎ 329.33. Spécialisé dans les viandes rôties à la broche : mouton, poulet, etc. C'est correct et pratique si on veut manger sur le pouce. Néanmoins, très touristique.

En dehors de la ville

Kioupia, à Treis, côte ouest, sur les hauteurs (difficile à trouver ; pancartes en grec) ☎ 918.24. La plus rhodienne des tavernes, dans un joli cadre. Accueil chaleureux, cuisine très raffinée et grand choix de plats de qualité. Le soir, uniquement sur réservation.

Tsivaeri, à Koskinou, non loin de l'hôtel Paradise ☎ 694.81. Prendre la direction de Kalithea et tourner à dr. vers le village de Koskinou. *Ouv. à partir de 10 h.* Ce restaurant domine la mer. Il allie avec succès le cadre moderne à l'architecture en bois et une bonne cuisine traditionnelle ; bons mezzés.

Masasoura, à Maritsa, à 17 km au S de Rhodes, dans les terres ☎ 481.09. En montant de la place principale à g., volets et tonnelle en bleu. Traditionnel et très bon.

Cafés et kafénions

Les cafés et kafénions sont très agréables à la tombée du jour ou le soir pour déguster un *ouzaki* (petit ouzo) ou une glace.

Aktaion, le plus ancien, se trouve à côté de la Banque de Grèce, sur le port Mandraki **I-B2**.

♥ **Christos' Garden**, 102, rue Griva **I-B1** ☎ 321.44. *Ouv. de 18 h à 2 h du matin.* « Cocktail bar », pour finir une soirée dans le cadre harmonieux et tranquille d'une vieille maison rhodienne, dans le patio à la fraîche ou près du feu de cheminée en arrière-saison.

Socratous Garden, 124, rue Sokratous **II-B2** ☎ 769.55. Cadre dépaysant (jardin tropical) pour fuir, l'espace d'un instant, l'agitation des rues.

Loisirs

➤ **Aquarium.** À la pointe N de la nouvelle ville **I-B1**, *ouv. de 9 h à 21 h (entrée payante).* Outre un aquarium avec des poissons de la région, il renferme un musée de poissons embaumés et quelques collections de coquillages.

➤ **Casino. Casino Rodos**, 4, rue Papanikolaou **I-B1** ☎ 975.00, fax 975.04, www.casinorodos.gr. Face à la mer et à côté de l'hôtel Mediterranean. *Ouv. du lun. au jeu. de 15 h à 6 h et 24 h/24 le w.-e. Interdit aux moins de 23 ans. Prendre son passeport avec soi.*

➤ **Danses folkloriques.** En plein air, dans le théâtre de la vieille ville **II-B2**, *de mai à oct., les lun., mer. et ven. à 21 h 20.* Le Centre de danse traditionnelle y présente un agréable spectacle de danses grecques et propose aussi des stages d'été. Rens. au théâtre de la vieille ville ☎ 201.57 et 290.85 et à l'office du tourisme.

➤ **Son et lumière.** Rue Averof ☎ 219.22. Face au nouveau marché à Mandraki **I-B2**. Ce très beau spectacle retrace la vie des chevaliers et le siège de la ville par Soliman, dans le magnifique décor des remparts. *En français le mer. à 21 h 15 et le jeu. à 23 h 15 du 9 mai au 31 août ; le mer. à 20 h 15 et le jeu. à 22 h 15 du 1er sept. au 31 oct. (horaires à vérifier auprès de l'office du tourisme).*

Plages

Sur la **côte ouest**, les plages sont de gravier, parfois souillées par la pollution, et il faut aimer se baigner dans les vagues. Sur la **côte est**, les plages de sable sont moins peuplées, très belles, et la mer y est calme : thermes de Kalithea, Faliraki, Tsambikas, Lindos. À **Rhodes** même, les plages sont aménagées du port Mandraki à l'hôtel Belvédère (lits de plage et parasols), mais il faut éviter de se baigner près du port.

Sports

➤ **Golf.** Club de golf à **Afandou** *(à 23 km de Rhodes)* ☎ 514.51 et 512.51. À la sortie du village, au bord d'une plage de sable peu fréquentée.

18 trous ; longueur du parcours : 6280 m. *Ouv. du 1er juin au 31 août.*

➤ **Pêche.** De juin à oct., poisson abondant à Genadi (possibilités de louer un caïque avec un pêcheur), à Chiotari, sous Asklipio (côte est de l'île, au S de Lindos).

➤ **Plongée sous-marine. Dive Med Center**, 33, rue Lisavonas, Rodini (près du parc Rodini) ☎ 611.15, fax 665.84, ☎ portable 693.319.040. **Rodos Diving Center**, sur le port Mandraki **I-C2** ☎ et fax 202.07. **The Waterhoppers**, 29, rue Perikleous **II-C2** et sur le port Mandraki **I-C2** ☎ et fax 381.46.

➤ **Ski nautique.** Ce sport est proposé sur les plages aménagées à Rhodes devant l'Aquarium **I-B1**, mais aussi à Faliraki, Tsambikas et Lindos. Il suffit d'aller sur la plage.

➤ **Tennis.** Rue N. Sava, en bord de mer ou au club Karakonero, à la sortie E de Rhodes par la côte ☎ 282.18. *Ouv. de 13 h à 20 h.*

Excursions

➤ **En car climatisé avec guide parlant le français.** Excursions d'une journée ou d'une demi-journée à **Lindos** et **Kamiros**, un **tour byzantin** (tour de l'île et visite des sites byzantins), « **Rhodes la nuit** » et une soirée dans un village. Plusieurs agences programment aussi des croisières en mer. Les cars passent vous prendre à votre hôtel, les réservations se font soit à l'agence, soit aux réceptions d'hôtels, sans supplément de prix. À titre indicatif, voici des agences habituées au tourisme francophone : **Ringas**, 15, rue Papanikolaou **I-B1** ☎ 229.60. *Voir aussi Gares routières, p. 296.* **Rhodos Tours**, 29, rue Amohostou **I-B2** ☎ 210.10.

➤ **En bateau et en hydroglisseur.** Excursions à la journée pour : **Lindos** (9 h), **Symi** (9 h), **Kos** (8 h), **Marmaris** (Turquie, 8 h), départ du phare Saint-Nicolas. Les hydroglisseurs ont l'avantage de vous « propulser » en un minimum de temps vers de belles îles où vous pouvez passer la journée. Par exemple, la traversée pour **Symi** dure 45 mn, pour Kos 1 h 50, pour Patmos 4 h, pour Samos 4 h 30. Départ à l'O du port de commerce. *Voir Agences de voyages, p. 296, et Liaisons maritimes, p. 297.*

➤ **Liaisons avec la Turquie.** Les relations diplomatiques entre la Turquie et la Grèce conditionnent les facilités de passage d'un pays à l'autre. Tant qu'il n'y a pas de rupture officielle entre les deux pays, la navigation est libre. Mais les bureaux d'information de Rhodes « ignorent » les bateaux grecs ou turcs qui assurent la traversée vers la côte turque. **Marmaris**, très touristique, est à 2 h de bateau (2 bateaux/j. dont un à 17 h). S'informer à **Anka Travel**, 13, rue Gallias **I-B2** ☎ 250.95, fax 227.28, akaragiannis.anka@galileo.gr.

➤ **Croisières.** Location à l'heure ou à la journée avec un petit équipage, maximum 15 passagers. S'adresser directement aux capitaines sur le port après 17 h. De petites croisières sont organisées sur la côte est pour la journée sur les bateaux *Aphrodite*, *Triton*, *Glaros* et *Lindos.* Possibilité de louer un bateau de plaisance à voile ou à moteur, avec ou sans équipage, pour plusieurs jours et visiter les abords de Rhodes, mais aussi d'autres îles grecques ou encore la côte turque. **Agence de location** : **Yacht Agency Rhodes International**, au coin des rues Vironos et Kanada **I-D3** ☎ 229.27, fax 233.93.

Vie nocturne

La distinction entre night-club, discothèque, bouzouki et cabaret est difficile à faire : presque tous ces lieux proposent un petit mélange et un show grec agrémente souvent la soirée. *Fermeture à 2 h du matin exigée par la loi.* Tous les hôtels de bonne catégorie ont leur discothèque.

➤ **Bouzouki. Astra**, à Kritika (sortie O de Rhodes) ☎ 320.90. **Medaillon**, 99, rue Clavdiou Pepper ☎ 251.25. Près de Zefiros (sortie O de Rhodes). Bouzouki et musique grecque. **Melody Palace** (avec restaurant) à Kremasti (*12 km de Rhodes par la route de l'aéroport*) ☎ 952.40. **Show Center Palace**, 4, rue Afstralias **I-D3** ☎ 391.00. *À partir de 23 h.* Populaire pour les Grecs.

➤ **Discothèques et night-clubs.** **Caprice Club** ☎ 359.95, dans la vieille ville, en descendant la rue Sokratous, petite rue à dr. **II-B2**. **Colorado**, au croisement des rues Akti Miaouli et Orfanidou **I-A1** ☎ 751.20, www.coloradoclub.gr. Trois espaces distincts dont un réservé à la « musique live ». **Elli**, à Mandraki **I-BC2** ☎ 225.45. **La Scala**, à Ixia, près du Rhodos Palace et du Sofitel Capsis. « Boîte-usine » dans un décor qui mêle fontaines et jardin tropical. **Mousika Fengaria**, au Grand Hôtel Summer Palace **I-A1** *(p. 291)* ☎ 262.84. Night-club avec de la musique grecque. Confortable, intime, luxueux et élégant. Pour clientèle distinguée.

Shopping

Les innombrables boutiques proposent aussi bien les créations de l'artisanat local que ce que l'on peut trouver dans n'importe quelle grande ville européenne. La vieille ville regorge d'échoppes : certes, le pire y côtoie le meilleur et le racolage devant les cafés ne doit pas vous faire perdre l'envie d'un achat réussi.

Les principaux centres de shopping sont la **rue Sokratous II-BC2**, dans la vieille ville, la **rue Griva I-B1** et les **alentours de la place de Chypre** (platia Kiprou) **I-B2**, dans la nouvelle ville. Le marchandage se pratique surtout dans la vieille ville, mais n'espérez pas un rabais de plus de 10 %. Le marché de la nouvelle ville, **Nea Agora I-B2**, qui donne sur Mandraki, mérite une visite pour l'ambiance, avec ses nombreuses boutiques, ses kafénions et ses comptoirs à *souvlakis*.

➤ **Bijoux.** **Zolotas**, 34, rue Makaridou **I-B2** et au **Sofitel Capsis** à Ixia *(p. 298)*, qui propose de très belles reproductions de pièces de musées grecques et byzantines. **Lalaounis**, à côté de l'église Sainte-Marie, en bas de la rue des Chevaliers, dans la vieille ville **II-B1**. Le choix assez restreint, mais de très grande qualité, n'est pas à la portée de toutes les bourses. Le magasin vaut une petite visite pour son cadre médiéval. Les bijoux, à qualité égale, sont moins chers qu'en France.

➤ **Céramiques.** Comme les bijoux, les céramiques sont une des plus vieilles industries de l'île. Les prix sont sensiblement les mêmes dans tous les magasins. Les poteries sont peintes à la main par des jeunes filles, que l'on peut voir à l'œuvre dans les fabriques : **Colossos**, après Afandou ; **Neofitos**, avant Faliraki.

Blotties à l'ombre des arcades de Rhodes, d'innombrables boutiques mêlent les objets artisanaux et les produits occidentaux.

➤ **Icônes byzantines.** Dans la vieille ville : **Byzantine**, 42, rue Kisthiniou **II-D2** ☎ 741.27, sirimi-v@otenet.gr. Très belles peintures réalisées par deux artistes. Mais pas forcément accessibles à tous les budgets.

➤ **Marchés.** Les *mer. et sam.* au S de la ville, à côté du cimetière et le *jeu.*, au S de la vieille ville, près du stade Diagoras.

➤ **Tailleurs et confection.** Rhodes est un port franc pour certaines marchandises, les tissus entre autres. En quelques jours, un tailleur vous fait un costume ou un manteau dans un des meilleurs tweeds, gabardines, cachemires de France ou d'Angleterre.

➤ **Vins et alcools.** Les vins de Rhodes, lindos blanc ou chevaliers-de-rhodes, sont réputés. L'Ouzo n° 13 et la liqueur d'abricot sont aussi fabriqués sur l'île. Dans la nouvelle ville : **Marinos**, 23-25 rue du 28 Oktovriou **I-AB-2** ☎ 225.09, fax 768.64, www.marinossa.gr. Deux compagnies sont ouvertes au public : **CAIR**, av. Lindos, au S de la ville (direction de Faliraki) ☎ 687.70, fax 625.70. *Ouv. de 10 h à 17 h.* **Emery**, à Embonas (dans les terres à 60 km au S-O de Rhodes).

Adresses utiles

➤ **Aéroport.** Aéroport **Diagoras**, à Paradissi (16 km à l'O de Rhodes) ☎ 832.00 et 823.00. Un bureau d'information (*ouv. de 7 h 30 à minuit en haute saison*), dépendant d'Olympic Airways, renseigne les touristes à leur arrivée. Plusieurs liaisons aériennes quotidiennes avec **Athènes** (1 h de vol) ; 1 liaison/j. avec **Heraklion** (1 h de vol) ; 3 liaisons/sem. avec **Kos** (30 mn de vol), avec **Karpathos** (40 mn de vol) ; 4 liaisons/sem. avec **Thessalonique** (1 h 25 de vol) ; avec **Kassos** (40 mn de vol) ; 3 liaisons/sem. avec **Mykonos** (1 h de vol) ; 4 liaisons/sem. avec **Santorin** (1 h de vol).

➤ **Agences de voyages. DANE**, rue Afstralias **I-D3**. Bateaux pour Le Pirée, via Kos ☎ 431.50. **Kouros Agency**, 34, rue Karpathou ☎ 243.77. Bateaux pour toutes les îles du Dodécanèse, la Crète, Le Pirée ; escales en chemin. **Kydon Agency**, 14, rue E. Dodekanission **I-B2** ☎ 230.00, fax 327.41. Bateaux pour Sitia (Crète), Santorin et Le Pirée. **Red Sea**, 13, rue D. Theodoraki ☎ 277.21, fax 226.83. Le *Paloma* dessert Chypre et Israël. **Skevos Travel Agency**, 111, rue Amerikis **I-B2** ☎ 756.55. **Triton Tours**, 9 rue Plastira **I-B2** ☎ 216.90, fax 316.25, www.tritondmc.gr. Bateaux pour Chypre uniquement.

➤ **Banques.** Dans la nouvelle ville : **Banque de Grèce**, place Eleftherias, sur le Mandraki **I-B2**, *ouv. le matin.* **Banque nationale de Grèce, Banque commerciale** et **Credit Bank**, place de Chypre **I-B2**, *ouv. du lun. au jeu. de 8 h à 14 h, le ven. de 8 h à 13 h 30.* Dans la vieille ville : **Ionian & Popular Bank of Greece**, place de Symi **II-BC1**, *ouv. de 8 h à 14 h et de 17 h à 20 h, le sam. de 8 h 30 à 13 h ; f. dim.* **Banque commerciale**, à dr. après la place de Symi **II-BC1**, *mêmes horaires que la précédente.*

➤ **Compagnie aérienne. Olympic Airways**, 9, rue Ierou Lohou, à côté de l'hôtel Plaza **I-B2** ☎ 245.55 (rés.) et ☎ 245.71 (rens.).

➤ **Consulat français.** Rue des Chevaliers, dans l'auberge de France **II-B1** ☎ et fax 774.88. *Ouv. du lun. au ven. de 9 h à 12 h.* Très bon accueil, dans un décor exceptionnel. Institut français à la même adresse.

➤ **Cybercafés. Cosmonet**, place des Martyrs-Juifs **II-C3** ☎ 369.51, fax 357.07, cosmonet@aias.gr. *Ouv. t.l.j. de 9 h à 22 h 30.* **Minoan Internet Café**, 13 rue Iroon Politechniou **I-B1** ☎ 202.10, www.minoacafe.gr. Jeune et bruyant, car combine salle de jeux et cybercafé.

➤ **Gares routières.** Six lignes de bus desservent la ville. Les lignes n° 1 (tour de ville : « city tour ») et n° 4 (bus Saint-Dimitrios) font le tour des banlieues, le bus n° 3 va au parc Rodini et le n° 5 au mont Smith. Bus pour les principaux villages de l'île, au départ des deux gares routières de la ville de Rhodes. La gare située sur la place Rimini (*Son et Lumière*) **II-B1** dessert l'est de l'île, notamment, **Faliraki**,

Afandou et **Archangelos**, **Haraki**, **Lindos** et **Katavia**. L'autre, située rue Averof **I-B2**, derrière le nouveau marché, dessert l'ouest de l'île et, parmi les destinations, **Paradissi** et l'aéroport, **Theologos**, **Petaloudes** (la vallée des Papillons), **Kamiros**, **Embonas** et **Monolithos**. Horaires et fréquences des trajets à votre disposition à l'office du tourisme hellénique ou à celui de la ville de Rhodes, ouv. en haute saison, place Rimini (*Son et Lumière*).

➤ **LIAISONS MARITIMES.** Des bateaux de ligne partent t.l.j. du port de Rhodes pour **Le Pirée**, mais aucun n'est direct et la traversée est souvent longue, selon le nombre d'escales ; profitez-en pour visiter au passage les îles de **Kos**, **Kalymnos**, **Leros** ou **Patmos** (liaisons fréquentes t.l.j. en haute saison). Des bateaux desservent la **Crète** (Sitia, Agios Nikolaos, Heraklion) avec escales à **Halki**, **Karpathos**, **Kassos**, 2 ou 3 fois/sem. Plusieurs d'entre eux continuent sur **Santorin**. Plusieurs bateaux desservent **Chypre** (Limassol, 22 h de traversée). De **Kamiros Skala** (côte ouest) partent de petits bateaux pour **Halki** (1 h 30 de traversée) ; billets délivrés sur place. *Rens. à l'office du tourisme.*

➤ **LOCATION DE DEUX-ROUES. Butterfly**, en face de Filimon, 26, rue Alex Diakou **I-B2** ☎ 213.30. **Filimon**, rue Alexandrou **I-B2** ☎ 317.02. **Topaloglou**, 13, rue Griva **I-B1** ☎ 271.42. Consciencieux et pas cher.

➤ **LOCATION DE VOITURES.** Les compagnies sont extrêmement présentes dans la nouvelle ville et dans la plupart des grands hôtels de l'île. S'accorder le temps de comparer les prix et les services proposés (prendre un forfait avec kilométrage illimité pour faire le tour de l'île). **Aegean**, 1 A, rue Iroon Politechniou **I-B1** ☎ 232.34, fax 259.57. **Avis** ☎ 249.90, fax 369.19 ; aéroport ☎ 828.96. **Express**, 17, rue Papanikolaou **I-B1** ☎ 246.72. **Hertz**, 16, rue Griva **I-B1** ☎ 218.19 ; à l'aéroport ☎ 829.02. Ces deux compagnies offrent de bonnes garanties.

➤ **POLICE.** Rue Dodekanission **I-B2** ☎ 276.13. **Police touristique**, à l'angle des rues Makaridou et Papagou **I-B2** ☎ 274.23. *Ouv. 24 h/24.*

➤ **POSTE.** Place Eleftherias, sur le port Mandraki **I-B2**. *Ouv. de 7 h à 20 h, f. sam. et dim.* Poste restante, *guichet ouv. de 9 h à 14 h.*

➤ **SANTÉ.** Les médecins et dentistes de l'île parlent presque tous l'anglais et certains le français. **Centre médical Krito Rodos** ☎ 300.20 ou 380.08.

➤ **TAXIS.** Station centrale sur le port Mandraki **I-B2** en face du nouveau marché (Nea Agora) ☎ 276.66.

➤ **TÉLÉPHONE. OTE**, rue Amerikis **I-B2**. *Ouv. de 8 h à 22 h.* Nombreuses cabines téléphoniques à carte (en vente dans les kiosques).

➤ **URGENCES. Ambulance** ☎ 166. **Police** ☎ 100. **Pompiers** ☎ 199.

La côte ouest

Indicatif ☎ *(22410)*

La côte ouest est desservie par les bus locaux. La route passe par l'aéroport ; les hôtels de cette côte sont pratiques pour les départs ou arrivées en avion.

Ialyssos-Trianda

➤ **HÔTELS.** ▲▲▲▲ **Rhodos Palace** luxe, avenue Ialissou, à 4,5 km à l'O de Rhodes ☎ 252.22, fax 253.50, www.rodos-palace.com. *785 ch. Ouv. toute l'année.* Dans un complexe moderne bien équipé.

▲▲▲▲ **Blue Horizon Beach Hotel** A ☎ 934.81, fax 943.43. *211 ch. Ouv. avr.-oct.* À 8 km de Rhodes. Très bel hôtel moderne en bord de mer, chambres et bungalows ; plage et piscine, tennis, sports nautiques.

Ixia

Hébergement

▲▲▲▲ **Hilton** luxe, Leoforos Ialissou, à 4,5 km de Rhodes ☎ 750.00, fax 766.90, www.rhodes.hilton.com. *402 ch. Ouv. toute l'année.* Bel ensemble architectural coloré et en étage, à flanc de colline. Les chambres sont aménagées avec goût, tout confort, plusieurs restaurants, piscines agréables, squash, accès à la plage par un souterrain sous la route.

▲▲▲▲ **Rodian Beach** luxe, rue Iraklidon, à 4 km de Rhodes ☎ 899.00, fax 899.01, www.rhodian-beach.gr. *267 ch. Ouv. mars-nov.* Hôtel et bungalows. Piscine, sauna, salle de gym, tennis, taverne et possibilité de louer une voiture.

▲▲▲▲ **Sofitel Capsis** luxe, av. Ialissou, à 4 km de Rhodes ☎ 250.15, fax 209.00, capsis-rhodes@capsis.gr. *680 ch. Ouv. toute l'année.* Hôtel et appartements. Piscine, tennis, minigolf, night-club. Peut loger 1 300 personnes. Très international, cet établissement est une petite ville à lui tout seul, mais sans charme.

▲▲▲▲ **Avra Beach** A, à 6 km de Rhodes ☎ 962.84, fax 944.53. *125 ch. et 61 bungalows. Ouv. avr.-oct.* Air cond., piscine, tennis, minigolf, plage.

▲▲▲▲ **Electra Palace** A, Paralia Ialissou, à 9 km de Rhodes, sur la côte ouest ☎ 925.21, fax 920.38, electro@otenet.gr. *321 ch. Ouv. mai-oct.* Hôtel situé sur la plage. Pour petits budgets : bon marché pour sa catégorie. Air cond.

▲▲▲▲ **Golden Beach** A ☎ 924.11, fax 924.16. *276 ch. Ouv. avr.-oct.* Hôtel situé au bord de la plage, à 7 km de Rhodes. Piscine, 3 tennis, minigolf, discothèque, snack-bar.

➤ **Location d'appartements. Poseidonia** A, rue Iraklidon (petite rue perpendiculaire à l'av. Ialissou) ☎ 222.76, fax 342.21, poseidonia@in.gr. *112 appts et studios. Ouv. avr.-oct.* Air cond. Piscine, restaurant.

Theologos

➤ *À 20 km de Rhodes, sur la côte ouest.*

➤ **Hôtel.** ▲▲▲▲ **Doretta Beach** A ☎ 825.41, fax 240.65. *360 ch. Ouv. avr.-oct.* Établissement doté d'une plage privée. Piscine, tennis.

La côte est

Sur la côte est, proches de la ville de Rhodes, hôtels récents ou en construction se succèdent en grand nombre dans un assemblage pas toujours heureux. Ils sont reliés régulièrement à la ville par autobus.

Faliraki

Indicatif ☎ (22410)

➤ *À 12 km au S-E de la ville de Rhodes.*

Hébergement

▲▲▲▲ **Apollon Beach** A ☎ 855.13, fax 858.23. *310 ch. Ouv. avr.-oct.* Bon hôtel en bord de plage. Air cond., tennis, piscine. Idéal pour des vacances en famille ou consacrées au farniente.

▲▲▲▲ **Calypso** A ☎ 856.21, fax 855.53. *300 ch. Ouv. avr.-oct.* Bon hôtel sur la plage, un peu à l'écart. Préciser vue sur la mer ou sur l'arrière-pays. Tennis, 2 piscines.

▲▲▲▲ **Colossos Beach** A ☎ 855.24, fax 856.79. *612 ch. et 114 studios. Ouv. avr.-oct.* Énorme complexe hôtelier très bien aménagé avec tous les équipements modernes.

▲▲▲▲ **Faliraki Beach** A ☎ 853.01, fax 856.75. *310 ch. dont 4 suites. Ouv. mars-nov.* Air cond., piscine, night-club, plage de sable. Très décontracté.

➤ **Camping. Faliraki** ☎ 855.16. Au S du village, près de Ladiko. *14 280 m², aménagé pour 300 pers.* Cuisines, piscine, taverne, boutique. Desservi par le bus.

Adresses utiles

➤ **Banque. Banque commerciale.** Cartes de paiement acceptées.

➤ **Camion poste.** Sur la place en bord de mer.

Lindos

Indicatif ☎ (22440)

Hébergement

▲▲▲▲ **Steps of Lindos**, à 3 km de Lindos ☎ 310.62, fax 310.67. *174 ch. Ouv.*

avr.-oct. Belle architecture intégrée dans une colline qui plonge sur la baie de Vliha. Bon hôtel, mais déconseillé aux personnes se déplaçant difficilement : nombreuses marches. Un peu loin du village de Lindos et assez longue descente à la plage.

➤ **PENSIONS.** Laissez-vous guider par les vieilles dames, visitez et choisissez. **Electra** ☎ 312.66. *11 ch.* dont la plupart avec air cond. Bon accueil. De plus, le patron parle français.

Tavernes

Panorama ☎ 310.44, sur la route avant Lindos, domine la baie de Vliha. La vue est magnifique ; cette taverne mérite bien son nom. **Timis**, en montant vers l'Acropole ☎ 315.39. Cuisine grecque et chypriote correcte à des prix abordables. **Triton** ☎ et fax 312.22 et **Palestra** ☎ 314.21, sur la plage. Descendre du « square » (place centrale) vers la mer.

Shopping

Pour les achats, il vaut mieux éviter les magasins trop proches de la place. L'artisanat proposé est sensiblement le même qu'à Rhodes : **poteries, robes** et **chemises.** Les boutiques ne vendent pas plus cher que dans la capitale de l'île et les articles sont même souvent mieux finis.

Adresses utiles

➤ **AGENCE DE VOYAGES. Pallas Travel** ☎ 314.94, fax 315.95, www.pallastravel.com. Propose différentes excursions sur Rhodes (« Rhodes la nuit », par exemple) et des escapades en Turquie.

➤ **BANQUES. Banque nationale de Grèce** et **Banque commerciale** (cartes de paiement acceptées). *Ouv. du lun. au jeu. de 9 h à 14 h, le ven. de 9 h à 13 h 30 et le sam. de 9 h à 12 h 30.* Bureau de change avec cartes de paiement près du « square ».

➤ **CYBERCAFÉ. Internet Café** ☎ 321.00, fax 321.21, lindosinternetcafe@yahoo.com. En arrivant sur la place centrale, prendre en suivant l'artère principale, la première rue à droite. Café des sports qui dispose d'une salle munie de 6 PC.

➤ **GARE ROUTIÈRE.** Située à l'entrée du village. Des trajets quotidiens relient Lindos au reste de l'île, mais les horaires et fréquences varient selon les saisons. *Rens. sur la place centrale du village et aux offices du tourisme à Rhodes.*

➤ **POSTE.** Près du « square ». *Ouv. de 8 h à 13 h du lun. au ven.*

➤ **TAXIS.** Station sur la place centrale du village ☎ 314.66.

Reni

Indicatif ☎ (22410)

➤ *Sur la route des thermes de Kalithea.*

Hôtels

▲▲▲▲ **Calypso Palace** A, à Reni Koskinou, à 6 km de Rhodes ☎ 858.02, fax 855.53. *102 ch. Ouv. avr.-oct.* Bon hôtel offrant toutes les garanties de confort.

▲▲▲▲ **Eden Roc** A, à Reni, à 5 km de Rhodes ☎ 670.67, fax 667.00. *261 ch., 115 bungalows. Ouv. avr.-oct.* Air cond., 3 piscines, basket, volley-ball, sports nautiques, tennis, minigolf, plage privée. Clientèle essentiellement scandinave. ■

EN SAVOIR PLUS

Plus montagnards que marins,
les Crétois sont pourtant d'habiles pêcheurs.
Ici, un vieil homme réparant son filet sur le port d'Elounda.

Un peu de lecture

Îles grecques

Alain Pierre, ***Les Îles grecques***, Minerva, 1991. Guide.

Analis Dimitri T. et Wilde Patrick de, ***Majestueuses îles grecques***, Atlas, 1993.

Gaitanides Johannes, ***Îles grecques***, Silva, 1986. Les îles entre paradis et purgatoire.

Guide Bleu Îles grecques, Hachette, 1998. Pour une connaissance approfondie de la Crète et de Rhodes dans le contexte général de la civilisation hellénique.

Vilatte Sylvie, ***L'Insularité dans la pensée grecque***, Belles Lettres, 1991. Approche du concept d'insularité chez les Grecs, en particulier chez Homère, Pindare et Hérodote.

Crète

La Crète, Autrement, 1993.

Faure Paul, ***La Vie quotidienne en Crète au temps de Minos (1500 av. J.-C.)***, Hachette Littératures, 1997. À travers les mythes, les découvertes archéologiques, les inscriptions des tablettes, les comparaisons linguistiques, P. Faure ressuscite les temps reculés du légendaire roi Minos…

Galanaki Réa, ***La Vie d'Ismaïl Ferik Pacha***, Institut français d'Athènes/Actes Sud, 1992. L'histoire étonnante d'un Crétois du XIXe s. par un auteur crétois de talent.

Guanella Hanni et Reverdin Olivier, ***La Crète***, La Bibliothèque des arts, 1983.

Hamon Hervé, ***Crète***, Le Seuil, 1989. Échappées de l'auteur vers des vestiges antiques hors circuits, des plages presque désertes, des monastères presque oubliés.

Kornaros Viz, ***Erotokritos.*** Cette fameuse épopée écrite au XVIIe s. est un grand classique de la littérature crétoise.

Mabire Jean, ***Objectif Crète***, Grancher, 1997. La guerre de 1939-1945, campagnes et batailles.

Marangou-Lerat, ***Le Vin et les amphores de Crète: de l'époque classique à l'époque impériale***, École française d'Athènes, 1996. Étude de la vie économique et commerciale en Crète aux temps historiques, entre la fin du VIe s. av. J.-C. et le IVe s. apr. J.-C., la viticulture crétoise, la production et la commercialisation du vin de l'île.

Mastorakis Michel et Van Effenterre Micheline, ***Les Minoens, l'âge d'or de la Crète***, Armand Colin, 1992. Rayonnement pendant 300 ans de la civilisation minoenne, à l'âge du bronze.

Prevelakis Pandelis, ***Crète infortunée: chronique du soulèvement crétois de 1866 à 1869***, Belles Lettres, 1976.

L'enlèvement d'Europe (cabinet des Estampes, Bibliothèque nationale).

Sur la Crète antique : histoire, écritures, langues, Presses universitaires de Nancy, 1991. Textes abordant quelques-uns des grands problèmes de la Crète des IIe et Ier millénaires av. J.-C., à travers les documents écrits qu'elle nous a laissés.

TIRÉ Claire et VAN EFFENTERRE Henri, ***Guides des fouilles françaises en Crète***, École française d'Athènes, 1978.

VERBRUGGEN H., ***Le Zeus crétois***, Belles Lettres, 1981.

VERCOUTTER Jean, ***Essai sur les relations entre Égyptiens et Préhellènes***, J. Maisonneuve, 1953.

Rhodes

ALHADEFF Vittorio, ***Le Chêne de Rhodes***, Paris-Méditerranée, 1998. Histoire de la famille de V. Alhadeff qui appartenait à l'importante communauté juive de Rhodes. Témoignage sur la vie à Rhodes à la fin du XIXe s. et au début du XXe s. et sur les traditions conservées par les Séfarades de l'île, qui continuaient à parler le judéo-espagnol.

GALIMARD-FLAVIGNY Bertrand, ***Les Chevaliers de Malte : des hommes de fer et de foi***, Gallimard, coll. « Découvertes », 1998.

PETIET Claude, ***Ces messieurs de la religion : l'ordre de Malte au XVIIIe s. ou le crépuscule d'une épopée***, France-Empire, 1992.

ROSSIGNOL Gilles, ***Pierre d'Aubusson : le bouclier de la chrétienté***, Manufacture, 1991. Pierre d'Aubusson (1423-1503) fut moine soldat dans l'ordre des hospitaliers, à Rhodes. En 1480, il repousse l'assaut de 100 000 Turcs venus assiéger l'île de Rhodes. L'exploit est salué comme l'un des plus hauts faits d'armes du XVe s. Ce livre retrace également le portrait d'une époque où s'affrontent l'Occident et le Moyen-Orient.

WISMES Armel de, ***Les Chevaliers de Malte***, France-Empire, 1998. ■

Glossaire

Abside : espace semi-circulaire (ou polygonal) entourant le chœur d'une église.

Absidiole : petite chapelle arrondie de l'abside, du chevet (extrémité extérieure) ou du transept (corps transversal qui sépare la nef du chœur, formant les bras de la croix) d'une église.

Achéens : nom générique donné aux peuplades indo-européennes qui s'installèrent en Grèce vers le début du IIe millénaire av. J.-C.

Agios, agia (ou aghios, aghia sur l'île de Rhodes) : saint, sainte. Désigne une chapelle ou une église.

Amphore : gros vase pansu à anses verticales symétriques et col rétréci, destiné à la conservation ou au transport des denrées alimentaires (huile, vin…).

Arc : élément architectural qui franchit un espace en dessinant une ou plusieurs courbes (un demi-cercle dans le cas de l'arc en plein cintre).

Architrave : partie inférieure de l'entablement, juste au-dessus du chapiteau (en général l'entablement superpose architrave, frise, corniche).

Catholicon : église principale d'un monastère ou d'un couvent.

Chapiteau : élément élargi, au sommet d'une colonne, d'un pilier ou d'un pilastre (saillie rectangulaire d'un mur) qui supporte l'architrave ou directement l'arc. On distingue trois ordres grecs : dorique, ionique et corinthien, qui régissent la construction et le décor. Chaque niveau d'élévation comporte le soubassement, le support (colonne ou pilier avec son chapiteau) et l'entablement, qui supporte le toit.

Coupole : élément architectural de forme hémisphérique, parfois surhaussé d'un tambour (assise de pierre cylindrique d'une colonne), qui recouvre la salle d'un édifice. Le passage du plan carré au plan circulaire se fait à l'aide de triangles de maçonnerie courbes (système à pendentifs). La coupole est caractéristique des églises byzantines.

Cratère : gros vase à large ouverture et anses servant au mélange d'eau et de vin.

Croix grecque : croix à quatre branches égales. Dans les églises à plan en croix grecque inscrite, le centre du sanctuaire est surmonté d'une coupole.

Doriens : dernier des peuples indo-européens à avoir émigré en Grèce, à partir du XIIe s. av. J.-C.

Fresque : peinture murale réalisée à l'aide de pigments minéraux délayés dans l'eau sur une couche de mortier frais à laquelle ces pigments s'incorporent.

Hache bipenne : double hache, principal symbole minoen.

Higoumène : supérieur d'un monastère d'hommes.

Icône : image du Christ, de la Vierge ou des saints peinte sur bois, ivoire ou métal et vénérée dans la religion orthodoxe.

Iconostase : dans toutes les églises orthodoxes, cloison séparant la nef du sanctuaire où le prêtre s'isole pour célébrer l'Eucharistie. L'iconostase est ornée d'icônes disposées de part et d'autre de la porte centrale dans un ordre immuable.

Mégaron : salle principale des palais mycéniens.

Métropolite : évêque orthodoxe qui administre un diocèse.

Nef : partie de l'église qui s'étend de la façade au chœur ; à l'avant de la nef se trouve le narthex où se tenaient les croyants en cours d'instruction avant le baptême (précédé parfois d'un vestibule extérieur, l'exonarthex).

Nymphaion : bassin consacré aux nymphes, souvent décoré de fontaines ou de statues.

Ogive : arc diagonal de renfort destiné à faciliter la construction d'une voûte et à augmenter sa résistance.

Péristyle : colonnade sur le pourtour d'une salle, d'une rotonde, d'une cour, ou en avant d'une façade, formant un porche.

Pithos (pluriel *pithoi*) : grande jarre ovoïde, servant à la conservation des provisions (grains, miel…).

Propylée : entrée monumentale d'un temple comprenant un porche à colonnes.

Rhyton : vase à libation en forme de tête d'animal.

Salle hypostyle : salle dont le plafond est soutenu par des colonnes.

Tholos : rotonde à péristyle.

Trésor : édifice élevé dans un sanctuaire en témoignage de gratitude pour la divinité du lieu.

Voûte en arête : voûte complexe, formée par l'intersection de deux voûtes en plein cintre. ■

Quelques mots de grec

La langue grecque dispose de groupes de voyelles qui se prononcent en une seule émission de voix :

ΑΙ αι — AI ai (prononcer *è*)

ΕΙ ει — EI ei (prononcer *i*)

ΟΙ οι — OI oi (prononcer *i*)

ΟΥ ου — OU ou (prononcer *ou*)

Les groupes ευ et αυ se prononcent *èf* et *af* devant une consonne sourde, *èv* et *av* devant une voyelle ou une consonne sonore.

L'accent marque la tonique. La syllabe accentuée est ici typographiée en gras. Le signe de ponctuation marquant l'interrogation est le point-virgule.

L'alphabet

Α α (alfa) — A a

Β β (vita) — V v

Γ γ (gama) — G g (prononcer *gh* guttural devant les sons a, o et ou, et *y* devant les sons i et e)

Δ δ (delta) — D d (prononcer *dh* comme le *th* anglais doux de *feather*)

Ε ε (epsilon) — E e (prononcer *è*)

Ζ ζ (zita) — Z z

Η η (ita) — I i

Θ θ (thita) — Th th (prononcer *th* comme le *th* anglais dur de *think*)

Ι ι (iota) — I i

Κ κ (kapa) — K k

Λ λ (lambda) — L l

Μ μ (mi) — M m

Ν ν (ni) — N n

Ξ ξ (ksi) — X x (prononcer *ks*, et *gz* après n)

Ο ο (omicron) — O o

Π π (pi) — P p

Ρ ρ (ro) — R r (prononcer roulé)

Σ σ, ou φ à la fin d'un mot (sigma) — S s (prononcer *s* et *z* devant une consonne sonore)

Τ τ (taf) — T t

Υ υ (ipsilon) — Y y (prononcer *i*)

Φ φ (fi) — F f

Χ χ (chi) — X x (prononcer comme le *ch* allemand dur devant les sons a, o et ou ; comme le *ch* allemand doux devant les sons i et e)

Ψ ψ (psi) — Ps ps (prononcer *ps* et *bz* après n ou m)

Ω ω (omega) — O o (prononcer *o* ouvert)

Les groupes de consonnes doubles se prononcent comme des consonnes simples (λλ = ll = l), sauf dans quelques cas particuliers :

ΓΓ γγ — GG gg (à l'intérieur d'un mot, prononcer *ng*)

ΓΚ γκ — GK gk (prononcer *g* au début d'un mot, *ng* au milieu d'un mot)

ΓΞ γξ — GX gx (prononcer *x*)

ΜΠ μπ — MP mp (prononcer *b* au début d'un mot, *mb* au milieu d'un mot)

ΝΤ ντ — NT nt (prononcer *d* au début d'un mot, *nd* au milieu d'un mot)

ΤΣ τσ — TS ts (prononcer *ts*)

ΤΖ τζ — TZ tz (prononcer *dz*)

Les nombres

Français — **Grec phonétique**

1 (masc., fém., neutre) . . *ènas, mia, èna*
2 . . . . *dhio*
3 (masc. et fém., neutre). . . . . . *tris, tria*
4 (masc. et fém., neutre). *tèssèris, tèssèra*
5 . . . . *pèndè*
6. . . . . *èxi*
7 . . . . *èfta*
8. . . . . *ochto*
9. . . . . *ènia*
10 . . . . *dhèka*
20. . . . . *ikossi*
30 . . . . *trianda*
40. . . . . *saranda*
50. . . . . *pèninda*
60. . . . . *èxinda*
70 . . . . *(è) vdhominda*
80 . . . . *oghdhonda*
90. . . . . *ènèninda*
100. . . . . *èkato*
1 000 (masc., fém., neutre). . . . . *chilii, chiliès, chilia*
1er (masc., fém., neutre). . . . . *protos, proti, proto*
2e (masc., fém., neutre) *dhèftèros, -ri, -ro*
3e (masc., fém., neutre) . . . *tritos, -ti, -to*
4e (masc., fém., neutre) . *tètartos, -ti, -to*

Expressions et mots courants

Assez. . . . . *arkèta*
Au revoir (sing., pl.) . . . . . *chèrè, chèrètè*
Bonjour . . . . *kalimèra*
(Salut, sing. pl. . . . . yia sou, yia sas)
Bonne nuit . . . . *kalinichta*
Bonsoir. . . . . *kalispèra*
Ici . . . . *èdho*
Loin . . . . *makria*
Madame (vocatif) . . . . *Kiria*
Mademoiselle (vocatif) . . . . . *Dhèspinis*
Merci. . . . . *èfcharisto*
Monsieur (vocatif). . . . . *Kiriè*
Non . . . . *ochi*
Où ? . . . . *pou*
Oui . . . . *nè*
Pardon . . . . *signomi*
Plus . . . . *pèrissotèro*
Pourquoi ?. . . . . *yiati*
Près. . . . . *konda*
Souvent . . . . *sichna*
Tout à fait. . . . . *malista*
Un peu . . . . *ligho*
Avec plaisir. . . . . *èfkharistos*
D'accord. . . . . *èndaxi*
Bien/très bien. . . . . . *kala, poli kala*
Bon voyage . . . . *kalo taxidhi*
Comment allez-vous ? . . . *ti kanètè*
Et vous ?. . . . . *kèssis*
Je vais bien . . . . *imè kala*
Je ne comprends pas. . . . . *dhèn katalavèno*
Je ne vais pas bien . . *dhèn imè kala*
Je suis français . . . . *imè ghalos*
Me comprenez-vous ?. . . . . *mè katalavènètè*
Parlez lentement . . . . *milisètè sigha*
Parlez-vous français ? . . . . . *milatè ghalika*
S'il vous plaît . . . . *parakalo*

Le temps qui passe

Année. . . . . *chronia*
Après-midi. . . . . *apoyèvma*
Aujourd'hui. . . . . *simèra*
Demain/après-demain. . *avrio / mèthavrio*
Heure . . . . *ora*
Hier/avant-hier . . . . *chtès / prochtès*
Jour . . . . *mèra*
Matin. . . . . *proï*
Midi . . . . *mèssimèri*
Mois . . . . *minas*
Nuit . . . . *nichta*
Semaine . . . . *(è) vdhomadha*
Soir . . . . *vradhi*
Temps. . . . . *chronos*
Une heure . . . . *mia i ora*
Une heure et demie . . . . . . *mia kè missi*
À deux heures . . . . . . *stis dhio i ora*
Quelle heure est-il ?. . . . . *ti ora inè*

Jours de la semaine

Lundi . . . . *dhèftèra*
Mardi . . . . *triti*
Mercredi . . . . *tètarti*
Jeudi. . . . . *pèmpti*
Vendredi. . . . . *paraskèvi*
Samedi . . . . *savato*
Dimanche. . . . . *kiriaki*

Mois

Janvier . . . . *ianouarios*
Février. . . . . *fèvrouarios*
Mars . . . . *martios*
Avril . . . . *aprilios*
Mai . . . . *maïos*
Juin . . . . *iounios*
Juillet . . . . *ioulios*
Août. . . . . *avghoustos*
Septembre . . . . *sèptèmvrios*
Octobre . . . . *oktovrios*
Novembre. . . . . *noèmvrios*
Décembre . . . . *dhèkèmvrios*

Saisons

Printemps .... *aniksi*
Été .... *kalokèri*
Automne .... *fthinoporo*
Hiver .... *chimonas*

Le temps qu'il fait

Chaud/chaleur .... *zèsto / zèsti*
Frais/froid .... *krio*
Pluie .... *vrochi*
Soleil .... *ilios*
Vent .... *aèras*
Beau temps............ *kalokèria*
Mauvais temps .... *kakokèria*

En ville

Adresse .... *dhièfthinnsi*
À droite .... *dhèxia*
À gauche .... *aristèra*
Argent .... *lèfta / chrimata*
Autobus .... *lèoforio*
Avenue .... *lèoforos*
Bicyclette................. *podhilato*
Boîte aux lettres ...... *ghramatokivotio*
Bon marché .... *ftino*
Cher .... *akrivo*
Église...................... *èklissia*
Gare .... *stathmos*
Kiosque .... *pèriptèro*
Lettre .... *ghrama*
Magasin .... *maghazi*
Maison......................... *spiti*
Monastère .... *moni / monastiri*
Musée .... *moussio*
Office du tourisme . . *ghrafio tourismou*
Place .... *platia*
Police .... *astinomia*
Poste .... *tachidhromio*
Route .... *dhromos*
Rue .... *odhos*
Téléphone .... *tilèfono*
Temple .... *naos*
Timbre .... *ghramatossimo*
Village...................... *chorio*
Combien coûte...? .... *posso inè... posso kani...*
La prochaine rue .... *i proti odhos*

En voyage

Aéroport .... *aèrolimènas*
Aller-retour .... *èpistrofi*
Aller simple .... *apli mètavassi*
Avion .... *aèroplano*
Arrêt.......................... *stassi*
Bateau .... *vapori*
Billet .... *issitirio*
Camping.................. *kamping*
Carte d'identité............. *taftotita*
Consigne .... *baghazia*
Montagne.................... *vouno*
Passeport................ *dhiavatirio*
Plage .... *paralia / plaz*
Port .... *limani*
Première, seconde classe .... *proti, dhèftèri thèsi*
Train......................... *trèno*
Valise .... *valitsa*
Un billet pour... *èna issitirio yia...*

À l'hôtel

Baignoire..................... *banio*
Douche .... *dous*
Hôtel.................. *xènodhochio*
Petit déjeuner................ *proïno*
Propre .... *katharos*
Réservation .... *kratissi*
Salle de bains particulière . . *idhiètèro banio*
Avez-vous une chambre ? . . *èchètè èna dhomatio*
Une chambre à deux lits .... *èna dhomatio mè dhio krèvatia èna dhiplo*
Une chambre à un lit .... *èna dhomatio mè èna krèvati*
Service compris....... *mazi mè to philodhorima*

Au restaurant

Agneau...................... *arnaki*
Assiette....................... *piato*
Beurre..................... *voutiro*
Bière.......................... *bira*
Boisson....................... *pioto*
Bon .... *kalo*
Brochette de viande .... *souvlaki*
Boulettes de viande .... *kèftèdhès*
Café .... *kafès*
Calamars .... *kalamarakia*
Côtelette .... *brizola*
Courgettes farcies . . *kolokithakia yèmista*
Couteau.................... *machèri*
Crevettes .... *gharidhès*
Cuillère .... *koutali*
Déjeuner.................. *proyèvma*
Dessert .... *ghliko*
Dîner .... *yèvma*
Eau fraîche/froide .... *frèsko / krio nèro*
Feuilles de vigne farcies ... *dholmadhès*
Fourchette .... *pirouni*
Fromage .... *tiri*
Fruits .... *frouta*
Gâteau d'amandes au miel ..... *baklavas*
Glace....................... *paghoto*

Huile . . . . *ladhi*
Hors-d'œuvre . . . . *mèzèdhès*
Légumes. . . . . *chorta, chortarika*
Mauvais . . . . *kako*
Menu. . . . . *kataloghos*
Mouton . . . . *arni*
Œufs au plat. . . . . *avgha matia*
Olives . . . . *èlyès*
Pain. . . . . *psomi*
Poisson. . . . . *psari*
Poivre . . . . *pipèri*
Pommes frites . . . . *patatès*
Poulet . . . . *kotopoulo*
Poulpe. . . . . *chtapodhi*
Restaurant. . . . . *èstiatorio*
Salade . . . . *salata*
Sel . . . . *alati*
Spécialités. . . . . *idhikotita*
Sucre. . . . . *zachari*
Taverne. *tavèrna*
Thé . . . . *tsaï*
Toilettes . . . . *toilètès*
Viande . . . . *krèas*
Vin. . . . . *krassi*
Vinaigre . . . . *xidhi*
Vin blanc . . . . *aspro krassi*
Vin résiné . . . . *rètsina*
Vin rouge. . . . . *kokino krassi*
Yaourt . . . . *yiaourti*

J'ai faim . . . . *pinao*
J'ai soif . . . . *dhipsao*
Donnez-moi l'addition . . . . *dhostè mou ton loghariasmo*
Garçon, la carte. . . . . . . *garson, ton katalogho*

Santé

Aspirine . . . . *aspiríni*
Hôpital . . . . *nosokomío*
Médecin . . . . *yatros*
Pharmacie . . . . *farmakio*
Combien vous dois-je ?. . . *ti sas ofilo*
J'ai mal à la tête. *mè ponaï to kèfali mou*
J'ai mal au ventre . . *mè ponaï i kilia*
J'ai très mal aux dents . . *mè ponoun poli ta dhondia mou*
Je ne suis pas bien . . *dhèn imè kala*

Automobile

Automobile. . . . . *aftokinito*
Essence . . . . *vènzini*
Frein. . . . . *frèno*
Garage . . . . *garaz*
Huile . . . . *ladhi*
Phare . . . . *fanari*
Pièces de rechange . . . . *andalaktika*
Roue arrière/avant. . .*pissini/brostini rodha*
Stationnement (parking) . . *stathmèfsis* ■

Table des encadrés

Pratique

Vie quotidienne

Randonnées

Histoire

Mythologie

Index

Aradena (LC) : nom de lieu (localisation)
Cléobule : personnage
BOUSTROPHÉDON : mot-clé

Les folios en **gras** renvoient aux développements les plus détaillés. Les folios en **rouge** renvoient aux bonnes adresses. Les folios en **bleu** renvoient aux cartes et plans. Pour les hôtels, restaurants, sports et loisirs, informations pratiques, voir les pages vertes à la fin de chaque chapitre.

ÉGLISES, MONASTÈRES ET MUSÉES sont classés à ces mots dans l'index.

Abréviations : H : département d'Heraklion - L : département du Lassithi - R : département de Rethimnon - LC : département de La Canée - Rh : département de Rhodes.

A

B

C

D

E

F

G

L

M

N

O

P

R

S

T

U-V

X-Y-Z

Imprimé en France par I.M.E. - 25110 Baume-les-Dames
Dépôt légal n° 40658 - 12/2003 - Collection n° 25 - Édition n° 03
N° impression : 16913 - ISSN : 0762-2392 - ISBN : 2-01-243610-2
24/3610/3

À nos Lecteurs...

Ces pages vous appartiennent. Notez-y vos remarques, vos impressions de voyage, vos découvertes personnelles, vos bonnes adresses. Et ne manquez pas de nous en informer à votre retour. Nous accordons la plus grande attention au courrier de nos lecteurs.

HACHETTE Tourisme
Guides Bleus Évasion – Courrier des lecteurs
43, quai de Grenelle – 75905 PARIS Cedex 15

Carnet de voyage